新编21世纪金融学系列教材

衍生金融工具

Financial Derivative Instruments

主　编　王晋忠

中国人民大学出版社
·北京·

作 者 简 介

王晋忠，金融学博士，西南财经大学金融学院金融工程系副教授。主要研究方向为金融工程、衍生金融工具、商业银行；长期为本科生和研究生讲授衍生金融工具、金融工程、金融经济学、投资学等课程。

内 容 简 介

本书系统全面地介绍了衍生金融工具的基本原理、风险特征、产品性质和实践运用，着力于培养学生对金融衍生工具原理的掌握和技术的运用。本书主要有以下特点：

第一，注重理论本质，在衍生金融工具的理论介绍中，注重基本原理，简化数理推导细节。

第二，注重衍生金融工具理论的前沿研究，在每章都有相关内容的前沿研究介绍，并且在每章末都有相关的研究文献资料推荐。

第三，突出案例分析，在本书中选择了多起案例帮助读者深化对相关理论的理解、掌握和运用。

第四，本书强调理论联系实际，注重联系市场的现实发展和实践创新。

第五，本书注重反映中国金融市场的实践，尤其是衍生金融工具的发展状况，对每类衍生金融工具都有相关的中国情况介绍。

第六，本书注重能力培养，结合编程技术，帮助读者培养解决实际问题的能力，提供实用性较强的金融技术和方法。

本书适用于金融和金融工程专业的本科学生，也可供业内相关人士阅读和参考。

前言

20 世纪 70 年代，经济环境动荡不定，汇率、利率、股票价格和物价水平大幅波动，风险管理的要求使得衍生金融工具应运而生。经过四十年左右的发展，衍生金融工具得到极大地丰富，越来越多的新型衍生工具被开发出来。衍生金融工具在风险管理、资产配置、金融产品设计、金融创新中发挥着不可替代的作用，并且更加广泛地深入金融的各个领域。

伴随着金融衍生产品的发展，衍生金融工具的理论也得到发展和完善，尤其是 F. 布莱克（F. Black）和 M. 斯科尔斯（M. Scholes）1973 年提出的期权定价理论，更是推动了衍生金融工具理论的完善和实践的发展。

在我国，20 世纪 90 年代初，随着经济改革的深入与期货市场的出现，衍生工具开始进入我国的经济生活，历经喧闹和坎坷，我国的衍生金融产品市场也进入了平稳发展阶段。除了三大商品期货交易所，中国金融期货交易所交易的金融期货也得到了快速发展。在金融机构的业务创新中衍生金融工具得到更加广泛的运用，衍生工具对我国金融活动的影响越来越普遍。

衍生金融工具的发展以及在经济、金融中的重要作用，使其已经成为现代金融人才必备的主要专业能力之一。本教材以金融和金融工程专业的本科生为对象，系统全面地介绍了衍生金融工具的基本原理、风险特征、产品性质和实践运用，着力于培养学生对金融衍生工具原理的掌握和技术的运用。本教材主要有以下特点：第一，注重理论本质，在衍生金融工具的理论介绍中，注重基本原理，简化数理推导细节。第二，注重衍生金融工具理论的前沿研究，在每章都有相关内容的前沿研究介绍，并且在每章末都有相关的研究文献资料推荐。第三，突出案例分析，在本书中选择了多起案例帮助读者深化对相关理论的理解、掌握和运用。第四，本书强调理论联系实际，注重联系市场的现实发展和实践创新。第五，本书注重反映中国金融市场的实践，尤其是衍生金融工具的发展状况，对每类衍生金融工具都有相关的中国情况介绍。第六，本书注重能力培养，结合编程技术，帮助读者培养解决实际问题的能力，提供实用性较强的金融技术和方法。相信通过本书的学习，读者能够系统准确地掌握衍生金融工具的相关知识。

本教材由王晋忠起草并拟定编写大纲，在教材初稿完成后，进行统筹协调和技术性修改。本教材的编写工作由西南财经大学金融学院金融工程系的老师集体合作完成。具体分工如下：第 1 章，周丽晖；第 2 章，任品；第 3 章，袁义勇；第 4 章，王晋忠；第 5 章，杨韧；第 6 章，王晋忠；第 7 章，贺方毅；第 8 章，徐加根；第 9 章，刘阳；第 10 章，方能胜；第 11 章，倪剑；第 12 章，刘强、郭姝辛；第 13 章，杜野；第 14 章，王鹏。中国人民大学出版社崔惠玲女士为本书的出版做了大量工作，刘璐、蒋朝庆分别为本书修订完善和绘图做了较大的贡献，特此谢忱。

限于编写人员的水平，书中错误在所难免，望专家、同行和读者批评指正！

2017 年 1 月于光华园

目录

第 1 章

衍生金融工具概论

学习目标

本章的主要内容是对衍生金融工具的基本概念和基础知识进行概括性介绍，学习本章后，要求读者了解衍生金融工具的界定及其特点；熟悉衍生金融工具的基本类型，包括远期、期货、期权、互换几种最基本、最重要的衍生金融工具类型；理解衍生金融工具市场的分类，以及市场参与主体（包括套期保值者、套利者、投机者）的类型和特点；掌握衍生金融工具市场的基本功能；了解国内外衍生金融工具市场的发展历程及现状。

2008 年的美国次贷危机，使得对衍生金融产品的各种讨论再次充斥于各大媒体。即便如此，仍然有不少普通投资者对衍生金融产品的了解微乎其微，其中更有甚者至今仍认为衍生金融工具是一种身具“高大上”属性、普通投资者难以企及的投资工具。事实并非如此。自 20 世纪 70 年代以来，衍生金融工具的市场规模日益增大、品种日益丰富，衍生金融工具市场在整个金融市场中的地位日益显著。并且，衍生金融工具市场在吸引越来越多的机构投资者进入的同时，也将其触角更多地伸向了普通个人投资的领域。例如，更多的场内市场向个人投资者开放；在面向个人投资者的银行理财产品中越来越多地嵌入了衍生金融产品。总之，衍生金融工具，无论对机构投资者、个人投资者还是监管部门来说，都已成为一种非常值得重视的金融产品。可惜的是，由于其复杂性，公众对衍生金融工具的了解却远未达到其应有的程度。因此，增强对衍生金融工具（尤其是其运作机制和定价机制）的了解，无论对金融从业者还是普通投资者来说，都是非常必要的。

1.1 衍生金融工具的定义

衍生金融工具，英文为 financial derivatives，通常简称为 derivatives。Derivative 这个词本身有衍生物、派生物之意，因而 financial derivatives 在中文里通常翻译为衍生金融工具、金融衍生工具、金融衍生品、金融衍生产品等。有时，也会直接使用它的简称，即衍生品、衍生工具。

迄今为止，国内学者对衍生金融工具的定义大致有这样几类：

(1) 衍生金融工具是在金融工具的基础上衍生出来的金融产品。在此界定中，“金融工具”这个提法太模糊，加之衍生金融工具其实也是一种金融工具，因此，这种界定在逻辑上陷入死循环。

(2) 衍生金融工具是在传统金融工具（或传统金融商品）的基础上衍生出来的金融产品。这种定义试图用“衍生”和“传统”两个词的区别把衍生金融工具和其衍生的基础区分开来，避免了逻辑上的问题。但“传统”一词有些模糊，更重要的是，一些最基本、最常见的衍生金融工具，其标的资产并非金融工具。例如大豆期货，其标的是大豆，而大豆并非金融工具。

(3) 衍生金融工具是在基础资产上衍生出来的金融产品。该定义将衍生金融工具的衍生基础总结为“资产”，那么各类以普通商品为标的的衍生金融工具（例如大豆期货）也被囊括在内。因此，这一定义的涵盖范围较前两个定义都更宽，解释力更强。但尽管如此，这一定义也无法概括当前所有的衍生产品。例如，气候衍生产品的价值取决于某个地区未来的气温状况；信用违约互换的标的其实是违约风险。无论是气温还是违约风险，都不能用“资产”来指称。

上述定义的缺陷主要有两点：一是没有找到一个合适的词汇来准确地涵盖所有的衍生产品的衍生基础；二是“衍生”这个词其实有些模糊。何谓“从甲中衍生出乙”？是甲为乙的标的资产，还是乙是甲的变形？对于第一个问题，约翰·C. 赫尔（John C. Hull）在《期权、期货及其他衍生产品》一书中将衍生产品的衍生基础界定为“变量”是比较合适的。不论衍生工具的标的是金融资产、非金融资产甚至是气温还是违约风险，其实都可以用“变量”一词加以概括（标的是某项资产的，真正作为衍生基础的其实是该资产的价格，而价格显然是一种变量）。对于第二个问题，笔者认为衍生品和其衍生基础的关系从本质上来讲就是衍生品的价格由其基础变量所决定。因此，本书将衍生金融工具定义为：衍生金融工具是一种价值由其所依附的标的变量（underlying variables）来决定的金融工具。

1.2 衍生金融工具的特点

与传统的金融工具相比，衍生金融工具具有如下特征：

1.2.1 衍生金融工具的复杂性

衍生金融工具的复杂性一方面体现为其构造的复杂性，另一方面体现为其定价的复杂性。从其构造上来看，衍生金融工具不仅可以从基础变量上衍生，而且可以在衍生金融工具的基础上进行多次再衍生，还可以把各类衍生金融工具进行不同形式的组合，从而设计出新的衍生产品。总之，较之于股票、债券这类传统金融工具，衍生金融工具的构造要复杂得多。而构造的复杂性通常会为其定价估值带来较大的困难，从而使其定价模型也变得越来越复杂。在当今的衍生金融工具市场上，设计衍生产品以及为衍生产品定价不仅会用到艰深的数学方法，也可能会用到现代科学决策技术、最新的计算机科学技术等。这种复杂性一方面为衍生产品的多样化设计和精确定价提供了可能性，但另一方面，也必然导致普通投资者在理解、掌握衍生金融工具方面往往力不从心，从而为某些不良金融机构和从业人员诱导、欺诈投资者提供了可能性，也给金融监管带来了极大的困难。

1.2.2　衍生金融工具的多样性

人类历史上恐怕没有哪类金融工具能像衍生金融工具这样，给我们的金融市场带来如此丰富多彩、性质各异的金融产品。前面提到，衍生金融工具是在标的变量的基础上进行衍生的结果，而标的变量的选择本身就可以多种多样，可以是股票、债券的价格或价格指数，可以是利率或汇率，也可以是气候抑或是信用风险。理论上讲，标的变量可以是任何能够带来足够供求的变量。而从交易方式上看，衍生金融工具也包括远期、期货、期权、互换等多种类型。此外，还可以在衍生金融工具的基础上进行多次衍生及组合构造，衍生金融工具的多样化特征极大地满足了具有不同偏好的投资者的需要。

1.2.3　衍生金融工具的杠杆效应

衍生金融工具通常采用保证金交易制度，只需缴存少量保证金，就可以进行总金额相当于保证金几十倍的衍生品交易。衍生金融工具的保证金制度及高杠杆性的特征，一方面极大地降低了交易成本，使投资者可以以较少的资金建立起较大的衍生品头寸，为衍生金融工具交易规模的扩大提供了必要的条件；另一方面，高杠杆性的特征同时也使得衍生金融工具的风险被多倍放大。

1.2.4　衍生金融工具的高风险性

衍生金融工具通常被视为高风险的投资品。衍生金融工具的交易可能给投资者带来巨大的损失或高额的回报。自 20 世纪 90 年代以来，由衍生品交易引起的巨大金融损失事件层出不穷。甚至在 1997 年的亚洲金融危机和 2008 年的次贷危机中，衍生金融工具也成为非常重要的推手。事实上，主要的衍生金融工具，如远期、期货、期权等，其创立的初衷都是为了规避风险。规避风险一直都是衍生金融工具的重要功能。那么，为什么以规避风险为初衷创立的，并一直具有规避风险功能的衍生金融工具市场会被人们认为是高风险的市场，不仅可能导致重大损失，甚至可能导致金融危机呢？

人们投资于衍生金融工具的目的各不相同。有人是为了进行套期保值，有人是为了进行投机。对于套期保值者而言，他们通过衍生金融工具的交易，确实可以在相当大的程度上规避风险。但如果他们的交易对象是投机者，从市场整体来看，这个原本应由套期保值者承担的风险其实并没有被真正地消除，它只不过是被转嫁给了投机者而已。投机者之所以愿意被转嫁风险，是因为他们希望通过承担高风险来追求高收益。而如果衍生金融工具的交易是发生在投机者之间的，对市场整体而言，那就等同于创造风险。再加之衍生金融工具市场的高杠杆性，投资者只需交存少量的保证金就可以进行十几倍甚至几十倍于保证金的衍生品交易，这意味着无论投资者是盈利还是亏损，其盈利率或亏损率同样会是非保证金交易制度下的十几倍或几十倍，这等于是在多倍扩大风险。正是因为衍生金融工具市场可以创造和扩大风险，人们通常会认为它是一个高风险的市场。

但正如我们在前面的分析中指出的那样，如果你作为纯粹的套期保值者或套利者参与市场，那么你面临的风险并不会太大，而投机者则会面临较大的风险。从事衍生金融工具交易的金融机构或公司在对它们的一线交易员进行授权时，通常只会授权其进行套期保值、套利或有限额的投机交易。但在实际操作中，有一些交易员会自觉或不自觉地由套期保值者、套利者转化为投机者，或者是超过授权限额进行投机交易，进而有可能造成巨额亏损。如1995年的巴林银行事件、2008年的法国兴业银行事件以及2004年我国中航油事件等大多属于此类情况。所以真正导致金融衍生工具市场巨亏事件的罪魁祸首与其说是衍生金融工具市场，不如说是人性的贪婪以及管理制度的漏洞。

1.3 衍生金融工具的类型

如前所述，衍生金融工具的类型非常丰富多彩，但从其交易方式来看，最基本、最常见的衍生金融工具主要包括远期、期货、期权和互换。

1.3.1 远期

远期合约（forward contract）的内容是约定在未来的某一时刻由一方交易者向另一方交易者买入或卖出某一标的资产，交易的价格、数量等关键性变量都必须在当前的合约中事先确定。远期合约与即期合约（spot contract）的区别在于即期合约所约定的交易会立刻执行，而远期合约所约定的交易则会在约定的未来某一时刻发生。远期合约是在场外市场交易的衍生金融工具品种，它可以由交易双方自由协商签订。而对于一些供求量较大的远期产品，如远期利率协议、远期汇率协议等，会有做市商对其双向报价。远期合约到期一次性结算，交易双方都要承担对方违约的风险。

1.3.2 期货

期货合约（futures contract）本质上与远期合约是一样的，都是交易双方约定在未来的某个时间，按照事先约定的价格、数量买卖某种资产的合约。期货合约与远期合约的不同之处在于：

（1）远期合约在场外市场交易，而期货合约在交易所市场交易。

（2）远期合约通常都是非标准化合约，而期货合约都是标准化合约。非标准化合约的内容是由交易双方自由协商决定，因而比较灵活。标准化合约的主要内容，包括合约规模、交割时间、交割地点等，都事先由交易所规定好了，由交易双方决定的只有交易价格。

（3）远期合约的交易双方要彼此承担对方的违约风险，而期货交易双方无须知道具体的交易对手是谁；交易所会保证合约的执行，亦即由交易所来承担双方的违约风险。当然，交易所为了规避这种违约风险会对期货合约的交易、结算、交割、风险控制等各方面制定一系列的规章制度，保障期货交易的顺利进行。例如：期货头寸都需要交存保证金，并且实施每日结算制度，这都是交易所规避违约风险的举措。相对地，远期合约则一般不需要交存保证金并且到期才进行结算。

期货合约根据其标的资产的不同，可以分为商品期货和金融期货两大类。商品期货的标的资产是实物商品，如石油、棉花、小麦、大豆、铜、铝、橡胶、黄金等。金融期货的标的资产是金融资产或相关变量，其又可进一步细分为股指期货、货币期货和利率期货。股指期货的标的变量是股票指数，如我国的沪深300股指期货，其价格即为远期的股指。

货币期货的标的资产是各种外汇，如欧元期货、日元期货等，其价格即为远期汇率。利率期货是一个大的类别，包括短期国债期货、长期国债期货、欧洲美元期货等，具体的报价形式各不相同，但本质上都体现出了各种不同期限的远期利率。

1.3.3　期权

期权合约（option contract）交易双方买卖的直接对象是某种权利——在约定的未来某个时间按照约定的价格购入（售出）某种资产的权利。期权合约也相应地分为看涨期权（call option）和看跌期权（put option）两类（亦称买权和卖权）。看涨期权的买方有权利在约定的未来某个时间按照约定的价格购入某种资产；看跌期权的买方有权利在约定的未来某个时间按照约定的价格售出某种资产。期权合约中所约定的行权时间被称为到期日（expiration date 或 maturity date）；约定的购入或售出的价格被称为执行价格（exercise price）或敲定价格（striking price ）。买方为了从卖方那里获取这个权利，必须向卖方支付相应的费用，这个费用被称为期权费（premium）。期权费，也就是期权的价格，必须在期权交易达成时就由买方支付给卖方。另外，也可以根据买方行使选择权的时间把期权分为欧式期权和美式期权。欧式期权是只能在期权到期日行权的期权；美式期权则是从交易达成至到期日之间的任何时间，期权买方都可以行权。

期权合约与远期和期货有着本质的不同。首先，远期和期货的交易双方的买卖对象就是标的资产，而期权合约的直接买卖对象是一种权利。其次，远期和期货合约对交易双方来说都既是权利也是义务。双方都无须事先向对方支付任何费用。合约持有到期就必须执行，无论当时合约对哪方有利。而期权交易双方的权利义务不对等。买方为了获取权利必须事先向卖方支付费用。既然买方付费买下了权利，那么就有权选择行使或放弃行使这个权利，即买方有权选择执行或不执行合约内容（这就是 option 的本意，即选择权）。而卖方既然向买方出售了这项权利，并收取了期权费，就只有义务没有权利了。即买方要执行合约，卖方就必须配合买方执行；买方放弃执行合约，卖方也必须放弃。

1.3.4　互换

互换（swap）协议是交易双方约定在未来的一段时间内多次交换现金流的协议。在协议中，双方必须事先约定好现金流交换发生的时间以及现金流的计算方法。互换协议也是在场外市场交易的衍生产品。互换协议的内容可以很灵活，理论上讲，只要交易双方能达成一致意见，任何形式的两个现金流序列都可以互相交换。最为常见的互换协议包括利率互换、货币互换以及利率货币混合互换等。对于这些常见的互换品种，一般都有做市商提供双向报价。

互换最主要、最根本的功能是在不出售或转让原有资产（负债）的前提下，改变原有资产（负债）的性质。例如某公司拥有一项浮动利率的资产，该公司希望能继续拥有这项资产，但同时又希望能将这项浮动利率的资产转化为固定利率的资产，它就可以通过跟别的公司或做市商签订一份大众型的利率互换协议（即约定用己方浮动利率资产所产生的浮动利息收入去交换对方固定利率资产所产生的固定利息收入）来达到目的。有时候，互换的这种转换资产（负债）性质的特征也会被利用来规避管制。例如，假如中国的投资者不被允许投资于美国的股票市场，美国的投资者也不被允许投资于中国的股票市场，但有些中国和美国的投资者却非常希望能投资于对方的市场。那么，我们就可以在中国和美国各设立一家投资资金，筹集总金额相当的资金分别投资于各自的股票市场。同时，由这两家基金签订一份互换协议，定期交换在各自股票市场的投资所得。这样，两国的投资者就都可以实现既不违反法规，又可以获取对方市场投资回报的目标。

1.4 衍生金融工具的市场

1.4.1 场内市场与场外市场

与其他金融工具的交易市场一样，衍生金融工具的交易市场也分为场内市场和场外市场。

场内市场也称交易所市场（exchange market），是指通过交易所进行衍生金融工具交易的市场。根据美国期货业协会（FIA）2011 年全球金融衍生品市场年度报告，截至 2011 年全球加入 FIA 数据库的衍生品交易所共计 81 家。其中，有的交易所历史较为悠久，例如美国芝加哥交易所（CBOT，www.cbot.com）成立于 1848 年，而芝加哥商品交易所（CME，www.cme.com）成立于 1919 年；有的交易所则比较年轻，我国大陆地区目前有 4 家期货交易所，其中大连商品交易所（www.dce.com.cn）、郑州商品交易所（www.czce.com.cn）和上海期货交易所（www.shfe.com.cn）均成立于 20 世纪 90 年代，而中国金融期货交易所（www.cffex.com.cn）成立于 2006 年。近年来，全球一些重要的交易所纷纷进行合并，例如 CBOT 和 CME 原本是竞争对手，但在 2006 年 10 月宣布合二为一，从而成为了全球最大的交易所。传统的场内市场竞价方式是公开喊价系统（open-outcry system），而目前世界各地的交易所都逐渐采用了电子化交易系统。各交易者的交易指令通过各自经纪商与交易所清算机构联网的计算机网络输送到清算机构的主机系统进行集合竞价。

场外市场又称 OTC 市场（over-the-counter market），它是一个由电话和计算机将各交易员联系起来的网络系统。其参与者主要是机构交易者，包括各金融机构、企业和投资基金等。其中金融机构往往会成为某些流行交易品的做市商（market maker）。它们会针对某些交易品进行双向报价，即既报买入价（bid price，即做市商愿意买入的价格，其他希望卖出的交易者可按此价格卖给做市商），同时又报卖出价（offer price，即做市商愿意卖出的价格，其他希望买入的交易者可按此价格从做市商处买入）。卖出价高于买入价，其价差（spread）作为做市商的收益。

除了交易组织方式的不同之外，场内市场和场外市场的主要区别还包括：

1. 场内市场交易的对象是标准化的衍生品合约

所谓标准化合约是指包括合约标的、合约规模、报价单位、最小变动价位、涨跌停板幅度、交易时间、合约交割月份、最后交易日、最后交割日、交割地点、交易保证金、交易手续费、交割方式等都由交易所事先规定好标准化的内容。投资者选择在该交易所进行交易就必须接受上述标准化条款。将合约标准化，极大地增强了合约的流动性，亦即增强了合约对交易者的吸引力。而场外市场的交易对象为非标准化合约，其流动性要弱于标准化合约。但是非标准化合约的内容更为灵活，交易双方可以自行协商合约条款，可以使最终的合约内容更加符合双方的需要。

2. 承担的违约风险不同

场外交易的交易者需要承担交易对手的违约风险，而场内市场交易的违约风险近乎为零。因为场内交易是通过交易所的清算机构完成的，所以交易所必须保证合约的最终履行。表面上看，似乎是所有的违约风险都集中到交易所头上，但交易所可以通过一系列的风险管理制度，如保证金制度、强制平仓制度、涨跌停板制度等，将违约风险控制到近乎为零。

场外市场和场内市场各有其优势，近年来其交易规模都处于稳定发展的过程中。但比较起来，场外市场由于其合约品种灵活多样，能满足不同投资者需要的特点，其交易规模始终大于场内市场。从 21 世纪初开始，场外市场的发展尤其迅猛（见图 1-1）。

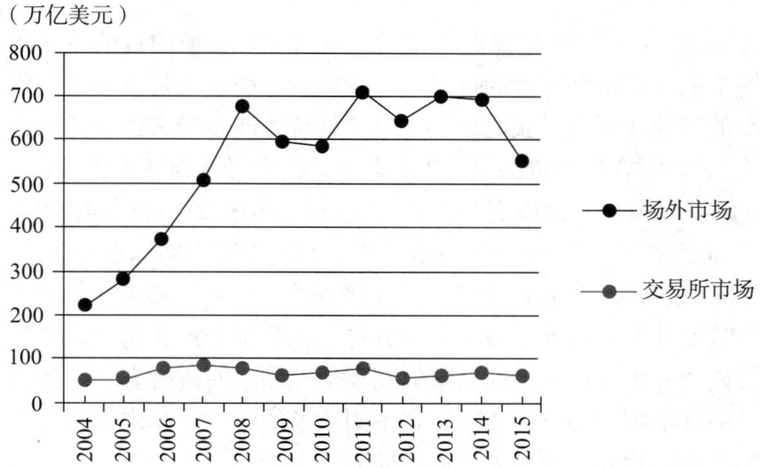

图 1-1　场外市场和交易所市场衍生品交易规模

资料来源：国际清算银行网页。

1.4.2　衍生金融工具市场的交易者类型

按交易者的交易目的来划分，衍生金融工具市场的交易者可以分为三类：套期保值者、套利者和投机者。

套期保值者（hedgers）参与衍生金融工具交易的目的在于规避他们将面临的风险。例如，某家生产运动鞋的中国外贸企业最近与美国的一家进口商签订了一份运动鞋的销售合约，内容为：6 个月后，该中国公司将销售 1 000 双运动鞋给该美国进口商，价格为 50 美元/双，到时候对方用美元支付总共 50 000 美元的价款。假设这时人民币与美元的汇率为 1 美元兑换 6.3 元人民币，按此汇价，中国公司销售收入为 315 000 元人民币。假设这批货的成本为 300 000 元，那么中国公司会有 15 000 元人民币的利润。现在，这家中国公司面临的问题是如果 6 个月后美元相对于人民币贬值，那么该它所收到的美元价款能兑换的人民币将减少，这有可能导致这笔生意的利润下降甚至亏损，所以，该公司希望可以预先锁定 6 个月后人民币和美元的汇率。这时，它就可以通过签订 6 个月后按事先约定的汇率卖出美元（换回人民币）的远期汇率协议来达到套期保值的目的，假设该协议约定的汇率是 1 美元兑换 6.2 元人民币，合约规模为 50 000 美元。6 个月后，如果美元相对于人民币贬值，汇率变为 1 美元兑 5.8 元人民币。则该中国公司只能获得 290 000 元人民币的销售收入，从而会产生 10 000 元的亏损。但它之前签订的远期汇率协议会给它带来 20 000

元人民币的收益，所以总体上它仍有盈利。当然，6个月后美元也有可能升值，这时远期汇率协议可能带来亏损，但其人民币销售收入会增多，同样可以保持利润的稳定。无论哪种情况，都达到了规避汇率风险的目的。在上述远期协议中，该中国公司即为套期保值者。

在场内市场中同样存在套期保值者。套期保值者和投机者在交易所的交易并没有明显的区别，但是他们各自承担的风险有很大的不同。套期保值交易的风险较低而投机交易的风险较高。因此，某些交易所会在保证金要求等风险管理制度方面对套期保值者和投机者进行区别对待。这就要求交易所必须首先确定套期保值者的身份。为此，交易所一般都会制定相应的套期保值管理办法，例如大连商品交易所就有《大连商品交易所套期保值管理办法》。

投机者（speculators）与套期保值者相反，他们参与市场的目的不是规避风险，而是要通过承担风险来换取获得高收益的可能性。投机者一般在现货市场上并没有净头寸，交易衍生金融工具的目的就是为了获取衍生金融工具价格波动带来的价差收益。例如，若沪深300股指期货IF1306合约的价格是2 310点，某投机者认为该价格即将上涨，于是建立了10份多头头寸，1个月后，该价格上升至2 340点，则该投机者可获得（2 340－2 310）×300×10＝90 000元的盈利。当然，如果价格下跌，该投机者必须承担亏损。

套利者（arbitrageurs）通过同时针对两个或两个以上的、彼此价格存在相关性的交易品种进行交易，从而获取零风险收益。套利者可以在基础资产和衍生品之间进行套利，如债券现货和债券期货；也可以在不同期限的同类衍生品之间进行套利，如3个月的远期利率协议和6个月的远期利率协议；还可以在不同市场的同一产品之间进行套利，如在芝加哥商品交易所的大豆期货和大连商品交易所的大豆期货。

需要指出的是，无论是套期保值者、套利者还是投机者，他们都是金融衍生工具市场不可或缺的一部分。套期保值者发挥了金融衍生工具市场的规避风险功能，套利者的存在可以防止衍生工具的价格发生过大的偏离，防止过度炒作，而投机者可以给市场提供足够的流动性。

1.4.3 衍生金融工具市场的功能

1. 优化资源配置

泛泛而言，任何市场都有配置资源的功能。商品市场配置资源的功能是通过价格信号来实现的，利用“价高者得”的自由市场原则，有限的资源被配置给了那些出价最高（也意味着产出效率最高）的主体。金融市场是通过配置资金进而调配实物资源的，因此可以突破实物商品市场在空间和时间上的局限性，实现资源跨时间和跨空间的合理配置。衍生金融工具市场作为金融市场的组成部分，除了同样拥有一般金融市场跨时间、跨空间配置资源的功能外，还具有独特的优势。现货市场的价格反映的是当前的供求关系，以此为依据来制定下一期的生产计划，很可能造成资源配置的偏差。例如，在小麦和油菜的播种季节到来的时候，某农户发现小麦的价格相对偏高，他认为种小麦比种油菜收益率更高，因此决定把他所有的土地都播种小麦。如果其他农户也跟他一样根据当前现货价格来决定生产计划，最后的结果就是所有的土地都会被种上小麦。那么到了收割季节，小麦将会由于播种量过多而价格急剧下跌，反而油菜籽的价格由于供给太少会居高不下。这种结果不仅给农户带来损失，从宏观角度来看也会使得社会资源不能得到优化配置。这就是现货市场价格信号的局限性。而如果农户想事先知道其他所有农户的播种计划，再来做出自己的决策，这也很不现实。但是，衍生金融工具市场的价格通常具有前瞻性。这是因为衍生品合约的内容通常是指向未来的现货交易而不是当前的现货交易。衍生品市场对衍生品的报价是在对未来价格进行预期的基础上进行的。例如，小麦期货的价格反映的并不是当前小麦的供求关系，而是未来小麦的供求关系。因此，在上例中，如果小麦现货价格被炒作得过高，小麦期货价格就可能与之分离。而期货价格属于公开信息，农户们根据期货价格安排生产计划，就有可能避免上例中的损失。这也从宏观上优化了资源的配置。

2. 规避风险

衍生金融工具市场规避风险的功能是通过套期保值者的套期保值交易来体现的。在 1.4.2 节中我们大体阐述了套期保值的基本原理。投资风险通常分为系统性风险和非系统性风险。其中，非系统性风险可以通过分散化投资来消除，而系统性风险则只能通过套期保值来消除。

在 1.3 节中列举的几种衍生工具都可以用来进行套期保值并规避风险。其中，使用远期合约进行套期保值，优点是：合约内容非常灵活，可以适应不同套期保值者的特定需要。缺点是：要找到合适的交易对手需要付出搜寻成本；找到交易对手后，与对方谈判并订立契约要付出相应的谈判和契约成本；最后还要承担对方的违约风险。此外，远期合约还是一把“双刃剑”，它在把你遭受巨大损失的可能性规避掉的同时也把你获得巨额盈利的可能性规避掉了。所以，使用远期合约做套期保值，不能保证在利润方面一定有好处。

与远期合约相反，使用期货合约做套期保值，成本极低。如果不考虑交易费用，几乎可以零成本建立期货合约。使用期货合约做套期保值也不用担心违约风险。但是，期货合约的内容已经被交易所标准化，在灵活性和适用性方面有所不足。另外，期货合约在套期保值方面同样具有“双刃剑”的特征。

期权既有场外市场交易的非标准化合约，也有场内市场交易的标准化合约。用期权做套期保值，其合约选择的范围较广。同时，用期权做套期保值最大的优势在于它消除了远期和期货“双刃剑”的特征。由于期权对其购买者来讲是一种权利，而不是义务。所以，当被保值的现货资产发生重大损失时，执行期权将会有盈利，这时就执行期权，冲减现货资产的损失；当被保值的现货资产产生盈利时，执行期权将会有损失，这时就选择放弃执行期权，现货资产的盈利就不会被冲减掉，可以说是达到了两全其美的效果。但为此付出的代价就是购买者需支付期权费才能获取权利，而远期和期货的买方则不需要付费。

1.5　衍生金融工具市场的发展历程及现状

1.5.1　衍生金融工具市场的发展历史

衍生金融工具中起源最早的是远期，后逐渐发展出期货，期权和互换则是到 20 世纪 70 年代才产生的。早在古希腊和古罗马的市集，就有约定日后交货的买卖行为，这可以认为是远期合约的雏形。在 13 世纪的比利时，商人也开始进行类似交易，并在 14—15 世纪期间发展成为有组织的市场，后来这种有组织的市场逐步演变为期货交易所。早期的期货交易所主要从事农产品期货交易，全球第一家商品交易所是 1570 年成立的英国皇家交易所，此后，阿姆斯特丹建立了第一家粮谷交易所，安特卫普开始咖啡期货市场的交易。1730年，大阪食米交易所开始开展食米远期交易，美国也出现小规模的地方性市场。在这一时期，无论是期货交易所还是期货交易本身与今天我们所熟悉的模式都有一定的距离，可以称为期货交易的雏形。较为规范化的期货交易开始于1848年，这一年，美国芝加哥期货交易所（CBOT）建立。交易所成立之初采用远期合约的交易方式，其特点是实买实卖，交易者利用交易所来寻找交易对手。交易的参与者主要是生产者、经销商和加工商，后来，一些非谷物商看到转手倒卖谷物合同能够赚钱，便进入交易所买卖远期合约赚取一买一卖的利差，这部分人就是早期的投机商。为了进一步规范交易，芝加哥期货交易所于1865年推出了标准化期货合约，这是现代意义上的期货交易产生的第一个里程碑。同年，芝加哥期货交易所又开始实行保证金制度，为交易者买卖的合约提供履约担保。保证金制度的实施，消除了交易双方不按期履约而产生的诸多矛盾，被称为期货交易产生过程中的第二个里程碑。1883年，为了处理日趋复杂的结算业务，交易所成立了结算协会，专门对会员的交易进行结算，结算体系的出现，使现代期货交易机制完善起来，被称作期货交易史上的第三个里程碑。

衍生金融工具市场的井喷式发展开始于20世纪70年代，如利率期货、外汇期货、期权、互换等重量级的衍生产品都产生于这一时期。这并非偶然，而是这一时期特殊的经济、金融背景催生的结果。衍生金融工具市场是顺应避险的需求而产生的，因而，风险越大的时期就越容易催生出衍生金融工具。而20世纪70年代，利率、汇率、通货膨胀率等关键性变量陷入动荡不定的状态，从而使金融市场的风险迅速增加。从通货膨胀率来看，欧佩克组织成立之后开始上调油价，而石油是主要工业国家的命脉。油价的攀升必然引发以石油为原材料的相关产成品价格的上升，并进而扩散为全球性的成本推进型通货膨胀。因此，70年代，主要西方工业国都经历了较为严重的通货膨胀，物价变得极不稳定。通货膨胀通常伴随着利率的上升，再加之60年代西方货币学派开始兴起，并在70年代对西方国家的领导人产生影响，西方国家普遍以货币供应量取代利率作为货币政策的中介目标，放松对利率的管制，利率变动更加频繁。从汇率来看，1973年布雷顿森林体系崩溃后，以美元为中心的固定汇率制度解体，各国开始实行浮动汇率制度。因此，此前一直处于蛇形浮动状态的汇率在这一时期开始剧烈波动。综上所述，正是由于在20世纪70年代利率、汇率、通货膨胀率风险的迅速增加，导致了对相应避险工具的需求也更加迫切，因而才能催生出诸多新型的衍生金融工具。20世纪80年代之后，西方主要国家逐渐放松了金融领域的管制，衍生金融工具市场获得了更加宽松的发展空间，开始迅猛增长。90年代末，信用衍生产品，如债务抵押债券（CDO）、信用违约互换（CDS）等开始快速发展，成为这一时期最为抢眼的亮点。2000年信用衍生产品合约的总面值仅为8 000亿美元，而到了2007年6月，这一数字已增至42万亿美元。然而，2008年的次贷危机打断了这一迅猛发展的势头，但危机后全球衍生品市场开始迅速恢复。2008—2011年，期权期货“全球交易总额增长了60.9%，增长的部分大多来自一些不受2008年和2009年危机影响的、逐年增长的新兴市场，如巴西、中国、印度和俄罗斯”。①

① FIA：《2011年全球金融衍生品市场年度调查报告》。

1.5.2　21 世纪世界衍生品市场发展的新特点

自 2000 年以来，世界衍生品市场的发展呈现出两个特点：

1. 新兴市场国家金融衍生品市场的崛起

近年来，为了推进金融市场改革，增强本国金融市场对国内外投资者的吸引力，许多新兴市场开始加快衍生品市场的发展，以突破金融改革的困境，建设本土金融衍生品市场。如表 1－1 所示，根据美国期货业协会公布的数据，2015 年一季度全球期货及期权交易量排名前 15 位的交易所中，有超过半数的都属于新兴市场国家（地区）。

2. 交易所跨国界并购层出不穷

为了发挥规模经济的作用，降低交易成本，更好地抢占市场，近年来，在国际范围内，衍生品交易所的并购频繁发生。2000 年 9 月巴黎证交所、阿姆斯特丹证交所和布鲁塞尔证交所合并成立泛欧交易所（EURONEXT）。2002 年初泛欧交易所又收购了葡萄牙里斯本证交所和伦敦国际金融期货交易所（LIFFE），在欧洲与伦敦证券交易所和德国证券交易所呈三足鼎立之势。纽约证券交易所（NYSE）在 2005 年 9 月吞并了太平洋交易所（Pacific Exchange）。2006 年 6 月，NYSE 和 EURONEXT 宣布进行合作，成为首家跨越大西洋和两个主要时区的证券交易所。2006 年 7 月，澳大利亚证券交易所（ASX）和悉尼期货交易所（SFE）合二为一。洲际交易所（ICE）在 2001 年 6 月和 2006 年 9 月分别收购了英国国际石油交易所（IPE）和纽约期货交易所（NYBOT）。

表 1－1　　2015 年期货及期权交易量全球排名前 15 位的交易所

（基于交易数量和清算结果）

排名	交易所	2015 年 1—3 月（份）	2014 年 1—3 月（份）	增长率（%）
1	CME 集团（包括 CBOT、NYMEX）	914 182 940	833 290 490	9.70
2	印度国家证券交易所	815 548 006	378 205 913	115.60
3	欧洲期货交易所（包括 ISE）	543 787 241	540 901 721	0.50
4	洲际交易所	503 945 262	600 118 410	−16.00
5	BM&FBovespa	324 974 061	334 086 565	−2.70
6	莫斯科交易所	312 568 272	340 292 577	−8.10
7	CBOE 集团	290 684 316	342 817 284	−15.20
8	郑州商品交易所	289 377 077	116 420 676	148.60
9	纳斯达克 OMX	279 908 241	292 874 703	−4.40
10	孟买证券交易所（BSE）	215 407 877	128 903 681	67.10
11	上海期货交易所	207 119 886	178 254 924	16.20
12	韩国交易所	168 482 540	167 895 338	0.30
13	大连商品交易所	130 087 041	155 619 827	−16.40
14	BATS 交易所	87 434 638	39 583 117	120.90
15	香港交易及结算所	84 866 968	78 174 812	8.60

资料来源：中国经济网。

1.6 我国的衍生金融工具市场

1.6.1 期货市场

期货市场是我国目前发展得最好的衍生金融工具市场。新中国成立前，我国期货市场已有一定程度的发展，但随着政权的转移，所有的市场全部关闭。改革开放后，我国期货市场的发展大致经历了以下几个阶段：

1. 迅速发展阶段

1990 年 10 月 12 日商业部和河南省政府在郑州联合开办中国第一家引进期货机制的全国性粮食批发市场——中国郑州粮食批发市场，即郑州商品交易所的前身。1991 年 6 月 10 日深圳建立起中国第一家以标准期货合约为主要交易对象的有色金属交易所。1992 年 1 月 18 日，深圳有色金属交易所正式营业，这标志着中国期货市场正式进入试点发展阶段。1992 年 5 月 28 日上海金属交易所也正式开业。伴随着期货市场的成长与发展，中国期货经纪业迅速崛起。1992 年 12 月 22 日中国第一家期货经纪公司广东万通期货经纪公司在广东正式开业；同年 12 月 28 日，由国家物资部、商业部等联合组建的中国国际期货经纪公司也在北京宣告成立。截至 1994 年年底，我国共建成期货交易所 50 余家，拥有会员单位 3 000 余家，开发了近 50 个可以进行期货交易的上市品种，共有 1 000 余家期货经纪机构相继成立。期货市场的迅速扩张与无节制扩充，导致期货市场违规事件不断发生。

2. 第一次规范整顿阶段

为抑制期货市场的盲目发展与过度投机，国务院于 1993 年 11 月 4 日发出了《国务院关于坚决制止期货市场盲目发展的通知》，这标志着中国期货市场进入规范的调整阶段。中国证监会按照国务院关于“规范起步，加强立法，一切经过试验和严格控制”的原则，对中国期货市场进行规范。具体措施包括：

（1）清理整顿期货交易所。

将 50 余家期货交易所缩减为 14 家。清理缩减期货上市交易品种，只批准铜、铝、胶合板、绿豆、橡胶等 9 个品种在交易所挂牌交易，同时允许少数品种试运行交易。要求期货交易所进行会员制改造，将由部门、地方政府或少数企业出资兴办期货交易所改造为会员共同出资、共担风险、实行自律管理的非营利性组织。

（2）暂停一批品种的期货交易。

1994 年以后国家暂停了钢材、白糖、煤炭、籼米、石油和国债等 19 个品种的期货交易，制止以中远期合同交易为名的期货交易。

（3）清除境外期货交易和外汇按金交易。

制止了境外期货代理业务，停止了各期货经纪公司、非银行金融机构和各类咨询公司开展的外汇期货和外汇按金交易。对期货经纪业务实行许可制度。在此后几年中，中国证监会遵循“法律、监管、自律、规范”的方针，进一步强化对期货市场的监管。

3. 第二次规范整顿阶段

在 1998 年又将全国 14 个期货交易所撤并为上海、郑州、大连 3 家。将上市运行的商品期货合约确定为铜、铝、天然胶、籼米、胶合板、大豆、豆粕、啤酒大麦、绿豆、小麦、花生仁、红小豆等 12 个品种。

4. 规范发展阶段

经过进一步整顿的中国期货市场，进入了规范发展的新阶段。2006 年，中国金融期货交易所成立。2010 年 4 月 16 日中国金融期货交易所推出了沪深 300 指数期货合约，2013 年 9 月 6 日中国金融期货交易所推出了 5 年期国债期货合约，2015 年 3 月 20 日 10 年期国债期货正式交易，2015 年 4 月 16 日股指期货时隔 5 年再次推出新产品，即上证 50 和中证 500 指数期货交易。其他交易所的交易品种也有所增加，交易金额不断增长。目前，大陆地区共有交易所 4 家。各交易所的情况参见表 1-2。

表 1-2　　我国大陆地区期货交易所一览表

期货交易所（内地）	成立时间	上市品种	会员数
郑州商品交易所（简称郑商所）Zhengzhou Commodity Exchange	1990.10.12	强麦、普麦、棉花、白糖、精对苯二甲酸(PTA)、菜籽油、早籼稻、甲醇、玻璃、油菜籽、菜籽粕、动力煤、晚籼稻、粳稻、铁合金	202 家
上海期货交易所 Shanghai Futures Exchange	1991.05.28	黄金、白银、铜、铝、锌、铅、镍、锡、螺纹钢、线材、燃料油、热轧卷板、石油沥青	201 家
大连商品交易所（简称大商所）Dalian Commodity Exchange	1993.02.28	玉米、玉米淀粉、黄大豆 1 号、黄大豆 2 号、豆粕、豆油、棕榈油、鸡蛋、胶合板、纤维板、聚乙烯、聚氯乙烯、聚丙烯、焦炭、焦煤、铁矿石	170 家
中国金融期货交易所（简称中金所）China Financial Futures Exchange	2006.09.08	沪深 300 指数期货、上证 50 指数期货、中证 500 指数期货、5 年期国债期货、10 年期国债期货	146 家

资料来源：各期交所官方网站。

值得一提的是，尽管我国的期货市场起步较晚，但发展速度却非常快。根据美国期货业协会公布的数据，2015 年一季度全球按期货与期权交易量进行的交易所排名中，中国的 4 家期货交易所的排名都在前 20。其中，郑州商品交易所排名第 8，上海期货交易所排名第 11，大连商品交易所排名第 13，中国金融期货交易所排名第 17。在分类排名中，中国期货交易所的表现更为抢眼。在金属类的交易量排名中，上海期货交易所的螺纹钢、白银和铜占据了全球排名的前 3 甲，锌和黄金分别排第 8 和第 9；大连商品交易所的铁矿石期货排第 5。也就是说，在金属类期货排名的前 10 中，我国就占据了 6 席。在农产品的交易量排名的前 10 中，我国的产品同样占了 6 席，其中郑州商品交易所的菜籽粕和白糖分位居第 1 位和第 3 位；大连商品交易所的豆粕、棕榈油和豆油分别排第 2 位、第 7 位和第 8 位；上海期货交易所的橡胶排第 5 位。中国金融期货交易所的沪深 300 股指在股指类期货交易中排第 5 位。

1.6.2　权证和期权市场

我国权证市场的发展可谓“二起二落”，每次发展都如昙花一现。

1. 1992—1996 年

这一阶段，我国开始尝试发展权证市场。先后在深交所和上交所推出了飞乐权证、保安权证、金杯权证等。由于定价和机制设计上的不合理以及投资者的认识不足，大多数权证市场反应平淡。1996 年 6 月底，证监会终止了权证交易。

2. 2005—2011 年

在淡出人们视线九年多后，权证利用股权分置改革的机会卷土重来。这次，权证作为股权分置改革的对价支付手段重新进入交易所交易。期间，发生的几个标志性事件是：

(1) 2005 年 8 月 22 日：第一只股改权证宝钢认股权证在上交所挂牌交易。

(2) 2005 年 11 月：第一只认沽权证宝钢认沽权证在上交所挂牌交易。

(3) 2005 年 11 月：交易所允许券商无限创设权证。

(4) 2011 年 11 月：深沪两市最后一只权证长虹 CWB1 迎来最后交易日。

在此期间，利用权证进行炒作的各类违规案件层出不穷。上交所共实施权证临时停牌 16 次，异常交易调查 217 起，发出警示函、监管问询函、监管关注函 90 份，先后有 223 个异常交易账户被限制交易。

随着最后一只权证长虹 CWB1 最后交易日的结束，作为股改手段的权证完成了它的历史使命，再次退出了我国金融衍生品市场的舞台。

3. 2015 年开启期权时代

2015 年 2 月 9 日，上海证券交易所决定上市交易上证 50ETF 期权合约品种，中国证券市场正式步入期权时代。ETF 期权的正式推出，将增强现货市场的流动性，长期而言，意味着我国股市从单边市逐步进入双边市，从线性交易时代迈入非线性立体交易时代。

1.6.3 利率衍生产品市场

我国利率衍生产品目前有债券远期交易、人民币利率互换、远期利率协议和国债期货几个品种。

我国利率类衍生产品发展比较滞后，其根本原因是利率类衍生产品必须在利率市场化的环境里才能得到较好发展，而我国的利率在相当长的时期内都受到严格管制。但自 2005 年以来，我国利率市场化改革已取得了重大进展。2005 年 3 月 17 日，我国进一步放开金融机构同业贷款利率，标志着我国利率已基本由市场供求决定。2006 年 10 月，中国人民银行在银行间市场推出上海银行间同业拆放利率（SHIBOR），旨在构建中国货币市场基准利率，将利率市场化又向前推进了一步。2013 年 7 月，中国人民银行全面放开金融机构贷款利率管制。2015 年 10 月 23 日，中国人民银行宣布对商业银行和农村合作金融机构等不再设置存款利率浮动上限，标志着我国的利率管制已经基本放开，改革迈出了非常关键的一步，中国在名义上完成了利率市场化。伴随着利率市场化的过程，我国利率类衍生品也逐步发展起来。

2005 年 6 月 15 日，中国人民银行在银行间债券市场正式推出债券远期交易，标志着我国首个场外人民币衍生产品正式诞生。当日，中国工商银行与兴业银行达成了首笔债券远期交易，开启了我国场外利率衍生产品市场的先河。2006 年 1 月 24 日，人民币利率互换交易试点启动，国家开发银行与中国光大银行完成首笔 50 亿元人民币利率互换交易，拉开了我国人民币利率互换市场的历史序幕。2007 年 11 月 1 日，远期利率协议业务正式推出，进一步丰富了我国的金融衍生产品。

尽管我国的利率衍生品市场已有所发展，但规模仍然较小。2015 年 10 月，债券远期市场只发生了 2 笔交易，总成交金额为 2.02 亿元。远期利率协议市场在 10 个月内只发生了 1 笔交易，名义本金共 0.5 亿元。利率互换市场要发展得好一些，仅 2015 年 10 月一个月就共计发生交易 3 757 笔，名义本金共 5 364.41 亿元。①

1.6.4　汇率衍生产品市场

我国的汇率衍生产品市场包括人民币外汇远期、人民币外汇掉期、人民币外汇货币掉期、人民币外汇期权、外币对交易。人民币外汇远期交易指交易双方以约定的外汇币种、金额、汇率，在约定的未来某一日期（距成交日两个工作日以上）交割的外汇对人民币的交易。人民币外汇掉期交易是指交易双方约定一前一后两个不同的交割日、方向相反的两次本外币交换，在前一次货币交换中，一方用外汇按照约定汇率从另一方换入人民币；在后一次货币交换中，该方再用人民币按照另一约定汇率从另一方换回相同币种和数量的外汇。人民币外汇货币掉期通常与融资相结合，用于将人民币贷款转换为外币贷款。与人民币外汇掉期相比，它不仅涉及两次本金的互换，也涉及中间若干次分别以 LIBOR 和 SHIBOR 为基准的利息互换。人民币对外汇期权交易是指在未来某一交易日以约定汇率买卖一定数量外汇资产的权利。期权买方以支付期权费的方式拥有权利；期权卖方收取期权费，并在买方选择行权时履行义务（普通欧式期权）。外币对交易是中国外汇交易中心提供的外币对外币之间的外汇交易业务，包括 EUR/USD、AUD/USD、GBP/USD、USD/CHF、USD/HKD、USD/CAD、USD/JPY、EUR/JPY、USD/SGD 9 个货币对的即期、远期与掉期交易。

2015 年 10 月，外汇掉期交易共计成交 18 603 笔，总金额 8 879.93 亿美元。外汇远期共计成交 194 笔，总金额 14.573 1 亿美元。②

本章小结

由于衍生金融工具的内涵和外延都处于不断发展变化的过程中，对其进行定义就成为一件具有挑战性的事。就目前而言，我们倾向于将其定义为价值由它所依附的变量来决定的金融工具。较之于其他传统的金融工具，衍生金融工具具有复杂性、多样性、杠杆性和高风险性的特点。衍生金融工具的基本类型包括远期、期货、期权和互换等，但在基本类型之外还存在大量的变异品种。同传统的金融工具一样，衍生金融工具的交易市场也分为场外市场和场内市场。衍生金融工具的交易主体可根据其交易目的的不同分为套期保值者、套利者和投机者。他们都是衍生金融工具市场必不可少的构成成分。衍生金融工具市场最重要的功能是优化资源配置和规避风险。

衍生金融工具市场早在古希腊时期就已萌芽。20 世纪 70 年代，衍生金融工具市场开始了井喷式的发展。进入 21 世纪，包括中国在内的新兴国家的衍生金融工具市场开始崛起。

---

①② 由中国货币网统计月报资料计算得出。

问题与应用

1. 什么是衍生金融工具的杠杆性?

2. 既然衍生工具具有规避风险的功能，为什么又说衍生金融工具市场具有高风险性呢?

3. “衍生品市场的参与者都会承担极大的风险。”这句话对吗？为什么?

4. 既然交易所可以辨别套期保值者和投机者，那么，交易所为什么不把投机者排除在市场之外，以降低衍生品交易的投机性和风险性呢?

5. “期货和期权的买方都有权利按约定价格购买标的资产。”这个说法对吗？为什么?

6. 简述期货和远期的区别。

7. 简述场外市场和场内市场的区别。

8. 在2012年3月13日，某个中国公司的财务经理同某银行签署了一份远期合约，其内容为该公司在6个月后以1美元兑6.125 3元人民币的汇率从银行处购买100万美元。显然，在此远期合约中，该公司为多头，而银行为空头。假设到了2012年9月13日，美元兑人民币的汇率为6.321 3。此时，公司和银行各自的盈亏是多少?

9. 设亚马逊公司（Amazon）股票的当前价格为20元，执行价格为22.5元，期限为2个月的看涨期权的当前价格为1元。该股票的2个月后到期的期货合约（如果有的话）的价格为22.5元，保证金为每份合约100元，每份期货合约的规模为100股。某一投机者有2 000元资金，并且他认为该股票在2个月后会涨价，他可以从三种投机方式中选择：

(1) 花费现金2 000元购入100股股票。

(2) 购买针对2 000股股票（即20份期权合约）的2个月期看涨期权。

(3) 缴纳2 000元保证金，买入20份期货合约。

假设2个月后的股价为（1）15元和（2）27元，比较三种投机方式的盈亏。

10. 用期权进行套期保值和用期货进行套期保值有何区别?

11. 谈谈你对下列衍生金融工具定义的看法：

(1) 衍生金融工具是在原生金融工具的基础上衍生出来的金融产品。

(2) 衍生金融工具是在基础金融工具上衍生出来的金融产品。

(3) 衍生金融工具是在传统金融工具的基础上衍生出来的金融产品。

(4) 衍生金融工具是在基础资产之上衍生出来的金融产品。

12. 有人说：“最基本的远期、期货、期权、互换品种就足以满足人们的避险需求了，所以，那些花样不断翻新、结构越来越复杂的衍生产品其实都是用来诱导投资者的。”你对此有何看法?

13. 请列举一些日常生活中带有衍生金融工具特征的事例。

14. 为什么在巴林银行事件发生后，还会有几乎如出一辙的法国兴业银行事件发生?

15. 你最近准备投资商铺。你已选中一个目标，总价400万元。现正准备与销售人员商谈其他合同条款。

情况一：你告诉销售员，400万元不是小数目，你需要1个月的时间筹集资金。但销售员认为该商铺销售形势较好，不能凭空替你保留一个月，除非你愿意按当前价格先把合同签订了，房款1个月后交也可以。你同意了销售员的提议，与开发商签订了购房合同。

请问该交易运用了哪种衍生金融工具的概念？

情况二：你认为销售员之所以情愿推迟1个月收取价款，也要按当前价格与你把合同先签订下来，必定是他认为该商铺在未来的1个月里价格下降的可能性较大，所以你想拒绝销售员的上述提议，但是销售员所说的该商铺1个月后很可能会涨价的分析听起来似乎也有道理，所以你非常纠结。于是销售员又提出了另外一种解决办法。你们可以草签一份协议，由你支付一笔价值1万元的担保金给开发商，开发商则承诺替你保留这个商铺1个月并保持价格不变。1个月后，你可以购买或放弃购买这个商铺，但无论你是否购买这个商铺，担保金都不再退还给你。你接受了这个提议。请问该交易运用了哪种衍生金融工具的概念？

情况三：在第二种情况下，如果你在这1个月内又发现了另一套商铺，你认为该商铺的价值与前一套基本相当，但是售价只有390万元，你应该如何做呢？

情况四：在第二种情况下，1个月后，该商铺价格涨到了410万元，而你的400万元价款还没有筹够，你应该怎么办？

情况五：你已经支付了400万元的价款并签订了购房合同。由于你购买的是期房，根据合同，开发商将在1年之后交房。你准备到时候把该商铺出租以收取租金。最近这两天，你又做了一番市场调查，你认为城东的商铺与城西的商铺目前价格相当，但是1年后城东的商铺的租金会高于城西的商铺。你很后悔自己买了城西的商铺。今天，你在与一个朋友聊天时发现，他也买了一个总价400万元的商铺，也是1年后交房，只不过他的商铺在城东。而他判断1年后，城西的商铺的租金应该会高于城东。所以，他也正后悔呢。你们应该怎么办呢？

推荐阅读材料、网站

[1] http://www.cbot.com.

[2] http://www.dce.com.cn.

[3] http://www.czce.com.cn.

[4] http://www.shfe.com.cn.

[5] http://www.cffex.com.cn.

参考文献

[1] Miller, M. H., "Financial Innovation: Achievements and Prospects", *Journal of Applied Corporate Finance*, 4 (Winter 1992): 4-11.

[2] Zhang, P. G., *Barings Bankruptcy and Financial Derivatives*, Singapore: World Scientific, 1995.

第 2 章

远期合约

学习目标

本章主要介绍远期交易的来源，远期合约的定义、特点、种类和功能等，重点介绍了远期利率合约、远期外汇合约等主要的远期合约以及这些远期合约在现实中的应用。学习完本章后，要求读者了解远期合约的概念、特点和种类，掌握远期外汇合约、远期利率协议和外汇综合协议的特点、盈亏计算及运用，了解中国市场中远期交易的发展情况。

本章我们介绍最基础的一类金融衍生产品——远期合约及其相关的交易市场。在金融衍生产品和市场发展的历史过程中，远期合约的产生和远期交易市场的出现有着特别重要的意义。我们在对远期合约和交易的探究考察之上，还可进一步透过这类简单且基础的产品，洞见现实生活中风险管理的挑战如何催生对金融相关产品的需求，了解新型产品的出现和交易所引入的诸多特性和变化，以及由此产生的对产品和市场演变的需求，从而建立对风险管理现实需求和金融衍生产品发展之间紧密互动关系的初步理解。

2.1 远期交易和远期市场的起源

首先考察实体经济中的一种特殊风险。以农业生产为例，谷物收成有其特殊的季节性规律。当收获季到来的时候，往往供过于求，导致价格下降“谷贱伤农”。而粮食作物又是全年都需要消费的，在非收获季，由于仓储量有限，可能出现暂时性短缺，谷物价格上涨，又会影响消费者利益。因此谷物的销售商看到了其中的商机，在农产品收获前就向农民预约收购，而实际的交割却可以推迟发生在收获之后，销售商通过合同形式锁定未来收获季的确定数量和价格的谷物采购，便于其更好地安排全年销售中的定价、库存、转运等工作，减少了因未来谷物采购数量和价格不利波动带来的风险。而农民同样从这样一个合同安排中得到了对未来产出谷物收入的确定性，消除了丰年成灾的风险。这样的预约收购并在未来交割的合同安排中最为典型的就是远期交易了。

近现代两个最为重要的远期和期货交易所分别是成立于 1697 年的日本大阪堂岛米市

场（Dōjima Rice Market）和成立于 1848 年的芝加哥期货交易所（Chicago Board of Trade），两者最初都是以粮食为主要交易品种的远期交易场所，而最终都通过远期合约的标准化，发展成了现代意义的期货交易和期货交易所。在下一章我们会详细考察期货及期货交易，在这之前我们可以简单认为期货交易即是标准化的远期交易。

2.2　远期合约概述

2.2.1　远期合约的概念

上述粮食远期交易中交易本身是通过商业合约的形式将双方的责任义务规定下来，换言之，远期市场中所交易的是远期合约。

远期合约（forward contract）是指交易双方在将来某一指定时刻以约定价格买入或卖出一定数量某一资产的合约。与远期合约相对应的是即期交易，也就是我们平时所熟知的钱货两清的买卖模式，相应的价格为即期价格（spot price）。

远期交易模式和钱货两清的交易模式的核心差异就在这个“将来某一指定时刻”。在前述例子中“将来某一时刻”常常被买卖双方定义为谷物收获季中的一个时刻。而当前发生远期交易的时间可以是播种开始之前，也可以是播种季到收获季之间的任一时点。这个看上去简单的差异将会引发一系列需要考察的问题。在开始探讨前，先定义相关概念：

1. 标的资产（underlying assets）

合约中约定买卖的资产通常称为标的资产。标的资产可以是实物资产，如农产品、石油、金属等，也可以是金融资产，如债券、股票、外汇等。

2. 多头（long position）

在远期合约中，同意在将来某一时刻以约定的价格买入资产的一方被称为多头。

3. 空头（short position）

远期合约中，另一方同意在将来某一时刻以同一约定的价格卖出资产，这一方被称为空头。

4. 远期升水（forward premium）与远期贴水（forward discount）

即期交易中形成的价格叫作即期价格，在远期交易中形成的价格叫作远期价格。远期价格与即期价格的价差称为远期价差。升水表明远期价格高于即期价格；贴水表明远期价格低于即期价格；平价表明远期价格和即期价格相等。

$$远期价格=即期价格+远期价差$$

5. 交割价格（delivery price）

远期合约中规定未来买卖标的物的价格称为交割价格。在合约签订时，远期价格与交割价格是相等的。但在合约签订之后，远期价格和交割价格并不必然相等。远期价格会随着市场供求变化而变化，但交割价格作为远期合约条款内容则是保持不变的。

在合约签订时，合约双方所选择的交割价格应该使合约的价值为零。如果签订时合约的价格对多头来说具有正的价值，此时空头不愿意签订该合约，反之亦然。

如果远期价格和交割价格不相等则会产生套利的机会。若交割价格高于远期价格，套利会使价格上升，直到不存在套利机会为止。

6. 合约期限

远期合约的期限指合约签订至到期的时间。签订双方根据具体的情形来约定合约的期限，并没有统一的标准。

2.2.2 远期合约的应用

远期交易的原理很简单，一般参与远期交易的双方主要是为了锁定未来的交易价格。前例中谷物销售者通过远期交易规避未来价格下跌的风险，而谷物购买者通过远期交易规避价格上涨的风险。在这里我们举一个具体的黄金的远期合约的例子：黄金生产企业预计未来黄金的价格有下降的趋势，企业可以通过签订远期合约来规避这一风险。

假定当期黄金的市场价格为每盎司 1 000 美元，黄金生产企业卖出一份一年期的远期合约，合约规定在一年后以每盎司 1 000 美元交割 100 盎司黄金。该黄金生产企业即是远期合约中的空头。如果一年后交割日黄金的现价下跌至 980 美元/盎司，那么黄金生产企业成功规避了价格风险，通过在远期市场中获利避免了 2 000 美元的损失。但是如果交割当日市场金价高于合约价格，比如黄金价格为 1 050 美元/盎司，黄金生产企业还是只能按合约价格每盎司 1 000 美元卖出黄金，失去了以高于合约价格的市场现价销售的机会。从这个例子可以看出，使用远期合约规避风险的同时，交易方也放弃了对自己有利的价格变化带来的盈利。

2.2.3 远期合约的收益

假设 K 为合约的交割价格，S_T 为资产在合约到期时标的资产的现货价格。那么对于远期合约的多头来说，每一单位的合约到期收益为 S_T-K。同样，对于远期合约空头来说，每一单位的合约到期收益为 $K-S_T$。当 $S_T>K$ 时，多头获得正收益；当 $S_T<K$ 时，空头获得正收益。图 2-1 中表示的是当远期合约到期时多头和空头的损益情况。上述例子中 K 等于 1 000，第一种下跌情况下 S_T 等于 980，作为空头的黄金生产企业在远期交易中实现了每盎司 20 美元的盈利。在第二种价格上升的情况下，S_T 等于 1 050，作为空头的黄金生产企业在远期交易中出现了每盎司 50 美元的亏损。

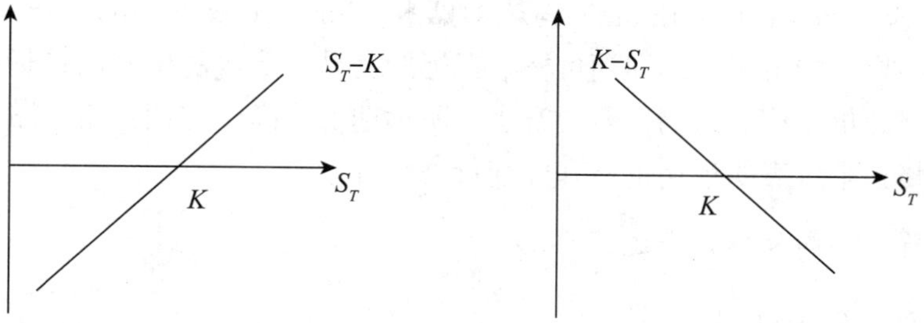

多头的损益情况　　　　空头的损益情况

图 2-1　远期合约损益图

2.2.4 远期交易的特点

远期交易是一种简单的衍生产品交易，在以大阪堂岛米市场、芝加哥交易所等为代表的近现代衍生品交易所将远期交易标准化成为期货交易之后，我们需要做一区分：在这一章所提到的远期交易的合约特别限定为不在交易所挂牌组织交易的非标准化合约。

1. 远期合约在场外交易，是交易双方通过谈判后签订的合约，是非标准化的合约

在合约签订时，双方根据双方具体情况和要求来决定未来交易的时间、资产、价格和数量等，具有很大的灵活性，能够更好地满足交易者个性化的需求。

2. 远期合约通常是用现金和实物进行交割

合约买方和卖方达成协议在未来的某一特定日期交割一定质量和数量的商品，价格可以预先确定或在交割时确定。90%以上的远期合约最后均以实物方式交割，只有很少的部分是以平仓来代替实物交割的。

3. 远期合约流动性较差

正是由于远期合约可以被定制的灵活性，一旦远期交易的一方希望提前终止合约，很难找到刚好可以承担本方义务的其他交易者，存在退出流动性不足的风险。因此远期交易很少会提前终止合约，如果出现交易方变化，通常使用现金和实物进行交割。

4. 远期合约存在违约风险

远期交易中双方均面临对方违约的风险。因为远期合约是在场外交易的，没有交易所的监管，在合约签订时不支付任何现金，当价格的变动对一方不利的时候，这一方很可能会产生违约动机，因此远期合约的信用风险很高。以上述黄金远期合约为例，在发生第二种价格上涨的情况下，作为空头的黄金生产企业完全有动机不履行之前签署的远期合约，从而违约逃避5 000美元的合约亏损。当这种情况发生时，该合约的另一方，即持有黄金多头远期合约的交易方就将面临5 000美元的交易对手违约损失。

实体经济中需要签订远期合约的风险管理方因自身生产经营实际，在远期合约各项需求上难以和同处实体经济中的签约对手方完美契合。与此同时，上述违约风险的存在，使得远期合约对于交易对手的信用要求往往很高，即便需求完美对接，也往往因为对交易对手风险的顾虑导致合约签订存在难度，这种对交易对手搜索和互信建立不易所产生的完成交易的难度实质上构成了经济学意义上的市场摩擦。在这种背景下以银行为代表的金融机构常常作为远期交易的信用与风险承担中介参与交易。市场中绝大部分远期合约交易发生在金融机构之间以及金融机构与其客户之间。当金融机构为满足客户需求签订相关远期合约，则事实上承担了该标的资产在某方向上的价格风险。金融机构需要通过各种市场手段，包括场外远期和其他衍生品市场以及场内金融市场交易来分割、对冲、转移、动态管理自己的风险。而正是由于这类机构在风险管理上的专业性，才使得上述风险承担中介业务现实可行。

2.2.5　远期合约的种类

最初的远期合约仅仅是商品远期交易。发展至今，远期合约还包括金融性远期合约，即远期利率协议、远期外汇协议、远期股票合约和债券远期等。其中，远期股票合约（equity forwards）是指在将来某一特定日期按特定价格交付一定数量单只股票或一揽子股票的协议。债券远期是交易双方约定在未来某一日期，以约定价格和数量买卖标的债券的金融合约，是债券市场规避利率风险的金融衍生工具。

2.3 远期外汇合约

2.3.1 远期外汇合约的产生

由于生产、贸易和投资的国际化，固定汇率转向浮动汇率，在这些背景下，产生了远期外汇合约。在贸易活动中只要涉及货币与货币的交换，就会面临着汇率风险，这时就可以借助远期外汇合约来规避风险。

在出口商以短期信贷方式卖出商品、进口商以延期付款方式买进商品的情况下，从成交到结算这一期间对它们来讲都存在着一定的外汇风险。因汇率的波动或浮动，出口商的本币收入可能比预期的数额减少，进口商的本币支付可能比预期的数额增加。

在国际贸易实务中，为了减少外汇风险，有远期外汇收入的出口商可以与银行订立卖出远期外汇的合同，一定时期以后，按签约时规定的价格将其外汇收入出售给银行，从而防止汇率下跌而在经济上遭受损失；有远期外汇支出的进口商也可以与银行签订购买远期外汇的合同，一定时期以后，按签约时规定的价格向银行购买，从而防止汇率上涨而增加成本负担。此外，由于远期外汇买卖的存在，也便于有远期外汇收支的进、出口商核算其成本，确定销售价格，事先计算利润盈亏。

2.3.2 远期外汇合约的概念

1. 定义

远期外汇合约（forward exchange agreement，FEA）是指外汇买卖双方在成交时先就交易的货币种类、数额、汇率及交割的期限等达成协议，并用合约的形式确定下来，在规定的交割日双方再履行合约，办理实际的收付结算。

2. 相关概念

（1）即期汇率。

即期汇率也称现汇汇率，是交易双方达成外汇买卖协议后，在两个工作日以内办理交割的汇率。这一汇率就是现时外汇市场的汇率水平。

汇率有两种标价法，即直接标价法和间接标价法。直接标价法是以一定单位的外国货币为标准来计算应支付多少单位本国货币。包括中国在内的世界上绝大多数国家目前都采用直接标价法。在国际外汇市场上，日元、瑞士法郎、加元等均采用直接标价法。间接标价法是以一定单位的本国货币为标准来计算应收若干单位的外国货币。在国际外汇市场上，欧元、英镑、美元等采用间接标价法。

（2）远期汇率。

远期汇率也称期汇率，是交易双方达成外汇买卖协议，约定在未来某一时间进行外汇实际交割所使用的汇率。

①远期汇率的报价方法。

a. 直接报价法。

这种方法是直接报出了不同期限的远期汇率的买入价和卖出价。因为即期汇率不断波动，所以要不断地调整远期汇率的报价，这种报价对银行来说是比较麻烦的一种方式，所以现在很少使用这种报价方式。

b. 远期价差报价法。

远期价差指的是某一时点远期汇率与即期汇率的差价，又叫作掉期率。在远期价差报价法下，银行给出点数后，客户计算远期汇率的关键在于判断是把点数加到即期汇率中还是从即期汇率中减掉点数，其判断原则是使远期外汇的买卖价差大于即期外汇的买卖价差，因为对于银行来说，从事外汇交易的利润来源主要就是买入卖出外汇之间的价差，在远期外汇业务中银行所承担的风险要比从事即期外汇业务的风险大，因而也要求有较高的收益，表现在外汇价格上就是远期外汇的买卖价差要大一些。

②升水与贴水。

升水是指远期汇率高于即期汇率，贴水则相反。在直接标价法的情况下，远期汇率如果是升水，就在即期汇率的基础上加上升水数，即为远期汇率；如果是远期贴水，就在即期汇率的基础上减去贴水数，即为远期汇率。在间接标价法的情况下，正好相反：远期汇率如果是升水，就要在即期汇率的基础上减去升水数，即为远期汇率；如果是远期贴水，就要在即期汇率的基础上加上贴水数，即为远期汇率。

2.3.3 远期外汇合约的交割

远期外汇交易交割日或者结算日基本上是按月计算而不是按天计算，其交割日是在即期外汇交割日或结算日的基础上确定的，即在确定远期外汇交易的交割日之前要先确定即期外汇交易交割日。因为远期外汇交易交割日就是即期外汇交易交割日之后的远期外汇合约规定的期限的同一天，因此，计算远期外汇交易交割日的一个简单方法是：对于今天发生的 3 个月远期外汇交易，可以先计算出即期外汇交易的交割日，然后往后推 3 个月。例如，2009 年 9 月 1 日（星期二）发生了一笔 3 个月的远期外汇交易，其交割日的计算首先是计算出 9 月 1 日发生一笔即期外汇交易的交割日为 9 月 3 日，然后在 9 月 3 日的基础上加 3 个月就是 3 个月远期外汇交易的交割日，即 2009 年 12 月 3 日（星期四）。如果计算出的远期外汇交易的交割日恰为银行休假日，则将交割日向后顺延至第一个合适的日期。

2.3.4 远期外汇交易的作用

1. 进出口商预先买进或卖出期汇，以避免汇率变动风险

汇率变动是经常性的，在商品贸易往来中，时间越长，由汇率变动所带来的风险也就越大，而进出口商从签订买卖合同到交货、付款又往往需要相当长的时间（通常为 30～90 天，有的更长），因此，有可能因汇率变动而遭受损失。进出口商为避免汇率波动所带来的风险，就想尽办法在收取或支付款项时，按成交时的汇率办理交割。

2. 外汇银行为了平衡其远期外汇持有额而交易

远期外汇持有额就是外汇头寸（foreign exchange position）。进出口商为避免外汇风险而进行期汇交易，实质上就是把汇率变动的风险转嫁给外汇银行。外汇银行之所以有风险，是因为它在与客户进行了多种交易以后，会产生一天的外汇“综合持有额”或总头寸（overall position），在这当中难免会出现期汇和现汇的超买或超卖现象。这样，外汇银行就处于汇率变动的风险之中。为此，外汇银行就设法把它的外汇头寸予以平衡，即要对不同期限不同货币头寸的余缺进行抛售或补进，由此求得期汇头寸的平衡。

在出现期汇头寸不平衡时，外汇银行应首先买入或卖出同类同额现汇，再抛补这笔期

汇。也就是说，用买卖同类同额的现汇来掩护这笔期汇头寸平衡前的外汇风险。其次，银行在平衡期汇头寸时，还必须着眼于即期汇率的变动和即期汇率与远期汇率差额的大小。

3. 短期投资者或定期债务投资者预约买卖期汇以规避风险

在没有外汇管制的情况下，如果一国的利率低于他国，该国的资金就会流往他国以谋求高息。假设在汇率不变的情况下纽约投资市场利率比伦敦高，两者分别为 9.8%和 7.2%，则英国的投资者为追求高息，就会用英镑现款购买美元现汇，然后将其投资于 3 个月期的美国国库券，待该国库券到期后将美元本利兑换成英镑汇回国内。这样，投资者可多获得 2.6%的利息，但如果 3 个月后，美元汇率下跌，投资者就得花更多的美元去兑换英镑，因此就有可能换不回投资的英镑数量而招致损失。为此，英国投资者可以在买进美元现汇的同时，卖出 3 个月的美元期汇，这样，只要美元远期汇率贴水不超过两地的利差（2.6%），投资者的汇率风险就可以消除。当然，如果超过这个利差，投资者就无利可图而且还会遭受损失。这是就在国外投资而言的，如果是在国外有定期外汇债务的人，则就要购进期汇以防债务到期时多付出该国货币。

4. 利用远期外汇交易进行投机

外汇投机是指投机者根据对有关货币汇率变动的预测，通过买卖现汇和期汇，有意保持某种外汇的多头或空头，以期在汇率实际发生变动之后获取风险利润的一种外汇交易。外汇投机有即期外汇投机和远期外汇投机两种类型。在利用远期外汇进行投机的过程中，如果投机者预期某种货币的汇率将上升，则会买入这种货币的远期，此时他并不立即支付现金，也不会取得相应的外汇，只是订立了一个买卖合约，获得了在未来某一日按一定价格支付某种货币而取得另一种货币的权利并承担相应义务；反之，如果投机者预期某种货币的汇率将下降，就会卖出该种货币的远期。

2.3.5 远期外汇合约的应用

1. 规避外汇风险

【例 2—1】 假设一家进口商甲公司将在下一月（8 月 10 日）支付 2 亿日元的贷款，当前（7 月 8 日）美元兑日元的汇率为 1 美元＝133 日元，但是甲公司只有美元，所以需要通过外汇买卖来支付贷款。甲公司担心美元兑日元的汇率会下降，这样会增加换汇成本，因此甲公司签订了一笔远期外汇合约，按远期汇率 1 美元＝132.5 日元买入 2 亿日元，同时卖出美元，资金交割日为 8 月 10 日，则这一天甲公司需要支付 1 509 433.96 美元，同时收到 2 亿日元。这样甲公司美元兑日元的汇率成本就被固定下来了。

如果甲公司没有进行上述远期外汇交易，那么等到 8 月 10 日美元兑日元即期市场汇率下跌，例如跌至 1 美元＝124 日元，甲公司按此汇率买入 2 亿日元需要卖出 1 612 903.23 美元，与做外汇买卖相比，甲公司将损失 103 469.27 美元。由此可见，通过远期外汇合约可以规避外汇风险。

2. 商业银行平衡外汇头寸

某家银行向某日本进出口商出售了 6 个月期的 100 万美元远期美元，那么这家银行就产生了远期美元的超卖，远期美元处于空头。如果远期美元升值，则银行将承担远期美元升值带来的损失。为了平衡这一远期美元的头寸，这家银行在卖出远期美元的同时就会向同业银行买进 100 万美元的即期美元来规避远期美元升值所带来的风险。

3. 外汇市场的投机

【例 2—2】 在外汇市场上，人民币对美元的 1 月期远期汇率为 1 美元＝6.383 0 元人民币，某投机商预期 1 个月后美元的即期汇率将上升，且大于目前 1 个月期远期美元的汇率，那么投机者就会在远期外汇市场上买入 1 个月期的远期美元，假设为 100 万美元。1 个月后，如果市场像投机者预测的那样，美元的即期汇率上升，假设现在汇率为 1 美元＝6.383 8元人民币，投机者按远期合约买入 100 万美元，然后在即期市场卖出，忽略交易费用，可获得投机利润 800 元人民币。

2.4　远期利率协议

2.4.1　远期利率协议的产生

20 世纪七八十年代，西方国家利率变动频繁而且非常剧烈，许多公司的财务主管向银行寻求避免利率波动的金融工具。正是由于客观需求，1983 年远期利率协议（forward rate agreements，FRA）在伦敦产生了。

2.4.2　远期利率协议概述

1. 定义

远期利率协议是指交易双方约定在未来某一日期（指利息的起算日）开始的一定期限的协议利率（或称合同利率），并规定以何种利率为参照利率，在将来利息起息日，按合约约定的期限和名义本金，分别以合同利率和参照利率计算利息的贴现额并进行交换。其中，支付协议利率利息的一方为远期利率协议的买方，交易对手方为远期利率协议的卖方。

远期利率协议是用以锁定利率和对冲利率风险的衍生工具之一。它没有发生实际的贷款本金交付，而只进行利息的交付，这使得远期利率协议不用反映在资产负债表上。

2. 相关概念

为了规范远期利率协议，英国银行家协会为远期利率协议规定了一系列重要的术语：

合同金额：名义上的本金额。

合同货币：合同金额的货币币种。

交易日：远期利率协议成交的日期。

结算日：名义借贷开始的日期，也是交易一方向另一方交付结算金的日期。

确定日：确定参照利率的日期。

到期日：名义借贷到期的日期。

合同期：结算日至到期日之间的天数。

合同利率：在协议中双方商定的借贷利率。

参照利率：在协议中确定的某种市场利率，用以在确定日确定结算金额。

结算金：在结算日根据合同利率和参照利率的差额计算出来的，由交易一方付给另一方的金额。

3. 即期利率与远期利率的关系

即期利率是指当前的市场利率。它可以由某一给定时点上贴现型债券的到期收益率确定。远期利率指未来一段时间的市场利率。

用 t 表示现在时刻，T 和 T^* 表示将来时刻（$T^*>T$），r 表示 T 时刻到期的即期利率，r^* 表示 T^* 时刻到期的即期利率。$\bar{r}$ 为现在时刻 t 签订的 T 至 T^* 期间的远期利率。

$$(1+r)^T(1+\bar{r})^{T^*-T}=(1+r^*)^{T^*} \tag{2.1}$$

例如，一年期的即期利率为 10%，两年期的即期利率为 10.5%，那么一年到两年的远期利率为：

$$(1+\bar{r})^{T^*-T}=\frac{(1+r^*)^{T^*}}{(1+r)^T}=1+\bar{r}=\frac{(1+10.5\%)^2}{(1+10\%)}$$

那么 $\bar{r}\approx 11\%$。

为了更精确地计算，引入连续复利的概念。假设本金 A 以利率 R 投资了 n 年，每年计一次复利，则投资最终值为 $A(1+R)^n$ 。如果每年计 m 次复利，则终值为 $A\left(1+\frac{R}{m}\right)^{mn}$ 。当 m 取无穷大时，就为连续复利，这时 $\lim\limits_{m\to\infty}A\left(1+\frac{R}{m}\right)^{mn}=Ae^{Rn}$ 。

当即期利率和远期利率都为连续复利时，式（2.1）可改写为：

$$Ae^{rT}e^{\bar{r}(T^*-T)}=Ae^{r^*T^*}$$

4. 远期利率合约交割金计算

FRA 使投资者可以规避利率波动所带来的风险，通常以现金支付计算。现金额由 FRA 所规定的利率与协议到期日的市场利率决定。通常情况下，该市场利率为伦敦银行同业拆借利率（LIBOR），根据 FRA 的期限可以选择不同期限的 LIBOR。

FRA 的表示方法为 $M\times N$ 月，M 表示远期合约的期限，$N-M$ 表示贷款期限，从远期合约到期的那天开始算起，如图 2－2 所示。

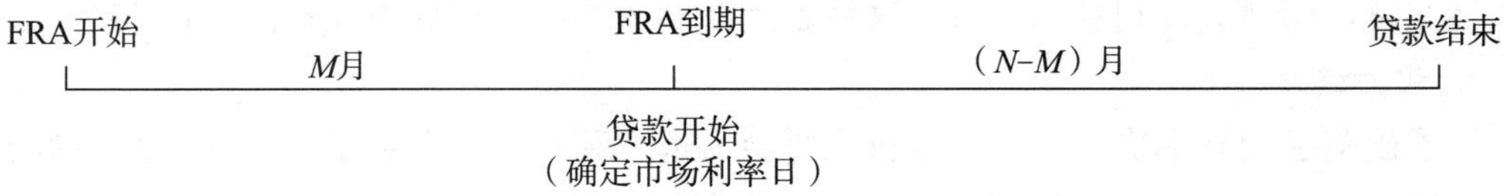

图 2－2　远期利率协议

确定市场利率之后，就可以算出利息额。如果市场利率高于 FRA 中的固定利率，则利息差为：

$$(\text{市场利率}-\text{FRA 利率})\times\text{名义本金} \tag{2.2}$$

相反，如果利率低于 FRA 中的利率，则利息差为：

$$(\text{FRA 利率}-\text{市场利率})\times\text{名义本金} \tag{2.3}$$

因为收到现金的一方可以将期初收到的现金用于投资，所以将利息差贴现为：

$$\frac{(\text{市场利率}-\text{FRA 利率})\times\text{名义本金}}{1+\text{市场利率}} \tag{2.4}$$

而通常给定的利率是以年为单位的，所以按照 360 天计算的公式为：

$$\frac{(\text{市场利率}-\text{FRA 利率})\times\frac{\text{贷款天数}}{360}\times\text{名义本金}}{1+\text{市场利率}\times\frac{\text{贷款天数}}{360}} \tag{2.5}$$

2.4.3　远期利率合约的特点

(1) 远期利率合约有极大的灵活性。作为一种场外交易工具，远期利率协议的合同条款可以根据客户的要求量身定做，以满足个性化需求。

(2) 虽然合约上的名义本金的金额比较巨大，但是在现金结算时只是支付利息的差额，所以实际支付的金额很小。

(3) 结算日期前不用支付任何费用。

(4) 远期利率协议的报价习惯与众不同。在期限上，它确认的是（存款）交易开始的时点及结束的时点。例如“3×9”或“3 个月对 9 个月”的 LIBOR 就意味着一项在 3 个月后开始的并且在 9 个月后结束的 6 个月期 LIBOR 存款；在价格上，它是以收益率报价，这与利率期货交易相反。例如，担心市场利率上升会加大融资成本的借款人可以通过购买远期利率协议来进行对冲，也可以在期货市场上出售适当数量的利率期货合约进行对冲。

2.4.4　远期利率协议的功能

1. 通过固定将来实际收付的利息规避利率变动的风险

例如，当参照利率上升时，表明协议购买方的资金成本加大，但由于他可以从协议出售方得到参照利率与协议利率的价差，正好可弥补其加大了的资金成本，而协议出售方则固定了他的资金收益；当参照利率下降时，协议购买方的资金成本变小，这时参照利率与协议利率的价差则填补了其变小了的资金成本。

2. 利用远期利率协议投机获利

一般来说，投机者并没有事先拥有一笔有着利率变动的资金，因此他一开始没有面临利率风险，但他预期利率将会波动并希望从未来的利率变动中获利。在获取远期利率协议头寸后，投机者就面临利率风险，但与保值者不同的是，这种风险是投机者为追求投机收益愿意承担的风险。

3. 银行可以利用远期利率协议防范利率变动风险

作为表外科目，远期利率协议可用来减少银行的“同业存放”和“存放同业”两科目之余额，不会使资产负债表膨胀，同时还可减少对同业市场的依赖。一方面，可以满足金融管理部门对银行资本的要求；另一方面，还可以改善银行的资产收益率。

2.4.5　远期利率协议的风险

1. 远期利率协议容易产生信用风险

由于远期利率协议是场外交易，不交付保证金，没有规定的清算机构，完全凭信用交易，因此容易产生信用风险。如果一笔远期利率协议的一方违约，另一方就必然要承担对方违约的风险，即当利率发生变动时，非违约方预期可以收到的利息差额将成为泡影。

2. 银行具有头寸风险

银行在同业远期利率协议市场上对其远期利率协议进行抛补时具有头寸风险。如果银行已经卖出了一个远期利率协议，而且随后的利率上升，则银行将承受和远期利率协议的期间成正比的损失。

2.4.6 远期利率协议的应用

1. 锁定筹资成本

【例2—3】 A公司预计3个月后的5月4日将借入一笔1 000万美元的资金，期限是6个月，借款利率是6个月LIBOR加上100个基点，目前，3个月后的远期利率为6.5%。考虑到利率在贷款期开始之前就可能上升，于是A公司从银行买入一份3个月到期的远期利率协议，协议利率是6.5%，参照利率是6个月LIBOR。当A公司3个月后获得这笔贷款时，A公司将向发放贷款的银行支付当时的6个月LIBOR加上100个基点的利率。远期利率协议将公司的借款成本固定为每年7.5%（6.5%加上100个基点）。

假设5月4日时，6个月的美元LIBOR是5.75%。A公司将以LIBOR加上100个基点，即6.75%的利率借入1 000万美元。但是远期利率协议中的固定利率是6.5%，所以A公司将就协定利率与5月4日时的6个月LIBOR之间的差额对银行进行一笔补偿性支付。即：

A公司的贷款利率：5.75%+100个基点=6.75%

A公司应付的补偿：6.50%−5.75%=0.75%

总计借款成本：6.75%+0.75%=7.50%

假设到5月4日时，6个月的美元LIBOR是7.75%。A公司将以LIBOR加上100个基点，即8.75%的利率借入1 000万美元。但是，6.5%的协定利率比当前的6个月LIBOR低125个基点（1.25%），所以银行将就此差额向A公司进行补偿性支付。即：

A公司的贷款利率：7.75%+100个基点=8.75%

A公司应收到的补偿：7.75%−6.50%=1.25%

总计借款成本：8.75%−1.25%=7.50%

因此，无论3个月后LIBOR如何变动，A公司都能通过远期利率协议把借款成本锁定在7.50%。

2. 套利

【例2—4】 一家银行以欧洲银行同业拆借利率借入欧元。3个月欧洲银行同业拆借利率的即期水平为4.25%。银行可以将这笔资金以4.12%的利率进行1个月的投资，同时有机会以4.32%的利率卖出一份1×3的远期利率协议。3个月期限为91天，1个月期限为30天。所有交易假设都是同一规模的本金。

银行可以以4.25%的利率借款3个月，借款成本为4.25%×91/360=1.074 306%，以4.12%的利率投资1个月，投资收益为4.12%×30/360=0.343 333%，同时卖出一份1×3的远期利率协议，从而把30天后61天的收益锁定在0.732%，即4.32%/360×(91−30)= 0.732%。通过套利，银行获得的净收益为0.001 027%，即0.343 333%+0.732%−1.074 306%=0.001 027%。该例子说明存在的套利机会使银行可以在借入3个月欧洲银行同业拆借利率的借款、贷出1个月欧洲银行同业拆借利率的贷款的同时，卖出1×3的远期利率协议来迅速获得利润。产生这样的套利机会是因为远期利率协议的定价偏离了市场均衡状态。

3. 投机

从投机者的角度看，他一开始并没有面临利率风险，但他预期利率将要波动并希望从未来的利率变化中获利。在获取远期利率协议头寸之后，投机者也面临利率风险，不过这种风险对他而言是愿意承担的或者说是他认为有利的风险。

【例 2—5】　一公司根据对市场利率走势的分析，认为 6 个月后的 3 个月中市场利率上升的可能性很大，公司准备利用远期合约进行投机。假定合约的名义本金为 5 000 000 美元。现在，银行对该公司的标价如下：

远期利率协议	银行 A
6×9	6.15 - 6.21

银行的买入价是 6.15，卖出价是 6.21。公司以 6.21 的价格购买了银行 A 的远期利率协议。

如果利率上升，比如上升为 7%，公司将在远期利率协议的交割中获得现金的支付。

使用前面结算金的公式：

$$\frac{5\ 000\ 000\times(7\%-6.21\%)\times 91/360}{1+7\%\times 91/360}=9\ 811.120\ \text{美元}$$

如果利率下降，比如下降为 5%，公司将在远期利率协议的交割中支付的现金为：

$$\frac{5\ 000\ 000\times(6.21\%-5\%)\times 91/360}{1+5\%\times 91/360}=15\ 102.18\ \text{美元}$$

2.5　远期外汇综合协议

2.5.1　远期外汇综合协议的产生

远期外汇交易涉及资金的实际流动，交易双方都需要具有相应的准备金，受到准备金的约束。远期外汇综合协议（SAFE）的产生就是为了摆脱准备金条件的约束而在 20 世纪 80 年代被开发出来的一种金融创新产品。SAFE 是一种与 FRA 类似的场外交易金融工具。远期外汇综合协议和远期利率协议一样都是资本负债表外工具，在形式上很相似。

2.5.2　远期外汇综合协议概述

1. 远期外汇综合协议的含义

远期外汇综合协议（SAFE）是指双方约定买方在结算日按照合同中规定的结算日直接远期汇率用第二货币（次级货币）向卖方买入一定名义金额的第一货币（初级货币），然后在到期日再按合同中规定的到期日直接远期汇率把一定名义金额的第一货币出售给卖方转换成第二货币的协议。SAFE 是交易双方对未来利差变化或外汇互换价差变化进行保值或投机所签订的远期协议。

具体而言，在 SAFE 中：

(1) 交易双方只进行名义上的远期—远期外汇互换，并不涉及实际本金的兑换。

(2) 互换的两种货币分别称作第一货币和第二货币。两种货币在结算日进行首次兑换；在到期日进行第二次兑换，即兑换回原来的货币。

(3) 互换的外汇资金数额称作名义本金；两次互换的外汇汇率分别叫作合约汇率和结算汇率。

(4) SAFE交易的买方是指最初买入第一货币的一方，或者说是在结算日买入第一货币，而在到期日出售第一货币的一方；卖方则正好相反。比如，甲和乙做一个美元与欧元的互换，将美元视为第一货币，将欧元视为第二货币，那么，甲作为买方，在交割日买入美元、卖出欧元，在结算日卖出美元、买入欧元。

2. 远期外汇综合协议的相关概念

(1) 远期外汇综合协议的重要术语。远期外汇综合协议的交易条件和规范术语是由英国银行家协会编制，重要术语如下：

A_1——合约规定的在结算日将兑换的原货币的名义金额。

A_2——合约规定的在到期日将兑换的原货币的名义金额。

CR（合约汇率，contract rate）——合约规定的交割日的直接汇率。

SR（结算汇率，settlement rate）——基准日决定的交割日的直接汇率。

CS（合约汇差，contract spread）——协定交割日与到期日的汇差。

SS（结算汇差，settlement spread）——基准日决定的到期日与交割日的汇差。

$CR+CS$——合约原先规定的到期日的直接汇率。

$SR+SS$——基准日决定的到期日的直接汇率。

i——次级货币的利率。

D——合约期限的天数。

B——次级货币天数的计算惯例。

(2) 结算日和到期日。这两个概念与远期利率协议是一致的。例如"1×4"表示起算日至结算日的时间为1个月，起算日至到期日的时间为4个月，结算日至到期日的时间为3个月。

(3) 交易日（即期日）。在交易日，交易双方主要完成两个任务：其一是确定结算日和到期日两次兑换的本金数额；其二是确定两次兑换的汇率（见图2-3）：

结算日汇率：合约汇率 CR。

到期日汇率：合约汇率 CR＋合约汇差 CS。

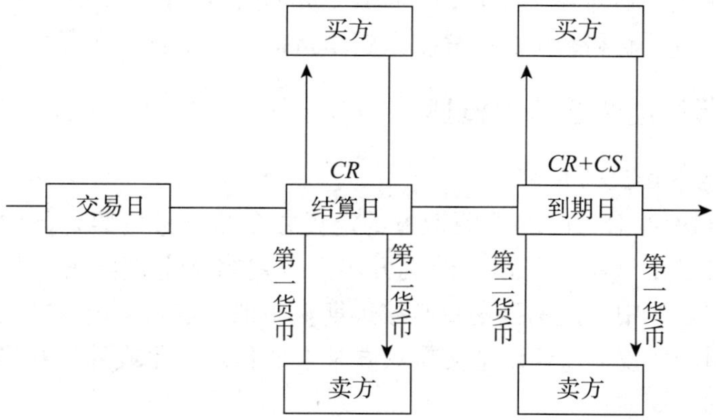

图2-3 交易日需要确定的汇率

（4）基准日（确定日）。基准日的主要任务是确定两次兑换日实际通行的市场汇率（见图 2－4）：

结算日汇率：结算汇率 SR。

到期日汇率：结算汇率 SR＋结算汇差 SS。

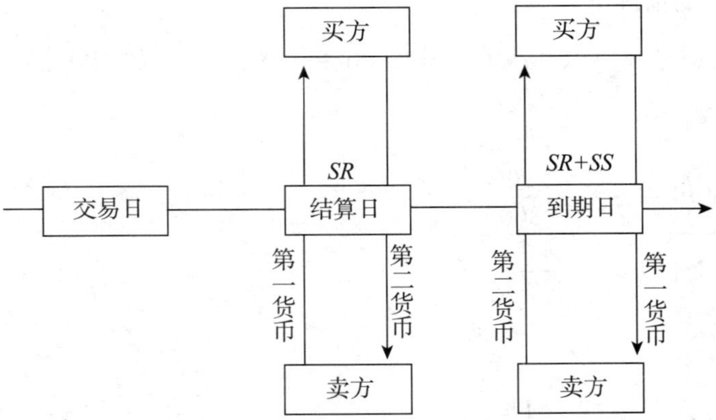

图 2－4　基准日需要确定的汇率

（5）远期外汇综合协议的交割。远期外汇综合协议的交割数额的计算公式如下：

$$S = A_2 \times \frac{CS - SS}{1 + \left(i \times \dfrac{D}{B}\right)} \tag{2.6}$$

按照市场惯例，SAFE 合约的面额都是用第一货币表示，但交割数额是用第二货币表示。如果计算结果为正值，意味着卖方向买方支付；若为负值，意味着买方向卖方支付。

（6）远期外汇综合协议的互换点数的计算。计算一对货币的远期差额或互换点数，可以通过借入一种货币的同时贷出另一种货币（期限相同）来推导其计算公式。

考虑由以下几笔同时进行的交易构成的交易组合：

①借入欧元，期限为 3 个月。

②按即期汇率出售欧元并买入美元。

③将买入的美元进行投资，为期 3 个月。

④将 3 个月后投资到期的美元本金和投资收益之和按远期汇率出售，兑换成欧元。

在一般情况下，市场将对第四笔交易的价格（汇率）进行调节，以使整个交易组合的净现值为零。如果以上四笔交易组合的净现值不为零，就有套利机会产生。市场力量将使这种套利机会迅速消失。互换点数或远期差额实际上是一种“平衡项目”，其作用就是防止套利机会的产生。

上面这个操作所产生的现金流如下：

以年利率 $x\%$借入 1 000 欧元，3 个月后归还的本利和为：

$$1\,000 \times (1 + x\% \times 90/360)$$

以即期汇率 S 出售 1 000 欧元，兑换成美元数额为：

$$1\,000/S$$

以年利率 $y\%$以美元进行投资，3 个月后的本利和为：

$$1\ 000 \div S \times (1 + y\% \times 90/360)$$

将这笔美元本利和以远期汇率 F 出售，兑换成欧元：

$$1\ 000 \div S \times (1 + y\% \times 90/360) \times F$$

在无套利均衡的情况下，有：

$$1\ 000 \times (1 + x\% \times 90/360) = 1\ 000 \div S \times (1 + y\% \times 90/360) \times F$$

所以，

$$F = \frac{S \times \left(1 + x\% \times \frac{90}{360}\right)}{1 + y\% \times \frac{90}{360}}$$

一般来说，有

$$F = \frac{S \times \left(1 + x\% \times \frac{D}{360}\right)}{1 + y\% \times \frac{D}{360}} \tag{2.7}$$

其中，D 为交易天数。

$$\text{互换点数} = F - S = \frac{S \times (x\% - y\%) \times \frac{D}{360}}{1 + y\% \times \frac{D}{360}}$$

如果交易天数较少，则公式可以简化为：

$$\text{互换点数} = S \times (x\% - y\%) \times \frac{D}{360}$$

(7) 远期外汇综合协议的标价。SAFE 的标价依然符合一般的交易惯例，即与外汇市场上其他金融产品的交易类似，同时标出买入价和卖出价。

例如，银行对一份“1×4”美元兑换欧元远期汇差的标价定为 195/202，这一标价的含义为：

买入价 195（基点）——作为报价方的银行买入第一货币（此处为美元）的远期买入价。

卖出价 202（基点）——作为报价方的银行卖出第一货币（此处为美元）的远期卖出价。

又如，有一份如表 2-1 所示的报价。

表 2-1　“1×4”远期外汇综合协议的报价

即期汇率（美元/欧元）	1.800 0—10
1 月期	53—56
4 月期	210—213

续前表

即期汇率（美元/欧元）	1.800 0—10
“1×4”远期汇差	154—160
美元利率	6.30%
欧元利率	9.88%

“1×4”远期汇差的计算方法如下：

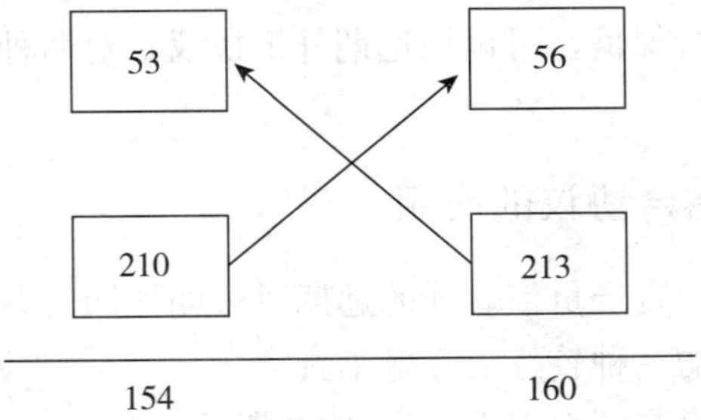

“1×4”美元兑换欧元远期外汇综合协议的报价为 154—160。即指买入 A 国货币（美元）的远期汇差是 154 个基点，卖出 A 国货币（美元）的远期汇差是 160 个基点。

由此可见，SAFE 的标价与外汇的即期汇率没有直接关系，它只与远期升水或贴水有关，或者说只与远期差额或互换点数有关。

2.5.3　远期外汇综合协议的特点

首先，与直接远期外汇合约相比，两者的保值或投机的目标不同，FRA 主要着眼于两种货币的利率绝对水平，而 SAFE 主要针对两种货币的利差，利差越大，其获利的幅度也可能越大。

另外，FRA 的远期期限是从现在开始的，而 SAFE 的远期期限是从将来的某个时刻开始的，因此可以将远期外汇综合协议看成是远期的远期外汇合约。

远期外汇综合协议与远期利率协议的相似之处是：两种交易都在场外市场交易；都有标准的期限；标价方式都是 $m \times n$，其中 m 表示合同签订日到结算日的时间，n 表示合同签订日到到期日的时间；交割日、即期日、基准日和到期日的规定也相同。

2.5.4　远期外汇综合协议的分类

远期外汇综合协议的主要形式有汇率协议（ERA）和远期外汇协议（FXA）。它们分类的依据是两者的结算金计算方式不同。汇率协议是针对合约差额和结算差额两者之间的差额；远期外汇协议不仅与合约差额和结算差额两者之间的差额有关，它还和汇率变动的绝对水平有关，即与合约汇率和结算汇率也有关。那么，ERA 与 FXA 的结算金计算公式如下：

$$ERA = A_2 \times \frac{CS - SS}{1 + i \times \frac{D}{B}} \tag{2.8}$$

$$FXA = A_2 \times \frac{(CR + CS) - (SR + SS)}{1 + i \times \frac{D}{B}} - A_1 \times (CR - SR)$$

从计算公式可以看出，FXA 的结算金额不仅考虑因利率变动而导致掉期率的变动，而且也考虑即期汇率的变动对交割日、到期日现金流的影响。但 ERA 的结算金额来自掉期率的变动，即期汇率的变动对其影响较小。其原因是即期汇率的变动对掉期率的影响较小，这样就避开了即期汇率变动对其的影响。

结算金计算的不同还使得汇率协议和远期外汇在防范外汇风险时的侧重点也有所不同，对传统的外汇互换进行保值，可以用远期外汇协议；对两种货币的利差的变动进行保值，可以用汇率协议。

2.5.5 远期外汇综合协议的应用

远期外汇综合协议作为资产负债表外的远期对远期掉期交易是投资者对利率差或汇率差的变动进行保值或投机的一种较好的金融工具。

假设现在市场上的利率和汇率水平如表 2－2 所示。

表 2－2　　现行市场上的汇率和利率水平

	即期汇率	1 个月期	4 个月期	1×4 远期互换点数
美元/ 英镑	1.8	53/56	212/215	158/162
美元利率		6.00%	6.25%	6.30%
英镑利率		9.625%	9.875%	9.88%

某投资者预期“1×4”的英镑和美元的远期利差会进一步增大，于是采取了如下操作：

1. 第一种情形：汇率不变，两国货币利差扩大

1 个月后，随着时间的推移，原来的 1 个月期已成为即期，4 个月期已成为 3 个月期。而假定此时的市场条件也发生了如表 2－3 所示的相应变动。

表 2－3　　市场变动后的汇率和利率水平

	即期汇率	3 个月期
美元/ 英镑	1.8	176/179
美元利率		6.00%
英镑利率		10.00%

虽然即期汇率的水平与初始时一样，但两国货币的利差确实扩大到了 4%。根据互换点数的计算公式可知，互换点数也相应提高，由计算得出从原来的 162 点（先出售）提高至 176 点（后买入）。如果投资者的这种预期是正确的，那么获利机会显而易见。

$$ERA = \$1\ 000\ 000 \times \frac{0.016\ 2 - 0.017\ 6}{1 + 10\% \times \frac{90}{360}} = -￡1\ 365.85$$

$$FXA = \$1\,000\,000 \times \frac{1.821\,5 - 1.817\,6}{1 + 10\% \times \frac{90}{360}} - \$1\,000\,000 \times (1.805\,3 - 1.800\,0)$$

$$= -£1\,495.12$$

由计算结果可知，无论是 ERA 还是 FXA，两者的结算金额数值均为负数。这就是说，SAFE 的卖方可以获得结算金。因此投资者出售 SAFE 可以获利。至于采用两种 SAFE 类型的哪一种更有利，从计算结果看，ERA 和 FXA 的结果相当接近，两者可以任选一种。

2. 第二种情形：两国货币利差扩大的同时，汇率也发生相应变化

上面第一种情形假设 1 个月后，两国货币利差扩大的同时，货币的汇率保持不变。但在现实生活中，这种情形不多见。更为常见的是，随着时间的推移，两国货币利差扩大的同时，两国货币的即期汇率也会发生相应的变化。在这种条件下，投资者该如何决策？

如果英镑的走势趋于强劲，SAFE 的出售方会获得更多的利润。这是因为随着两国利差的扩大，一方面，投资于英镑有较高的投资利润；另一方面，由于英镑走强，同样数额的英镑投资所得，可以转换成更多的美元。反之，如果英镑趋于疲软，SAFE 的出售方的获利将会减少。这是因为随着两国货币利差的扩大，投资于英镑虽然有利可图，但这种好处会被英镑疲软而形成的汇率所抵消。也就是在将英镑投资收益转换成美元时，其投资收益将会缩水。这种抵消程度将视汇率风险的大小而定。

假定此时市场情形如表 2-4 所示。

表 2-4　　新情形下的汇率和利率

	即期汇率	3 个月期
美元/英镑	1.7	166/169

由互换点数的计算公式可知，互换点数由 176 下降为 166：

$$互换点数 = 1.7 \times \frac{1 + 10\% \times \frac{90}{360}}{1 + 6\% \times \frac{90}{360}} - 1.7 = 1.66\%$$

因此可以计算出结算金为：

$$ERA = \$1\,000\,000 \times \frac{0.016\,2 - 0.016\,6}{1 + 10\% \times \frac{90}{360}} = -£390.24$$

$$FXA = \$1\,000\,000 \times \frac{1.821\,5 - 1.716\,6}{1 + 10\% \times \frac{90}{360}} - \$1\,000\,000 \times (1.805\,3 - 1.700\,0)$$

$$= -£2\,958.54$$

可以看出，在两国货币利差扩大的同时，如果汇率水平也发生相应的变化，譬如发生有利于投资者的变化，则采用 FXA 的效果比 ERA 更为可取。

2.6 中国实践中的远期交易与远期市场

中国实践中的远期交易主要有以下几种：大宗商品远期交易市场，银行间债券远期交易市场，远期利率协议交易市场和人民币汇率远期交易市场，离岸人民币无本金交割远期（non-deliverable forward，NDF）市场。

随着我国实体经济规模不断扩大，市场经济深入发展，各种大宗商品供应和需求量逐年增加，近年来在全国范围内，在各地方政府的支持和推动下设立了诸多大宗商品远期交易市场。这些大宗商品中、远期交易所往往使用电子化交易系统，又常被称为“电子盘”。这些市场交易的商品标的往往是本地区特产的农作物产品，比如山东寿光的蔬菜和山东金乡的大蒜，或者工业初加工产品比如天津渤海商品交易所的螺纹钢和原油等。应该肯定的是，这些市场部分起到了更好地服务于现货市场和实体经济、服务于大宗商品流通的初衷，然而因为理论意义上的远期交易本身存在交易对手搜索相对困难、有退出交易的流动性风险和对手信用风险等特点，要形成一个具有充沛流动性、能产生准确反映现货供求关系的远期价格的市场并非易事。往往需要在现货供求两个方面深入耕耘，积累大量有效的风险转移需求，同时市场的活跃还有赖于有强大的风险管理能力、严格遵守履约信用的流动性提供中介类服务机构（最好是金融机构）的活跃参与。

在过去几年“电子盘”市场快速发展的过程中，一部分新创设的缺乏现货基础的大宗商品中、远期“电子盘”市场为了快速增加交易量和影响力，从标准化期货交易的合约设计和市场组织形式中借用了很多方式及特征，比如标准化合约与保证金杠杆交易。而这些带有鲜明期货特征的变化最初起到的作用往往是吸引了没有实际风险管理需求、纯粹为杠杆化博取价差的投机者的参与。同时由于缺乏明确的市场监管主体，该类“变现期货”市场常常会因为市场组织方不受监管约束，存在与参与客户的利益冲突，同时进入门槛不高，交易、结算、仓单等信息透明度低，运作的规范程度低也是普遍现象，不时出现挪用客户保证金、虚拟资金入场与客户对赌等负面事件。例如，2015 年昆明泛亚有色金属交易所出现数百亿元的兑付危机，由于其高风险的交易产品被包装成理财产品，在包括银行在内的正规金融渠道销售，带来更大规模的系统性金融风险扩散。这类市场亟待整理，而回归现货基础、贴近服务实体经济风险管理的需求、提升信息透明度和市场运作规范度，应该是这类市场规范与发展的必由之路。①

我国银行间债券市场和外汇市场是在中国人民银行的直接安排与监管下进行交易的，有银行间市场交易商协会作为行业自律组织协调，均通过中国外汇交易中心进行交易运作。参与交易的会员涵盖政策性银行、商业银行、信用社、保险公司、信托公司、证券公司、大中型工商企业等各类金融机构和非金融机构，其市场组织规范程度远非上述大宗商品中远期市场可比。2005 年 6 月和 8 月债券远期交易和人民币外汇远期交易在银行间市场分别正式推出。2007 年 11 月又推出了远期利率协议交易。债券远期交易的交易标的包括中央政府债券、中央银行债券、金融债券和经央行批准的其他债券券种。央行发布的

---

① 2011 年，国务院发布第 38 号文——《国务院关于清理整顿各类交易场所 切实防范金融风险的决定》。2012 年国务院办公厅发布第 37 号文——《国务院办公厅关于清理整顿各类交易场所的实施意见》。

《2013年金融市场运行情况》显示，2013年银行间市场债券远期与远期利率协议交易各自仅达成交易一笔，而事实上交易活跃程度近年来持续萎缩。债券远期和远期利率协议市场交易不活跃的核心问题仍然是远期交易固有的问题，需要异质化的风险转移需求与之匹配，而我国银行间市场参与主体的商业银行风险管理需求同质化，在做市商制度缺失的情况下，难以出现大量的债券和利率远期交易需求。另外，银行间市场于2008年推出的人民币利率互换交易业务与中国金融期货交易所于2013年上市的国债期货交易，因提供了与远期交易相类似的风险管理功能，同时交易对手寻找更加容易，且在交割上更加灵活，因此很大程度上分流了上述远期交易的需求。

在人民币外汇远期交易方面，主要的交易标的为人民币对美元等主要国际货币的外汇对，在分别于2005年和2010年两次启动的人民币汇率改革中，人民币相对于美元从单边升值到双向波动弹性十足，而人民币远期交易在这个过程中起到了相应的风险规避的作用。2014年银行间外汇衍生品市场总成交4.7万亿美元，首次超过外汇即期市场规模。值得注意的是，在上述数字中外汇掉期交易相对于直接的远期交易在银行间市场更加活跃，这充分说明外汇掉期交易的形式更受市场参与者的推崇。不过从实务操作的角度来看，外汇掉期业务实质上是一笔外币对人民币的即期现货交易和一笔人民币对外币的外汇远期交易的结合。所以从本质上讲，每一笔外汇掉期背后都有一笔外汇远期交易，只不过外汇掉期因为形式上更加方便，参与者选择得多而已。

人民币无本金交割远期市场是相对于传统的外汇交割远期而言的柜台交易衍生产品。交易双方并不使用基础货币来进行交割，而是根据合同确定的远期汇率与到期时实际即期汇率之间的差额，用可自由兑换货币（通常为美元）进行净额支付。因为交割并不涉及人民币，所以称为“无本金交割”。人民币无本金交割远期市场是人民币的离岸远期市场，最早于1996年在新加坡开始人民币NDF交易。之后在中国香港、中国台湾、东京、伦敦等地相继建立了人民币NDF交易市场。2006年国家外汇管理局出台政策，禁止国内商业银行和其他金融机构参与境外NDF市场交易，这使得人民币NDF市场参与者相对容易分析，分别将套期保值者和投资者作为市场需求主体和提供双向报价的市场流动性的提供商，前者主要是有大量人民币相关成本和营收的跨国公司，后者主要是欧美大型银行及投资机构。人民币NDF市场在金融机构间直接询价成交，没有集中式的交易系统。NDF市场交易产生的根本原因在于一国的外汇管制[①]，同时因为我国正在进行中的汇率体制改革，在固定汇率体系向浮动汇率体系的加速变化中积累了大量投机和避险需求，以及国内银行间市场外汇衍生品对外资公司及银行的参与限制过多，发展相对滞后，人民币NDF市场因其自身的特点结合上述原因得以迅速发展，已经成为人民币汇率定价的价格发现的有效市场。根据人民币国际化战略的整体安排，2010年7月，央行与香港金融管理局同意扩大人民币在香港的贸易结算安排，从此拉开了发展我国主导下的离岸人民币市场（CNH）的序幕，随着CNH市场的建立和发展，境外很多银行可以依托CNH提供远期、掉期等风险对冲产品，同时这些人民币产品还可以交割。CNH市场在产品特性上的优势使得人民币离岸NDF市场不断被边缘化。

---

① McCauley，R.，“Renminbi Internationalisation and China's Financial Development，2011”，*BIS Quarterly Review*（December 2011）：41-56.

本章小结

远期合约是指一个在确定的将来时刻按确定的价格购买或出售某项资产的协议。远期价格是指使得远期合约价值为零的交割价格。

商品远期合约是一种在现在约定未来特定日交易特定标的物的合约，合约买方同意在未来约定日按约定价格支付一定金额，购买卖方的特定商品。一般参与商品远期交易的双方主要是为了锁定未来的交易价格，销售者通过远期交易避免未来价格下跌风险，而商品购买者通过远期交易避免价格上涨的风险。

远期外汇合约是指外汇买卖双方在成交时先就交易的货币种类、数额、汇率及交割的期限等达成协议，并用合约的形式确定下来，在规定的交割日双方再履行合约，办理实际的收付结算。

远期利率协议是指交易双方约定在未来某一日期，在交换协议期间内一定名义本金的基础上分别以合同利率和参照利率计算的利息的金融合约。签订该协议的双方同意交易将来某个预先确定时间的短期利息支付。

远期外汇综合协议是指双方约定买方在结算日按照合同中规定的结算日直接远期汇率用次级货币向卖方买入一定名义金额的初级货币，然后在到期日再按合同中规定的到期日直接远期汇率把一定名义金额的初级货币出售给卖方的协议。

问题与应用

1. 简述远期合约的含义和特征。

2. 概述为什么需要远期交易，并仿照书中例子试举出另外两种远期交易的例子和其背后风险转移的实质。

3. 《史记·货殖列传》中所记述的先秦名商白圭的经商之道是“乐观时变”，“夫岁孰取谷，予之丝漆；茧出取帛絮，予之食”。从这样的文字记述中，你认为有可能在先秦经济环境中发展出远期交易吗？关键要点是什么？

4. 远期交易的目的在大多数情况下都是为了风险管理，请回答远期交易因其自身的特点可能带给交易双方的风险。这些风险可以通过什么样的手段或者市场组织规则的变化来管理？

5. 远期利率合约是如何决定的？

6. 假设到期日为1、2、4、5和6个月的LIBOR利率分别为2.6%、2.9%、3.1%、3.2%和3.3%，连续复利。将来的1个月期远期利率分别为多少？

7. 一家美国公司准备在英国市场进行投资，投资金额为100万英镑，期限为6个月。问：该公司如何防范汇率风险？

8. 某瑞士出口商向美国出口一批计算机，价值为100万美元，2个月即期汇率为：USD 1=CHF 1.562 0/30。2个月远期价差为：20/10。

(1) 如果该出口商不进行套期保值，将会损失多少本币？(假设2个月后市场上的即期汇率为USD 1= CHF 1.554 0/70)。

(2) 出口商如何利用远期业务进行套期保值?

(订立出口合同的同时与银行签订远期卖出 100 万美元的合同。)

9. 某投资者进入一个远期合约短头寸，该合约中投资者以 6.14 的汇率（美元/人民币）卖出 100 000 元人民币。当远期汇率为 6.12 和 6.15 时，投资者的损益分别为多少?

10. 远期利率协议的交易日是 2003 年 4 月 14 日星期一，双方同意成交一份 1×4 金额为 100 万美元、利率为 6%的远期利率协议，确定日市场利率为 8%。请指出该合约的结算日、确定日和到期日。

11. 请举例分析为什么说外汇掉期交易在实务中等价于一笔外汇即期现货加一笔外汇远期交易。

推荐阅读材料、网站

[1] Social Science Research Network，www. ssrn. com.

[2] McCauley，R.，“Renminbi Internationalisation and China's Financial Development”，*BIS Quarterly Review* (December 2011)：41-56.

[3] Peng，W. S.，C. Shu and R. Yip，“Renminbi Derivatives：Recent Development and Issues”，*China & World Economy* (September-October 2007)：1-17.

参考文献

[1] 约翰·赫尔．期权、期货及其他衍生产品．北京：机械工业出版社，2009.

[2] 王晋忠．衍生金融工具．成都：西南财经大学出版社，2011.

[3] 张华．金融衍生工具及其风险管理．上海：立信会计出版社，1999.

[4] 郭瑜骏．金融衍生产品．北京：清华大学出版社，2007.

[5] 朱浩民．衍生性金融商品．北京：中国人民大学出版社，2005.

[6] 朱利安·沃姆斯利．新金融工具．北京：中国人民大学出版社，2003.

[7] 中国人民银行 (2014)．2013 年金融市场运行情况．

第 3 章

期货市场及期货合约的套期保值

学习目标

本章简要回顾了期货市场从商品期货到金融期货市场的发展历史，然后以商品期货为例讲述了期货合约的内容、期货交易机制以及运用期货合约对现货风险进行套期保值的基本原理。学习完本章后，要求读者了解期货市场的发展史，理解期货合约主要内容条款以及期货交易机制，重点掌握期货保证金制度和盯市结算制度的规则、期货交易损益计算原理以及采用期货合约套期保值的原理。

从简单的远期合约过渡到期货合约是衍生品交易的一个重大的变化，从此衍生品市场有了场内交易的概念，期货合约作为标准化的衍生品交易品种，其交易合约的内容、交易机制的设计都是以交易所、经纪商以及交易各方所承担的风险最小化为原则。期货市场吸引实体经济的套保者和投机者参与交易，提供了对标的产品的价格发现功能。

3.1 期货市场概述

3.1.1 期货交易所的产生与发展

最早的期货交易是从商品的远期交易经过合约的标准化发展而来的。交易者经常需要把远期交割的商品交易合约标准化，这在大宗农产品的远期交易上尤为迫切。历史上第一个近代意义上的期货交易市场是 18 世纪 30 年代日本交易大米的堂岛大米交易所。而现代意义上的最早的期货交易品种则是 1842 年纽约棉花交易所（New York Cotton Exchange，NYCE）的棉花期货和 1848 年的芝加哥期货交易所（Chicago Board of Trade，CBOT）的玉米期货。早期的交易所还包括 1898 年成立的芝加哥黄油和鸡蛋交易所（The Chicago Butter and Egg Board），这个交易所后来发展成为芝加哥商品交易所（Chicago Mercantile Exchange，CME）。1971 年，以美元与黄金的脱钩为标志，布雷顿森林体系宣告结束。CME 率先创造性地建立了国际货币市场（International Monetary Market，IMM），开始提供外汇的期货合约交易，成为第一个金融期货品种，标志着期货业进入了金融期货时代。而 CME 在 1976 年发起的第一个利率期货产品——90 天的美国国债期货产品则成为 CME 最为成功的金融期货产品之一。

到了 1982 年，CME 发起成立第一个股票指数期货产品：标准普尔 500 指数期货合约。股票交易者很快开始运用股票指数期货来对冲他们股票投资组合的风险。对于关注大盘收益率的投资者而言，投资于股票指数期货要比投资一揽子股票交易更为便捷容易。从玉米期货到外汇期货再到利率期货和股票指数期货，是期货发展历史上最为关键的跨越。由此，各种金融衍生工具的交易迅速走向繁荣，直接推动了各种金融衍生工具市场的巨量增长。

我国期货市场的建立始于郑州商品交易所的谷物交易市场，目前我国已有郑州商品交易所、大连商品交易所、上海期货交易所和中国金融期货交易所四个期货交易所，共计 50 个品种的期货合约在交易（截止到 2015 年 10 月），其中在中国金融期货交易所的上市品种有沪深 300 股指期货、上证 50 指数期货、中证 500 指数期货、5 年期国债期货和 10 期国债期货，更多的交易品种还在积极地开发准备中。目前我国的商品期货交易额位居世界前列。

3.1.2　期货合约

期货合约最初是为了满足交易者对于远期交易的标准化和控制违约风险的要求而产生的。交易合约的标准化可以使交易者不再花费精力在交易标的的鉴别上而专注于期货交易本身。违约风险的有效控制则使交易者无须担心交易对手的违约问题。这些制度安排使得合约的持仓量和交易量大幅上升，吸引大量投机交易者进入，从而大大提高了市场的流动性。

交易合约的标准化是指将交易的标的资产质量和数量、交易时间、交易方式、交割的程序、时间和地点等给出适应市场需求的明确规定。从表 3－1 中的上海期货交易所阴极铜期货合约可以清楚地了解这一特点。

表 3－1　　上海期货交易所阴极铜标准合约

交易品种	阴极铜
交易单位	5 吨/手
报价单位	元（人民币）/吨
最小变动价位	10 元/吨
每日价格最大波动限制	不超过上一交易日结算价±3%
合约交割月份	1—12 月
交易时间	上午 9：00—11：30　下午 1：30—3：00
最后交易日	合约交割月份的 15 日（遇法定假日顺延）
交割日期	最后交易日后连续 5 个工作日
交割品级	标准品：阴极铜，符合国标 GB/T467－2010 中 1 号标准铜（Cu-CATH-2）规定，其中主成分铜加银含量不小于 99.95% 替代品：阴极铜，符合国标 GB/T467－2010 中 A 级铜（Cu-CATH-1）规定；或符合 BS EN 1978：1998 中 A 级铜（Cu-CATH-1）规定

续前表

交易品种	阴极铜
交割地点	交易所指定交割仓库
最低交易保证金	合约价值的5%
交易手续费	不高于成交金额的万分之二（含风险准备金）
交割方式	实物交割
交易代码	CU
上市交易所	上海期货交易所

上述的合约描述内容虽然繁杂，但是主要制度安排可以分为两类：第一类是交易标的的物理属性要求，交易标的的单位和交易时间，合约交割的方式、地点和时间。这些规定是基本的合约标的安排，以定义清楚明晰为原则，这一类要求是狭义上的期货合约的主要内容。在这些基本安排之外的每日价格涨跌停板（limit up and limit down）、保证金（margin）和盯市结算（marking to market）制度则属于第二类制度安排，主要是对交易者的违约风险进行控制的措施。

交易标的的物理属性和交易标的的单位我们不再赘述，交易时间是指期货合约从上市开始交易到退出市场的时间。一般合约规定中表明的最后交易日即是合约退出交易并准备交割程序的时间。在这个时间之前所有没有平仓或者通过期转现等方式离场的交易者都要在交易所的安排下进入交割程序。由于并非所有交易者进入市场都是为了到期交割交易标的，不以交割为目的的交易者都需要在最后交易日以前安排平仓交易。

期货交割的方式一般分为现金交割和实物交割两种，前者是指交易双方以现金支付的方式了结交易盈亏，后者是指空头方向多头方移交合约标的并同时收取价款的方式。

作为违约风险控制的安排，每日价格最大波动限制结合保证金和盯市结算制度可以有效地控制期货交易中的违约风险。

保证金制度是指期货交易者在交易的时候必须通过期货经纪公司向交易所交纳一定数量或者比例的资金作为发生违约风险的准备金。比如上海期货交易所铜的价格为6万元/吨，交易所会通过期货经纪商按保证金比率5%对交易者收取3 000元的初始保证金（initial margin），此保证金防止价格向对交易者不利的方向变动时抵补可能产生的违约风险，也就是说，每吨铜的价格波动应该在3 000元以内。根据每日价格最大波动±3%的限制规定，交易者一天的最大亏损为1 800元，能够被3 000元保证金完全覆盖，当天不存在违约风险。显然，一旦在交易者建仓以后，在当天收盘结算时如果确实发生了亏损，比如亏损了1 500元，那么原有的保证金扣除亏损额只剩1 500元，不足以维持在新的价格水平下保证金比率为5%的违约风险控制要求。因此在收取初始保证金以后，随着价格的变化，交易所必须跟踪交易者的盈亏状况并在其亏损达到一定程度时向交易者发出追加新的保证金要求（margin call），以达到新的价格水平下保证金的要求水准。

用以触发追加保证金要求的保证金水平叫作维持保证金（maintenance margin）。这个维持保证金一般比初始保证金要少，比如是初始保证金的70%，在前面上海期货交易所阴极铜的例子中，每吨2 100元，亏损额1 500元会使得保证金降为1 500元，从而触发追加保证金的通知。

按照市场价格即时登记每个交易者的盈亏的安排称为盯市结算，一般而言的即时是指每天收盘时计算一下盈亏，称为逐日盯市。追加的保证金叫作变动保证金（variation margins）。

事实上，由于从追加保证金要求发出到实施存在时间滞后问题，交易所规定的涨跌停限制可以使期货交易的保证金风险处于可控状态。

除这些措施之外，为了防止单个交易者对市场价格的操纵，期货交易所一般还会规定头寸限仓制度，如最大持仓限制和持仓时间限制。前者可能规定不同类型交易者在不同时间所能持有的最大仓位，而后者可能规定不同类型交易者在特定时间不允许建仓或者必须平仓等要求。最后，期货交易所还有临时调整期货保证金的措施来应对极端的市场波动。

值得注意的是，以上所有交易所对交易者的制度要求都要通过期货经纪商来实行，并且，期货交易者实际缴纳的期货保证金一般要高于交易所要求的保证金。

3.1.3　期货市场的交易机制

期货市场的参与者主要有期货交易所、期货经纪商（futures commission merchants，FCM）和期货交易者。上一节从期货合约的标准化和期货交易所对交易者风险控制的角度描述了期货合约的概貌。在期货交易所设计交易合约并提供给市场后，期货交易者又是怎样参与期货交易的呢？期货交易中期货经纪商和交易所之间的结算机制又是怎样运行的呢？这一节从一个期货交易的例子出发谈一下期货市场各方是如何参与交易活动的。

期货经纪商就是期货交易的中介，任何期货交易者首先要通过期货经纪商开立期货交易账户，然后才能进行交易。

投资者的交易下单都要通过期货经纪商才能进行。交易者先要在期货经纪商处开户，然后才可以委托经纪商进行期货交易。交易者可以通过电话联系经纪人，现在的委托方式更多是通过计算机软件委托下单。

期货交易可以下达的交易指令有：

市价指令，是指交易者按照从市场上所能得到的最好价格将计划交易的头寸成交的指令。

限价指令，是指交易者对于给定的成交量必须保证获得一个最低满意度的成交价格或者更有利的成交价格才能达成交易的指令。这一指令是目前我国期货交易所支持的指令。

有些交易所或者经纪商支持的指令还包括止损指令等更复杂的定制指令，可以进一步丰富交易者的交易策略选择。

期货交易所也是通过期货经纪商对期货交易进行核算的。换句话说，期货交易所并不针对期货交易者进行结算。根据期货经纪商和交易所之间的结算层次关系，一般而言，期货经纪商至少还有全面结算会员和非结算（交易）会员之分。前者需要承担更大的风险，需要较大的资金实力但能够获得较高的手续费收入。

各个交易所根据自己的需要可能采取不同的结算会员结构体系。以中国金融期货交易所为例，其会员分为交易会员和结算会员两大类。交易会员不具备直接与中国金融期货交易所进行结算的资格，按其业务范围又可分为从事经纪业务的交易会员和从事自营业务的交易会员。结算会员具备直接与中国金融期货交易所进行结算的资格，按其业务范围又分为交易结算会员、全面结算会员和特别结算会员。全面结算会员既可以为其受托客户、也可以为与其签订结算协议的交易会员办理结算、交割业务；交易结算会员只能为其受托的客户办理结算、交割业务；特别结算会员只能为与其签订结算协议的交易会员办理结算、交割业务。从事经纪业务的交易会员只能通过全面结算会员或特别结算会员为其客户办理结算、交割业务。

下面我们看一个清算所、期货经纪商以及交易者清算的例子：

假设我们的交易所只有一个交易标的；该交易所有3家期货经纪商A、B、C，A和B是全面结算会员，C是交易结算会员；5个期货交易者分别在经纪商A（交易者1和2）、B（交易者5）和C（交易者3和4）那里开户。

假设清算所根据净头寸收取各个经纪商的保证金，各个经纪商根据交易者多空双向各自合计的总头寸收取保证金。假设现在各方开户账户的初次交易如下：

经纪商A：250手多头和230手空头，为20手净多头。

交易者1：100手多头。

交易者2：90手空头。

经纪商C：在经纪商A处开户，150手多头和140手空头。

交易者3：在经纪商C处开户，150手多头。

交易者4：在经纪商C处开户，140手空头。

经纪商B：0手多头和20手空头，20手净空头。

交易者5：在经纪商B处开户，20手空头。

清算所：2个成员，经纪商A和经纪商B。

经纪商A：20手净多头。

经纪商B：20手净空头。

假设每一手合约价值为10元，交易所要收取1元/手的保证金，并且各个经纪商也按此标准向各交易者及交易会员经纪商收取保证金。那么可以算出各方所应缴纳的初始保证金如下：

经纪商A：共收到480元初始保证金，向清算所缴纳20元保证金。

来自交易者1的100元。

来自交易者2的90元。

经纪商C从交易者3和4那里共收取290元并缴给经纪商A。

经纪商B：从交易者5那里收到20元保证金，并且向清算所缴纳20元保证金。

现在假设该合约的价格从10元上升至11元，那么所有多头由于获得收益因而不需要追加保证金，但是所有空头因为亏损掉了所有已经缴纳的保证金，因而会需要追加1元/手的变动保证金。

经纪商A需要收取额外的230元变动保证金：来自交易者2的90元以及来自经纪商C的140元。

经纪商B需要收取来自交易者5的20元 。

所有收取的变动保证金会被转给多头方。

经纪商A转入交易者1账户的100元。

经纪商A通过经纪商C向交易者3的账户转入150元。

经纪商B向清算所转入20元，然后再由清算所将此数额转给经纪商A。

这样，清算所的保证金并未发生变化，仍然为40元。

投资者损益的计算：

投资者一旦开始期货交易，从开仓到离场有三种方式，即平仓（close position）、期转现（exchange for spot）或者交割（delivery），前者是最常见的方式。期转现是指在交易所的安排下，有现货交易需求的多空双方以商定价格结清各自头寸的交易。交割如前文所述则要等到最后交易日之后在交易所的安排下进行。无论哪种交易路线，投资者都需要即时追踪自己的交易损益状况。所有的期货交易软件都支持期货损益的实时计算更新。假设某个交易者分别作了以下几笔交易：第一笔多头开仓 5 手的成交价格为 10 元/手，然后第二笔空头开仓 2 手的成交价格为 11 元/手，第三笔空头平仓 5 手的成交价格为 12 元/手。假设第三笔交易当天的结算价为 11.5 元/手，那么我们可以在第三笔交易当天收盘后将该交易者的损益计算如下：

$$5\times(11.5-10)+(-2)\times(11.5-11)+(-5)\times(11.5-12)=9\text{ 元}$$

如果交易者账户的初始资金为 10 元，并且期间并未追加任何保证金及取走资金，那么现在该账户的权益就是 10+9=19 元。

3.1.4　期货市场的监管

期货市场的主体是由交易所、经纪机构和交易者构成的。期货市场监管的目的在于调节和保证期货市场中交易者、经纪机构和交易所遵守市场的各项制度安排，避免出现交易者、经纪机构或者交易所的系统性风险。

期货市场的法规条例是期货市场制度安排的主要内容，目前我国尚未有专门的“期货法”，期货相关法规条例有 2006 年 1 月 1 日起施行的《证券法》和 2007 年国务院制定实施的《期货交易管理条例》。该期货交易管理条例是目前确定期货监管机构对期货市场监管权利、责任和义务的最高准则。

建立期货市场的国家都会设立相应的机构对市场进行监管，不同国家期货监管机构的设置常常有一定差异。美国的期货、期权等衍生品的监管机构是美国商品期货交易委员会（Commodity Futures Trading Commission，CFTC）。我国的期货业的政府监管机构由证监会负责。另外，期货交易者保证金的监管由中国期货保证金监控中心负责。中国期货业协会作为期货经纪公司的行业协会也通过监控各个期货中介机构而承担着部分市场监管职能。

3.2　期货合约的套期保值

3.2.1　套期保值原理

套期保值最初是指参与现货交易者采用期货合约交易建立与现货风险方向相反的适当数量的头寸以对冲（hedge）现货风险的交易策略。

由于交易者参与任何市场交易都要承担价格向自己不利方向变动的风险，无论是以现货为交易标的还是以其他合约为交易标的。如果两个交易标的的价格有着密切的相关性，在两者上面分别建立数量和方向适当的头寸可以使两者的风险得到对冲，从而从整体上降低交易者的风险。

利用期货合约进行对冲是最经典的对冲策略的例子。按照习惯，根据套期保值交易者在期货市场的头寸是多头或者空头，分别称为多头套期保值（long hedge）和空头套期保值（short hedge）。另外，一般根据在现货风险暴露期间期货头寸是否变化，将套期保值策略分为静态套期保值和动态套期保值。

由于期货市场交易的标的和现货标的通常会有所不同，因此套期保值时会遇到如何选择合约、仓位大小、交易方向、建仓、移仓和平仓的时间等问题。具体的"最优"套期保值对冲策略完全依赖于对市场价格行为规律的预期和交易者的风险偏好态度的假设而决定。

从理论上来讲，对于给定的现货头寸和现货风险暴露时间，如果在套期保值期间现货市场和期货市场上的收益正好大小相等而数量相反，即可以说是实现了完美的对冲。然而这一理想状态通常是难以达到的，因为在每次套期保值期间，期货和现货的价格路径都是随机的，对于任何一个事先确定（静态）或者视情况而定（动态）的期货交易策略而言，期、现两个市场的收益也都是随机的。因此我们需要提供一个标准来衡量套期保值是否改进了我们的风险状况。

由于资产价格的路径是随机的，期末的资产价值也是随机的，因此我们需要一个衡量风险资产对于套期保值决策者的效用的理论框架，以此来决定什么样的期货交易策略是一个最优的期货套期保值策略。

下面我们按照经典的市场价格行为规律假设和交易者的风险偏好假设，来阐述套期保值原理。通常我们采用的理论是期望效用函数理论，并且专注于这一理论给出的静态最优套期保值比例。值得注意的是，在若干关于市场价格行为规律和决策者风险偏好的假设下，这一最优套期保值比恰好是最小方差套期保值比。

下面我们从最简单的市场价格规律假设出发，介绍在给定现货风险暴露情况下的静态套期保值，包括多头套期保值和空头套期保值。

3.2.2 空头套期保值

【例 3—1】 假设某铜加工企业已有合约确定期末要按照当时的市场价格出售 1 吨的铜加工制品，相比于当前已采购的原料铜的价格，如果未来铜价走低将会带来收益降低，因而该企业可以在期货市场卖空同样数量的沪铜（上海期货交易所的铜）期货 1 吨（假设可行），假设期铜和现货铜在期初每吨价格分别为 58 750 元和 59 000 元，套期保值结束时两者价格假设有两种可能性：同时升高到 59 500 元或者同时降低到 57 500 元。见图 3-1。

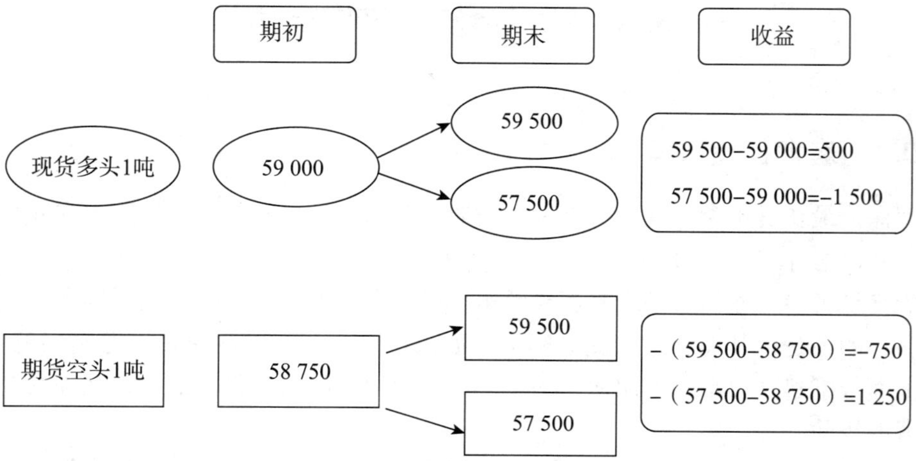

图 3-1 空头套期保值

在第一种情况下，该企业在期货市场上亏损 750 元，但是在现货市场上获利 500 元，因此两市场合计亏损 250 元。从另一个角度看，计算一下该企业到期后的现货销售收入和期货市场收入共计 59 500－(59 500－58 750)＝58 750 元，恰为期初时的期货价格 58 750元。

在第二种情况下，该企业在期货市场上获利 1 250 元，但是在现货市场上亏损 1 500 元，两个市场合计亏损 250 元。同样的，如果我们计算一下该企业在期末的现货销售收入和期货市场收入共计 57 500－(57 500－58 750)＝58 750 元，恰为期初时的期货价格 58 750元。

3.2.3　多头套期保值

【例 3—2】　假设现在某白银加工企业和客户已有合同要按照当前市场价确定一批要在期末交付的白银加工产品的价格。由于加工周期很快，该银加工企业只会在交货前很短一段时间才会从原料市场采购。因此该企业需要承担从当前到采购期间银价走高带来的成本增加的风险，因而选择在期货市场做多头买入同样数量的期银，假设白银期货和现货价格在期初分别为每克 38 元和 40 元，套期保值结束时两者价格假设有两种可能性：同时升高到 45 或者同时降低到 35。见图 3－2。

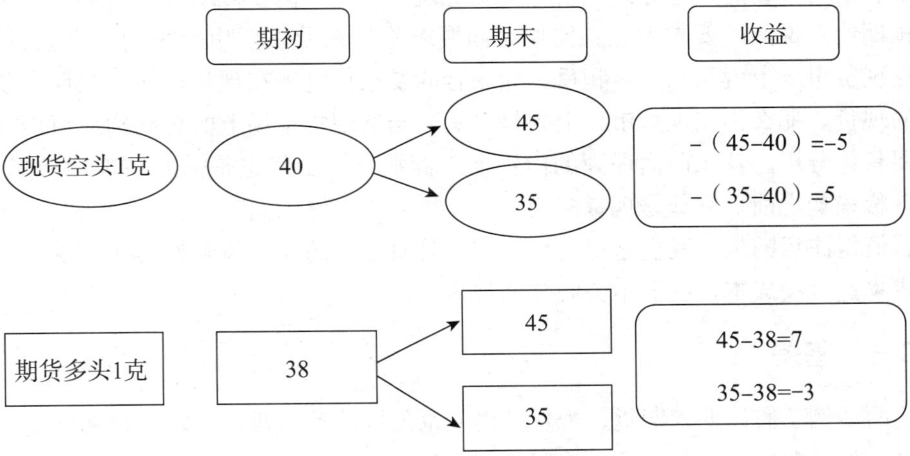

图 3－2　多头套期保值

在第一种情况下，该企业在期货市场上获利 7 元，但是在现货市场上亏损 5 元，因此两市场合计获利 2 元。从另一个角度看，计算一下该企业到期后的现货采购成本与期货市场收入之差，即所谓净采购成本则为 45－(45－38)＝38 元，恰为期初时的期货价格 38 元。

在第二种情况下，该企业在期货市场上亏损 3 元，但是在现货市场上获利 5 元，两个市场合计盈利 2 元。同样的，如果我们计算下该企业在期末的现货采购成本和期货市场收入之差也为 35－(35－38)＝38 元，恰为期初时的期货价格 38 元。

3.2.4　套期保值效果

从上述两个例子我们可以看到，当假设期末期货、现货价格总是相同时，采用期货套期保值可以把现货市场的采购或者销售价格锁定在期初时期货的价格水平。见图 3－3。

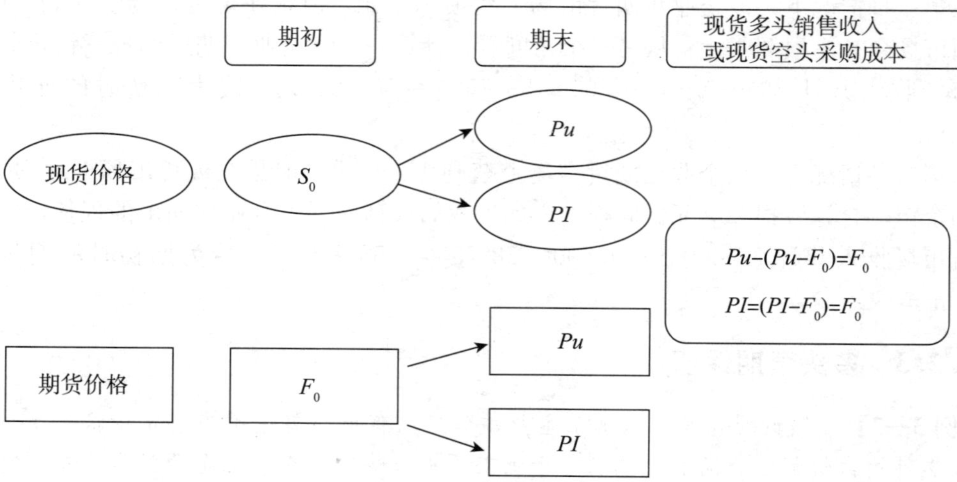

图 3-3 套期保值效果

这里期初的现货价格和期货价格分别为 S_0 和 F_0，期末时如果价格上升，期货和现货价格都变为 Pu，如果价格下降都变为 PI。需要注意的是，我们选择的期货市场上的多空方向总是和现货市场的多空方向相反，这里的现货多空方向要以实际的合同约束为准，而不是以预期或者推测的要求为准。比如合同要求你将来要按照市价采购一定数量的现货，那么你在现货市场上就是空头；相反，如果合同要求你将来在现货市场上按照市价出售一定数量的现货，那么你在现货市场上则是多头。当然现货市场上的合约约束可能有多种形式，需要具体分析。就像前面提到的白银加工商那样，虽然也是需要在现货市场上采购，但是在现货采购之前，它却是现货多头。

最后值得注意的是，我们这里的计算方式是对给定的现货风险暴露而言的，因此基期的现货成本是沉没成本，我们不关心基期现货价格。

3.2.5 基差

上述两个例子假设期末期货、现货价格无论怎样波动但两者一定保持相同是一个不现实的假设，如果期末两个市场的价格不相同会怎样呢？见图 3-4。

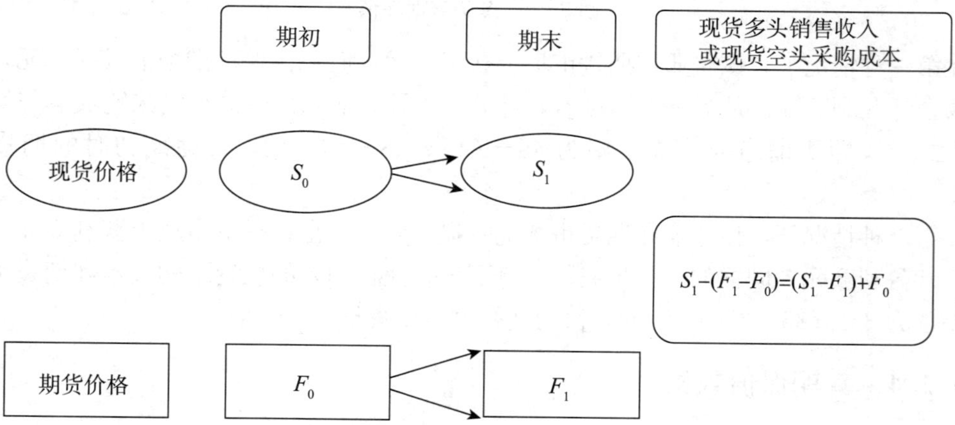

图 3-4 套期保值中的基差

和前面的例子不同，现在期末的期货、现货价格分别为 F_1 和 S_1，而不再是之前恰好相同的情况了。这时采用期货对冲以后的效果是将现货多头或者现货空头所获得价格锁定为期初的期货价格再加上套期保值期末时现货和期货价格之差。因此，套期保值期末时现货和期货价格之差（S_1-F_1）是套保者非常关心的一个变量，也就是所谓的基差（basis）。

关于基差：

（1）基差衡量了决策者采用数量相同方向相反的单一期货合约头寸的简单对冲策略时所面临的风险。

（2）基差变大称为基差增强，反之则称为基差减弱，由于基差分别是现货空头采购成本和多头销售收入的一部分，因而基差增强对空头套期保值者有利而对多头套期保值者不利。

（3）各种产品的基差的符号由于现货标的产品特性的不同而有各自的特点，或者始终为正、或者为负、或者正负皆有。如黄金，在 2008 年金融危机以前一直是期货对现货升水（即上面定义的基差为负），但在金融危机期间及之后出现了贴水的现象。

（4）基差也是基本面分析者关心的重要指标，对于和期货合约标的相同的现货价格，在期货合约的最后交易日附近，基差应该收敛到接近期货交割手续费的程度。基差收敛的有效与否往往反映了市场基本面的重要特征。

3.3　交叉套保和套期保值比

由于期货交易标的和套期保值者的现货经常不完全一样，所以套期保值者采用不完全一致的期货标的对冲现货风险的时候就需要做交叉套保（cross hedging）。在大多数情况下，我们所关心的套期保值属于交叉套保的范畴。

基差的分解：为了更好地理解交叉套保时对基差的影响因素，可以把基差分解为和期货标的完全相同的现货产品与期货之间的价差以及套保者涉及风险暴露的现货与该标的产品的现价差两部分：$S_1-F_1=(S_1^*-F_1)+(S_1-S_1^*)$，这里用 S_1^* 表示和期货标的相同的现货产品价格。

交叉套保时，由于标的物不同，采用 1∶1的比例安排期货头寸常常是不可行的，此时通常需要给出决策者的优化目标来确定采用何种套保比例。通常采用的套保比是所谓的最小方差套保比（minimum variance hedge ratio，MVHR）。

MVHR 假设决策者要通过调整期初持有的期货头寸来最小化期末的期现组合的价值的方差。假设现货价格期初为 S_0，期末为 S_1，期货价格期初为 F_0，期末为 F_1。那么最小化 1 单位的现货和 h 单位的期货构成的资产组合价值 π 的方差为：

$$\min \pi(h)=\mathrm{Var}(S_1+hF_1)$$
$$\min \pi(h)=\mathrm{Var}(S_1)+h^2\mathrm{Var}(F_1)+2h\mathrm{Cov}(S_1,F_1)$$

由于方差总存在最小值，仅考虑一阶条件，令 $\frac{\partial \pi}{\partial h}=2\mathrm{Var}(F_1)h+2\mathrm{Cov}(S_1,F_1)=0$，可得 $h=\frac{\mathrm{Cov}(S_1,F_1)}{\mathrm{Var}(F_1)}$，从而其套期保值比也可写成 $h=-\rho\frac{\sigma_S}{\sigma_F}$，这里 Var 是方差，

Cov 是协方差，σ_S 是现货价格标准差，σ_F 是期货价格标准差，ρ 是期货与现货价格之间的相关系数，因为期末时的风险资产价值的方差与期初的期货、现货价格无关，因此也可以在上述公式中用期初与期末之间的现货价差 ΔS 以及期货价差 ΔF 来代替上面的期末现货价格和期货价格，即 $h=-\rho\frac{\sigma_{\Delta S}}{\sigma_{\Delta F}}$。

值得注意的是，MVHR 假设决策者对于期现组合构成的风险资产的优化目标就是最小化其方差，因此这一结论及其推导比较简单直接。我们可以对这种决策者优化目标假设的合理性进行论证。可以看出，这一优化目标直观来看并不合理，一般而言，经济人是追求利润最大化的，如果给定了风险资产的概率分布，那么对于决策者而言，较高的资产价值对应较高的效用，并且决策者对于同样的风险资产期望值来讲偏好更有确定性的状态，那么这样的一个决策者的风险决策偏好就可以用期望效用理论来描述。

在期望效用理论下给出最优的套期保值比需要期望效用理论之外的更多假设才能得出有意义的结论。这些假设包括期货价格无偏性的假设以及期现价格联动关系的假设。前者与期货市场的有效性相关。市场有效性假说是尤金·法玛（Eugene Fama，1965）提出的理论，基本内容是在市场信息透明的前提下任何投资者都不可能通过交易获利。如将市场信息限定为所有历史价格，特别地，我们假设未来的期货价格基于当前期货价格的条件期望就是当前的期货价格，也就是说，当前的期货价格就是未来期货价格的无偏估计：$E(F_1 \mid F_0)=F_0$。另外，根据本宁、埃尔多和齐尔哈（Benning，Eldor and Zilha，1983）以及伦塞（Lence，1995）关于期现价格关系的研究，我们假设套期保值期末时随机的现货价格和期货价格满足关系 $S_1=\beta F_1+g(e_1)$，其中 $g(\cdot)$ 是任意函数，F_1 和 e_1 满足 $\mathrm{Cov}(F_1, g(e_1))=0$，即 F_1 条件独立于 e_1。在这些条件下对于任意一个风险厌恶型的套期保值者最大化其期望效用，可以证明最优的套期保值比恰为 β。实际上，我们直接应用最小方差套保比的公式，有

$$\frac{\mathrm{Cov}(S_1,F_1)}{\mathrm{Var}(F_1)}=\frac{\mathrm{Cov}(\beta F_1+g(e_1),F_1)}{\mathrm{Var}(F_1)}=\beta$$

也就是说，这样确定的最优套期保值比正好是最小方差套期保值比。由于这一结果并未对决策者的效用函数作任何约束，因此为最小方差套期保值比的广泛应用提供了很好的支持。

最后值得注意的是，虽然 MVHR 理论上足够好，实际决策者的套保需求可能不会是这样的。即使从理论上来讲，如果有更符合现实的风险决策理论或者更合理的风险资产价格关系的条件，就可以得出更符合实际的套期保值比。

交叉套保比的一个例子：假设某公司需要对库存的 3 000 吨钢铁型材进行套保，目前国内只有螺纹钢期货是最接近的产品，我们需要计算交叉套保比。如果我们采用螺纹钢 10 月份的合约进行对冲，在 10 月份最后交易日前 70 天左右建仓，最后交易日前 10 天清仓，假设已知对于历史上“类似”的套保期间的现货价差 x_i 和期货价差 y_i 的数据样本共有 $n=30$ 个，相关样本数据如下：

$$\sum x_i=-35,\sum y_i=45,\sum x_i^2=165,\sum y_1^2=185,\sum x_i y_i=105$$

那么我们可以简单地根据样本方差以及协方差给出一个最小方差套保比值的估计：

$$h=-\mathrm{Cov}(\Delta\hat{S},\Delta F)/\mathrm{Var}(\Delta\hat{F})$$
$$=-\left(\sum x_iy_i-n\overline{x}\,\overline{y}\right)/\left(\sum x_i^2-n\overline{x}^{-2}\right)\approx-1.27$$

因此，对每吨现货应该建立 1.27 吨方向相反的期货头寸进行对冲，对于 3 000 吨来说就是约 3 810 吨，即 381 手螺纹钢空头期货合约。

套期保值比除了可以采用两个交易标的的价格的分析框架外，还可以采用价格变化率的分析框架，这里的价格变化率是指套保期末和期初价格之差与期初价格之比。因为没有考虑交易费用及保证金比率及其利息等因素，这一比率并非严格意义上在各个市场上的多头或者空头取得的收益率，然而这一框架的结果和采用交易标的价格的框架来分析的结果实质上却是一致的。只是这里提供的套期保值比和前者在意义上略有不同，因为这里的比值是指期初每 1 元价值的现货应该对应的期货的价值。读者可以简单地将价格变化率代入套期保值比的公式 $h=-\dfrac{\mathrm{Cov}(S_1,\ F_1)}{\mathrm{Var}(F_1)}$ 进行验证，即可发现按照期初的“价值”和标的“单位”分别确定的两个套保比值之间的联系。

3.4　采用股指期货调整股票组合资产的贝塔值

股指是追踪某一特定的股票资产组合价值变化的指数。各只股票的权重可能依据股价、股票市值或者某种约定的方法确定，一般由开发这些指数的机构管理并发布。股指期货一般是由交易所规定以某一给定价格系数乘以某种股指作为股指期货交易的标的，但是交易报价习惯上仍然按照股指的形式。如沪深 300 股指期货的交易标的即是指数乘以 300 元的合约乘数。

由于这一节探讨的是金融资产及其期货，套保比值用标的资产及其衍生产品的价值衡量比较方便，因此我们相应的套保比都是指的价值之比。

资产的贝塔值是资本资产定价模型（CAPM）里提出的概念，我们知道，CAPM 是从收益率角度研究各项资产的收益风险特征的。在均衡状态下，对于任意一项风险资产其收益率要满足 $\widetilde{R}_a-R_0=\dfrac{\mathrm{Cov}(\widetilde{R}_a,\widetilde{R}_m)}{\mathrm{Var}(\widetilde{R}_m)}(\widetilde{R}_m-R_0)$，其中 $\dfrac{\mathrm{Cov}(\widetilde{R}_a,\widetilde{R}_m)}{\mathrm{Var}(\widetilde{R}_m)}$ 即是资产组合 a 的资产贝塔值，R_0 为无风险资产收益率，$\widetilde{R}_a$ 为风险资产收益率，$\widetilde{R}_m$ 为市场资产组合的收益率。

在不考虑保证金杠杆和交易费用等因素的情况下，资产价格的变化率即是其收益率。如果最小方差套保比也从这一角度决定，两者间就产生了一个联系：如果我们认为股指期货 m 代表了市场资产组合，那么 CAPM 告诉我们，某个特定股票资产组合 a 的资产贝塔值在数值上等价于以此种收益率计算得出的最小方差套保比值，也就是说，在将股指期货看作市场资产组合时，某个股票组合的资产贝塔值就是我们选择对该组合每单位价值采用股指期货对冲时所需要的合约价值。因此，假设现在某特定股指期货的价格是 A，一给定资产组合的价值是 P，资产贝塔值是 β，用于对冲的股指期货合约的数量应为 $N^*=\beta\dfrac{P}{A}$。

【例3—3】 沪深300指数为2 100，相应的4个月内到期的股指期货合约标的为300元乘以该指数，股指期货价格是2 030，现在某资产组合的价值为1 000 000元，其资产贝塔值为1.5，无风险年利率为4％（每3个月为1％），那么采用什么样的沪深300期指头寸才可以在今后3个月内对冲该资产组合的风险呢？简单计算为应该做空$1.5\times\frac{1\ 000\ 000}{2\ 030\times 300}\approx 2.46$份沪深300期指合约。

采用股指期货可以使得投资者在对特定资产组合看好而对市场整体缺乏把握的情况下管理市场风险，也可以允许投资者将持有的资产组合的资产贝塔值调整到自己满意的水平。根据CAPM中资产贝塔值的概念，可以看到采用股指期货反向对冲实质上只是在调整投资者所持有组合资产的贝塔值的一种方式。一般地，我们有：

（1）假设投资者需要调整所持有的资产组合资产的贝塔值以满足投资需要，欲将原持有的股票组合资产的贝塔值（β）改变为调整后的期现组合资产的贝塔值（β^*），那么根据CAPM结论有$\beta=\frac{\mathrm{Cov}(\widetilde{R}_a,\widetilde{R}_m)}{\mathrm{Var}(\widetilde{R}_m)}$，因此，$\beta=\frac{\mathrm{Cov}[\widetilde{R}_a+(\beta^*-\beta)\widetilde{R}_m,\widetilde{R}_m]}{\mathrm{Var}(\widetilde{R}_m)}=\beta+\frac{\mathrm{Cov}[(\beta^*-\beta)\widetilde{R}_m,\widetilde{R}_m]}{\mathrm{Var}(\widetilde{R}_m)}=\beta+\beta^*-\beta=\beta^*$，增加头寸$(\beta^*-\beta)\frac{P}{A}$即可。

（2）将该组合资产的贝塔值调整为0意味着需要头寸$-\beta\frac{P}{A}$，恰为对冲时采用的套期保值比。

3.5 套期保值策略

前面讲过，根据套期保值过程中期货头寸是否变化，可把套期保值分为静态套期保值和动态套期保值。这两种套期保值策略都有一些自身的要求。

3.5.1 静态策略

（1）合同品种的选择：选择好的相关性以尽量控制基差风险。

（2）到期日的选择：使合约最后交易日在预定套保日期后但又尽量接近该日期。

（3）套期保值比例的决定：选择合适的风险控制目标，如最小方差套保比或者其他套保比例。

（4）展期：展期是指将先到期的期货合约头寸在到期前平仓并立即重新建仓下一期期货合约的套保操作。这种方式通常在需要套保建仓的时段内由于流动性或者合约设计等原因导致在理论上没有最优的期货合约可以进行建仓对冲风险。因而决策者可以先在次优的合约上进行对冲，然后再把仓位移到新的套保合约上。一般而言，移仓或者展期会带来更大的风险，因此决策者需要一个合适的展期策略来进行风险控制。

3.5.2 动态策略

动态策略是指在套保期间通过期货交易来调换改变期货合约仓位的对冲策略。实际上，静态策略下的展期策略也是一种动态策略，只不过那里的展期是被动进行的。如果套期保值者在选择合约月份、仓位大小、建仓时间以及期货仓位调整等方面和静态对冲策略存在不同，都可以归类为动态策略。

本章小结

期货市场是将远期交易的标的产品、交易规则、交割标准等标准化并引进保证金和涨跌停板或者熔断机制这一系列制度设计来控制违约风险以及提供资金杠杆来活跃市场的一种衍生品交易市场。期货市场的交易者通过期货经纪商开立保证金账户参与交易，从交易所到各级会员资格的经纪商再到交易者存在着一个清算关系体系，因此交易所和各个经纪商都有各自的风险控制措施，以保证整个期货市场的有序交易、交割和清算。

采用期货套期保值是指通过采用与现货市场的多空方向相反的期货头寸来对冲现货风险的一种交易行为或者策略。期货作为最简单的场内衍生品，吸引了大量有实体现货风险的套保者来参与交易，是保证价格发现效率的重要手段。套期保值所采用的期货合约标的通常会与现货品种不完全一样，这种承担基差风险情形下的套保称为交叉套保。套保者在静态套保时所采用的期货头寸与现货头寸之比或者价值之比叫作套期保值比。这一比值的确定所采用的最流行的方法是通过最小化期现组合的方差来得到的，称为最小方差套保比。

问题与应用

1. 假设一家黄金首饰加工企业是按照市价采购原料以及按照市价销售首饰制品的。请问该企业面临什么样的价格风险？应该如何为该企业制定套期保值方案？

2. 假设某铜冶炼企业有自有的铜矿，但是它所用的原料来自自有矿山的只占50%，而从市场上采购另一半，并假设原料采购和产成品销售都是按照市场价定价的，并且原料和冶炼出来的铜的价格是紧密联系在一起的。请问该公司面临什么样的风险？应该如何进行套保？

3. 某电器公司采购铜作为主要原料用于加工及生产连接器，其连接器的销售价格是根据销售合同签订时的铜现货价格制定的，销售合同订立后，该公司再分批逐次进行原料的采购并组织生产。请问该企业应该如何设计套保策略？

4. 现在某个铜贸易企业在既有的定价模式下，采购和下游销售都是随行就市，以现货价采购和销售。在这一模式下，该企业是通过对于从采购到销售期间在期货市场上做空头套保进行对冲风险的。假设现在上游供货商提出要改变定价模式：按照上海期货交易所的期铜价格某特定远期合约定价。请问该企业在新定价模式下套保的风险收益状况有何改变？

5. 接题4，如果该企业决定在销售产品的时候也跟踪上游供货商盯住的同一期货合约，套保组合的收益又是怎样的呢？

6. 接题4及题5，如果该企业所选定的对冲合约与上游供货/下游定价盯住的合约相同，套保组合的风险收益又是怎样的呢？

7. 假设月度某商品的价格标准差为0.55，该商品期货价格的标准差则为0.71，两者之间的相关系数是0.85。请计算1个月期套保的最小方差套保比。

8. 某投资公司在A股市场持有价值3 000万元的股票投资组合且该组合的资产贝塔值为1.25。该公司计划采用沪深300期指进行风险对冲。假设现在期指报价2 080元，应该建立怎样的头寸进行风险对冲？如果该公司想把期现组合的β降至0.7，又应该如何建立期指头寸呢？

9. 已知上海期货交易所螺纹钢期货的主力合约是每年的1、5、10月份的合约，即这3个月份到期的合约的交易量比其他月份的合约显著大且有更好的流动性。假设某钢材贸易商在今年11月份进货一批，然后预计8月份左右出清存货。请问应该如何设计套保策略进行风险管理？

10. 已知月度大豆期货价格变化的标准差是1.3。某大豆加工企业进行采购时的现货市场月度价格变化的标准差是1.1。期货月度价格变化和该现货市场月度价格变化的相关系数是0.8。现在该大豆加工企业需要采购3 000吨大豆，采购的大豆在自现在开始的一个月内交货，且交货价格是按照一个月后交货完成的最后一天的现货市场价格结算。请问应该如何对冲采购价格风险？现在进一步假设该企业采购所得大豆只是陆续入库储存，在全部交付以前并不会进行加工压榨，那么又应该如何对冲库存成本的风险呢？

推荐阅读材料、网站

[1] http://www.cftc.gov/index.htm.

[2] http://www.goldmansachs.com/what-we-do/securities/products-and-business-groups/products/gsci/.

[3] http://www.msci.com/products/indices/strategy/hedging_currency/.

[4] http://www.djindexes.com/mdsidx/downloads/brochure_info/Dow_Jones_UBS_Commodity_Indexes_Brochure_Chinese.pdf.

参考文献

[1] Benning, Eldor and Zilha, "Optimal Hedging in the Futures Market Under Price Uncertainty", *Economics Letters*, 13 (1983): 141-145.

[2] Hull, John, *Options*, *Futures and Other Derivatives*, 7th Edition, Prentice Hall, 2009.

[3] Lence, S. H., "On the Optimal Hedge Under Unbiased Futures Prices", *Economics Letters*, 47 (1995): 385-388.

[4] Myers, R. and S. Thompson, "Generalized Optimal Hedge Ratios Estimation", *American Journal of Agricultural Economics*, 71 (1989): 858.

[5] Rao, V. K., "Preference-free Optimal Hedging Using Futures", *Economics Letters*, 66 (2000): 223-228.

[6] Lien D., "A Note on the Hedging Effectiveness of GARCH Models", *International Review of Economics & Finance*, 1 (January 2009): 110-112.

第 4 章

远期和期货价格的确定

学习目标

本章对远期和期货的定价进行分析和推导。学习完本章后，要求读者掌握标的资产没有收益、有现金收益和支付已知收益率情形下的远期和期货的定价；熟悉股指期货、外汇期货和商品期货的定价模型；掌握无套利均衡分析方法和持有成本方法对定价模型的推导；了解定价模型改进和修正的思路；能够在考虑市场交易成本的条件下设计套利方案。

本章将首先推导期货和远期定价的一般模型，然后，利用这些结论来计算股票指数、外汇和商品期货价格。在下一章将对利率期货合约进行讨论。

4.1 准备知识

在学习本章相关内容时，需要掌握一些基础的金融知识，这些知识将对后面的知识理解起到重要作用。

4.1.1 投资资产与消费资产

考虑远期和期货合约的定价时，需要明确投资资产和消费资产两个概念。投资资产（investment asset）是指被众多以投资为目的的投资者持有的资产，如股票、债券、黄金和白银。当然，这种资产并不要求所有持有者都为了投资而持有，只要有众多投资者仅为了进行投资而持有就行。消费资产（consumption asset）则主要是为了进行消费而持有的资产。通常不是为了投资而持有，如黄铜、石油和猪腩等商品。可以看出：投资资产以价值变动为持有条件；消费资产以使用价值的运用为持有目的。

投资资产的远期和期货价格，可以利用投资资产的即期价格和其他可以观测到的市场变量，根据无套利关系进行定价。消费资产的远期和期货的价格则无法用无套利均衡方法完全确定下来。

4.1.2 卖空

卖空是一种交易策略，在后面的定价和套利交易中将涉及。具体来说，卖空（short selling，简称 shorting）是指卖出并不拥有的证券。对某些（并不是全部）投资资产可以使用这种交易策略。当投资者预计证券价格将会下跌时，可以选择卖空策略。以股票卖空为例，投资者通过经纪人从其他客户处借入证券来卖掉，所得价款进入自己的账户，同时在经纪人处交纳一定的初始保证金。如果股票价格下降了，则投资者会盈利；若股票价格上升了，则投资者会有损失。如果要平仓，则用自己账户中的资金购买相应数量的证券归还原主。卖空期间卖空者必须将该证券的任何收入（如红利、利息）通过经纪人转付给被借券的客户。有了卖空，在市场下跌过程中也可以获利，从而使市场变为双向市场。

投资者进行卖空交易时，经纪人要求卖空的客户建立一个保证金账户。经纪人要求投资者应在保证金账户里存入现金或可销售证券，由此保证证券价格上升时，投资者不会违约抛弃空头头寸。在卖空之初客户就需要支付一定数额的初始保证金，如果卖空的资产价格出现了价格上升的不利变动，则要增加追加保证金。最初卖出证券所得一般为初始保证金的一部分，可在市场上流通的证券（短期国债）可以存放在经纪人处作为初始保证金。卖空者面临的风险之一是挤空（short-squeezed），是指卖空者在未平仓期间若不能继续借到证券，则必须强制平仓。

【例 4—1】 一投资者于 2015 年 6 月 9 日融券卖空了 1 000 股中国中车（601766）股票，每股价格 30 元。9 月份，当股票价格为 10 元时，投资者买回了这些股票，结清了这些头寸。假设 8 月份每股股票支付了 0.5 元红利。请计算该投资者的收益。

投资者 7 月份建立空头头寸时共收到：

1 000× 30 元＝ 30 000 元

8 月份红利使投资者需付出：

1 000 × 0.5 元＝ 500 元

10 月份投资者轧平头寸时需付出：

1 000 ×10 元＝ 10 000 元

投资者的净收益为：

30 000 元－ 500 元－10 000 元＝19 500 元

4.1.3 远期价格和期货价格的关系

罗斯等（Ross et al.，1981）著名经济学家证明，当无风险利率恒定且不随到期日变动时，交割日相同的远期价格和期货价格相等。这一结论可以扩展到利率为一已知时间函数的情形。

但是，在现实世界中利率并不是恒定不变的，因此，从理论上来讲远期与期货的价格就不一样了。这一点可以严格证明，但超出本书范围，故略去。我们可以对两者的关系做一个直观的描述：假设标的资产价格 S 与利率高度正相关，当 S 上升时，一个持有期货多头头寸的投资者会因每日结算而立即获利。由于 S 的上涨几乎与利率的上涨同时出现，获得的利润将会以高于平均利率的利率进行投资。同样，当 S 下跌时，投资者立即亏损。

亏损将以低于平均利率水平的利率融资。持有远期多头头寸的投资者由于不进行每日结算，将不会因利率的这种变动方式而受到与上面期货合约同样的影响。因此，在其他条件相同时，期货多头比类似的远期多头更具有吸引力。当 S 与利率的正相关性很强时，期货价格要比远期价格高；当 S 与利率的负相关性很强时，由类似上面的讨论可知，远期价格比期货价格高。一些经济学者的研究显示，盯市带来的收益太小，因此利率变动对远期和期货合约的差异影响不大。

现实中，使远期价格和期货价格不同的许多因素并没有反映在很多理论模型中。这些因素包括税赋、交易成本和保证金处理问题等。

随着合约期限的增加，远期合约与期货合约价格之间的差别有可能变得较大，因此假设远期合约价格与期货合约价格可以完全相互替代可能是不合适的。欧洲美元期货具有长达10年的有效期限，在这种情况下假设期货与远期价格相等就不合理了。

在现实生活中，有效期仅为几个月的期货和远期价格的差别往往可以忽略不计。在大多数情况下，我们讨论的合约期限在一年以内，此时假定远期和期货价格相等是比较合理的。

4.2 定价方法

本章中讨论的定价方法，也是金融衍生产品定价的一般方法，是无套利均衡分析法(no arbitrage equilibrium analysis)。在理解这一方法之前，我们先要了解什么是套利。套利是指在不同市场上同时买卖相同或相似的证券而获取无风险收益的行为。例如，如果期货的价格高于合理价格，就可以买进现货，同时卖出期货，将现货持有至到期再用来交割期货，就可以无风险地获取上述价差。反之，则做相反的操作。无套利均衡定价是指在有效的金融市场上，任何一项金融资产的定价都应当使得利用该项金融资产进行套利的机会不复存在。这种定价隐含的机制是：如果某项金融资产的定价不合理，市场必然出现以该项资产进行套利的机会，人们的套利活动会促使该资产的价格趋向合理，并最终使套利机会消失。在具体定价过程中，常常是构造两个复制组合，其特征是它们未来的现金流完全一样，根据无套利均衡原理，这两个组合期初的价值就应该相等，从而可得到需要被定价的资产的价格。

对于期货和远期价格的确定，还可以运用持有成本理论。持有成本定价的思路是：远期（期货）的价格等于期初的持有现货价格加上现货从期初至远期（期货）到期日这段时间的净持有成本。该理论的简单表述为：

远期(期货)合理价格＝现货价格＋净持有成本

其中，现货的持有成本受三个因素的影响，第一是现货的存储成本，第二是购买现货占用资金的利息成本，第三是现货在此期间所带来的收益。前两项会增加持有成本，后一项是对持有成本的冲减。因此，净持有成本＝现货的存储成本（对商品期货而言）＋购买现货占用资金的利息成本－持有期收益（例如持有股票分得的红利或持有债券的利息收益等）。

4.3 远期和期货的三个基本定价模型

4.3.1 定价假定条件

为了简化定价模型的推导，我们给出以下定价的假定条件，假定对部分市场参与者成立：

(1) 无交易费用；

(2) 所有的市场利润（减去交易损失后的净额）使用同一税率；

(3) 市场参与者能够以相同的无风险利率借入和贷出资金；

(4) 有套利机会出现时，市场参与者将参与套利活动。

我们只要求上述假设条件对投资机构等几个关键的市场参与者成立，至少是近似正确的。正是这些关键的市场参与者的积极交易及积极利用他们发现的套利机会，从而使套利机会很快消失，因此市场价格是无套利机会时的价格。

本章中将要用到的符号如下：

T：远期或期货合约到期的时刻(年)；

S_0：远期或期货合约标的资产当前的价格；

S_T：远期或期货合约标的资产在时刻 T 时的价格；

K：远期或期货合约中的交割价格；

f：时刻 t 时，远期或期货合约多头的价值；

F_0：当前的远期或期货价格；

r：对交割日（即 T 年后）到期的一项投资而言，以连续复利计算的无风险利率。

对于远期和期货的定价，我们根据其标的资产在合约有效期的收益支付情况，分为三种基本类型：第一种是标的资产不支付收益的情况，第二种是标的资产支付已知现金收益的情况，第三种是标的资产支付已知收益率的情况。下面，分别讨论三种情况下的定价模型。

4.3.2 不支付收益证券远期（期货）的价格

第一种类型，我们考虑不支付收益证券远期（期货）的价格。最容易定价的远期合约就是这种类型。不支付收益证券包括不支付红利的股票和零息债券等。

1. 定价

(1) 持有成本定价。

对不支付红利的证券，因为既无存储成本，又无收益，持有成本就是 r。由于现货证券不支付收益，所以合理的远期价格应该等于现货价格（本金）加上在 T 时段内该本金应该产生的利息，即本利和。在连续复利条件下，

$$F_0 = S_0 e^{rT}$$

(2) 无套利定价。

下面我们利用无套利均衡分析方法推导出远期和远期合约的价格。设有两个组合：

组合 A：一个远期合约多头加上一笔数额为 Ke^{-rT} 的现金。

组合 B：一单位标的证券。

在时刻 T，两种组合都可以获得一单位证券，因此在期初时刻，两个组合的价值也必然相等。

$$f+Ke^{-rT}=S_0$$

即：

$$f=S_0-Ke^{-rT}$$

当 $f=0$ 时，$F=K$，代入上式，得：

$$F_0=S_0e^{rT} \tag{4.1}$$

一般地，有：

$$f=(F_0-K)\,e^{-rT} \tag{4.2}$$

【例 4—2】　考虑一个 3 个月期远期合约，规定购买一个从今天算起期限为 1 年的零息债券（也就是说远期合约到期之后债券有效期还剩 9 个月）。该债券的现价为 93 元，假定以连续复利计算的 3 个月期无风险利率为每年 4%。

因为零息债券不支付收益，可以使用公式（4.1），那么，

$$T=3/12,\ r=0.04,\ S_0=93$$

则远期价格 F_0 为：

$$F_0=93e^{0.04\times3/12}=93.93\text{ 元}$$

这就是当前能商定的交易的远期合约价格。

【例 4—3】　考虑一个 6 个月期的远期合约的多头状况，标的证券是 1 年期贴现债券，远期合约交割价格为 95 元。假设 6 个月期的无风险利率（连续复利）为年利率 4%，债券的现价为 94 元。求远期合约的价值。

此时，$T=0.50$，$r=0.04$，$K=95$，$S_0=94$，远期合约多头头寸的价值 f 为：

$$f=94-95e^{-0.5\times0.04}=0.88\text{ 元}$$

类似地，该远期合约空头的价值为−0.88。

2. 不支付收益证券远期（期货）合约的套利

如果市场价格偏离了无套利均衡价格，市场交易者可以通过构造套利组合进行套利。套利一方面使套利者获得无风险收益，另一方面会推动市场回归均衡，保证定价公式成立，也就是说，市场的均衡价格是由市场套利力量来维护的。以 F_0^* 表示远期合约的实际市场价格，F_0 表示无套利均衡价格。

(1) 如果 $F_0^*>F_0$，即说明远期合约价格相对于现货价格被高估，应该卖出远期合约，买进现货。

套利策略见表 4-1。

表 4-1　不支付收益证券远期合约的空头套利

0 时刻	T 时刻
1. 以利率 r 借 S_0 美元 T 年：S_0 2. 购买证券现货：$-S_0$ 3. 卖出远期合约：0	1. 购买的现货交割到期的远期合约，得价款：F_0^* 2. 归还借款的本利和：$-S_0e^{rT}$
合计：0	合计：$F_0^* - S_0e^{rT} = F_0^* - F_0 > 0$

更具体的，我们来看以下例子。

【例 4—4】 期限为 3 个月的股票远期合约的价格为 43 美元。3 个月后到期的无风险年利率为 5%，股票当前价格为 40 美元，不付红利。

①判断：

$$Se^{rT} = 40e^{0.05\times3/12} = 40.50 < 43$$

期货价格被高估。

②套利过程见表 4-2。

表 4-2　不支付收益证券远期合约的空头套利实例

0 时刻	T 时刻
1. 以利率 5%借 40 美元 T 年：40 美元 2. 购买证券现货：−40 美元 3. 卖出远期合约：0	1. 购买的现货交割到期的远期合约，得价款：43 美元 2. 归还借款的本利和：−40.5 美元
合计：0 美元	合计：43−40.50=2.50 美元

（2）如果 $F_0^* < F_0$，即说明远期合约价格相对于现货价格被低估，应该买进远期合约，卖出现货。

套利策略见表 4-3。

表 4-3　不支付收益证券远期合约的多头套利

0 时刻	T 时刻
1. 卖空现货：S_0 2. 按年利率 r 进行期限为 T 的投资：$-S_0$ 3. 购买远期合约：0	1. 投资本利和：S_0e^{rT} 2. 交割远期合约，支付：F_0^* 3. 再用期货交割中所得的证券冲抵原来的现货空头头寸
合计：0	合计：$S_0e^{rT} - F_0^* = F_0 - F_0^* > 0$

同样地，来看一个具体的例子。

【例 4—5】 期限为 3 个月的股票远期合约的价格为 39 美元。3 个月后到期的无风险年利率为 5%，股票当前价格为 40 美元，不支付红利。

①判断：$Se^{rT} = 40e^{0.05\times3/12} = 40.50 > 39$

期货价格被低估。

②套利过程见表 4-4。

表 4-4　不支付收益证券远期合约的多头套利实例

0 时刻	T 时刻
1. 卖空现货：40 美元 2. 按年利率 r 进行期限为 T 的投资：−40 美元 3. 购买远期合约：0	1. 投资本利和 ：40.50 美元 2. 交割远期合约，支付：−39 美元 3. 再用期货交割中所得的证券冲抵原来的现货空头头寸
合计：0	合计：40.50−39=1.50 美元

(3) 不允许卖空情况下的套利。

如果投资资产不能进行卖空交易，只需要假设有众多投资者仅为了进行投资而持有该类资产（根据投资资产的假设，这总是成立的），就同样可以进行套利，远期价格会自动调整，使得前两种套利机会都不会存在，保证定价公式成立。

如果远期价格较低，投资者会发现卖出资产并持有远期多头是对他们有利的。

假设标的资产是黄金，不支付收益，不考虑贮存成本。如果其远期价格和现货出现偏离，投资者可以采取如表 4-5 所示的策略。

表 4-5　不允许卖空情况下黄金的套利

	$F_0^* > S_0 e^{rT}$	$F_0^* < S_0 e^{rT}$
0 时刻	1. 以利率 r 借 S_0 金额 T 年 2. 购买一盎司黄金 3. 持有一盎司黄金的远期空头	1. 以价格 S_0 卖出黄金 2. 把得到的资金以利率 r 投资 T 年 3. 持有一盎司黄金的远期多头
T 时刻	1. 执行远期，以 F_0^* 卖出 1 盎司黄金 2. 偿还资金 $S_0 e^{rT}$ 套利收益 $= F_0^* - S_0 e^{rT}$	1. 投资本息和 $S_0 e^{rT}$ 2. 以价格 F_0^* 购买黄金 套利收益 $= S_0 e^{rT} - F_0^*$

4.3.3　支付已知现金收益证券远期（期货）的价格

第二种类型，我们考虑支付已知现金收益证券远期（期货）的价格。支付已知现金收益证券是指证券（远期合约的标的资产）将为持有者提供可完全预测的现金收益，如已知红利的股票或息票债券。

1. 定价

(1) 持有成本定价。

设 I 为远期合约有效期内所得现金收益的现值，贴现率为无风险利率，则

$$F_0 = S_0 e^{rT} - I e^{rT}$$

即：

$$F_0 = (S_0 - I) e^{rT}$$

(2) 无套利定价。

下面我们再次利用无套利均衡分析方法推导出远期和远期合约的价格。我们看两个

组合：

组合 A：一个远期合约多头加上一笔数额为 Ke^{-rT} 的现金。

组合 B：一单位标的证券加上以无风险利率借 I 数额的资金（即同时负债 I）。

在 T 时刻，两个组合都可以得到一单位证券，在当前它们也应具有相同的价值，则

$$f+Ke^{-rT}=S_0-I$$

即：

$$f=S_0-I-Ke^{-rT} \tag{4.3}$$

当 $f=0$ 时，$F_0=K$，代入上式，得：

$$F_0=(S_0-I)e^{rT} \tag{4.4}$$

【例 4—6】 假设有一只股价为 50 元的股票的 10 个月期远期合约。假设对所有到期日，无风险利率（连续复利）都是年利率 8%。同时假设在 3 个月、6 个月以及 9 个月后都会有每股 0.75 元的红利支付。这样，红利的现值 I 为：

$$I=0.75e^{-0.08\times3/12}+0.75e^{-0.08\times6/12}+0.75e^{-0.08\times9/12}=2.162\text{ 元}$$

$T=0.833\ 3$ 年，因此远期价格 F_0 为：

$$F_0=(50-2.162)e^{0.08\times0.833\ 3}=51.14\text{ 元}$$

【例 4—7】 一种 5 年期债券，价格为 90 元。假设这种债券的 1 年期远期合约的交割价格为 91 元。在 6 个月后和 12 个月后，预计都将收到 6 元的利息。第二次付息日正好在远期合约交割日之前。6 个月期和 12 个月期的无风险复利利率分别为年利率 9%和 10%。求远期价格与远期合约的价值。

此时，$S=90$ 元，$K=91$ 元，$r=0.10$，$T=1$；且有：

$$I=6e^{-0.09\times0.5}+6e^{-0.10\times1.0}=11.165\text{ 元}$$

所以远期合约多头的价值为：

$$f=90-11.17-91e^{-0.1\times1.0}=-3.51\text{ 元}$$

则远期合约空头的价值为+3.51 元。

2. 支付已知现金收益证券远期（期货）合约的套利

仍然以 F_0^* 表示远期合约的实际市场价格，F_0 表示无套利均衡价格。

（1）如果 $F_0^*>F_0$，即说明远期合约价格相对于现货价格被高估，应该卖出远期合约、买进现货。

【例 4—8】 一年后交割的息票债券远期合约的价格为 93 元。债券的即期价格为 90 元。预期债券在 6 个月后以及 12 个月后各支付 4 元的利息。6 个月期和 12 个月期的无风险年利率分别为 9%和 10%。

①判断：

$$\begin{aligned}&(90-4e^{-0.09\times1/2}-4e^{-0.1\times1})e^{0.1\times1}\\&=(90-3.82)e^{0.1\times1}-4=91.24<93\end{aligned}$$

期货价格被高估。

②套利策略见表4-6。

表4-6 支付已知现金收益证券远期合约的空头套利

0时刻	6个月	12个月
1. 借入人民币：+90元 其中： 3.82元以9%的年利率借入6个月 86.18元以10%的年利率借入1年 2. 购买一份债券现货：-90元 3. 卖空一年期的债券远期：0	1. 6个月期3.82元贷款的本利和：-4元 2. 债券在6个月后收到利息：+4元	1. 86.18元贷款的本利和：$-86.18e^{0.1\times1}=-95.24$元 2. 债券在12个月后收到利息：+4元 3. 执行远期合约：+93元
合计：0	合计：0	合计：1.76元

(2) 如果 $F_0^* < F_0$，即说明远期合约价格相对于现货价格被低估，应该买进远期合约、卖出现货。

【例4—9】 一年后交割的息票债券远期合约的价格为90.5元。债券的即期价格为90元。预期债券在6个月后以及12个月后各支付4元的利息。6个月期和12个月期的无风险年利率分别为9%和10%。

①判断：

$$(90-4e^{-0.09\times1/2}-4e^{0.1\times1})\ e^{0.1\times1}$$
$$=(90-3.82)\ e^{0.1\times1}-4=91.24>90.5$$

期货价格被低估。

②套利策略见表4-7。

表4-7 支付已知现金收益证券远期合约的多头套利

0时刻	6个月	12个月
1. 卖空债券现货：+90元 2. 3.82元做6个月的无风险投资：-3.82元 3. 86.18元做1年期无风险投资：-86.18元 4. 建立一份债券期货多头：0	1. 3.82元投资6个月的本息：+4元 2. 支付6个月后的债券利息：-4元	1. 86.18元投资1年的本息：+95.24元 2. 4元用来支付一年后的债券利息：-4元 3. 90.5元用来交割到期的远期合约：-90.5元 4. 所得的债券用来平仓现货空头
合计：0	合计：0	合计：95.24-4-90.5=0.74元

以上套利再次说明，在远期价格偏离无套利均衡价格时，市场的套利行为会推动市场价格回到均衡价格。

4.3.4 支付已知收益率证券远期（期货）合约的价格

第三种类型，我们考虑远期合约的标的资产将为持有者提供已知收益率的收益，而不是现金收益。已知收益率（资产的收益率）的证券是假定在持有期内该证券按照其价格的某个比率 q 连续地支付红利。如果将收益不断地再投资于该证券，则所持有的证券资产的价值将按照 q 的比率连续增加。货币和股票指数就是提供已知收益率的证券。

1. 定价

（1）持有成本定价。

持有现货的收益就是持有期货的成本（机会成本），而持有期货的总成本（期货价格与机会成本之和）应该等于持有现货的成本，否则就会导致套利。则有：

$$F_0 e^{qT} = S_0 e^{rT}$$

即：

$$F_0 = S_0 e^{(r-q)T}$$

（2）无套利定价。

下面我们依然利用无套利均衡分析方法推导出远期和远期合约的价格。设有两个组合：

组合 A：一个远期合约多头加上一笔数额为 Ke^{-rT} 的现金。

组合 B：e^{-qT} 个证券并且所有的收入都再投资于该证券。

在 T 时刻，组合 B：$S_0 e^{-qT} e^{qT} e^{rT} = S_0 e^{rT} = S_T$ 。

在 T 时刻，两个组合都可以得到一单位的证券，在当前它们也应具有相同的价值：

$$f + Ke^{-rT} = S_0 e^{-qT}$$

即：

$$f = S_0 e^{-qT} - Ke^{-rT} \tag{4.5}$$

当 $f=0$ 时，$F_0 = K$ ，代入上式，得：

$$F_0 = S_0 e^{(r-q)T} \tag{4.6}$$

【例 4—10】 一个 6 个月期远期合约，标的资产提供年均为 4%的连续红利收益率。无风险利率（连续复利）为每年 10%。股价为 25 元，交割价格为 27 元。此时，$S_0=25$，$K=27$，$r=0.10$，$q=0.04$，$T=0.5$。

远期合约多头的价值 f 为：

$$f = 25e^{-0.04\times0.5} - 27e^{-0.1\times0.5} = -1.18 \text{ 元}$$

远期价格 F_0 为：

$$F_0 = 25e^{0.06\times0.5} = 25.76 \text{ 元}$$

4.3.5 远期合约价值的一般结论

对所有远期合约，远期合约多头的价值有一个一般性的结论。也就是说，前面三种类型的定价模型存在内在的一致性，可以统一起来。

在签署远期合约时，远期合约的价值为零，之后合约价值可能为正，也可能为负。对于市场参与者，确定远期的价值很重要。使用前面的符号，合约签署初始的交割价格为

K，当前远期价格为 F_0，则：

$$f=(F_0-K)e^{-rT} \tag{4.7}$$

比较交割价格为 F_0 和 K 的两个远期合约多头。它们除了交割价格不同之外，其余条件都一样。在 T 时刻，两个合约的差值是在时刻 T 标的资产所付金额的差值，即为：F_0-K。在 0 时刻，两个合约的差值是把 T 时刻现金流出的差值 F_0-K 折现到 0 时刻，为：$(F_0-K)e^{-rT}$。因此交割价格为 F_0 的远期合约多头的价值低于其他条件相同但交割价格为 K 的远期合约多头的价值，差值为 $(F_0-K)e^{-rT}$。交割价格为 F_0 的合约价值定义为零。于是交割价格为 K 的合约价值就为 $(F_0-K)e^{-rT}$。

公式(4.7)说明，可以假设远期合约到期时的标的资产价格等于远期价格 F_0，然后再估计当前远期合约多头的价值。请注意我们做出假设的时刻点，在 T 时刻的远期合约多头的损益为 F_0-K。该损益的现值为 $(F_0-K)e^{-rT}$，也就是公式(4.7)中 f 的价值。类似地，假设未来标的资产的价格等于当前远期价格，我们可以估计远期合约空头的价值。

综上，我们可以归纳如下：

1. 不支付收益证券远期（期货）合约

$$F_0=S_0e^{rT}$$

$$f=S_0-Ke^{-rT}$$

2. 支付已知现金收益证券远期（期货）合约

$$F_0=(S_0-I)e^{rT}$$

$$f=S_0-I-Ke^{-rT}$$

3. 支付已知红利率证券远期（期货）合约

$$F_0=S_0e^{(r-q)T}$$

$$f=S_0e^{-qT}-Ke^{-rT}$$

4.4　三类期货的定价

按照标的资产的不同，期货可以分为股票和股票指数期货、货币期货、利率期货和商品期货。前三者属于金融期货，利率期货由于其特殊性我们将在第 5 章中专门介绍。本章介绍股票指数期货、货币期货和商品期货的定价。这些定价是上一节中三种定价模型的具体运用。

4.4.1　股票指数期货

1. 股票指数

股票指数（stock index）反映了一个股票组合的价值变化，通常由证券交易所或金融服务机构编制，作为市场价格变动的参考指标。每种股票在组合中的权重等于组合投资中该股票的比例。通常定义一个很小的时间段里股票指数价值的变化百分比等于同一时间段内组成该组合的所有股票总价值的变化百分比。股票指数通常不因派发现金红利而调整，即大多数指数在计算其百分比变化时，不考虑股票组合收到的任何现金红利。

如果假想组合中的股票保持不变，则组合中个股的权重将会随市场波动而发生变化。如果组合中某一股票的价格上涨得比其他股票快得多，该股票的权重就会自动地增大。如果设定组合中股票的权重为常数，则该假想的组合每天都将发生变化。如果组合中某股票的价格上涨得比其他股票更快，该股票的持有量就应减少，以维持这个权重。

几种重要指数期货的标的资产是S&P500指数、日经225股票平均指数、CAC-40指数、FT-SE100指数、所有普通股股价指数、德国DAX指数、纽约证券交易所NYSE综合指数和主要市场指数MMI（Major Market Index）等。

2. 股票指数期货合约

股票指数期货合约的构成与商品期货合约相似，它也是一种标准化的可转让协议。其交易的标的物是相应的股价指数，并以股价指数作为合约的价格尺度。人为赋予股价指数的每个点以特定的货币价值，从而使指数期货合约具有了合约金额。在合约条款中统一规定了每一指数点代表的价值、到期日以及交割结算方式。

股指期货和商品期货的主要不同之处在于交割方式。实际交割成份股股票有很大的困难，因此采用到期日“现金结算”的方式，即以到期日的现货股票指数为依据，采用日内价格平均的方法确定“现金结算价”，在最后一个交易日，所有合约是盯市的并且所有头寸必须平仓。对大多数合约而言，在最后一个交易日的结算价格通常是当天指数的收盘指数。但S&P500期货的结算价是以次日的开盘价所计算的指数价值。

股票指数期货交易是在集中的市场通过公开竞价来买卖股票指数期货合约。股价指数的上下变动可使合约总金额产生变动，由此决定了合约双方的收益或损失。

股票指数期货交易归纳起来有以下特点：(1) 跨期性。股指期货是交易双方通过对股票指数变动趋势的预测，约定在未来某一时间按照一定条件进行交易的合约。因此，股指期货的交易是建立在对未来预期的基础上，预期的准确与否直接决定了投资者的盈亏。(2) 杠杆性。股指期货交易不需要全额支付合约价值的资金，只需要支付一定比例的保证金就可以签订较大价值的合约。例如，假设股指期货交易的保证金为10%，投资者只需支付合约价值10%的资金就可以进行交易。这样，投资者就可以控制10倍于所投资金额的合约资产。当然，在收益可能成倍放大的同时，投资者承担的损失也可能是成倍放大的。(3) 联动性。股指期货的价格与其标的资产——股票指数的变动联系极为紧密。股票指数是股指期货的基础资产，对股指期货价格的变动具有很大影响。与此同时，股指期货是对未来价格的预期，因而对股票指数也有一定的引导作用。(4) 高风险性和风险的多样性。股指期货的杠杆性决定了它具有比股票市场更高的风险性。此外，股指期货还存在着特定的市场风险、操作风险、现金流风险等。

国际上主要的股票指数期货合约有CME的指数和期权市场（Index and Option，IOM）分部的S&P500指数期货合约、CBOT主要市场指数期货合约、LIFFE FT-SE100指数期货合约、大阪证券交易所日经225指数期货合约、香港期货交易所（HKFE）恒生指数期货合约。下面介绍S&P500指数期货合约和我国沪深300指数期货合约（见表4-8和表4-9）。

表 4－8　　**S&P500 指数期货合约**

上市时间	1982 年 4 月 21 日	
合约价值	250 美元乘以 S&P500 指数期货报价	
最小变动价位	单边交易	0.10 个指数点＝25 美元
	跨期套利	0.05 个指数点＝12.5 美元
交易时间（美国中部时间）	人工喊单	周一至周五：8：30 am—3：15 pm
	全球电子盘	周一至周四：3：30 pm—8：15 am（每天 4：30 pm—5：00 pm 停盘半个小时） 周日：5：00 pm—隔天 8：15 am
合约月份	人工喊单	连续 8 个季月（3、6、9、12 月）
	全球电子盘	最近的一个季月（3、6、9、12 月）
最后交易时间	人工喊单	截至合约月份第三个周五前一天 3：15 pm
	全球电子盘	在展期日（通常是人工喊单的最后交易日前 8 个交易日）近月合约下市，之后的季月上市
最终结算方法	现金结算，结算价是合约月份第三个周五早上给出的标准普尔成份股的特别开盘价	
持仓限额	所有月份的单边净持仓不能超过 20 000 手	

表 4－9　　**沪深 300 指数期货合约**

合约标的	沪深 300 指数
合约乘数	每点 300 元
报价单位	指数点
最小变动价位	0.2 点
合约月份	当月、下月及随后两个季月
交易时间	上午：9：15—11：30，下午：13：00—15：15
最后交易日交易时间	上午：9：15—11：30，下午：13：00—15：00
每日价格最大波动限制	上一个交易日结算价的±10%
最低交易保证金	合约价值的 12%
最后交易日	合约到期月份的第三个周五，遇国家法定假日顺延
交割日期	同最后交易日
交割方式	现金交割
交易代码	IF
上市交易所	中国金融期货交易所

3. 股票指数期货的价格

大部分指数可以看成支付红利的证券。这里的证券就是计算指数的股票组合，证券所支付的红利就是该组合的持有人收到的红利。根据合理的近似，可以认为红利是连续支付的，设 q 为红利收益率，由式（4.6）可得期货价格 F_0 为：

$$F_0 = S_0 e^{(r-q)T} \tag{4.8}$$

实际上，计算指数的股票组合的红利收益率一年里每周都在变化。例如，纽约证券交易所的大部分股票是在每年 2 月、5 月、8 月和 11 月的第一周支付红利。q 值应该代表合约有效期间的平均红利收益率。用来估计 q 的红利应是那些除息日在期货合约有效期之内的股票的红利。

【例 4—11】 考虑一个 S&P500 指数的 3 个月期期货合约。假设用来计算指数的股票的红利收益率为每年 1%，指数现值为 800 美元，连续复利的无风险利率为每年 6%。

此时，$r=0.06$，$S=800$，$T=0.25$，$q=0.01$，则期货价格 F_0 为：

$$F_0 = 800e^{(0.06-0.01)\times 0.25} = 810.06 \text{ 美元}$$

4. 股票指数期货的套利

以 F_0^* 表示股票指数期货的实际市场价格。

如果 $F_0^* > S_0 e^{(r-q)T}$，可以通过购买指数中的成份股，同时卖出指数期货合约而获利。指数套利操作通常由拥有短期资金市场投资的公司来进行。

如果 $F_0^* < S_0 e^{(r-q)T}$，可卖出指数中的成份股，同时买进指数期货合约而获利。指数套利操作通常由拥有指数成份股组合的养老基金来进行。

在套利时，买进或卖空现货即买进或卖空相应的股票组合。对于一些包含较多股票的指数，指数套利有时是通过交易数量相对较少的有代表性的股票来进行的，这些有代表性的股票的变动能较准确地反映指数的变动。

在市场交易中，指数套利经常采用程序交易（program trading）方法来进行，即通过一个计算机系统来进行量化处理，通过程序自动进行交易，这种方式能够高效、及时、准确地进行套利。

4.4.2 货币期货

货币期货是指以外汇为标的的期货合约，又称外汇期货，是交易双方约定在未来某一时间，依据现在约定的汇率，以一种货币交换另一种货币的标准化合约。自 1972 年 5 月芝加哥商品交易所的国际货币市场分部推出第一张外汇期货合约以来，随着国际贸易的发展和世界经济一体化进程的加快，外汇期货交易一直保持着旺盛的发展势头。它不仅为广大投资者和金融机构等经济主体提供了有效的套期保值的工具，而且也为套利者和投机者提供了新的获利手段。

目前国际上交易的外汇期货合约所涉及的货币主要有英镑、美元、日元、瑞士法郎、加拿大元、澳大利亚元以及欧元等。从世界范围看，外汇期货的主要市场在美国，基本上集中在芝加哥商业交易所的国际货币市场分部、中美洲商品交易所（MCE）和费城期货交易所（PBOT），其中 IMM 约占全球外汇期货合约成交量的 90%以上。此外，外汇期货的主要交易所还有：伦敦国际金融期货交易所（LIFFE）、新加坡国际货币交易所（SIMEX）、东京国际金融期货交易所（TIFFE）、法国国际期货交易所（MATIF）等，每个交易所基本都有本国货币与其他主要货币交易的期货合约。

1. 外汇期货合约

外汇期货合约的具体内容包括交易币种、交易时间、交割月份等，表 4-10 是芝加哥商品交易所的国际货币市场日元、英镑期货合约。

表 4-10　　芝加哥商品交易所的国际货币市场日元、英镑期货合约

	英镑	日元
交易单位	25 000 英镑	12 500 000 日元
报价方法	美分/英镑	美分/日元
最小变动单位	5 点（0.000 5）	1 点（0.000 001）
最小变动值	12.5 美元	12.5 美元
购买数量限制	6 000 份	6 000 份
初始保证金	2 800 美元	2 100 美元
维持保证金	2 000 美元	1 700 美元
交割月份	3、6、9、12 月	3、6、9、12 月
交易时间（美国中部标准时间）	上午 7：30—下午 1：24	上午 7：30—下午 1：30

表 4-11 是 2012 年 9 月 17 日在香港交易所上市的人民币期货合约。

表 4-11　　在香港交易所上市的人民币期货合约

项目	合约细则
合约	美元兑人民币（香港）期货
交易代码	CUS
合约月份	即月、下 3 个历月及之后的 3 个季月
合约金额	100 000 美元
报价单位	每美元兑人民币（如 1 美元兑人民币 6.248 6 元）
最低波幅	人民币 0.000 1（小数点后第 4 位）
交易时间	上午 9：00 下午 4：15（到期合约月份在最后交易日收市时间为上午 11：00 整）
最后结算日	合约月份的第三个星期三
最后交易日	最后结算日之前两个营业日
最后结算价	香港财资市场公会在最后交易日上午 11：15 公布的美元兑人民币（香港）即期汇率定盘价
结算方式	由卖方缴付合约指定的美元金额，而买方则缴付以最后结算价计算的人民币金额
交易所费用	人民币 8.00 元
大手交易最低合约交易量	50 张合约

2. 货币期货的价格

货币期货（外汇期货）约定多方（空方）有权利和义务在交割月份按报价买进（卖出）一定数额的某种货币。

下面从一个美国投资者的立场来考虑货币期货合约。符号定义如下：

S_0：以美元表示的一单位外汇的即期价格。

F_0：以美元表示的一单位外汇的远期和期货价格。

k：远期和期货合约中约定的交割价格。

r_f：外汇的无风险利率，连续计复利。

r：本币利率，连续计复利。

考察以下两个组合：

组合 A：一个远期多头加上 Ke^{-rT} 金额的现金（K 的单位为本币美元）。

组合 B：e^{-r_fT} 金额的外汇（单位为外币，如英镑）。

两个组合在 T 时刻都等于一个单位的外汇，因此在现在时刻也应相等：

$$f+Ke^{-rT}=S_0e^{-r_fT} \qquad f=S_0e^{-r_fT}-Ke^{-rT} \tag{4.9}$$

当 $f=0$ 时，$F_0=K$，代入上式，得：

$$F_0=S_0e^{(r-r_f)T} \tag{4.10}$$

这是国际金融中著名的利率平价关系。从式（4.5）和式（4.6）可见，货币远期和期货的定价模型与支付已知收益率的证券是一致的。式（4.5）和式（4.6）中的“收益率 q”就是外汇的无风险利率 r_f 。

应注意到，外汇持有者的利息所得也是外汇，因此其价值在用本国货币衡量时亦与外汇的价值成比例。

当本币利率>外汇利率时，持有外汇的成本高于收益，F 大于 S，并且 T 越大，F 越大；当本币利率<外汇利率时，持有外汇的成本低于收益，F 小于 S，并且 T 越大，F 越小。

期货的价格用单位外汇的美元价值来标价，与大部分外汇的即期价格和远期价格的标价方式有所不同，后者通常是用每单位美元若干数额的外汇来标价。

3. 外汇期货的套利

【例 4—12】 假设澳大利亚和美国的 2 年期连续复利利率分别为每年 5%与 7%。同时澳元（AUD）兑美元（USD）的即期汇率为 0.620 0USD/AUD。根据式（4.10），2 年期远期汇率应该是：

$$0.62e^{(0.07-0.05)\times 2}=0.645\ 3$$

假设 2 年期远期汇率为 0.630 0（< 0.645 3），则可以构建如表 4－12 所示的套利策略。

表 4－12　　外汇远期的多头套利

0 时刻	2 年后
1. 以年利率 5% 借入期限为 2 年的澳元：1 000 澳元 2. 再把这些澳元兑换成 620 美元：－1 000 澳元；＋620 美元 3. 把这些美元以年利率 7% 进行投资：－620 美元 4. 做远期多头（执行价格为 0.630 0，买入 1 105.17 澳元）：0	1. 620 美元 2 年本息和（$620e^{0.07\times 2}=713.17$）：713.17 美元 2. 执行远期，2年后用 1 105.17×0.63＝696.26 美元买入 1 105.17 澳元：－696.26 美元；＋1 105.17 澳元 3. 偿还借入的 1 000 澳元的本息和（$1\ 000e^{0.05\times 2}=1\ 105.17$）：－1 105.17 澳元
合计：0	合计：713.17－696.26＝16.91 美元

假设 2 年期远期汇率为 0.660 0（>0.645 3），可以构建与上面相反的套利策略（见表 4-13）。

表 4-13　外汇远期的空头套利

0 时刻	2 年后
1. 以年利率 7% 借入期限为 2 年的美元：1 000 美元 2. 再把这些美元兑换成澳元（1 000/0.620 0＝1 612.90）：－1 000 美元；＋1 612.90 澳元 3. 把这些澳元以年利率 5% 进行投资：－1 612.90 澳元 4. 做远期空头（执行价格为 0.660 0，卖出 1 782.53 澳元）：0	1. 1 612.90 澳元 2 年本息和（$1\ 612.90e^{0.05\times2}$ ＝ 1 782.53）：1 782.53 澳元 2. 执行远期，2 年后把这些澳元兑换成美元（1 782.53/0.66 ＝ 1 176.47 美元）：－1 782.53 澳元；＋1 176.47 美元 3. 偿还借入的 1 000 美元的本息和（$1\ 000e^{0.07\times2}$ ＝ 1 150.27）：－1 150.27 美元
合计：0	合计：1 176.47－1 150.27 ＝ 26.20 美元

4.4.3　商品期货

商品期货是以实物商品为标的的一种期货合约，是关于买卖双方在未来某个约定的日期以签约时约定的价格买卖某一数量的实物商品的标准化协议。它是期货交易的起源品种。商品期货交易的品种随着交易发展而不断增加。从传统的谷物、畜产品等农产品期货，发展到各种有色金属、贵金属和能源等大宗初级产品的期货交易。接下来我们首先考虑作为投资资产的商品期货价格，然后考虑消费资产的商品期货价格。

1. 以投资资产为标的的期货价格

以投资资产为标的的期货价格，例如以黄金和白银为标的的期货合约，我们分两种情况考虑。

（1）不考虑存储成本。

如果不考虑存储成本，黄金和白银类似于无收益的证券。采用前面的符号，S_0 是黄金当前的现货价格。由定价公式(4.1) 可知，远期价格 F_0 为：

$$F_0 = S_0 e^{rT} \tag{4.11}$$

（2）考虑存储成本。

持有黄金和白银不产生收益，如果考虑存储成本，可将存储成本视为负的收益，则适用于已知收益远期合约的定价模型。

设 U 为期货合约有效期间所有存储成本的现值，则：

$$F_0 = (S_0 + U)\ e^{rT} \tag{4.12}$$

我们用无套利定价分析证明以上定价公式。

①当

$$F_0 > (S_0 + U)\ e^{rT}$$

时，存在套利机会。可以通过以下策略套利：

a. 以无风险利率借入金额为 S_0+U 的资金，用来购买一单位商品和支付存储成本；

b. 卖出一单位商品的期货合约。

套利结果是 S_0 将上涨，而 F_0 将会下跌，直到以上不等式不再成立。因此，上式不能维持很长时间。

②当

$$F_0<(S_0+U)\mathrm{e}^{rT}$$

时，存在套利机会。可以通过以下策略套利：

a. 卖出商品，节约存储成本，以无风险利率将所得收入进行投资；

b. 购买期货合约。

套利结果是 F_0 将上涨，而 S_0 将会下跌，直到以上不等式不再成立。因此，上式不能维持很长时间。

所以，一定有：

$$F_0=(S_0+U)\mathrm{e}^{rT}$$

【例 4—13】 考虑黄金的一年期期货合约。假设黄金的存储成本是每年每盎司 2 美元，在年底支付。假设现价为 450 美元，无风险利率始终为每年 7%。

从而有：$r=0.07$，$S=450$，$T=1$，且 $U=2\mathrm{e}^{-0.07}=1.865$。

期货价格为：

$$F_0=(450+1.865)\mathrm{e}^{0.07}=484.63 \text{ 美元}$$

如果实际中的期货价格大于 484.63 美元，套利者可以买入资产再卖出一年期期货合约，从而锁定一定利润。如果实际中的期货价格小于 484.63 美元，一个持有该资产的套利者可以卖出资产再买入一年期期货合约，从而获利。

如果存储成本与商品价格成一定比例 u，就可看作负的收益率，则：

$$F_0=S_0\mathrm{e}^{(r+u)T}$$

2. 以消费资产为标的的期货价格

(1) 以消费为目的而持有的商品，其期货不能精确定价，而只能确定一个合理价格的范围。

$$F_0\leqslant(S_0+U)\mathrm{e}^{rT}$$

或者

$$F_0\leqslant S_0\mathrm{e}^{(r+u)T}$$

我们对前一个式子证明如下，对后一个式子同理可以证明。

①当 $F_0>(S_0+U)\mathrm{e}^{rT}$ 时，与作为投资品一样进行套利，套利的结果使这一关系不能维持很长时间。此时，可进行如下套利：

a. 以无风险利率借金额为 S_0+U 的资金，用来购买一单位商品和支付存储成本；

b. 卖出一单位商品的远期合约。

时刻 T 获利：$F_0-(S_0+U)\mathrm{e}^{rT}$。

对任何商品采用这套策略都没有问题。当许多套利者都这样操作时，S_0 将上涨，而 F_0 将会下跌，直到等式成立。因此，我们的结论是不等式关系不能维持很长时间。

②当 $F_0 < (S_0+U)e^{rT}$ 时，个人或公司保留商品的库存是因为其有消费价值，而非投资价值。因此他们不会积极主动地出售商品来购买期货合约，因为期货合约不能消费。因此，此式得以存在下去。

（2）便利收益。

既然当 $F_0 < (S_0+U)e^{rT}$ 时，现货持有者仍然不愿意出售现货来套利，说明持有现货较之于持有期货有一些好处。这些好处被称为商品的便利收益（convenience yield）。便利收益包括从暂时的当地商品短缺中获利或者具有维持生产线运行的能力。

便利收益的大小决定着 F_0 小于$(S_0+U)e^{rT}$ 的程度。便利收益反映了市场对未来商品可获得性的期望。对于投资资产，便利收益一定为零，否则会存在套利机会。在期货合约有效期间，商品短缺的可能性越大，则便利收益就越高。

一方面，若商品使用者拥有大量库存，则在不久的将来出现商品短缺的可能性就很小，从而便利收益会比较低。另一方面，较低的库存会导致较高的便利收益。

如果存储成本可知，且现值为 U，令便利收益为 y，则 y 被定义为：

$$F_0 e^{yT} = (S_0+U)e^{rT}$$

若每单位的存储成本为现货价格的固定比例 u，则 y 定义为：

$$F_0 e^{yT} = S_0 e^{(r+u)T}$$

即

$$F_0 = S_0 e^{(r+u-y)T} \tag{4.13}$$

4.4.4　运用持有成本对不同标的资产期货定价

前面我们看到期货价格与现货价格之间的关系可用持有成本（cost of carry）来描述。一般的有：远期（期货）合理价格＝现货价格＋净持有成本。

（1）对股票指数，资产收益率为 q，持有成本为 $r-q$；

（2）对货币而言，持有成本为 $r-r_f$；

（3）对商品而言，若其存储成本占价格的比例为 u，支付收益率为 q，则持有成本为：$r-q+u$。

①设持有成本为 c。对投资性资产而言，期货价格为：

$$F_0 = S_0 e^{cT}$$

②对消费性资产而言，期货价格为：

$$F_0 = S_0 e^{(c-y)T}$$

式中，y 为便利收益。

4.5 定价模型的改进和运用

4.5.1 对股指期货定价模型的研究

前面推导的定价模型都是以严格的假设条件为前提的，这些假设条件形成的理论模型和现实市场存在较大差异。下面以股指期货为例，讨论期货定价模型是如何进行修正的。

康奈尔和弗伦奇（Cornell and French，1983）运用持有成本定价模型计算了1982年3月至9月标准普尔500股指期货和纽约证券交易所股指期货的理论价格。实证结果表明用此模型计算的理论价格显著大于实际价格。因此，他们对模型进行了改进，在模型中增加了税负、随机变动的利率和具有季节性波动的股利等因素。运用修正后的模型对标准普尔500股指期货和纽约证券交易所股指期货进行实证分析，结果发现理论价格仍高于实际价格。

海姆勒和朗斯塔夫（Hemler and Longstaff，1991）在对1983—1987年纽约证券交易所股指期货进行实证研究时发现：无风险利率和市场波动性对于对数化的（期货价格/现货价格）具有显著的影响力，提出了一个包含随机利率和市场波动性的股指期货广义均衡模型。该模型表明市场波动性对股指期货的定价影响极为重要。

许和王（Hsu and Wang，1998）在前人研究成果的基础上，将期望价格和风险厌恶引入不完美市场的股指期货定价模型，推导出一个隐含增长率的定价模型。模型的假设条件是：股票指数在股指期货合约有效期内以连续固定红利率 q 支付红利；市场的不完美程度在股指期货合约有效期内保持不变；基准股票指数 S 遵循几何布朗运动。但是该模型的假设条件仍然过强，基准股票指数不可能完全遵循几何布朗运动；同时，该模型对市场参数的敏感度太低，当市场参数发生变动时，该模型不能及时将这种变动反映到股指期货价格上。因此，该模型也没有达到理想的效果。

莫德斯特和森德里森（Modest and Sundaresan，1983）将交易成本、股利、卖空限制等因素纳入股指期货定价模型。假定股利为非随机变动，推导出一个股指期货的无套利区间定价模型。即确定的股指期货的合理价格不是唯一的值，而是一个合理的价格区间。利用该模型对标准普尔500股指期货进行实证研究后发现：当实际价格落在理论价格区间之外时，若卖空股指期货（或现货指数）所得到的款项全部可以使用，则存在套利机会；若卖空所得到的款项只有一半可以使用，则套利机会极少；若卖空所得到的款项不可使用，则不存在套利机会。

克勒蒙科斯基和李（Klemkosky and Lee，1991）考虑了交易成本、季节性股利支付和借贷利率不等等因素，并以“融资买入现货指数，卖出股指期货合约”的策略确定价格上限。以“买入股指期货合约，贷出卖空现货指数所得”的策略确定价格下限，也推导出一个无套利区间的定价模型。

4.5.2 股指期货期现套利

下面我们利用上一小节改进股指期货定价模型的思路，以实际市场数据为基础，讨论在考虑相应市场实际情况，尤其是交易成本之后的一个期现套利过程。

1. 市场状况

2010 年 5 月 26 日某时点沪深 300 指数为 2 802 点（当日最高价 2 839.03 点，当日最低价 2 797.63 点）。此时 6 月 18 日到期的沪深 300 指数 IF1006 股指期货合约期价为 2 836 点（当日最高价 2 878.80 点，当日最低价 2 817.60 点，振幅 61.20 点）。

某投资者通过货币市场融入资金 150 万元用于套利交易。股指期货交易中需向交易所与期货公司缴纳的保证金比例合计 17%；沪深 300 指数当月股息率 d 预估为 0.15%，当月有 31 天。假定包含套利起始日与结束日两端的套利周期为 n 天。

2. 相关套利成本

（1）根据相关交易规定和研究结论，成本水平测算如下：

①现货买卖的双边交易手续费为成交金额的 0.08%；

②现货买卖的冲击成本经验值为成交金额的 0.05%；

③现货的指数跟踪误差经验值为指数点位的 0.20%；

④股指期货买卖的双边交易手续费为成交金额的 0.007%；

⑤股指期货买卖的冲击成本经验值为期指最小变动价位 0.2 点；

⑥资金成本为年利率 6%，按日单利计息。

（2）根据当时的市场行情，计算套利成本。

①现货手续费＝2 802 点×0.08%＝2.24 点。

②现货冲击成本＝2 802 点×0.05%＝1.4 点。

③现货跟踪误差＝2 802 点×0.20%＝5.6 点。

④股指期货手续费＝2 836 点×0.007%＝0.2 点。

⑤股指期货冲击成本＝0.2 点＋0.2 点＝0.4 点。

⑥资金成本＝$n\times 1\,500\,000\times 6\%\div 365\div 300=0.82n$ 点。

套利成本合计：

$$TC=2.24+1.4+5.6+0.2+0.4+0.82n=9.84+0.82n \text{ 点}$$

可见，套利成本随持有期呈线性增长。

3. 无套利区间

根据单利计算的 n 天持有期的股指期货修正价格 $F(t,T)$ 为：

$$\begin{aligned}F(t,\mathrm{T})&=\mathrm{S}(t)+\mathrm{S}(t)\times r\times n/365-\mathrm{S}(t)\times d\times n/31\\&=2\,802+2\,802\times 0.06\times n/365-2\,802\times 0.001\,5\times n/31\\&=2\,802+0.325n \text{ 点}\end{aligned}$$

其中，$S(t)$ 表示现货资产的市场价格，即套利开始时刻的现货指数。

从而得到：

$$\begin{aligned}\text{无套利区间下限}&=(2\,802+0.325n)-(9.84+0.82n)\\&=2\,792.16-0.495n \text{ 点}\end{aligned}$$

$$\begin{aligned}\text{无套利区间上限}&=(2\,802+0.325n)+(9.84+0.82n)\\&=2\,811.84+1.145n \text{ 点}\end{aligned}$$

据此估算出的后续几日无套利区间上下限见表 4－14 和图 4－1。

表 4-14　　后续几日无套利区间上下限估算

日期（2010 年）	5 月 26 日	5 月 27 日	5 月 28 日	5 月 31 日
无套利区间上限	2 812.99	2 814.13	2 815.28	2 816.42
无套利区间下限	2 791.67	2 791.17	2 790.68	2 790.18

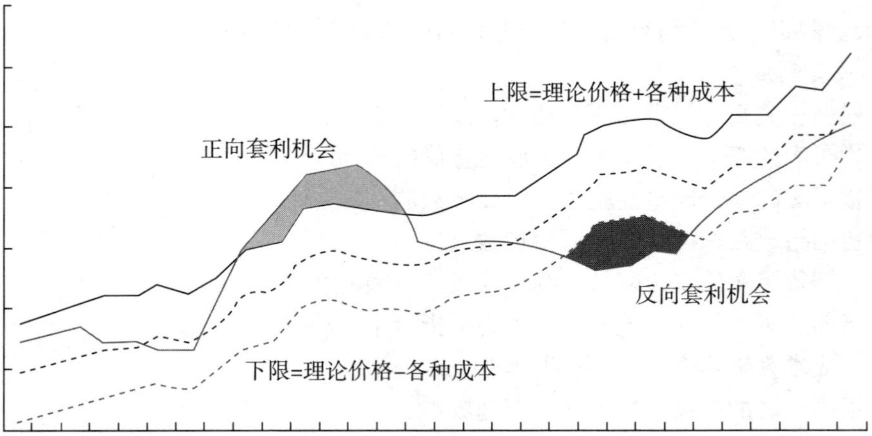

图 4-1　无套利区间的上下限

4. 捕捉套利机会

5 月 26 日，IF1006 合约的价格为 2 836 点，高出无套利区间上限 2 836－2 813＝23 点，IF1006 股指期货合约的价格大于无套利区间上限，这意味着：

IF1006 股指期货合约的价格在扣除合理成本后依然被高估，套利机会出现。

应该立即卖空该期货合约，而股指现货的价格此时被低估，因此需要同时买入模拟沪深 300 的现货头寸。

5. 套利操作

将套利资金 150 万元按照现货：期货＝2：1 的比例分配。

拟投入现货资金 100 万元，投入期货资金 50 万元。

套利方案如下：

（1）卖空期货。

当日择机以 2 836 点的价格开仓卖空 IF1006 股指期货合约。

如果持仓超过一天，则每日都进行结算。如果保证金出现不足，就需要及时追缴保证金，否则会被交易所强制部分或全部平仓。

由于空头遇到不利情况时需要追缴的保证金大于多头遇到不利情况时需要追缴的保证金，因此空头预留的准备金应当比多头更多。

表 4-15 列出了卖空不同数量 IF1006 股指期货合约的结果：

表 4-15　　卖空不同数量 IF1006 股指期货合约的结果

卖出 IF1006 股指期货合约手数	2 手	3 手
IF1006 股指期货合约价格（元）	2 836×300×2＝1 701 600	2 836×300×3＝2 552 400
合约保证金（元）	1 701 600×17%＝289 272	2 552 400×17%＝433 908

续前表

卖出 IF1006 股指期货合约手数	2 手	3 手
期货账户剩余资金（元）	500 000－289 272＝210 728	500 000－433 908＝66 092
全部用于追加保证金 可应付的最大不利波动	210 728/300＝702 点	66 092/300＝220 点

股指期货开仓日距离 IF1006 股指期货交割日不足 20 个交易日。

虽然股指期货期现套利一般无须持有期货合约至到期交割，只要期现价差收敛且期货价格回落至无套利区间内即可双向平仓锁定利润，但也不能完全排除最糟糕的情况出现，即要持仓至交割日。

虽然在 20 天内期货市场波动一般不会超过 200 点，而且 5、6 月份是沪深 300 指数成份股分红密集期，股指期货会随现货呈现趋势性回落。

但由于市场波动较大，期货空头也要防范被逼仓而导致功亏一篑的情况出现，所以为保险起见，选择卖空 2 手 IF1006 股指期货合约以预留更多资金应对追加保证金风险。

（2）做多现货。

在卖空股指期货合约的同时，以 0.722 3 元/份的市场价格买入嘉实 300 指数基金，总共可买入 1 384 000 份。

合计：

1 384 000×0.722 3＝999 663.20 元

此时，

股票账户剩余资金＝1 000 000－999 663.20＝336.8 元

6. 监视现货与期货价差的变动并待机平仓

每日对现货和期货价差情况进行跟踪，当发现价差呈现收敛态势，同时期货价格回落至无套利区间以内时即可结束套利交易。

在 2010 年 5 月 31 日某时点，沪深 300 指数（当日最高价 2 857.42 点，当日最低价 2 772.79点）与 IF1006 股指期货价格（当日最高价 2 898.80 点，当日最低价 2 786.20 点）的价差收敛，且股指期货价格回落至无套利区间上限以下。

此时可以反向平仓结束套利交易，了结套利头寸。

当日，分别在股票市场上以 0.747 4 元/份的市场价格卖出持有的嘉实 300 指数基金；在期货市场上以 2 810 点平仓 2 手 IF1006 股指期货合约，从而结束全部套利交易。

7. 套利盈亏

在股票市场上买卖基金盈亏＝(0.747 4－0.722 3)×1 384 000＝34 738.40 元

在期货市场上卖空 IF1006 股指期货合约盈亏＝(2 836－2 810)×300×2
＝15 600 元

总利润＝ 34 738.40＋15 600＝50 338.40 元

由于该套利组合成本为零，收益为正，所以是真正的无风险套利收益。

即期收益率＝50 338.40÷1 500 000＝3.356％

年化收益率＝3.356％÷(4/365)＝306.24％

假定每周只有一次相同收益率的套利机会，则以单利计算的年收益率将高达3.356％×52＝174.51％。即使每月只有一次相同收益率的套利机会，其年化收益率也达3.356％×12＝40.27％。

8. 风险分析

套利风险涉及面广，具有放大性、复杂性与可预防性等特征。从风险是否可控可分为不可控风险和可控风险；从交易环节可分为代理风险、流动性风险、强制平仓风险；从风险产生主体可分为交易所风险、经纪公司风险、投资者风险与政府风险；从投资者面临的财务风险又可分为市场风险、信用风险、流动性风险、操作风险与法律风险。在套利过程中，尤其要密切关注以下风险对套利带来的影响：

（1）期现货价差不收敛带来的基差风险。

（2）市场冲击成本带来的风险。

（3）跟踪误差带来的风险。

（4）流动性风险。

（5）追加保证金和强行平仓的风险。

本章小结

本章对远期和期货的定价，实际上是揭示远期、期货与标的资产的价格关系。首先对远期和期货标的资产没有收益、有现金收益和支付已知收益率的三种基本类型进行了定价模型的推导，然后将这些定价模型运用到具体的期货品种上，建立了股票指数期货、外汇期货和商品期货的定价模型。

远期和期货的定价模型是建立在严格的假设前提之下的，因此，其理论模型和市场实际有较大差距，不少研究者对这些不足进行了修正，进一步放宽前提条件，其研究是多角度的，目的是尽可能地接近市场实际。这种研究对市场交易实践有较好的指导作用。

本章建立定价模型主要运用的是无套利均衡定价方法和持有成本方法。无套利均衡定价是指在有效的金融市场上，任何一项金融资产的定价应当使得利用该项金融资产进行套利的机会不复存在。这种定价隐含的机制是：如果某项金融资产的定价不合理，市场必然出现以该项资产进行套利活动的机会，人们的套利活动会促使该资产的价格趋向合理，并最终使套利机会消失。持有成本的定价方法的基本关系是：远期（期货）合理价格＝现货价格＋净持有成本。

与定价密切相关的是套利。如果市场价格偏离均衡价格，可以设计无风险的套利策略。套利策略的设计要注意每一时刻的现金对冲情况。套利的结果是推动市场回到均衡状态。

对于消费性资产，不可能得出期货价格关于现货价格和其他可观察变量的函数关系。此时所谓的资产便利收益这个参数就变得很重要了。该变量衡量的是商品使用者感到拥有现货实际资产比仅持有期货合约更有好处的程度。这些好处包括从本地暂时性商品短缺中获利，以及具有保持生产线运行的能力。使用套利讨论仅可以得到消费性资产的期货价格的上限，而不能确定期货价格与现货价格之间的等价关系式。

问题与应用

1. 假设你签订了一份不支付红利股票的 6 个月期的远期合约。现在股票价格为 20 元，无风险利率为每年 10%（连续复利计息）。远期价格为多少？

2. 一种股票指数现为 500。无风险利率为每年 8%（连续复利计息）。指数的红利收益率为每年 4%。一份 4 个月期限的期货合约价格为多少？

3. 当一种不支付红利股票的价格为 40 元时，签订一份 1 年期的基于该股票的远期合约，无风险利率为每年 10%（连续复利计息）。

(1) 远期价格为多少？远期合约的初始价值为多少？

(2) 6 个月后，股票价格为 45 元，无风险利率仍为 10%。远期价格为多少？远期合约价值为多少？

4. 无风险利率为每年 8%（连续复利计息），某股票指数的红利年支付率为 3.5%。指数现值为 450。6 个月期期货合约的期货价格为多少？

5. 假设无风险利率为每年 8%（连续复利计息），某股票指数的红利支付率在年内经常发生变化。在 2 月份、5 月份、8 月份及 11 月份红利年支付率为 6%。其他月份红利年支付率为 2%。假设 2013 年 7 月 31 日的股票指数为 2 000，那么 2013 年 12 月 31 日交割的期货合约的期货价格为多少？

6. 假设无风险利率为每年 10%（连续复利计息），某股票指数的红利收益率为每年 4%。现在指数为 400，4 个月后交割的期货合约的期货价格为 405。请问存在什么样的套利机会？

7. 瑞士和美国按连续复利计息的 2 个月期的利率分别为每年 3%和每年 8%。瑞士法郎的即期价格为 0.650 美元。2 个月后交割的合约的期货价格为 0.660 美元。存在什么样的套利机会？

8. 银的现货价格为每盎司 9 美元。储存费用为每盎司每年 0.24 美元，每季度支付一次而且还要预先支付。假设所有期限的利率均为每年 8%（连续复利计息），计算 6 个月后到期的银的期货价格。

9. 一种股票预计在 2 个月后每股支付 1 元红利，5 个月后再支付 1 元。股票价格为 60 元，无风险利率为每年 8%（对任何到期日都以连续复利计息）。一位投资者刚刚持有这种股票的 6 个月期远期合约的空头头寸。

(1) 远期价格为多少？远期合约的初始价值为多少？

(2) 3 个月后，股票价格为 56 元，无风险利率不变。远期价格和远期合约空头头寸的价值为多少？

10. 一位交易员的长期投资证券组合中包括黄金。交易员可以以每盎司 1 450 美元买入黄金，并以每盎司 1 439 美元卖出黄金。该交易员可以以年利率 6%借款，并可以以年利率 5.5%投资（两个利率都是每年计一次复利）。黄金的 1 年期远期价格在什么范围内时，该交易员没有套利机会？不考虑远期价格的买卖价差。

11. 利用沪深 300 股指期货的市场数据，寻找期现套利的机会，并设计套利方案，计算套利成本和收益。

推荐阅读材料、网站

[1] Cox, J. C., J. E. Ingersoll, and S. A. Ross, "The Relation between Forward Prices and Futures Prices", *Journal of Financial Economics*, 9 (December 1981): 321-346.

[2] Ghon, R. S., and R. P. Chang, "Intra-day Arbitrage in Foreign Exchange and Eurocurrency Markets", *Journal of Finance*, 47, 1 (1992): 363-380.

[3] Jarrow, R. A., and G. S. Oldfield, "Forward Contracts and Futures Contracts", *Journal of Financial Economics*, 9 (December 1981): 373-382.

[4] Kane, E. J., "Market Incompleteness and Divergences between Forward and Futures Interest Rates", *Journal of Finance*, 35 (May 1980): 221-234.

[5] Pindyck, R. S., "Inventories and the Short-Run Dynamics of Commodity Prices", *Rand Journal of Economics*, 25, 1 (1994): 141-159.

[6] Richard, S., and M. Sundaresan, "A Continuous-Time Model of Forward and Futures Prices in a Multigood Economy", *Journal of Financial Economics*, 9 (December 1981): 347-372.

[7] Routledge, B. R., D. J. Seppi, and C. S. Spatt, "Equilibrium Forward Curves for Commodities", *Journal of Finance*, 55, 3 (2000): 1297-1338.

参考文献

[1] 约翰·赫尔．期权、期货及其他衍生产品．北京：人民邮电出版社，2009.

[2] 米歇尔·布罗斯，帝特玛·恩斯特，约亨姆·海克等．金融衍生工具．南京：东南大学出版社，2010.

[3] 汪昌云．金融衍生工具（第二版）．北京：中国人民大学出版社，2013.

[4] 路透，杨洋等．金融衍生工具导论．北京：北京大学出版社，2001.

[5] 施兵超．金融衍生产品．上海：复旦大学出版社，2008.

[6] 郑振龙．衍生产品．武汉：武汉大学出版社，2004.

[7] 郭瑜骏，黄丽清，汤振宇．金融衍生产品：衍生金融工具理论与应用．北京：清华大学出版社，2007.

第 5 章

利率期货

学习目标

本章首先讲述固定收益证券和利率期货投资分析的一些理论基础，如即期利率和远期利率的关系；债券市场的天数计算惯例；利率期限结构理论等。随后，介绍了不同利率期货合约的特性、功能、合约内容、交易方式、交割方式；利率期货的套利和利率期货套期保值。学习完本章后，读者应该理解和掌握国债期货和欧洲美元期货的报价和结算方法，熟练运用利率期货的定价模型和构建基于久期的对冲策略，并对国内利率期货市场的发展进程和现状有所了解。

利率期货是金融期货的重要组成部分，其标的资产是固定收益证券或直接借贷协议。20 世纪 70 年代，汇率波动和严重的通货膨胀使得西方发达国家纷纷放松或取消利率管制。利率管制的取消使得利率剧烈波动，为了规避利率风险，利率期货率先在芝加哥期货交易所诞生，随后利率期货品种日益丰富，交易额也越来越大。时至今日，几乎世界上所有交易所都开展了利率期货交易。本章先以固定收益市场的一些基本知识为铺垫，再过渡到利率衍生品市场。

5.1 固定收益证券

5.1.1 固定收益产品的价格和到期收益率

固定收益证券是承诺未来还本付息的债务工具以及相应的变化形式的总称。最简单的债务工具是明确了到期时间、面值、票面利率和付息方式的债券，如 5 年期、本金 100 元、票面利率 10%、每半年付息一次的国债。在未来的 5 年内，每半年投资者都会收到 5 元的利息，并且在 5 年后一次性收回本金 100 元，所有收益现金流的发生都是固定的，这就是“固定收益”的来源。然而，随着固定收益市场新品种的出现，很多债务工具带来的收益现金流出现了变化，原因是它们大多加上了期权条款，这使得未来现金流产生了不确定性。相对于普通国债，如果有了赎回条款，即政府可以在债券到期前提前偿还投资者本金，则投资者收到的未来现金流就不再是固定的了。本章中讨论的利率期货产品主要以普通的债务工具为标的资产。

【例 5—1】 假定一个两年期债券的面值为 100 元，息票利率为 6%，每半年付息一次，当前市场价格是 98.39 元。这只债券的到期收益率（yield to maturity，YTM）即为使得债券所有未来现金流的现值之和与当前市场价格相等的贴现率，见下式：

$$3e^{(-y)\times 0.5}+3e^{(-y)\times 1.0}+3e^{(-y)\times 1.5}+103e^{(-y)\times 2.0}=98.39$$

解得：

$$y=6.76\%$$

债券的到期收益率与债券价格包含的信息是一致的。

5.1.2 即期利率和零息债券收益率曲线

即期利率（spot rate）是指从现在开始持续 n 年期投资的收益率，并且现金流只在 n 年末支付给投资者。n 年期即期利率也可以称为 n 年期零息债券的到期收益率。

比如 90 天短期国债的价格为 97.89 元，90 天为 0.246 6 年，则期限为 90 天的国债即期利率为：

$$97.89\times e^{r\times 0.2466}=100$$
$$r=8.64\%$$

零息债券收益率曲线（zero coupon yield curve）描述的是零息债券的到期收益率与到期期限之间的关系，而零息债券的到期收益率就是即期利率，所以该曲线描述的就是即期利率与到期期限之间的关系。表 5－1 为市场上的零息国债收益率曲线或期限结构。

表 5－1　　国债的即期利率期限结构

期限（年）	即期利率（%）
0.5	5.0
1.0	5.8
1.5	6.4
2.0	6.8

确定零息债券收益率曲线有着非常重要的意义，因为该曲线能够刻画出各个期限的即期利率之间的关系，进而可以推算出各种远期利率的水平，最重要的在于这是债券定价的基础。

要得到表 5－1 所示的期限结构，最直接的方法就是通过市场上不同期限的零息债券直接计算到期收益率。这种办法受制于市场上有限的零息债券品种。

另一种得到广泛认可的方法是息票剥离法（bootstrapping method），这种方法利用市场上大量的息票债券价格信息，推算出一系列零息债券收益率。

假定市场上有六只债券，它们的特征和价格如表 5－2 所示。

表 5-2　市场上各种债券的价格信息

债券	息票利率（%）	剩余期限（年）	市场价格（元）
1	0	0.25	97.5
2	0	0.50	94.9
3	0	1.00	90.0
4	8	1.50	96.0
5	12	2.00	101.6
6	10	2.75	99.8

由债券 1 我们可以直接得到 3 个月的零息债券收益率为：

$$-4\times\ln\left(\frac{97.5}{100}\right)=10.127\%$$

用同样的方法可得到 6 个月和 1 年期的即期利率分别是 10.47%和 10.54%。

债券 4 未来还有 4 次现金流收入，分别是 0.5 年、1 年、1.5 年的利息 4 元，1.5 年的本金 100 元，如果把此债券看做是四只零息债券的组合，则有

$$4e^{-0.1047\times0.5}+4e^{-0.1054\times1.0}+104e^{-r_{1.5}\times1.5}=96$$

解得 1.5 年期的即期利率 $r_{1.5}$ 为 10.68%，同理可以得到 2 年期的即期利率为 10.81%。

债券 6 的处理比较复杂，方程式里含有一系列未知的利率：

$$5e^{-0.1013\times0.25}+5e^{-r_{0.75}\times0.75}+5e^{-r_{1.25}\times1.25}+5e^{-r_{1.75}\times1.75}+5e^{-r_{2.25}\times2.25}+105e^{-r_{2.75}\times2.75}=99.8$$

这时需要做出两个假设：(1) 由息票剥离法所得数值节点之间为线性关系，即可以用直线连接各个节点，从而收益率曲线呈折线状；(2) 在曲线的第一个节点（即由息票剥离法得出的到期期限最早的即期利率）之前的利率及超出最后一个节点的利率为水平的。

于是我们就可以用线性插值（linear interpolation）的方法估计上式中未知的即期利率：

$$r_{0.75}=\frac{y_{0.5}+y_{1.0}}{2}=\frac{10.47\%+10.54\%}{2}=10.505\%$$

用同样的思路可以得到 1.25 年、1.75 年的即期利率分别为 10.61%、10.745%。

2.25 年的即期利率可以用 2.75 年的即期利率来表示为：

$$r_{2.25}=r_{2.0}\times\frac{2}{3}+r_{2.75}\times\frac{1}{3}$$

将以上得到的利率代入债券 6 的定价公式中，可解出唯一的未知利率 $r_{2.75}$ 为 10.87%，于是我们得到图 5-1 中的利率期限结构。

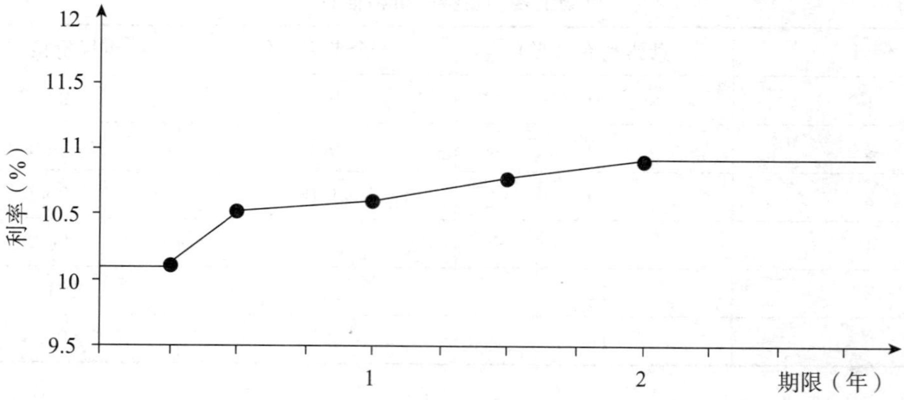

图 5-1　零息债券的收益率曲线

资料来源：约翰·赫尔．期权与期货市场基本原理：第 6 版．北京：机械工业出版社，2008。

5.1.3　远期利率

远期利率（forward interest rate）是指由当前即期利率曲线隐含的未来一段时间内的利率。也就是说，远期利率能够由当前各个期限的即期利率推算出来。假定到期日为 T_1 和 T_2 的即期利率分别为 r_1 和 r_2，要求从 T_1 到 T_2 这段期间的远期利率为 r_f，需要如下关系式成立：

$$e^{r_2 T_2}=e^{r_1 T_1}e^{r_f(T_2-T_1)}$$

上式的含义是期间为（0，T_2）的投资可以采用两种策略：一是先投资于到期日为 T_1 的零息债券，然后连本带息再投资（T_2-T_1）期；二是直接投资于到期日为 T_2 的零息债券。让这两种策略的收益相等，可求出远期利率的表达式：

$$r_f=\frac{r_2T_2-r_1T_1}{T_2-T_1}=r_2+(r_2-r_1)\frac{T_1}{T_2-T_1}$$

于是我们可以计算得到表 5-3 中的远期利率。

表 5-3　　计算远期利率

期限（年）	即期利率（%）	远期利率（%）
1	3.0	
2	4.0	5.0
3	4.6	5.8
4	5.0	6.2
5	5.3	6.5

考虑计算第 4 年的远期利率 $T_1=3$，$T_2=4$，$r_1=4.6\%$，$r_2=5.0\%$，则有：

$$r_f=\frac{r_2T_2-r_1T_1}{T_2-T_1}=\frac{0.050\times4-0.046\times3}{4-3}=6.2\%$$

如果令 T_2 趋向于 T_1，就得到从 T 时刻开始的相当短的时间间隔内的远期利率，称为瞬态远期利率（instantaneous forward rate）：

$$r_f = r + T\frac{\partial r}{\partial T}$$

5.1.4　天数计算惯例

现实中的债券市场上，主要是国债市场，投资者看到的债券价格一般是债券的净价(clean price)，即不包括累计票面利息的价格。因为债券现金价格＝净价＋累计利息，所以累计利息的确定非常重要，特别是买卖债券发生在两个付息日之间的时候。而累计利息的确定就涉及天数的计量方式。

天数的计量惯例一般被表示为 X/Y，X 代表交易日距前一个付息日之间的天数计算方式，Y 代表交易日所在计息周期总天数的计量方式。由于各国债券市场的制度规则不同，天数的计量方式也是不同的。

作为全球最重要的美国市场，存在3种天数计量惯例：

(1) 实际天数/实际天数，适用于美国中长期国债。

(2) 30/360（每月30天，每年360天），适用于美国企业债券、扬基债券以及市政债券。

(3) 实际天数/360，适用于美国短期国债及其他货币市场产品。

假定一个面值为100美元、息票利率为6%的美国长期国债，付息日分别为每年的3月1日和9月1日（每半年付息一次），我们需要计算8月15日该债券的累计利息。从3月1日到9月1日两个付息日之间的实际总天数是184天，从3月1日到8月15日的实际总天数是167天，因此累计利息为：

$$\frac{167}{184}\times\frac{6\%}{2}\times 100 = 2.723 \text{ 元}$$

若假设上述债券为美国企业债，则3月1日到9月1日总共有180天，3月1日到8月15日有164天，因此累计利息为：

$$\frac{164}{180}\times\frac{6\%}{2}\times 100 = 2.733 \text{ 元}$$

若是美国短期国债，则3月1日到9月1日共有180天，3月1日到8月15日有167天，因此累计利息为：

$$\frac{167}{180}\times\frac{6\%}{2}\times 100 = 2.783 \text{ 元}$$

需要注意的是，按照美国短期国债以及其他货币市场工具的天数累计方式会出现365/360的情况，这时我们就按这种“奇怪”的方式计算累计利息。

相较于美国市场，其他国家和地区的天数计算惯例却有所不同（见表5-4）。

表 5-4　　世界其他主要国家和地区的天数计算惯例

国家和地区	市场	天数计算惯例
中国	货币市场	实际天数/365
	债券	实际天数/365
澳大利亚	货币市场	实际天数/365
	债券	实际天数/实际天数
日本	货币市场	实际天数/360
	债券	实际天数/365
欧元区	货币市场	实际天数/360
	债券	实际天数/实际天数
欧洲货币市场	货币市场	实际天数/360 或实际天数/365
	债券	实际天数/实际天数
英国	货币市场	实际天数/365
	国债	实际天数/实际天数

我国债券市场的天数计算惯例，是按照央行和全国银行间同业拆借中心对付息周期的解释，对于银行间债券市场上的所有债券品种，到期收益率或货币市场收益率的日计数基准均采用“实际天数/365”方式，即一年按 365 天计算，一月按实际天数计算。那么对于半年付息一次的债券，就存在一个付息周期的实际天数的确定问题，这一问题直接影响到市场成员之间应计利息的计算和结算。

全国银行间同业拆借中心对付息周期的规定为“该付息周期内的实际天数”，半年付息一次债券的应计利息计算公式规定如下：

应计利息=(票面利率/2)×(已计息天数/当前付息周期的实际天数)

“当前付息周期的实际天数”根据表 5-5 确定：

表 5-5　　半年付息一次债券的付息周期实际天数表

下一个付息日所在月份	当前付息周期的实际天数
1	184
2	184
3	181
4	182
5	181
6	182
7	181
8	181
9	184
10	183
11	184
12	183

5.1.5　利率期限结构理论

对于信用品质相同的债券，到期收益率随到期日的不同而不同，两者之间的关系称为利率的期限结构。将利率期限结构用图形来描述，就是收益率曲线（yield curve）。利率期限结构可以分为图 5-2 中的四种基本类型：正斜率、负斜率、水平型和驼峰型。

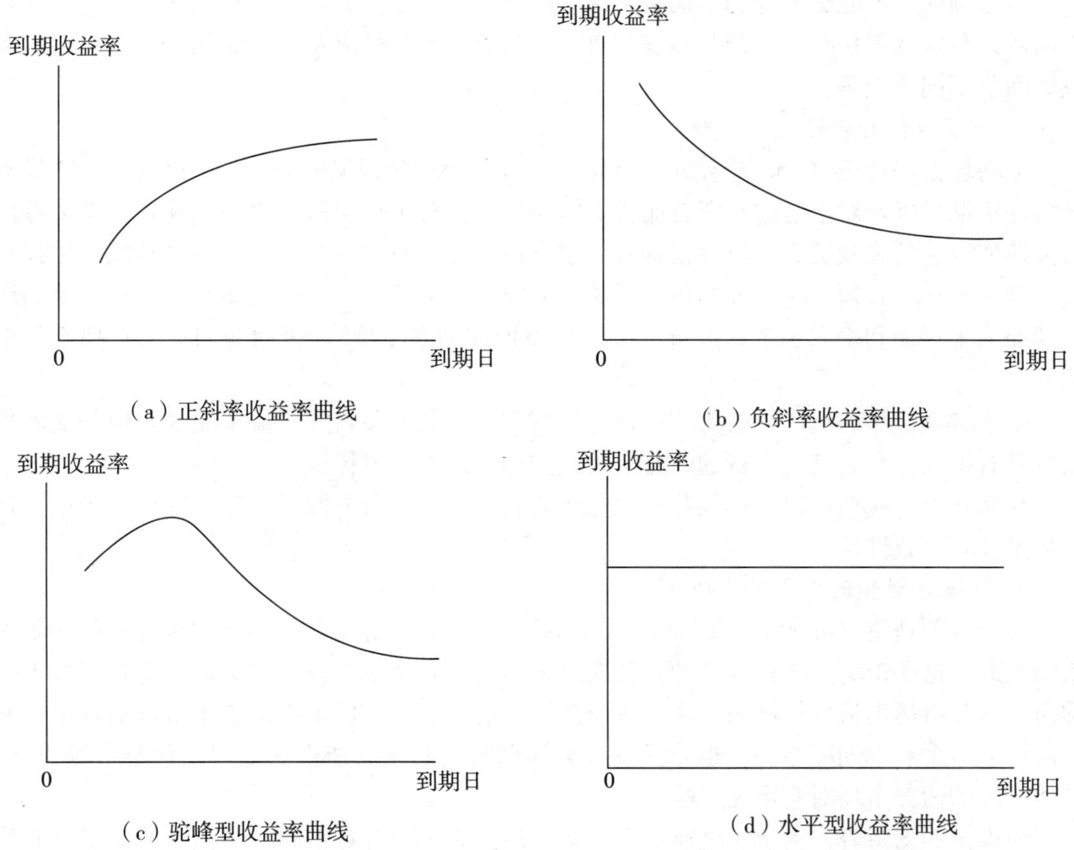

图 5-2　收益率曲线的四种基本形状

以下理论可以用于解释收益率曲线的各种形态。

1. 预期理论

预期理论（expectation theory）假定证券市场是完全统一并且有效的，若不考虑交易费用，每种债券不论期限长短均可相互完全替代，亦即无套利空间。预期理论认为，证券的长期利率是短期利率的平均数，长期利率同现在的短期利率之间的关系依赖于现在的短期利率同预期短期利率之间的关系，并且隐含的远期利率是对未来即期利率的无偏估计，即

$$f_n = E(r_n)$$

于是有：

$$y_n = \frac{y_1 + E(r_2) + E(r_3) + \cdots + E(r_{n-1}) + E(r_n)}{n}$$

预期理论可以解释利率期限结构的四种基本形态：正斜率期限结构意味着未来利率将要上升，长期利率大于短期利率；负斜率期限结构意味着未来利率将要下降，长期利率小于短期利率；水平型期限结构表示利率水平将保持稳定，长期利率与短期利率相等；驼峰

型期限结构表明投资者预期未来利率先上升后下降，因此长期内利率水平也是先上升后下降。

尽管预期理论能够解释利率期限结构的四种基本形态，但仍然遭到批评，因为预期理论的假设与实际不相符，市场并不是有效的，投资者存在投资期限上的偏好，长短期债券投资面临不同风险等。

2. 流动性偏好理论

流动性偏好理论（liquidity preference theory）假定市场由短期投资者控制，即投资者偏好短期投资，对于这类投资者而言，短期债券相对于长期债券更易变现，长期债券的长久期使得它的风险更大，所以投资者更愿意持有短期债券。若想要长期债券能够被投资者接受，发行者必须支付额外的风险溢价，此时 $f_n > E(r_n)$，即远期利率相对于他们所预期的未来短期利率有一个正溢价（流动性溢价或期限溢价），否则他们不愿意持有长期债券。

由于有大于零的流动性溢价，这种理论特别支持向上倾斜的收益率曲线，但是流动性溢价具有不确定性。其他形状的收益率曲线同样可以得到解释。

在实践中，我们可以观察到收益率曲线向上倾斜多于向下倾斜，流动性偏好理论与这一现象具有一致性。

3. 市场分割和优先聚集地理论

市场分割理论（market segmentation theory）假定债券市场由一系列具有不同期限的市场组成，这些市场是彼此分割的，各期限债券之间完全不能替代。该理论将货币视为一种商品，其市场出清价格即为利率，各分割子市场中的资金供求决定该子市场的利率，并进而构成整个利率期限结构。也就是说，某种期限的利率只能由该期限的债券市场决定，其他期限的债券市场对它毫无影响。

该理论的支持者认为市场之所以会分割，是因为投资者对不同期限债券的需求具有异质性。例如，保险公司、养老基金等金融机构的负债多是长期的，它们以购买长期债券为主，而商业银行却经常购买短期债券；地产商需要借入长期资金，而零售商对短期资金更感兴趣等。

市场分割理论能够解释利率期限结构的四种基本形态，但是批评者指出：在现实市场中，不同期限的利率水平往往会同向波动，市场分割理论无法解释；即便投资者具有较强的期限偏好，但是一旦其他期限利率水平高到足以抵消所承担的风险和成本，这种偏好就会被弱化，甚至放弃原来的偏好，背离原先的偏好集中区。

优先聚集地理论（preferred habitat theory）可以被看做是流动性偏好理论和市场分割理论的结合。它认为不同资产负债状况的投资者通常有着特定偏好的投资期限，但这些偏好并非完全不变的。当不同期限债券的供求发生变化，一些期限的债券供求不再平衡，从而使得相应期限的风险溢价变化到足以抵消利率风险或再投资风险时，一些投资者的偏好就会发生转移，长短期债券出现相互替代的情况。

5.2 长期和中期国债期货

政府发行的到期期限大于 1 年并小于 10 年的债券称为中期国债，大于 10 年的称为长期国债，美国的中长期国债具有很强的流动性，而且市场容量也远远大于其他国家的国债市场。中长期债券的期货合约是约定在未来某一日期以某个确定的价格对某种特定的中长期债券进行交割的标准化期货合约。

以芝加哥期货交易所（CBOT）的国债期货为例，长期国债期货合约的标准标的资产是债券到期日距交割月第一天的时间为15年，且15年内不赎回，息票利率为6%（2000年3月以前为8%）的长期国债，同时允许交割到期日大于15年以及息票利率不同的其他长期国债。中期国债期货合约的标准标的资产是债券到期日距交割月第一天的时间为10年，息票利率为6%的中期国债，期限为6年半到10年的任何国债都可以用于合约的交割。表5-6为芝加哥期货交易所长期国债期货合约的主要内容（芝加哥期货交易所已经并入芝加哥商品交易所集团）。

表5-6　　　　长期国债期货合约

交易单位	面值为100 000美元的美国政府长期国债
交割等级	标准债券：债券的到期日或最早赎回日距交割月第一天为15年的美国国债，息票利率为6% 可交割债券：债券的到期日或最早赎回日距交割月第一天至少为15年的美国国债，息票利率不定
最小变动价位	1/32点
最小变动值	31.25美分
每日波动限价	以前：不高于或低于上一交易日结算价格各3点（即每张合约3 000美元）； 现在：无限制
交割月份	3月、6月、9月、12月
交割日	交割月中任一营业日
交易时间	芝加哥时间周一至周五上午7：20—下午2：00 到期合约最后交易日交易截止时间为当日中午
最后交易日	从交割月最后营业日往回数的第七个营业日

5.2.1 中长期国债的报价

美国的国债现货报价以美元和1/32美元报出，所报价格是100美元面值债券的价格。长期国债期货的报价与现货相同，每一份期货合约的标的资产为面值为10万美元的债券。

债券的报价也称为净价，与购买者所支付的现金价格（cash price）或发票价不同，两者之间的关系为：

现金价格＝报价＋上一个付息日以来的累计利息

【例5—2】 假定面值为100 000美元、息票利率为6%的美国长期国债，2027年9月1日到期，每半年付息一次，付息日是每年的3月1日和9月1日。假设现在是2015年8月15日，报价为96-16。计算该债券的现金价格。

我们首先需要计算该债券的累计利息。从3月1日到9月1日两个付息日之间的实际总天数是184天，从3月1日到8月15日之间的实际总天数是167天，因此面值为100美元债券的累计利息为：

$$\frac{167}{184}\times\frac{6\%}{2}\times 100=2.723\text{ 美元}$$

从而面值 100 美元债券的现金价格为：

$$96.5+2.723=99.223\text{ 美元}$$

但是请注意，中长期国债的面值为 100 000 美元，上面只是按报价方式计算出来的价格，因此面值 100 000 美元的现金价格是 99 223 美元。

5.2.2 转换因子

在中长期国债期货合约到期日，合约双方需要进行现货债券交割。美国市场规定，该交割债券可以选用标准交割债券，长期国债期货是期限为 15 年、息票利率为 6%的国债，中期国债期货是期限为 10 年、息票利率为 6%的国债。但是，这两种债券也许在市场上根本不存在，或者数量有限。为了防止流动性不足和价格操纵，美国市场规定除了标准交割债券，长期国债期货合约卖方可以选择剩余期限长于 15 年的债券进行交割，中期国债期货的卖方可以选择剩余期限介于 5～10 年的债券进行交割。国债期货的报价和交割价都是以标准债券进行的，由于期限与息票利率不同，当选用其他债券进行交割时，价格就需要从标准债券转换成交割债券的价格，这时就需要用到转换因子（conversion factors）。转换因子定义为实际交割债券价格与标准交割债券价格的比值，即

标准交割债券价格×转换因子＝实际交割债券价格

上述标准交割债券价格就是投资者看到的期货报价，因此，对应于合约空方交割 100 美元面值的债券所获得的现金收入就是交割债券的发票价格：

交割债券的发票价格＝期货报价×转换因子＋交割债券的应计利息

假定期货报价为 95-00，交割债券的转换因子为 1.32，100 美元面值的债券的应计利息为 2.8 美元，交割时空方收到的现金为：

$$95\times 1.32+2.8=128.2\text{ 美元}$$

每份期货合约空方应交割的债券面值为 100 000 美元，因此收到的现金为 128 200 美元。

转换因子等于面值为 1 美元的交割债券在剩余期限内产生的现金流，按标准债券的息票利率 6%（半年复利）贴现到交割月第一天的价值，再扣掉该债券的累计利息。一般由交易所根据可交割债券计算并列示，投资者不用自己计算转换因子。

但作为学习，我们仍列出通用的转换因子公式：

$$CF=\frac{1}{1.03^{f}}\left[\frac{C}{2}+\frac{C}{0.06}\left(1-\frac{1}{1.03^{2n}}\right)+\frac{1}{1.03^{2n}}\right]-\frac{C}{2}(1-f)$$

其中，$f=\frac{x}{6}$，C 表示年票面利率，n 表示债券剩余期限（完整年数），x 表示距离下个付息日的月份数（按季度近似）。

CBOT长期国债期货转换因子见表5-7。

表5-7 **CBOT长期国债期货转换因子**

息票率（%）	到期日（月-日-年）	2003年12月	2004年3月	2004年6月
$5\frac{1}{4}$	11-15-28	0.903 8	0.904 4	0.904 7
$5\frac{1}{4}$	02-15-29	0.903 5	0.903 8	0.904 4
$5\frac{3}{8}$	02-15-31	0.916 9	0.917 2	0.917 6
$5\frac{1}{2}$	08-15-28	0.936 2	0.936 4	0.936 8
6	02-15-26	1.000 0	0.999 9	1.000 0
$6\frac{1}{8}$	11-15-27	1.015 6	1.015 6	1.015 4
$6\frac{1}{8}$	08-15-29	1.016 2	1.016 0	1.016 1
$6\frac{1}{4}$	08-15-23	1.028 5	1.028 2	1.028 1
$6\frac{1}{4}$	05-15-30	1.032 7	1.032 7	1.032 5
$6\frac{3}{8}$	08-15-27	1.046 9	1.046 6	1.046 5
$6\frac{1}{2}$	11-15-26	1.061 5	1.061 3	1.060 8
$6\frac{5}{8}$	02-15-27	1.077 4	1.076 9	1.076 6
$6\frac{3}{4}$	08-15-26	1.091 9	1.091 3	1.091 0

5.2.3 最便宜交割债券

在交割月份，期货合约的空方有权选择任何可交割债券来完成合约交割，由于不同的息票利率和到期期限，这些债券在交割成本上有着一定的差异。而合约空方选择交割债券的原则就是成本最小化。

交割时空方收到的现金＝期货报价×转换因子＋应计利息

购买债券的成本＝债券报价＋应计利息

空方的交割成本＝债券报价－期货报价×转换因子

最便宜交割债券就是使得交割成本最小的债券。比如现在期货报价为93-04，即93.125美元，投资者面临如表5-8所示的可交割债券。

表5-8 **可交割债券**

债券	债券报价	转换因子
1	97-16	1.038 2
2	148-08	1.518 8
3	120-24	1.261 5

分别计算它们的交割成本：

债券 1：97.5－93.125×1.038 2＝0.817 6 美元

债券 2：148.25－93.125×1.518 8＝6.811 8 美元

债券 3：120.75－93.125×1.261 5＝3.272 8 美元

可以看出，债券 1 是最便宜的交割债券，投资者应选择债券 1 交割。

通常情况下，当市场收益率大于 6%时，转换因子制度倾向于交割息票利率较低、期限较长的债券；当市场收益率小于 6%时，倾向于交割息票利率较高、期限较短的债券；当收益率曲线向上倾斜时，倾向于交割剩余期限较长的债券；当收益率曲线向下倾斜时，倾向于交割剩余期限较短的债券。

国债期货合约的卖方除了拥有对交割对象的选择权外，还拥有对交割时间的选择权。在实行滚动交割的情况下，国债期货合约的卖方可以选择交割期内的任何一个交易日进行交割，并在交割日前第二个交易日发出交割通知。所有这些选择权都不是免费的，它们的价值都反映在期货价格中，含有选择权的期货价格比不含选择权的期货价格要低一些。

5.2.4 期货报价的决定

由于国债期货合约的空方拥有对交割券种和交割时间的选择权，而对这两个选择权的估值是不容易的，因此要精确地计算国债期货的理论价格是很困难的。但是如果我们假定最便宜交割债券和交割日期都是已知的，则长期国债期货就是一个标的资产有已知现金收益的期货合约。所以期货合约的定价公式为：

$$F=(S-I)e^{r(T-t)}$$

其中，F 表示期货的现金价格；S 表示债券的现金价格；I 表示期货合约有效期内息票利息的现值；r 表示在 t 和 T 期间内适用的无风险利率。确定国债期货价格的步骤如下：

第一，根据最便宜交割债券的报价，计算出该交割债券的现金价格；

第二，根据最便宜交割债券的现金价格求出对应于此债券期货的现金价格；

第三，计算出该交割债券期货的报价；

第四，将上述交割债券的期货报价除以转换因子即为标准债券期货报价。

【例 5—3】 假定已知某一国债期货合约的最便宜交割债券的息票利率为 14%，转换因子为 1.425，其现货报价为 119 美元。该国债期货的交割日为 270 天后。该交割债券的上一次付息日是在 60 天前，下一次付息日是在 122 天后，再下一次付息日是在 305 天后。利率期限结构是水平的，且无风险利率为 10%（连续复利）。请根据上述条件求出国债期货的理论价格（见图 5－3）。

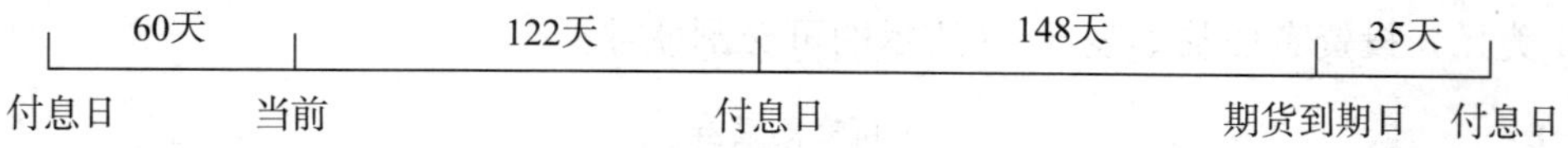

图 5－3 例题中的重要日期及时间

交割债券的现金价格为：

$$S=119+\frac{60}{182}\times7=121.308\text{ 美元}$$

计算期货有效期内交割债券支付利息的现值，由于期货有效期内只有一次付息，即122天（0.334 2年）后支付7美元，因此利息的现值为：

$$I=7e^{-0.3342\times0.1}=6.770 \text{ 美元}$$

该期货合约的有效期还有270天（0.739 7年），计算交割债券的期货现金价格：

$$F=(S-I)\ e^{r(T-t)}=(121.308-6.770)\times e^{0.7397\times0.1}=123.332 \text{ 美元}$$

交割时，最便宜交割债券应有148天的累计利息，而此次付息日的间隔天数为183天，所以可求出交割债券的期货报价（即净价）为：

$$123.332-7\times\frac{148}{183}=117.671 \text{ 美元}$$

最后按转换因子可得标准债券的期货报价为：

$$\frac{117.671}{1.425}=82.576 \text{ 美元}$$

需要注意的是，根据期货合约的定价公式得出的只是交割债券的期货现金价格，之后还要扣除累计利息并利用转换因子将其转换为标准债券的期货报价。

5.3 短期国债期货

5.3.1 短期国债现货和期货的报价

短期国债（又称国库券）通常是指发行期限在1年以内的国债，主要是用于调剂国库资金周转的临时性余缺。由于短期国库券流动性高，又有政府担保，所以很受市场欢迎。短期国债的期限分为3个月（13周或91天）、6个月（26周或182天）、9个月（39周或273天）和12个月（52周或365天）不等。

短期国库券又称“贴现债券”，期间并不单独支付利息，而是在到期日投资者收到债券面值，发行价按面值的一定折扣计算，投资收益就是面值与这个折扣价的差额。

美国短期国库券现货的报价是指面值为100美元的债券报价，假定Y是面值为100美元、距到期日还有n天的短期国库券的现金价格，其报价公式为：

$$\frac{360}{n}(100-Y)$$

例如90天的短期国库券，现金价格为95美元，则报价为20美元。

短期国库券的报价就是它的贴现率，所以上述债券的贴现率为20%。但请注意贴现率和收益率的区别，计算投资收益率时分母是债券价格，公式为：

$$\frac{360}{n}\times\frac{100-Y}{Y}$$

所以上述短期国库券的投资收益率是21%。

美国短期国库券期货合约的规模是100万美元，标的资产为90天期限的国库券。合约到期时，卖方必须在3个连续的营业日内完成交割。可用于交割的既可以是第一个交割日新发行的3个月期（即13周）的国库券，也可以是尚有13周剩余期限的原来发行的6个月期或1年期的国库券。在期货合约到期日之前，标的资产可看做是期限长于90天的短期国库券。例如，如果期货合约在160天后到期，标的资产就是250天的短期国库券。

短期国库券期货的报价方式为：$P=100-$相应的短期国库券的报价，其中P为短期国库券期货的报价。由于美国短期国库券期货的标的资产是期限为90天的短期国库券，因此$P=100-4(100-Y)$，其中Y为短期国库券期货的现金价格。

【例5—4】 一份短期国库券期货合约报价96美元，计算该合约价值。已知期货合约报价，可以根据公式求出短期国库券期货的现金价格：

$$Y=100-0.25(100-P)=99\text{ 美元}$$

$$\text{合约总价值}=\frac{99}{100}\times 1\,000\,000=990\,000\text{ 美元}$$

根据短期国库券期货合约的设计规则，标的资产是90天的短期国库券，亦即剩余期限大于90天的短期国库券都可以用于交割，所以合约的到期日必须较债券的到期日提前90天，如图5-4所示。

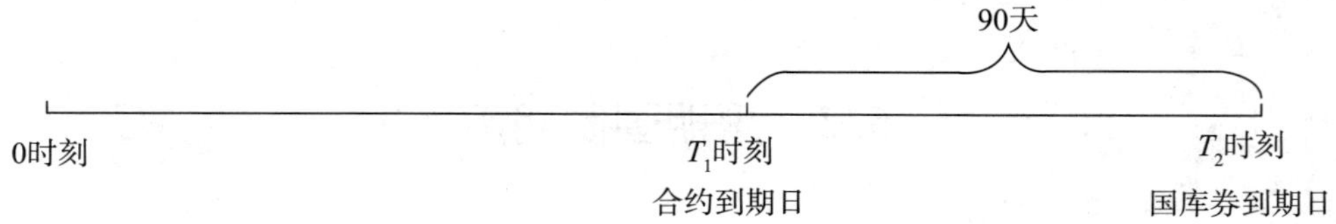

图5-4 短期国库券期货到期日示意图

假设适用于期限为T_1和T_2的无风险即期利率分别为r_1和r_2（连续复利率），r_f是T_1到T_2的远期利率，则面值为100美元的国库券的现值为：

$$V^*=100e^{-r_2T_2}$$

期货现金价格就是国库券在T_1时刻的终值：

$$F=100e^{-r_2T_2}\,e^{r_1T_1}=100e^{r_1T_1-r_2T_2}$$

根据远期利率$e^{r_2T_2}=e^{r_1T_1}\,e^{r_f(T_2-T_1)}$，由此可得$F=100e^{-r_f(T_2-T_1)}$，这个结论类似于远期利率协议。

【例5—5】 假定140天的即期利率为8%，230天的即期利率为8.25%（连续复利），则从140天到230天的远期利率为：

$$\frac{0.082\,5\times 230-0.08\times 140}{90}=0.086\,4$$

其中90天为0.246 6年，则期限为140天的短期国债期货的现金价格为：

$$100e^{-0.086\,4\times 0.246\,6}=97.89\text{ 美元}$$

它的报价是$100-4\times(100-97.89)=91.56$美元。

5.3.2 短期国债的套利机会

如果短期国债期货现金价格F中隐含的远期利率不同于短期国债本身所隐含的远期利

率，就存在套利机会。

（1）短期国债隐含的远期利率>短期国债期货价格隐含的远期利率。

第1类套利：卖空期货合约，借入短期资金，进行长期投资。

（2）短期国债期货价格隐含的远期利率>短期国债隐含的远期利率。

第2类套利：买入期货合约，借入长期资金，进行短期投资。

【例5—6】　56天短期国债年利率为8%，146天短期国债年利率为10%，还有56天到期的短期国债期货价格对应的隐含远期利率为11%。短期国债本身隐含的远期利率（146×10%－56×8%）/90＝11.24%>11%。

可以进行第1类套利操作：

（1）卖空期货合约（56天后，卖出收益率为11%的短期国债）。

（2）以8%的年利率借入56天的资金。

（3）将借入的资金按10%的利率进行146天的投资。

实践中，判断短期国债市场是否存在套利机会时，交易者需要计算隐含再回购利率，它是与短期国债到期日相同的国债期货价格和比该短期国债的期限长90天的另一短期国债价格隐含的短期国债利率。若隐含的再回购利率高于实际的短期国债利率，就可以进行第1类套利操作；若隐含的再回购利率低于实际的短期国债利率，就可以进行第2类套利操作。

【例5—7】　到期日为146天（0.405 6年）的短期国债的现货价格为95.21美元，到期日为56天的短期国债期货合约的现金价格为96.95美元。

$$100=95.21e^{r_2\times 0.4}$$

可得146天的连续复利率：

$$r_2=12.27\%$$

$$96.95=100e^{-r_f\times 0.246\,6}$$

可得隐含的远期利率：

$$r_f=12.56\%$$

$$12.56\%=\frac{12.27\%\times 146-r_1\times 56}{90}$$

可得隐含的再回购利率：

$$r_1=11.80\%$$

如果56天的实际利率低于11.80%，可使用第1类套利；如果56天的实际利率高于11.80%，可使用第2类套利。

5.4　欧洲美元期货

欧洲美元指的是流动于美国之外的美元资金，并非仅限于欧洲地区。欧洲美元利率是伦敦银行同业拆借利率（London Inter-Bank Offered Rate，LIBOR），通常欧洲美元利率会高于相应期限的短期国库券利率，因为欧洲美元利率是商业存款利率，而美国短期国库券利率是政府的借款利率。

欧洲美元期货合约在CME中进行广泛交易，经过30多年的发展，已经成为全球期货市场中最具流动性、最受欢迎的合约之一。欧洲美元期货指的是3个月（90天）的短期利率期货合约，而非汇率商品。欧洲美元期货的标的资产是金额为100万美元的3个月欧洲美元存款，该存款将在期货合约到期日起存，并在90天以后到期，所以投资者可以锁定今后某3个月的对应于100万美元面值的利率，但是由于欧洲美元定期存款无法交割，因此必须建立现金结算程序。欧洲美元期货的交割月份为10年内的所有季月（3、6、9、12月，共40份合约）以及最近的4个非季月，交割日为所在交割月份第三个星期三之前的第二个伦敦银行工作日。

欧洲美元期货的报价采用国际货币市场指数（International Money Market，IMM）报价法：

$$Q=100-R$$

其中，Q 表示欧洲美元期货报价，R 表示3个月欧洲美元远期利率（按季度复利）。

假定 V 表示一张欧洲美元期货合约的价值（或价格），则

$$V=10\,000\times[100-0.25(100-Q)]$$

所以，利率与期货报价 Q 、合约价格 V 都是负相关的。当利率下降时，期货合约的多头会有收益；当利率上升时，期货合约的空头会有收益。例如，当利率下降1个基点（0.01%），欧洲美元报价上升1个基点，合约多头的收益为：

$$1\,000\,000\times 0.25\times 0.000\,1=25 \text{ 美元}$$

IMM报价法的出现是为了适应传统的投资习惯，因为“行情看涨则买入，行情看跌则卖出”，与一般的惯性思维保持一致。

【例5—8】 2015年3月18日，投资者想锁定在2015年6月20日以后3个月的利率，总投资额为300万美元。因此，投资者买入了3张价格为94美元的欧洲美元期货。2015年6月20日，3个月的LIBOR为4%（年利率）。

2015年3月18日的合约价格为：

$$V_1=10\,000\times[100-0.25\times(100-94)]=985\,000 \text{ 美元}$$

2015年6月20日的合约价格为：

$$V_2=10\,000\times[100-0.25\times(100-96)]=990\,000 \text{ 美元}$$

$$\text{期货合约的收益}=3\times(990\,000-985\,000)=15\,000 \text{ 美元}$$

或者

$$3\times 25\times(9\,600-9\,400)=15\,000 \text{ 美元}$$

欧洲美元期货与美国短期国债期货是目前市场上最为普遍的短期利率期货品种，但二者存在着一些重要差别。对于短期国债期货，合约的价格在到期日收敛于90天期、面值为100万美元的短期国债价格，并且如果合约持有至到期，就需要进行现货交割，而由于欧洲美元期货的标的资产是虚拟存款，所以只能进行现金交割。欧洲美元的利率报价是按

季度复利的 3 个月欧洲美元存款的实际利率，它不是贴现率，因此欧洲美元期货合约是基于利率的期货合约，而短期国债期货合约是基于短期国债价格的期货合约。

对于长期合约来说，期货价格和远期价格可能并不相等，这一点对于欧洲美元期货合约特别重要，因为它们的期限会长达 10 年。欧洲美元期货常常用来计算零息票 LIBOR 利率，对于期限只有 1 年或 2 年这样的短期合约来说，假设期货价格等于远期价格是合理的，期货价格计算的利率就是远期利率，但对于 5 年甚至 10 年这样的长期合约来说，这个假设就不能成立了。

5.5　国债期货的套期保值策略

5.5.1　久期和凸性

1. 久期

久期（duration）是麦考利（Macaulay）于 1938 年提出的一种衡量债券利率风险的方法。它可以直接反映投资者收回所有回报的平均时间。债券的久期就是它的未来一系列现金流的加权平均发生时间，权重是按每笔现金流的现值占总价值的比例计算出来的。久期的公式为：

$$D=\frac{1}{P}\sum_{t=1}^{n}\frac{t\cdot CF_t}{(1+y)^t}$$

其中，D 表示久期，P 表示债券价格，CF_t 表示 t 时刻发生的现金流，y 表示市场收益率（贴现率，一般以债券现金流发生的频率作为计息频率）。

一只 10 年期、每年付息一次、票面利率为 8%的债券，若市场收益率是 10%，可以求出该债券的价格：

$$P=\sum_{t=1}^{10}\frac{8}{(1+10\%)^t}+\frac{100}{(1+10\%)^{10}}=87.71\text{ 元}$$

麦考利久期为：

$$D=\frac{1}{87.71}\left(\sum_{t=1}^{10}\frac{8}{(1+10\%)^t}t+\frac{100\times 10}{(1+10\%)^{10}}\right)=7.04\text{ 年}$$

零息债券由于投资期间并不支付现金流，而只在期末支付面值，所以零息债券的久期就是它的到期期限。例如，一只 10 年期、面值为 100 美元的零息债券的价格为 61.39 美元，收益率为 5%，通过计算可得它的久期就是 10 年。久期与到期期限成正向关系，期限越长，久期越长。但是随着期限增加，久期的增速会减小，所以债券的期限可以无限增大，久期却不会无限增大，最大的久期就是永续债券的久期$=1/y+1$。例如收益率为 10%的永久债券的久期为 11 年。普通息票债券由于支付利息的原因会使它的久期小于到期期限，即小于相同到期期限的零息债券的久期（见图 5－5）。

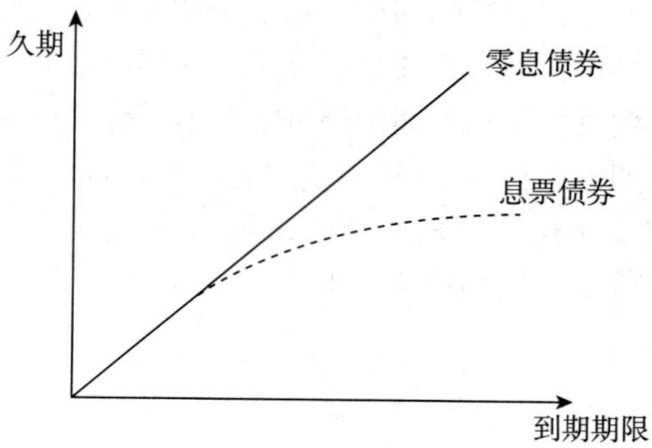

图 5-5 零息债券和息票债券的麦考利久期

久期之所以如此受到债券投资者重视，不仅是因为它能反映投资者收回投资回报的平均时间，而且它还能反映债券价格受利率的影响程度。我们将债券的价格对 $1+y$ 求一阶导数：

$$\frac{\mathrm{d}P}{\mathrm{d}(1+y)}=-\sum_{t=1}^{n}\frac{t\cdot CF_t}{(1+y)^{t+1}}=-\frac{1}{1+y}\times P\times D$$

对较小的利率波动，就有：

$$\frac{\Delta P}{\Delta(1+y)}=-\frac{D}{1+y}\times P$$

因 $\Delta(1+y)=\Delta y$，上式变形为：

$$\frac{\Delta P}{P}=-\frac{D}{1+y}\Delta y$$

其中，ΔP 表示债券价格的绝对变化，Δy 表示利率的绝对变化，D 表示债券的麦考利久期。

这个公式表明，利率每变化一个单位，债券价格变化的百分比与久期在一阶近似意义上成一定比例。

【例 5—9】 一只面值为 1 000 美元的债券，4 年后到期，票面利率为 6%（每年付息），市场收益率是 7%。这个债券的久期是 3.67 年。如果收益率上升 50 个基点（0.5%），那么价格会怎样变化？如果上升 200 个基点，价格又会怎样变化？

根据久期公式：

$$\frac{\Delta P}{P}=-\frac{D}{1+y}\Delta y=-\frac{3.67}{1+7\%}\times 0.005=-1.71\%$$

当市场收益率为 7%时，债券价格为：

$$P_1=\sum_{t=1}^{4}\frac{60}{(1+7\%)^t}+\frac{1\ 000}{(1+7\%)^4}=966.13\text{ 美元}$$

所以收益率变化之后的债券价格为：

$$P_2=966.13\times(1-1.71\%)=949.61\text{ 美元}$$

验算收益率变化之后的实际价格：

$$P=\sum_{t=1}^{4}\frac{60}{(1+7.5\%)^t}+\frac{1\,000}{(1+7.5\%)^4}=949.76\text{ 美元}$$

所以可以看出利用久期预测的价格与实际价格还是比较接近的。

根据同样的计算过程，当收益率上升 200 个基点时，债券价格下跌 6.85%，即下跌至 899.95 美元，而收益率为 9%时债券的实际价格是 902.81 美元。从这个例子可以看出，当收益率变化较小时，久期对价格的预测较为准确，当收益率变化较大时，久期对价格的预测不是很准确，我们将在后述内容中阐述原因。

影响久期大小的因素除了到期期限，还有票面利率、收益率和内含期权等。

如图 5-6 所示，比较债券 A 和 B，长期债券比短期债券具有更强的利率敏感性，期限越长，相应的久期越长；比较 B 和 C，票面利率低的债券的久期高于票面利率高的债券，即票面利率低的债券具有强的利率敏感性，久期随着票面利率的不断增加而减小，但减小的速率是递减的；比较 C 和 D，收益率较低的债券具有强的利率敏感性，即久期更高。

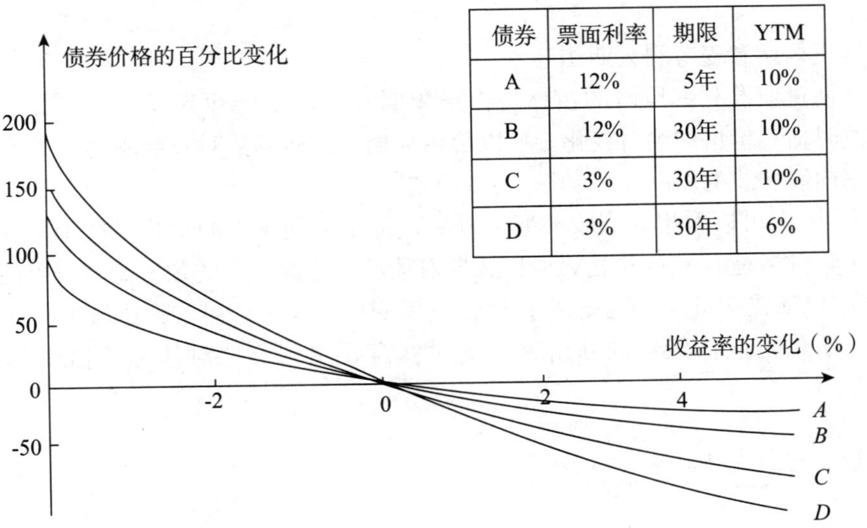

债券	票面利率	期限	YTM
A	12%	5年	10%
B	12%	30年	10%
C	3%	30年	10%
D	3%	30年	6%

图 5-6　影响久期的因素

当债券条款规定债券具有可赎回或可回售的特征时，债券的久期会较普通债券有更低的久期，因为可赎回或可回售债券的内含期权会降低债券价格的利率敏感性，使价格—收益率曲线更加平缓（见图 5-7）。

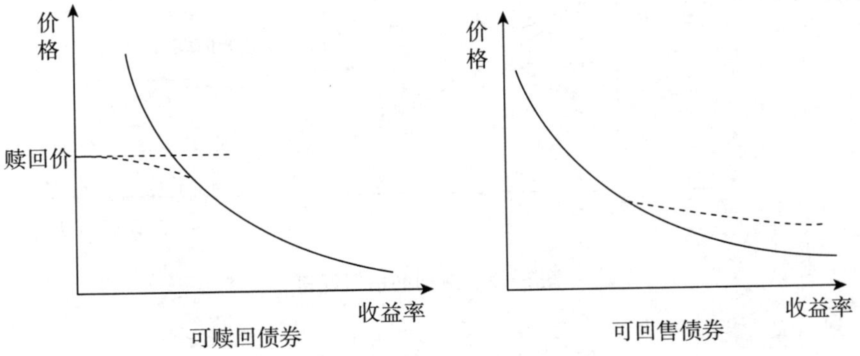

图 5-7　含权债券的久期

定义修正久期（modified duration）$D^*=\frac{D}{1+y}$，则有：

$$\frac{\Delta P}{P}=-D^*\cdot\Delta y$$

它表示利率每变化一个单位时导致债券价格的百分比变化与修正久期直接相关。

如果利率是连续复利，则有债券价格：

$$p=\sum_{i=1}^{n}CF_i\mathrm{e}^{-yt_i}$$

债券的麦考利久期

$$D=\frac{\sum_{i=1}^{n}t_iCF_i\mathrm{e}^{-yt_i}}{P}=\sum_{i=1}^{n}t_i\left[\frac{CF_i\mathrm{e}^{-yt_i}}{P}\right]$$

此时修正久期和麦考利久期相等。

另一个衡量债券利率风险的指标是价格久期（price duration）D^p，它表示利率每变化一个单位时债券价格的绝对变化。所以价格久期是价格函数对收益率的一阶导数，即价格—收益率曲线切线的斜率。

从图 5－8 中可以看出，当收益率上升后，基于久期预测的价格是图中 A 点的价格，而债券的实际价格是 B 点的价格，所以久期对债券价格的变化的预测是有误差的，即 $B-A$。当收益率变化较小时，误差较小；当收益率变化较大时，误差就比较大。而且根据图中所示，久期总是低估债券的新价格。这时就需要用到凸性对债券价格变化进行二次调整。

$$D^p=D^*\times P=-\frac{\mathrm{d}p}{\mathrm{d}y}$$

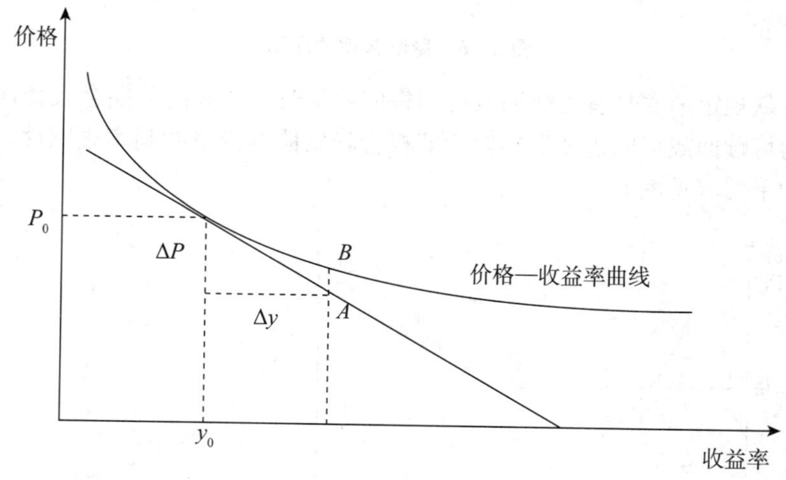

图 5－8　久期的估值误差

2. 凸性

根据凸性（convexity）的定义，

$$凸性\ C=\frac{1}{P}\frac{d^2P}{dy^2}=\frac{1}{P(1+y)^2}\sum_{t=1}^{n}\frac{t(t+1)CF_t}{(1+y)}$$

式中各变量含义与久期公式相同。

由于零息债券期间不支付利息，所以它的凸性$=\frac{n(n+1)}{(1+y)^2}$。

如果利率为连续复利，则

$$C=\frac{\sum_{i=1}^{n}t_i^2CF_i e^{-yt_i}}{P}$$

同价格久期一样，我们可以定义价格凸性

$$C^p=C\cdot P=\frac{d^2P}{dy^2}$$

可以看出，价格凸性就是债券价格对收益率的二阶导数，或者说是价格—收益率曲线切线斜率的变化率。

现在综合考虑久期和凸性，分析收益率变化对债券价格的影响。

$$\frac{\Delta P}{P}=-\frac{D}{1+y}\Delta y+\frac{1}{2}C(\Delta y)^2=-D^*\Delta y+\frac{1}{2}C(\Delta y)^2$$

或者

$$\Delta P=-D^p\Delta y+\frac{1}{2}C^p(\Delta y)^2$$

由于不含期权债券的凸性总是正的，所以无论收益率如何变化，凸性对债券价格变化的影响总是正的，这就对久期在债券估值上的误差进行了修正。

【例 5—10】 一只期限 10 年、面值 1 000 美元、票面利率 6%的债券（每年付息），市场收益率为 5.73%，求该债券的久期和凸性。如果收益率上升 200 个基点，债券新的价格是多少？

首先可以求出债券价格：

$$P=\sum_{t=1}^{10}\frac{60}{(1+5.73\%)^t}+\frac{1\,000}{(1+5.73\%)^{10}}=1\,020.13\ 美元$$

$$久期\ D=\frac{1}{1\,020.13}\left[\sum_{t=1}^{10}\frac{t\times 60}{(1+5.73\%)^t}+\frac{1\,000\times 10}{(1+5.73\%)^{10}}\right]=7.83\ 年$$

$$凸性\ C=\frac{1}{1\,020.13\times(1+5.73\%)^2}\left[\sum_{t=1}^{10}\frac{t(t+1)\times 60}{(1+5.73\%)^t}+\frac{10\times 11\times 1\,000}{(1+5.73\%)^{10}}\right]=70.40$$

$$债券价格变化\ \Delta P=-\frac{7.83}{1+5.73\%}\times 2\%+\frac{1}{2}\times 70.40\times(2\%)^2=-13.4\%$$

所以

$$新的债券价格=1\,020.13\times(1-13.4\%)=883.43\ 美元$$

可以验算债券新的实际价格：

$$P=\sum_{t=1}^{10}\frac{60}{(1+7.73\%)^t}+\frac{1\ 000}{(1+7.73\%)^{10}}=882.49\text{ 美元}$$

由于凸性的价格效应一般是正的，在两只债券久期相等而凸性不等的情况下，投资者应该选择凸性大的债券。如图5-9所示，债券A和B在Q点的切线斜率相等，也就是久期是相同的，但债券A的凸性显然比债券B的凸性大，不论收益率上升还是下降，债券A的价格都大于债券B的价格，所以我们应该选择债券A。由于债券的凸性有利于投资者，高凸性的债券会有较高的价格或较低的收益率。

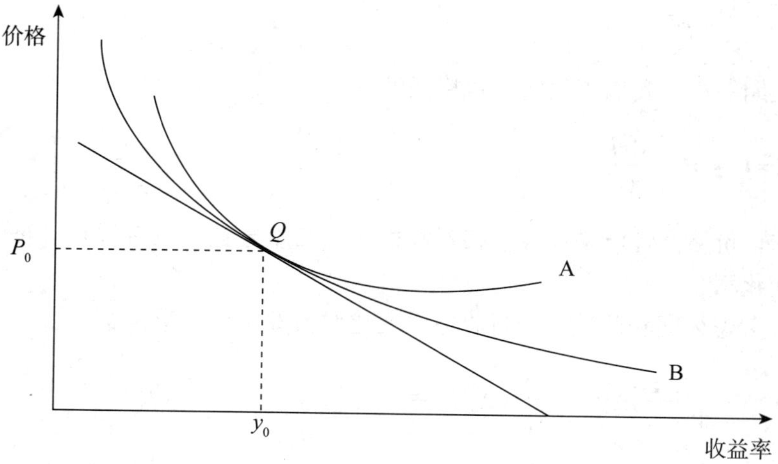

图5-9　久期相等但凸性不等的两只债券

如果债券是可赎回的，那么凸性就不像上述那样总是正的了。图5-10给出了可赎回债券的凸性。当收益率较高时，债券的发行人不会赎回债券，因此与普通债券一样，凸性为正。当收益率逐渐降低时，债券价格趋近于赎回价，发行人为了降低融资成本，有赎回债券的倾向，此时价格—收益率曲线由凸变为凹的，凸性由正转负，债券价格的变动不利于投资者。

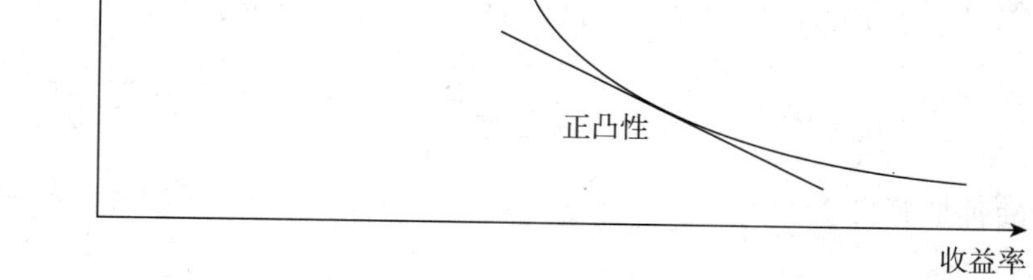

图5-10　可赎回债券的凸性

3. 组合的久期和凸性

上述介绍的都是单个债券的情况，但机构投资者面临的都是一个债券组合，组合的久期和凸性被定义为组合中每一只债券的久期和凸性的加权平均。

$$组合的久期=\sum_{i=1}^{n} w_i D_i$$

$$组合的凸性=\sum_{i=1}^{n} w_i C_i$$

其中，w_i 表示债券 i 的权重，即债券 i 的市值占组合市值的比重；D_i 表示债券 i 的久期；C_i 表示债券 i 的凸性。

组合的价格久期和价格凸性定义为组合中单一债券价格久期和价格凸性之和。

$$组合的价格久期=\sum_{i=1}^{n} D_i^p$$

$$组合的价格凸性=\sum_{i=1}^{n} C_i^p$$

其中，D_i^p 是组合中债券 i 的价格久期，C_i^p 是组合中债券 i 的价格凸性。

为了防范利率风险，机构投资者的通常做法是对资产和负债做免疫管理，要求满足两个条件：

(1) $A=L$；

(2) $D_A^*=D_L^*$。

其中，A 表示资产现值，L 表示负债现值，D_A^* 表示资产的修正久期，D_L^* 表示负债的修正久期。

满足上述两个条件，就能够规避利率期限结构平行移动的风险。当然，现实中机构投资者的资产一般大于负债，这就需要用到超额头寸免疫。定义超额头寸 $S=A-L$，由于

$$\Delta S=\Delta A-\Delta L=AD_A^*\Delta y-LD_L^*\Delta y$$

要求 $\Delta S=0$，得 $AD_A^*=LD_L^*$，又 $A>L$，得 $D_A^*<D_L^*$，因此对于一个正的超额头寸，要求资产的修正久期小于负债的修正久期。

5.5.2　基于久期的套期保值

除了免疫策略，利用利率期货对债券组合进行套期保值来规避利率风险更加简单，而且由于期货的特性，这样做成本更加低廉。

假定收益率曲线平行移动，根据修正久期的定义

$$\Delta S=-D_S^* S\Delta y, \Delta F=-D_F^* F\Delta y$$

其中，ΔS 表示债券组合价格的变化，D_S^* 表示债券组合的修正久期，S 表示债券组合的价格，ΔF 表示利率期货合约价格的变化，D_F^* 表示利率期货标的资产(最便宜交割债券)的修正久期，F 表示利率期货合约的价格，Δy 表示收益率的变化。

可得套期保值需要的合约数量为：

$$N=\frac{SD_S^*}{FD_F^*}$$

【例 5—11】 某投资者持有总价值为 11 600 000 美元的美国长期国债，该债券组合的修正久期为 9.5 年，同时国债期货的报价为 91-12，相应的最便宜交割债券的修正久期为 10.45 年。该投资者应该怎样对债券组合进行套期保值？

由国债期货合约的报价为 91-12，可得到期货价格是 91.375 美元，又由于一份长期国债期货合约的规模是 100 000 美元，所以一份期货合约的价值为 91 375 美元。为了规避利率上升的风险，投资者应该卖出期货合约的数量为：

$$N=\frac{11\ 600\ 000\times 9.5}{91\ 375\times 10.45}=115.41\approx 115\text{ 份}$$

久期反映的是债券价格对于利率波动的敏感性，久期越大，价格变动率越大。因此，当投资者预期未来利率将要下降时，他应该延长债券组合的久期；当预期利率上升时，他应该缩短债券组合的久期。延长或缩短组合久期最直接的方法就是直接调整不同久期的债券，从而改变组合的久期。例如，如果需要延长组合久期，投资者应该卖出久期较短的债券，同时买入久期较长的债券。但是，这样做的结果是交易成本极高。

另一个更好的方法就是利用利率期货改变组合的久期。这样做不仅成本低廉，而且可以避免现货市场上大量买卖导致的价格不利变化。

当我们明确了调整后的债券组合目标久期为 D_S^N 时，可得需要买卖的期货合约数量：

$$N=\frac{S(D_S^*-D_S^N)}{FD_F^*}$$

所以，如果需要延长组合久期，应该买入利率期货；如果需要缩短组合久期，应该卖出利率期货。

由于期货合约的买卖只能取整数，所以这种套期保值并不能完全规避利率风险。除此以外，基于久期的套期保值方法还有以下不足之处：

（1）久期的应用假定收益率曲线平行移动，但在现实中短期利率往往比长期利率波动更加剧烈，有时候短期利率与长期利率的相关性可能较小。

（2）该方法只考虑了久期，却忽略了凸性对债券价格的影响，特别是当利率波动较大的时候，套期保值的效果可能比预想的要差得多。

（3）在计算需要买卖的合约数量的时候，我们假定最便宜交割债券是已知的，但现实中追踪的最便宜交割债券目标会不断变化，这就需要投资者不断调整合约数量，这样不仅操作麻烦，而且成本高昂。

5.6 中国利率期货市场的发展

国债由政府发行且保证还本付息，风险小，被称为“金边债券”，具有成本低、流动性更强、可信度更高等特点。但是，20 世纪 90 年代初期的中国资本市场刚刚起步，国债发行较难，主要靠行政摊派。1992 年发行的国库券，发行一年多后，二级市场的价格最高时只有 80 多元，连面值都不到。行业管理者发现期货不错，可以提高流动性，推动发行，也比较容易控制，于是奉行“拿来主义”，引进国债期货交易，在二级市场上可以对此进行做多、做空的买卖。在本质上，这种交易做的只是国债利率与市场利率的差额，上下波动的幅度很小。

1992 年 12 月 28 日，上海证券交易所首先向券商自营推出了国债期货交易。1993 年 10 月 25 日，北京商品交易所率先推出了国债期货交易。同日，上海证券交易所也向全社会公众开放了国债期货交易。“327”是国债期货合约的代号，对应 1992 年发行、1995 年 6 月到期兑付的 3 年期国库券，该券发行总量是 240 亿元人民币。

1994 年 10 月以后，中国人民银行提高了 3 年期以上储蓄存款利率并恢复了存款保值贴补，国库券也同样进行了保值贴补。保值贴补率的不确定性为炒作国债期货提供了空间，大量机构投资者由股市转入债市，在市场上多空双方对峙的焦点始终是围绕对“327”国债品种到期价格的预测。1992 年 3 年期国库券到期的基础价格已经确定为 128.5 元，但到期的预测价格还受到保值贴补率和是否加息的影响，市场对此看法不一，多空双方在 148 元附近大规模建仓，导致国债期货市场行情火爆。

1994—1995 年春节前，中国开设国债期货的交易场所陡然增到 14 家（包括 2 个证券交易所、2 个证券交易中心以及 10 个商品交易所）。由于股票市场低迷和钢材、煤炭、食糖等大宗商品期货品种相继被暂停，大量资金云集国债期货市场。1994 年全国国债期货交易额达到 2.8 万亿元，1995 年市场更加疯狂，经常出现日交易额达 400 亿元的火爆行情。而同期市场上流通的国债现券不到 1 050 亿元。由于可供交割的国债现券数量远小于国债期货的交易规模，因此，市场上的投机气氛越来越浓厚，风险也越来越大。

1995 年 2 月“327”合约的价格一直在 147.80 元～148.30 元徘徊。1995 年 2 月 23 日，提高“327”国债利率的传言得到证实，百元面值的“327”国债将按 148.50 元兑付。

作为空方的上海万国证券公司（以下简称“万国”）和辽宁国发集团（以下简称“辽国发”）不愿坐以待毙，通过巨额做空来绝地反击。辽国发把几家关系户的空仓集中在海南某公司名下，通过无锡国泰期货经纪公司大量违规抛空，企图压低价格，但抛单都被多方吸收，“327”国债的价格还是在上升。辽国发背弃盟友万国，突然倒戈，改做多头，企图继续抬高价格以减少损失。“327”国债在 1 分钟内竟上涨了 2 元，10 分钟后共涨了 3.77 元。“327”国债每上涨 1 元，万国就要赔进十几个亿。按照它的持仓量和现行价位，一旦到期交割，它将要拿出 60 亿元资金。

毫无疑问，万国没有这个能力。其负责人管金生铤而走险，当日 16 时 22 分 13 秒突然发难，抛出 1 056 万份（每份面值 20 000 元人民币的国债）卖单，把价位从 151.30 元打压到 147.50 元，使当日开仓的多头全线爆仓。这个行动令整个市场都目瞪口呆，若以收盘时的价格来计算，这一天做多的机构，包括像辽国发这样空翻多的机构都将血本无归，而万国不仅能够摆脱危机，还可以赚到 42 亿元。

当天夜里 11 点，上海证券交易所总经理尉文渊正式下令宣布 23 日 16 时 22 分 13 秒之后的所有“327”品种的交易异常，是无效的，该部分不计入当日结算价、成交量和持仓量的范围。经过此次调整，当日国债成交额为 5 400 亿元，当日“327”品种的收盘价为违规前最后签订的一笔交易价格 151.30 元。

万国在劫难逃。如果按照上海证券交易所定的收盘价到期交割，万国赔 60 亿元人民币；如果按管金生自己弄出的局面算，万国赚 42 亿元；如果按照 151.30 元收盘价平仓，万国亏 16 亿元。第二天，万国发生挤兑。

“327”事件后，证监会和财政部联合颁布《国债期货交易管理暂行办法》，各交易所采取了提高保证金比例、设置涨跌停板等措施以抑制国债期货的投机气氛。但因国债期货的特殊性和当时的经济形势，其交易风波仍不断出现，并于当年5月10日酿出“319”事件。5月17日，中国证监会鉴于中国当时不具备开展国债期货交易的基本条件，发出《关于暂停中国范围内国债期货交易试点的紧急通知》。5月31日，全部国债期货平仓结束，开市仅2年零6个月的国债期货无奈地画上了句号。中国第一个金融期货品种宣告夭折。

同年9月20日，国家监察部、中国证监会等部门都公布了对“327”事件的调查结果和处理决定，决定说，“这次事件是一起在国债期货市场发展过快、交易所监管不严和风险控制滞后的情况下，由上海万国证券公司、辽宁国发（集团）公司引起的国债期货风波”。1996年4月，万国不得不与它当年最强劲的竞争对手申银证券公司合并。

时隔18年，中国金融期货交易所在2012年2月13日推出国债期货仿真交易合约之后，于2013年9月6日正式推出5年期国债期货合约上市交易。其合约见表5-9。

表5-9　　中国金融期货交易所5年期国债期货合约

项目	内容
合约标的	面额为100万元人民币，票面利率为3%的5年期名义中期国债
可交割国债	合约到期月首日剩余期限为4～7年的记账式附息国债
报价方式	百元净价报价
最小变动价位	0.002元
合约月份	最近的三个季月（3月、6月、9月、12月中的最近三个月循环）
交易时间	09：15—11：30，13：00—15：15
最后交易日交易时间	09：15—11：30
每日价格最大波动限制	上一交易日结算价的±2%
最低交易保证金	合约价值的2%
最后交易日	合约到期月份的第二个星期五
最后交割日	最后交易日后的第三个交易日
交割方式	实物交割
合约代码	TF
上市交易所	中国金融期货交易所

从表5-10可以看出，中金所5年期国债期货合约的设计在合约面值、涨跌停板、保证金比例、交割债券和限仓制度上都作了比较大的改变，这也充分吸取了“327”事件的教训，我国国债期货市场以后的发展也同样会以该事件为重要的警示案例。

表5-10　　中金所5年期国债期货合约和“327”国债期货合约比较

条款	中金所5年期国债期货合约	“327”国债期货
合约标的	票面利率3%的5年期名义标准国债	92（3）国债
合约面值	100万元	2万元
合约月份	3、6、9、12月	3、6、9、12月
每日最大波动	上一交易日结算价的±2%	无涨跌停板

续前表

条款	中金所5年期国债期货合约	"327"国债期货
保证金比例	2%	1%～2.5%
交割方式	剩余期限4～7年（不含7年）固定利率国债	单一券种
限仓制度	合约上市首日起，持仓限额为1 000手；自交割月份前一个月中旬的第一个交易日起，持仓限额为500手；自交割月份前一个月下旬的第一个交易日起，持仓限额为100手	无

5年期国债期货合约首日成交量高达36 635手。交易量在之后几周回归平淡，日均成交量降至5 000手，并在此区间徘徊。与之相对，衡量投资者参与程度更可靠的指标——持仓量则呈稳步上升态势。首日持仓量为2 959手，至10月上旬已稳定在日均4 500手上下。

新上市交易的中国国债期货不是对美国芝加哥期货交易所（现芝加哥商业交易所）的中长期国债期货、英国金边债券期货、德国长期债券期货、日本10年国债期货等经典品种的简单模仿。中国国债期货有不同于国际同类产品的设计特点，具有显著的中国特色。对投资者和善于把握影响价格的产品设计特点的量化金融工程师而言，这既是机遇也是挑战。

相比其他国家的主要产品，中国国债期货的票面利率是3%，合约面值为100万元人民币，按6.25元人民币兑1美元汇率约合160 000美元，高于一般国际水平，准入门槛较高。期限相近的美国、英国、德国固定收益类产品的合约面值均为100 000本币，日本10年国债期货的面值则远超其他合约，高达1亿日元（超过100万美元）。

中国国债期货采用传统的百元净价报价方式，最小变动价位为0.002，即1/5个基点或20元人民币，约合3.20美元，小于美国10年期国债期货（15.625美元）、英国10年期金边债券期货（10个基点或15.30美元）、德国长期国债期货（10欧元或13.30美元）及日本10年期国债期货（10 000日元或101美元）。中国国债期货的合约规模设定旨在抑制散户投机，而最小变动价位的设计却是为了确保主要流动性提供者，即大型散户投资者而非机构投资者的参与程度。

2014年中国金融期货交易所对国债期货产品规则进行了多次调整：调整保证金和涨跌停板；调整梯度持仓限额制度；完善大户持仓报告制度；实施卖方举手交割模式，取消交割门槛；开展国债作为国债期货保证金业务试点；实施单向大边保证金制度。

2015年3月20日，中金所的10年期国债期货合约挂牌交易。10年期国债在基准收益率体系中具有核心地位，是国内外市场公认的利率市场风向标，被投资者普遍接受为判断利率走势、经济走势乃至宏观调控政策的标杆性指标。目前，10年期美国国债期货是最成功的国债期货品种，2013年总成交量为3.26亿手，居全球国债期货之首。我国推出10年期国债期货，对于完善收益率曲线结构具有重要意义。在我国利率市场化改革加速的背景下，符合机构利用国债期货对冲利率风险、管理组合久期的现实需求。其合约见表5-11。

表 5-11　　中国金融期货交易所 10 年期国债期货合约

合约标的	面值为 100 万元人民币、票面利率为 3%的名义长期国债
可交割国债	合约到期月份首日剩余期限为 6.5～10.25 年的记账式附息国债
最小变动价位	0.005 元
合约月份	最近的三个季月
交易时间	9：15—11：30，13：00—15：15
每日价格最大波动	上一交易日结算价的±2%
最低交易保证金	合约价值的 2%
最后交易日	合约到期月份的第二个星期五
最后交割日	最后交易日后的第三个交易日
交易代码	T

随着投资者参与程度的增加、投资经验的积累以及利率波动幅度的上升，中国国债期货跻身全球主要国债期货品种行列将是大势所趋。

本章小结

本章主要介绍了利率的相关基础理论，主要利率期货品种的概念、定价原理及应用。第一节有关利率的内容是我们学习利率期货必要的准备知识，这一部分需要着重学习的是远期利率的计算和天数计算惯例，因为后面的内容都会涉及这两方面知识。

随后的章节介绍了远期利率协议和各种利率期货，在学习的过程中可以对各期货品种进行比较。比如从报价方式来看，中长期国债期货的报价一般采用百分制报价，美国长期国债期货的报价以美元和 1/32 美元报出；短期国债期货的报价其实就是短期国库券的贴现率；欧洲美元的报价虽然也是采用百分制报价，但那是经过 IMM 转换的。在定价原理中，长期国债期货是最为复杂和特殊的，因为其中涉及标准债券制度，所以就有了最便宜交割债券和转换因子；细心的读者会发现欧洲美元期货与远期利率协议的定价具有一定的相似性，它们都与利率互换相联系。

久期是利率风险的测量指标。由于久期假设债券价格波动与收益率变动是线性关系，所以它对债券价格的估测是有误差的，这时我们就需要凸性对其进行二次修正。为了规避现货债券的利率风险，投资者可以利用利率期货对债券组合进行套期保值，这就是基于久期的套期保值策略。由于久期的局限性，这种套保策略存在不完美性。

最后我们介绍了国内国债期货市场发展的历史进程，重点在 20 世纪 90 年代发生的“327”事件以及中国金融期货交易所于 2013 年 9 月 6 日正式推出的 5 年期国债期货合约交易和 2015 年 3 月 20 日推出的 10 年期国债期货合约交易。

问题与应用

1. 一只票面利率为10%、价格为100-08的美国长期国债，每年付息两次，分别是3月20日和9月20日。如果现在是2012年7月16日，请问该债券的现金价格是多少？如果该债券是中国国债，它的现金价格有变化吗？

2. 假定连续复利的即期利率如下表所示：

期限（年）	利率（每年,%）
1	2.0
2	3.0
3	3.7
4	4.2

已知一期限为1年的FRA，协议借贷起始日为2年以后，协议利率为5%（按年复利），合约面值100万美元。请给该合约定价。

3. 假定国债期货报价为100-16，请从下表中选择债券进行交割。

债券	报价	转换因子
A	112-28	1.112 5
B	125-13	1.213 3
C	136-20	1.326 5
D	144-15	1.403 8

4. 已知一长期国债期货合约对应的最便宜交割债券当前报价为110美元，转换因子为1.5，该债券的票面利率是13%，每年的3月20日和9月20日支付利息。利率期限结构为水平的，无风险利率为12%（半年复利一次）。假设现在是2012年7月25日，期货合约将于2012年9月30日交割。请计算该合约的期货报价。

5. 假定还有45天到期的美国短期国债期货报价为89.08，剩余期限为135天的短期国库券价格为96.35，还有45天到期的短期国库券价格为99.15。请问有套利机会吗？如果有，请模拟套利现金流。

6. 若270天的LIBOR利率为3.5%（连续复利），欧洲美元期货报价为97。请估计360天期的零息利率。

7. 2012年3月10日，一美国金融机构的境外子公司计划在6月15日借款600万美元，应该怎么做才能防止利率上升的风险？如果目前欧洲美元报价为96，6月份的欧洲美元期货报价94.5，请问该公司利用欧洲美元期货锁定的借款利率是多少？

8. 已知一只票面利率为6%、面值为100美元的债券，到期收益率为5%，每年付息一次。请问该债券的久期和凸性是多少？用久期预测收益率上升10个基点时债券新的价格是多少？若收益率上升100个基点，利用久期和凸性预测债券新的价格是多少？

9. 2012年10月，一个机构投资者持有一个债券组合，其市场总价值为50 000 000美元，修正久期为7.62年。12月期货合约的报价为110-04，相应的最便宜交割债券的修正久期为6.23年。应该怎样对该组合进行套期保值？如果该组合经理预期利率在未来一段时间内将要下降，因此他希望提高利率的敏感性，使组合久期上升至10年。请问投资经理应该怎么做？

10. 阐述即期利率和远期利率的含义及相互关系。

11. 阐述期限结构理论对收益率曲线形状的解释。

12. 分析美国市场上短期利率期货报价与欧洲美元期货报价的区别。

13. 案例分析：所罗门公司成立于1910年，公司专注于国债承销，在业内取得了很高的商誉并有一群忠实的客户，而且它一直是国债市场上交易量最大、最活跃的交易商。每天所罗门的国债交易量达到200亿美元，约占市场总额的18.2%。承销业务1990年排名全美第四；发展了抵押支持证券市场，并统治该市场长达六年，在1985年为公司贡献了近50%的利润；该部门的主管是华尔街套利活动的先驱，1990年该部门贡献了公司近80%的税前利润。在其国债部经理莫泽尔（Mozer）向上司承认自己近几个月的违规行为之前，他是一位工作努力、与员工关系融洽、具交易天赋的职业经理，并且他在1988—1990年获得了每年1 000万美元的奖金。但在莫泽尔承认其过失之后，所罗门开始出现麻烦，危及了其核心竞争力——基础交易。所罗门国债部的具体违规行为是：1991年2月21日国债部主管莫泽尔在招标中借用客户沃伯格（Warburg）的名义投标，结果在总额90亿美元的招标中中标34亿元，超过了财政部35%的上限。恰巧沃伯格自己也递交了一个亿的标书，结果沃伯格的总投标金额超过了35%，这引起了财政部的注意。莫泽尔欺骗财政部说，沃伯格分别是Mercury Asset Management和S. G. Warburg。根据案例资料分析：

（1）根据国债招标和投标规则来分析违规的原因。

（2）分析这个问题的解决方案。

（3）分析中美国债发行的比较和借鉴意义。

（4）通过这个案例分析中国国债市场的现实问题。

推荐阅读材料、网站

［1］Cox，J. C.，J. E. Ingersoll，and S. A. Ross，“The Relation between Forward Prices and Futures Prices”，*Journal of Financial Economics*，9（December 1981）：321-346.

［2］Burghardt，G.，and W. Hoskins，“The Convexity Bias in Eurodollar Futures”，*Risk*，8，3（1995）：63-70.

［3］约翰·赫尔．期权与期货市场基本原理．北京：机械工业出版社，2008.

［4］林清泉．固定收益证券．武汉：武汉大学出版社，2005.

［5］陈蓉，郑振龙．固定收益证券．北京：北京大学出版社，2011.

［6］Fabozzi，F. J.，*Duration*，*Convexity*，*and Other Bond Risk Measures*，Frank J. Fabozzi Assoc.，1999.

［7］www. cmegroup. com.

［8］和讯债券——中国第一债券门户 bond. hexun. com.

［9］中国债券信息网——中央结算公司 www. chinabond. com. cn.

［10］中国金融期货交易所 www. cffex. com. cn.

参考文献

［1］约翰·赫尔．期权与期货市场基本原理．北京：机械工业出版社，2008.

［2］林清泉．固定收益证券．武汉：武汉大学出版社，2005.

［3］殷孟波．货币金融学．北京：中国金融出版社，2004.

［4］汪昌云，等．金融衍生工具．北京：中国人民大学出版社，2009.

［5］李德荃，郤海娜，李宁．金融工程学．北京：对外经济贸易大学出版社，2010.

［6］叶永刚，彭红枫．金融工程学．大连：东北财经大学出版社，2010.

［7］褚玦海，鲍剑平．利率期货市场运作．北京：中国金融出版社，2006.

［8］罗伯特·A. 斯特朗．衍生产品概论．大连：东北财经大学出版社，2005.

［9］基恩·卡恩伯森，德克·尼奇．金融工程——衍生品与风险管理．北京：中国人民大学出版社，2004.

［10］宋浩平，等．期货及期权投资实务．北京：首都经济贸易大学出版社，2011.

［11］卢文莹．利率期货与期权．上海：复旦大学出版社，2008.

第 6 章

互　换

学习目标

学习完本章后，读者应掌握互换及其相关基本概念，了解互换的产生与发展；弄清利率互换和货币互换的交易机制和原理及金融机构的作用；理解互换的比较优势观点，掌握其在转换资产负债风险特征方面的应用；熟悉基于债券组合方法和远期合约组合方法的利率互换和货币互换的定价原理；了解其他类型的互换。

互换（swap）是一种双方商定在一段时间内彼此相互交换现金流的金融交易，双方在合约中约定现金流的互换时间和现金流数量的计算方法。互换是一种按需定制的交易方式，只要互换双方愿意，从互换内容到互换形式都可以完全按照需要来进行设计，由此而形成的互换交易可以完全满足客户的特定需求。

互换交易是继 20 世纪 70 年代初出现金融期货后，又一典型的金融市场新业务，曾被西方金融界誉为“20 世纪 80 年代来最重要的金融创新”，其从 1982 年始创后，得到了迅速发展。目前，许多大型的跨国银行和投资银行都提供互换交易服务，其中最大的互换交易市场是伦敦和纽约的国际金融市场。如今，互换交易已经从量向质的方面发展，甚至还形成了互换产品的同业交易市场。在这个市场上，互换交易的一方当事人提出一定的互换条件，另一方就能立即以相应的条件承接下来。利用互换交易，就可依据不同时期的不同利率、外汇或资本市场的限制动向筹措到理想的资金。互换合约在场外衍生产品市场中起着非常重要的作用，表 6-1 是国际清算银行于 2015 年年中发布的场外衍生金融工具持仓合约数据。由表中数据可以看出，仅货币互换和利率互换合约的名义持仓总值就占场外衍生金融工具市场持仓合约总值的 62.16%。近年来，我国互换市场也得到了快速发展。

表 6-1　国际清算银行于 2015 年年中发布的场外衍生金融工具持仓合约总值数据（十亿美元）

	持有名义金额					总市值				
风险类别/工具	2013 年 6 月	2013 年 12 月	2014 年 6 月	2014 年 12 月	2015 年 6 月	2013 年 6 月	2013 年 12 月	2014 年 6 月	2014 年 12 月	2015 年 6 月
总成交额	696 408	710 633	691 640	629 142	552 909	20 245	18 825	17 438	20 878	15 521

续前表

风险类别/工具	持有名义金额					总市值				
	2013年6月	2013年12月	2014年6月	2014年12月	2015年6月	2013年6月	2013年12月	2014年6月	2014年12月	2015年6月
外汇合约	73 121	70 553	74 782	75 879	74 519	2 427	2 284	1 724	2 944	2 547
远期和外汇互换	34 421	33 218	35 190	37 076	37 238	957	824	572	1 205	936
货币互换	24 654	25 448	26 141	24 204	23 724	1 131	1 186	939	1 351	1 286
期权	14 046	11 886	13 451	14 600	13 558	339	273	213	389	326
利率合约	564 673	584 799	563 290	505 454	434 740	15 238	14 200	13 461	15 608	11 081
远期利率协议	86 892	78 810	92 575	80 836	74 641	168	108	126	145	143
利率互换	428 385	456 725	421 273	381 028	319 954	13 745	12 919	12 042	13 946	9 814
期权	49 396	49 264	49 442	43 591	40 145	1 325	1 174	1 292	1 517	1 124
股权挂钩产品	6 821	6 560	7 084	6 968	7 545	692	700	678	612	606
远期和互换	2 321	2 277	2 505	2 495	2 801	206	202	199	177	168
期权	4 501	4 284	4 579	4 473	4 744	486	498	479	435	438
商品合约	2 458	2 204	2 206	1 869	1 671	384	264	269	318	237
黄金	461	341	319	323	247	80	47	32	34	26
其他商品	1 904	1 800	1 792	1 481	1 363	287	210	230	277	205
远期和互换	1 579	1 462	1 474	1 215	1 101					
期权	879	742	732	654	570					
信用违约互换	24 349	21 020	19 462	16 399	14 596	725	653	635	593	453
单一产品工具	13 135	11 324	10 845	9 041	8 205	430	369	368	366	278
复合产品工具	11 214	9 696	8 617	7 358	6 391	295	284	266	227	175
指数产品	10 163	8 746	7 939	6 747	5 909					
未划分的工具	24 986	25 496	24 815	22 573	19 837	779	724	671	803	597

资料来源：国际清算银行网站，http：//www.bis.org/statistics/derdetailed.htm。

6.1 互换的产生与发展

国际清算银行（BIS）将互换定义为买卖双方在一定时间内交换一系列现金流的合约。具体而言，互换是指两个当事人按照约定的条件，在约定的时间内，交换不同金融工具的一系列支付款项或收入款项的合约。远期合约就可以视为简单的互换合约，双方约定在未来某一时刻进行现金流的互换，而一般的互换合约通常阐明在今后若干时间互换现金流。

互换的类型非常多，互换市场上最为流行的品种是利率互换（interest swap）和货币互换（currency swap）。最简单的利率互换合约是标准利率互换（plain vanilla swap），一家公司同意向另一家公司在今后若干年内支付本金面值上按照事先约定的固定利率产生的现金流，这家公司将收入以相同本金产生的浮动利率现金流。最简单的货币互换包括在某种货币下的利率及本金与另外一种货币下的利率与本金进行互换。在此基础上，互换市场推出了越来越多的品种。

现代互换是在平行贷款和背对背贷款的基础上发展起来的。平行贷款是指不同国家的两个母公司分别在国内向对方公司在本国境内的子公司提供金额相当的本币贷款，并承诺在指定到期日，各自归还所借货币。平行贷款是为了逃避外汇管制而产生的一种筹资形式，由于它涉及两个独立的贷款合约，相关信用风险较高。为了规避平行贷款的违约风险，背对背贷款应运而生。背对背贷款（back-to-back loans）是指两个国家的母公司相互直接贷款，贷款品种不同但币值相等，贷款到期日相同，各自支付利息，到期各自偿还原借款货币。背对背贷款尽管有两笔贷款，但只签订一个贷款协议，协议中明确若一方违约，另一方有权抵消应尽的义务，这大大降低了贷款中可能产生的信用风险。尽管背对背贷款已经非常接近货币互换，但前者是一种借贷行为，在法律上会产生新的资产和负债，而后者是不同货币间负债或资产的利息互换，是一种表外业务，不会改变公司原有的资产负债结构。

人民币利率互换市场自2006年2月正式启动以来，逐渐成为我国衍生产品市场的主要产品，吸引了越来越多市场成员的关注。2006年2月9日中国人民银行发布了《中国人民银行关于开展人民币利率互换交易试点有关事宜的通知》，以国家开发银行与中国光大银行完成首笔人民币利率互换交易为标志，我国人民币利率互换市场创立。试点当年，成交额达355.7亿元，一批机构通过互换达到了规避风险的目的，几家主要报价机构也经受了考验和锻炼，并初步形成了境内人民币互换利率曲线。2008年1月18日，中国人民银行发布了《中国人民银行关于开展人民币利率互换业务有关事宜的通知》，人民币利率互换业务正式开展。近年来，人民币利率互换市场的规模不断增加。2011年全年，我国利率互换交易笔数为20 202笔，交易规模达26 759.60亿元，占同期中国场外利率衍生产品的市场份额分别为97.87%、96.28%，同比分别增长73.51%、78.36%。统计显示，2014年利率互换累计成交4.0万亿元，同比大幅增长48.0%；未平仓余额3.8万亿元（单边计算），同比增长1.3万亿元。人民币利率互换交易的交易品种也在不断增加，浮动参照利率主要有隔夜和3个月期上海银行间同业拆借利率（O/N SHIBOR和3M SHIBOR）、银行同业间7天回购定盘利率（FR007）、1年期定存利率、6个月和1年期贷款利率。自2010年保监会开启了保险机构投资利率互换的大门后，越来越多的券商也积极参与到人民币利率互换市场之中。

中国加入 WTO 后，经济、金融进一步开放，货币互换也得到发展。亚洲金融危机之前我国先后与泰国、日本、俄罗斯、缅甸、蒙古、越南等周边国家签订了一系列货币互换协议，为货币互换市场的快速发展奠定了坚实的基础。亚洲金融危机后，我国先后与韩国、马来西亚、冰岛、印度尼西亚、阿根廷、新西兰、新加坡、乌克兰等国家签订了一系列货币互换协议，货币互换市场得到快速发展。不同于发达经济体间签订的旨在应对危机的货币互换协议，中国人民银行与境外货币当局签订本币互换协议的目的不仅包括维护区域金融稳定，还包括促进双边贸易和投资。此外，签署货币互换协议可提高人民币在一些国家的使用率，同时也将降低签约国在双边贸易活动中面临的美元汇率波动风险，从而利于双边贸易的发展。表 6-2 是中国已签署的双边本币互换协议一览表，截至 2015 年 4 月 22 日，中国已经与 30 个境外货币当局签署货币互换协议。

表 6-2　　中国已签署的双边本币互换协议一览表（截至 2015 年 4 月 22 日）

序号	签署日期	国家/地区	规模（亿元人民币）	有效期
1	2009 年 3 月 11 日	白俄罗斯	200	3 年
2	2009 年 3 月 23 日	印度尼西亚	1 000	3 年
3	2009 年 4 月 2 日	阿根廷	700	3 年
4	2010 年 6 月 9 日	冰岛	35	3 年
5	2011 年 4 月 18 日	新西兰	250	3 年
6	2011 年 4 月 19 日	乌兹别克斯坦	7	3 年
7	2011 年 6 月 13 日	哈萨克斯坦	70	3 年
8	2011 年 10 月 26 日	韩国	3 600	3 年
9	2011 年 11 月 22 日	中国香港	4 000	3 年
10	2011 年 12 月 22 日	泰国	700	3 年
11	2011 年 12 月 23 日	巴基斯坦	100	3 年
12	2012 年 1 月 17 日	阿拉伯联合酋长国	350	3 年
13	2012 年 2 月 8 日	马来西亚	1 800	3 年
14	2012 年 2 月 21 日	土耳其	100	3 年
15	2012 年 3 月 20 日	蒙古	100	3 年
16	2012 年 3 月 22 日	澳大利亚	2 000	3 年
17	2012 年 6 月 26 日	乌克兰	150	3 年
18	2013 年 3 月 7 日	新加坡	3 000	3 年
19	2013 年 3 月 26 日	巴西	1 900	3 年
20	2013 年 6 月 22 日	英国	2 000	3 年
21	2013 年 9 月 9 日	匈牙利	100	3 年
22	2013 年 9 月 12 日	阿尔巴尼亚	20	3 年

续前表

序号	签署日期	国家/地区	规模（亿元人民币）	有效期
23	2013 年 10 月 10 日	欧洲央行	3 500	3 年
24	2014 年 7 月 21 日	瑞士	1 500	3 年
25	2014 年 9 月 16 日	斯里兰卡	100	3 年
26	2014 年 10 月 13 日	俄罗斯	1 500	3 年
27	2014 年 11 月 8 日	加拿大	2 000	3 年
28	2015 年 3 月 18 日	苏里南共和国	10	3 年
29	2015 年 3 月 25 日	亚美尼亚	10	3 年
30	2015 年 4 月 10 日	南非	300	3 年

资料来源：中国人民银行网站。

6.2 利率互换

6.2.1 利率互换的机制

利率互换，也叫利率掉期，是指双方同意在未来的一定期限内根据同种货币的相同名义本金按不同利率计算的一系列现金流交换的协议。利率互换可以有多种形式，最为简单的互换合约为标准利率互换。在这种互换中，一方同意向另外一方在未来若干时间内支付在本金面值上按事先约定的固定利率产生的现金流，收入以相同的本金产生的浮动利率现金流。一项标准利率互换至少包括以下内容：(1) 由互换双方签订一份协议；(2) 根据协议双方各自向对方定期支付利息，并确定付息日期；(3) 付息金额由名义本金额确定，由同种货币支付利息；(4) 互换一方是固定利率支付者，固定利率在互换之初商定；(5) 互换一方是浮动利率支付者，浮动利率参照互换期内某种特定的市场利率确定；(6) 双方互换利息，不涉及本金的互换。利率互换的第一笔现金流互换不存在不确定性，利率互换通常只需要一方支付互换现金流的差额。

利率互换是目前全球市场上最重要的场外交易互换衍生工具。许多利率互换合约中的浮动利率参照的是伦敦银行同业拆借利率（LIBOR）。人民币利率互换合约中的浮动利率参照的主要有隔夜和 3 个月期上海银行间同业拆借利率（O/N SHIBOR 和 3M SHIBOR）、银行同业间 7 天回购定盘利率（FR007）、1 年期贷款利率等。目前我国市场上重要的品种有 FR007IRS1、SHIBORON（IRS）、SHIBOR1W（IRS）和 SHIBOR3M（IRS）。表 6-3 是人民币利率互换产品的介绍，表 6-4 是 2015 年 12 月的人民币利率互换市场运行情况。

表 6-3　　人民币利率互换产品

• **产品定义**　人民币利率互换交易是指交易双方约定在未来的一定期限内，根据约定的人民币本金和利率计算利息并进行利息交换的金融合约

• **交易方式**　询价交易和点击成交利率互换可以通过全国银行间同业中心的交易系统进行，未通过交易中心系统达成的，金融机构应在利率互换交易达成后的下一工作日 12：00 前将交易情况送交易中心备案
• **参照利率**　利率互换交易的参照利率应为经中国人民银行授权全国银行间同业拆借中心发布的银行间市场具有基准性质的市场利率或中国人民银行公布的基准利率
• **交易主体**　全国银行间债券市场参与者（简称市场参与者）中，具有做市商或结算代理业务资格的金融机构可与其他所有市场参与者进行利率互换交易，其他金融机构可以与所有金融机构进行利率互换交易，非金融机构只能与具有做市商或结算代理业务资格的金融机构进行以套期保值为目的的利率互换交易
• **交易时间**　北京时间上午 9：00—12：00，下午 13：30—17：00 中国国内法定假日不开市

表 6-4　　人民币利率互换市场月报（2015 年 12 月）

参照利率	期限	固定利率	名义本金（亿元）	成交笔数
FR007	1 个月	2.372 4	25.00	4
	3 个月	2.344 3	1 225.50	235
	6 个月	2.328 4	1 987.00	432
	9 个月	2.327 0	1 724.64	507
	1 年	2.319 0	2 397.99	1 383
	2 年	2.336 4	178.05	214
	3 年	2.425 9	53.26	85
	4 年	2.586 5	8.30	10
	5 年	2.602 9	316.20	994
3M SHIBOR	6 月	3.066 7	404.00	87
	9 月	3.053 3	265.31	62
	1 年	3.057 0	285.40	158
	2 年	3.091 7	78.00	51
	3 年	3.141 3	24.00	14
	5 年	3.289 1	15.60	40

续前表

参照利率	期限	固定利率	名义本金（亿元）	成交笔数
O/N SHIBOR	7日	1.821 8	602.00	63
	1个月	1.888 7	39.50	8
	3个月	1.876 2	13.00	3
	6个月	1.870 0	2.00	1
	9个月	1.820 0	6.00	2
	1年	1.847 6	39.30	24
一年定存利率	6个月	1.375 0	3.50	1
	9个月	1.300 0	0.10	1
	1年	5.663 5	38.64	36
一年期贷款利率	6个月	4.550 0	0.12	1
	9个月	4.565 9	0.51	4
	1年	4.067 5	11.57	27
	2年	3.595 8	1.92	2
LPR1Y	9个月	4.144 2	2.66	2
	1年	4.605 0	1.02	6
	2年	4.280 0	3.00	1
一年贷款利率	6个月	4.469 0	0.40	3
	9个月	4.517 5	0.12	1
	1年	4.575 5	1.25	6

资料来源：中国货币网。

【例6—1】 考虑一个在2015年3月10日开始的3年期利率互换合约，参与合约的双方分别是甲公司和乙公司。合约规定，甲公司愿意向乙公司支付年息为4.4%（每半年复利一次）、本金为100亿元所产生的利息，作为回报，乙公司向甲公司支付6个月期及同样本金所产生的浮动利息，双方每6个月互换现金流。表6-5是甲公司的现金流状况。第1笔现金流发生在合约签订后的6个月之后，即2015年9月10日。甲公司将向乙公司支付名义本金为100亿元、半年利率为2.2%的利息2.2亿元，收到乙公司支付的名义本金为100亿元、2015年3月10日确定的6个月LIBOR（4.00%）的利息的一半，即2.00亿元，甲公司净支付0.20亿元。首期支付的利息没有不确定性，但后期净现金流的高低取决于相应时点之前6个月LIBOR的高低。

甲公司和乙公司可以利用互换合约来转换资产或负债的风险特征。以甲公司为例。假设甲公司已经持有LIBOR+30个基点利率的、面值为1亿元的浮动利率贷款，当它与乙公司签订合约后，现金流的净效果为支出现金流4.7%，甲公司就将浮动利率贷款转换为固定利率贷款。甲公司使用互换合约可以将浮动利率贷款转换为固定利率贷款。假设甲公司持有年息为5.2%的3年期债券，当它与乙公司签订互换合约后，现金流的净效果是收入现金流的年利率等于LIBOR+80个基点，甲公司就将固定利率资产转换为浮动利率资产。可以使用类似的方法对乙公司进行分析。

表6-5 **甲公司的现金流状况** 单位：亿元

日期	6个月LIBOR（%）	收入的浮动现金流	支付的固定现金流	净现金流
2015年3月10日	4.00			
2015年9月10日	4.20	+2.00	−2.20	−0.20
2016年3月10日	4.40	+2.10	−2.20	−0.10
2016年9月10日	4.60	+2.20	−2.20	+0.00
2017年3月10日	4.80	+2.30	−2.20	+0.10
2017年9月10日	5.00	+2.40	−2.20	+0.20
2018年3月10日		+2.50	−2.20	+0.30

6.2.2 金融机构的作用

一般而言，两家公司很少直接签订互换合约，它们都与银行或金融机构发生联系，金融机构将安排“标准”型的固定与浮动利率互换，在每一对相互抵消的交易中，金融机构收入3～4个基点。在实践中，两家公司不可能同时与某家机构接触并持有相同且头寸相反的互换，金融机构事实上充当了互换做市商的角色。金融机构在进入利率互换的同时，并不一定进入与其他交易对手之间的互换交易，因此，做市商需要量化自身风险并使用债券、远期利率合约和利率期货等产品来对冲风险。表6-6和表6-7分别是中国工商银行和摩根大通银行2016年1月14日的人民币利率互换报价。买入价和卖出价的平均值被称为互换利率（swap rate）。期限较长的互换利率与相同期限国债收益率之间的利差包含了非常丰富的经济信息。

表6-6 **中国工商银行人民币利率互换报价（2016年1月14日）**

期限	O/N SHIBOR		1W SHIBOR		3M SHIBOR		FR007	
	买入价	卖出价	买入价	卖出价	买入价	卖出价	买入价	卖出价
6个月	1.810 0	1.910 0	2.280 0	2.370 0	2.900 0	3.000 0	2.230 0	2.320 0
1年	1.760 0	1.860 0	2.220 0	2.320 0	2.860 0	2.960 0	2.180 0	2.280 0
5年	—	—	—	—	3.000 0	3.100 0	—	—

注：支付频率为季；固定日基准为ACT/365；浮息日基准O/N SHIBOR、1W SHIBOR、3M SHIBOR为ACT/360，FR007为ACT/365；付息调整为经调整的下一工作日；计息调整为按实际天数。

资料来源：中国货币网。

表6-7 **摩根大通银行人民币利率互换报价（2016年1月14日）**

期限	O/N SHIBOR		1W SHIBOR		3M SHIBOR		FR007	
	买入价	卖出价	买入价	卖出价	买入价	卖出价	买入价	卖出价
6个月	2.950 0	3.050 0	3.260 0	3.360 0	4.350 0	4.430 0	3.260 0	3.340 0

续前表

期限	O/N SHIBOR		1W SHIBOR		3M SHIBOR		FR007	
	买入价	卖出价	买入价	卖出价	买入价	卖出价	买入价	卖出价
1年	3.010 0	3.110 0	3.370 0	3.430 0	4.140 0	4.220 0	3.300 0	3.360 0
5年	—	—	—	—	4.090 0	4.170 0	—	—

注：支付频率为季；固定日基准为 ACT/365；浮息日基准 O/N SHIBOR、1W SHIBOR、3M SHIBOR 为 ACT/360，FR007 为 ACT/365；付息调整为经调整的下一工作日；计息调整为按实际天数。

资料来源：中国货币网。

6.2.3 利率互换比较优势观点

利率互换可以用比较优势观点来进行解释。以下我们用例 6—2 来解释这一点。

【例 6—2】 公司甲是信用评级为 AAA 的跨国公司，需要借入 10 年期 2 亿美元，该公司可以以一个较低的固定利率借款，但它希望获得浮动利率的好处，以便利率差异最大化。公司乙是信用评级为 BBB 的公司，也需要借入 10 年期 2 亿美元，它的信用评级较低，可以以浮动利率进行借款或发行高利率的债券，这比借入固定利率款项更为容易。该公司希望利率固定，以便确定未来的利息支付。甲、乙两家公司的筹资利率如表 6－8 所示。如果两家公司不签订互换合约，那么甲以浮动利率 LIBOR＋0.35％、乙以固定利率 5.5％筹资，总成本为 LIBOR＋5.85％。如果甲、乙双方签订一份互换合约，甲以固定利率 4.5％而乙以浮动利率 LIBOR＋0.85％筹资，然后进行交换，双方的总成本为 LIBOR＋5.35％。互换合约的签订给甲乙双方带来了 0.5％的利率节省。如果有金融机构的参与，那么甲、乙和金融机构共同分享 0.5％的利率节省。

表 6－8　　甲、乙两家公司的信用等级与筹资利率

	公司甲	公司乙	利差
信用评级	AAA	BBB	
固定利率	4.5％	5.5％	1％
浮动利率	LIBOR＋0.35％	LIBOR＋0.85％	0.5％
比较优势	固定利率借款	浮动利率借款	

6.2.4 利率互换定价

在签订互换合约时，利率互换的价格为 0，但是随着时间的推移，利率互换的价值可能为正，也可能为负。若不存在违约风险，利率互换可以视为债券的多空组合或一系列远期合约的组合，因此我们可以基于债券价格来计算互换的价格，也可以利用远期合约来对互换进行定价。

（1）将利率互换视为债券的多空组合。记 V 为互换的价值，B_{fix} 为固定利率债券的价值，B_{float} 为浮动利率债券的价值，Q 为互换协议的本金。当前时刻为 0 时刻，利率互换协议约定中介银行在 t_i 时刻($1 \leqslant i \leqslant n$) 收取固定利率利息 K 元，同时支付浮动利率利息。如果将利率互换视为债券的多空组合，那么互换合约的价值为：

$$V_{swap}=B_{fix}-B_{float} \tag{6.1}$$

如果 t_i 时刻对应的贴现利率为 r_i，那么 B_{fix} 等于固定利率债券未来现金流的现值：

$$B_{fix}=\sum_{i=1}^{n}K\mathrm{e}^{-r_it_i}+Q\mathrm{e}^{-r_nt_n} \tag{6.2}$$

对于浮动利率债券而言，当某一支付日利息支付完成，B_{fix} 总等于互换合约的名义本金。在下一个利息支付日 t_i 前的瞬间，浮动利率债券的价格等于互换本金 Q 和已知的浮动利息 K^* 的贴现值，即

$$B_{fix}=(Q+K^*)\mathrm{e}^{-r_it_i} \tag{6.3}$$

(2) 利用远期利率合约组合来对互换进行定价。在没有违约风险的情形下，利率互换可以视为一系列远期合约的组合。设 R_i 为在支付日 i 之前6个月的远期利率（半年复利），对收取固定利率利息、支付浮动利率利息的一方而言，相对于第 $i(2\leqslant i\leqslant n)$ 次支付的远期合约的价值为：

$$(K-0.5R_iQ)\mathrm{e}^{-r_it_i} \tag{6.4}$$

第一次支付时间为 t_1，支付 K^*，收取 K，相应的价值为：

$$(K-K^*)\mathrm{e}^{-r_1t_1} \tag{6.5}$$

因此，互换的总价值为：

$$(K-K^*)\mathrm{e}^{-r_1t_1}+\sum_{i=2}^{n}(K-0.5R_iQ)\mathrm{e}^{-r_it_i} \tag{6.6}$$

对收取浮动利率利息、支付固定利率利息的一方来说，互换的价值为：

$$(K^*-K)\mathrm{e}^{-r_1t_1}+\sum_{i=2}^{n}(0.5R_iQ-K)\mathrm{e}^{-r_it_i} \tag{6.7}$$

这里用一个例子来说明利率互换的定价。

【例6—3】 某金融机构支付6个月LIBOR利息、收取8%的固定利率利息，利息每半年支付一次，本金为1亿元。互换的剩余期限为1.25年，3、9、15个月期的贴现率分别为10.0%、10.5%和11.0%，上一个支付日的6个月LIBOR为10.2%。每期的固定利率利息 K 为400万元，3个月后的浮动利率利息 K^* 为510万元，本金 Q 为1亿元。

如果将利率互换视为债券多空组合，那么互换的价值为：

$$\begin{aligned}V_{swap}&=B_{fix}-B_{float}\\&=(400\mathrm{e}^{-0.25\times0.1}+400\mathrm{e}^{-0.75\times0.105}+10\,400\mathrm{e}^{-1.25\times0.11})\\&\quad-(10\,000+510)\mathrm{e}^{-0.25\times0.1}\\&=-426.72\text{ 万元}\end{aligned}$$

互换的价值为−426.72万元。如果将利率互换视为远期利率协议组合，那么 $t_1=0.25$、$t_2=0.75$ 和 $t_3=1.25$ 三个时刻的贴现利率 $r_1=0.1$、$r_2=0.105$ 和 $r_3=0.11$ 所隐含的2个远期利率分别为：

$$R_2=\frac{r_2t_2-r_1t_1}{t_2-t_1}=\frac{0.105\times 0.75-0.1\times 0.25}{0.5}=0.1075$$

$$R_3=\frac{r_3t_3-r_2t_2}{t_3-t_2}=\frac{0.11\times 1.25-0.105\times 0.75}{0.5}=0.1175$$

若相应半年复利利率分别为 0.110 4 和 0.121 0，互换的价值为：

$$(400-510)e^{-0.1\times 0.25}+(400-0.5\times 0.1104\times 10000)e^{-0.105\times 0.75}$$
$$+(400-0.5\times 0.1210\times 10000)e^{-0.11\times 1.25}$$
$$=-426.44\text{ 万元}$$

互换的价值为−426.44 万元，与基于债券组合的计算结果基本一致。

6.2.5 利率互换案例（古立德公司与荷兰合作银行的比较）

1983 年 3 月 7 日，星期一，美国橡胶产品公司古立德（B. F. Goodrich）与荷兰合作银行（Rabobank）的互换合同正式达成，业界为古立德获得的低融资成本发出惊叹。

古立德创建于 1870 年，是美国第四大轮胎制造商、第一大聚氯乙烯合成树脂及相关化合物制造商。1979 年 4 月—1982 年 11 月美国出现战后持续时间最长的经济周期低谷，经济的衰退也给公司造成了财务困难，盈利和现金流下降，公司信用等级从 BBB 下降到 BBB−，即将宣布 1982 年出现 3 300 万美元亏损。此时的古立德需要 5 000 万美元资金以满足财务需求，所以希望长期（8～10 年或 30 年）以固定利率借款。

荷兰合作银行是世界上最大的 50 家银行之一，1983 年在美国以外的 50 家大银行中排名第 33 位，总资产逾 1 100 亿荷兰盾（420 亿美元），业务范围从原来的以农业为主体，逐渐向更广泛的商业银行业务转变，已经与 1/3 的荷兰公司开展了业务，并拥有 40%的荷兰存款。虽然是 AAA 级公司，但是荷兰合作银行在美国的知名度并不高（见表 6－8）。1983 年初，考虑到资产负债的利率浮动性匹配，荷兰合作银行需要负债方的浮息债务来匹配资产方的浮息美元贷款（见表 6－9）。

表 6－8　　古立德和荷兰合作银行的市场比较

	欧洲市场	美国市场
古立德	市场份额小；不受欧洲客户偏爱	知名度高，具有传统客户群的公司
荷兰合作银行	知名度高，信用好	几乎不为人知

表 6－9　　古立德和荷兰合作银行的借款利率

	固定利率	浮动利率
AAA（荷兰合作银行）	10.7%（欧洲美元市场）	LIBOR+0.25%（欧洲美元市场）
BBB−（古立德）	12.5%（美国美元市场）	LIBOR+0.5%（美国美元市场）
融资成本升水	1.8%	0.25%

美国橡胶产品公司古立德与荷兰农业银行荷兰合作银行由于各自的融资成本优势与各自的融资需求不相匹配，希望进行利率互换，以获得低成本的固定利率和浮动利率资金。摩根担保信托公司（Morgan Guaranty Trust，MGT）作为中介公司，与双方分别签订独

立的互换合同，交易机制见图 6－1 及表 6－10。

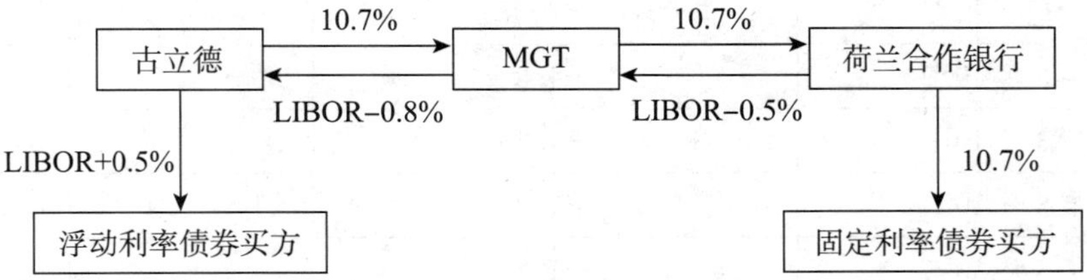

图 6－1　古立德与荷兰合作银行的利率互换

表 6－10　互换三方成本和收益

	古立德	荷兰合作银行	MGT	总成本
交易前	12.50%	LIBOR+0.25%		LIBOR+12.75%
交易后	12.00%	LIBOR−0.50%		LIBOR+11.20%
节约成本	0.50%	0.75%	利润 0.30%	总利益 1.55%

通过这笔互换交易，双方都获得了更低的融资成本，可以说达到了双赢的结果。古立德解决了企业的筹资难题，企业不仅获取了所需要的资金种类，而且降低了成本。市场上存在的 1.55%的“馅饼”被参与交易的三方所得，同时还降低了各自的风险。

6.3　货币互换

6.3.1　货币互换的原理

货币互换（currency swap），又称货币掉期，是指两种币种但价值相当、期限相同的一系列现金流的交换。一般而言，货币互换涉及三个步骤：初始时刻的本金互换、中间的利率互换和到期日本金的再次互换。在利率互换协议中，本金不进行互换，但在货币互换中却有着两次方向相反的本金互换。货币互换实际上是一种互利互补的交换，通过互换，不仅可以降低双方的筹资成本，还能使有关企业集团、政府机构等利用外国资本市场，获得本来不易获得的某种资金，而且能合理规避外汇风险。尽管如此，由于货币互换涉及一系列不同货币本金与利息的互换，货币互换协议的达成往往需要更长的时间来实现，文件制作方面也较为复杂。

【例 6—4】　一家美国公司与一家澳洲公司之间的 5 年期“固定利息与固定利息”货币互换合约约定，互换的起始日期为 2013 年 3 月 10 日，美国公司向澳洲公司支付的澳元利率为 5%，同时收到澳洲公司支付的美元利率为 6%，现金流每年互换一次，本金数量分别为 2 000 万美元和 2 100 万澳元。美国公司的货币互换现金流如表 6－11 所示。

表 6－11　美国公司的货币互换现金流

日期	美元现金流（百万美元）	澳元现金流（百万澳元）
2013 年 3 月 10 日	−20	+21

续前表

日期	美元现金流（百万美元）	澳元现金流（百万澳元）
2014年3月10日	+1.2	−1.05
2015年3月10日	+1.2	−1.05
2016年3月10日	+1.2	−1.05
2017年3月10日	+1.2	−1.05
2018年3月10日	+21.2	−22.05

美国公司和澳洲公司可以使用货币互换来改变贷款和资产的风险特征。假定美国公司能够以6%的利率发行2 000万美元的债券，那么它与澳洲公司的货币互换合约就可以将美元债券转为本金为2 100万澳元的澳元债券，利率为5%。初始时刻的本金互换将美国公司的美元收费转化为澳元，之后货币互换支付的美元本金和利息被转换为澳元。如果美国公司是将2 100万澳元投资于澳大利亚5年，年收益率为5%，那么它与澳洲公司的货币互换就可以将澳元投资转为年收益为6%、本金为2 000万美元的投资，从而达到改变资产风险特征的目的。

与利率互换一样，货币互换一般要涉及一些中介机构，也可以用比较优势原理来进行解释。表6-12是美国公司与澳洲公司的美元和澳元借款利率，在美元借款上，美国公司比澳洲公司的利率要低2%，但在澳元借款方面，这一差异缩小为0.4%。因此，美国公司与澳洲公司由于与各自国家银行的关系更为密切，也可能源于税率的差异，两家公司的比较优势分别是美元借款和澳元借款。如果两家公司进行互换，那么它们将分享1.6%的整体利率收益。如果有金融机构的参与，那么美国公司、澳洲公司和金融机构将共同分享1.6%的利率收益。

表6-12　美国公司与澳洲公司的美元和澳元借款利率

	美元利率	澳元利率
美国公司	5.0%	7.6%
澳洲公司	7.0%	8.0%
利率差异	2.0%	0.4%
比较优势	美元借款	澳元借款

6.3.2　货币互换的定价

与利率互换类似，如果不存在违约风险，货币互换也可以使用债券多空组合来进行定价。记B_F为以外币计价的外币债券的价值，B_D为本币债券的价值，S为现汇汇率。对收入外币利息、支付本币利息的互换交易方而言，货币互换的价值为：

$$V_{swap}=S\times B_F-B_D \tag{6.8}$$

因此，货币互换的价值取决于本国利率、外币利率及现汇汇率。

也可以将货币互换视为一系列远期合约的组合来进行定价。设$t_i(1\leqslant i\leqslant n)$为第$i$个清偿日，$r_i(1\leqslant i\leqslant n)$ 为与期限 t_i 对应的本币连续复利利率，F_i 为对应的远期汇率，本币和外币的本金分别为 Q_D 和 F_F，本币和外币的利率分别为 r_D 和 r_F。由于远期合约多头的价值等于远期价格超过交割价格的现值，因此对支付外币利息、收取本币利息的互换交易方而言，t_i 时刻利息交换的远期合约价值为：

$$(Q_F\times r_F\times F_i-Q_D\times r_D)e^{-r_it_i} \tag{6.9}$$

t_n 时刻本金交换的远期合约价值为：

$$(Q_F\times F_n-Q_D)e^{-r_nt_n} \tag{6.10}$$

货币互换合约的价值就是这一系列远期合约的价值之和。

【例 6—8】　假设某银行达成了一份美元/日元的货币互换交易，日元和美元的年复利利率分别为 4%和 9%。货币互换合约规定，该银行每年以日元收取年利率为 5%的利息、以美元支付年利率为 8%的利息，货币本金分别为 1 000 万美元和 120 000 万日元，互换将持续 3 年，现汇汇率为 1 美元＝110 日元。如果将货币互换视为债券组合，那么货币互换的价值为：

$$\begin{aligned}V_{swap}&=S\times B_F-B_D\\&=(6\,000e^{-0.04}+6\,000e^{-0.04\times2}+126\,000e^{-0.04\times3})/110\\&\quad-(80e^{-0.09}+80e^{-0.09\times2}+1\,080e^{-0.09\times3})\\&=154.30\text{ 万美元}\end{aligned}$$

货币互换的价值为 154.30 万美元。如果将货币互换视为远期合约组合，那么由 1 美元＝110 日元的现汇汇率和 5%（＝9%—4%）的美元利率与日元利率差异，就能得到 1 年、2 年和 3 年期的远期汇率分别为：

$$F_1=(1/110)\times e^{0.05\times1}=0.009\,6$$

$$F_2=(1/110)\times e^{0.05\times2}=0.010\,1$$

$$F_3=(1/110)\times e^{0.05\times3}=0.010\,6$$

货币互换的价值为：

$$\begin{aligned}&(6\,000\times0.009\,6-80)e^{-0.09\times1}+(6\,000\times0.010\,1-80)e^{-0.09\times2}\\&\quad+(6\,000\times0.010\,6-80)e^{-0.09\times3}+(120\,000\times0.010\,6-1\,000)e^{-0.09\times3}\\&=-20.47-16.20-12.51+207.64\\&=158.46\text{ 万美元}\end{aligned}$$

基于远期协议组合的货币互换价值为 158.46 万美元，如果忽略计算误差，那么计算结果与基于债券组合的定价结果一致。

6.3.3　货币互换案例（包钢公司）

改革开放后，我国进出口业发展迅猛，制造业和大型重工业企业尤为突出，很多大型企业都涉及外债问题。2000 年，包钢（集团）公司通过签订货币互换合约，成功地降低了外债在经营中的风险，成为我国货币互换的经典案例。

包钢（集团）公司创立于 1954 年，是我国西部地区特大型国有钢铁企业联合体。

1997 年包钢（集团）公司认识到我国国内薄板坯市场的巨大潜力，同时为了改善产品结构、增加高附加值产品品种，经国家有关部门批准，通过贷款引进国外设备进行薄板坯连铸连轧项目的建设。中国国际钢铁投资公司和中国冶金进出口包钢公司作为包钢（集团）公司的代理进口商，于 1997 年 1 月 18 日就规模为 100 万吨的薄板坯连铸连轧项目与外国公司签署了商务合同，以引进项目所需的薄板坯连铸机和连轧机组的关键设备。包钢（集团）公司签署了委托书，委托中国建设银行内蒙古分行在境外筹资，并转贷给包钢（集团）公司。建设银行转贷外资贷款 15 500 万美元，其中 15%（进口设备定金部分）为国外商业贷款，85%为国外出口信贷（贷款货币为马克，共 23 092 万马克）。

2000 年初，包钢和德意志银行对汇率和利率走势进行了分析，预测欧元会逐渐走强，从美国和欧洲利率的发展趋势来看，预计将再提高 0.5～1 个百分点。由于该项目所用借款巨大，为规避汇率、利率风险，包钢决定将出口信贷的 1.2 亿马克进行货币互换，将外债风险控制在自身可承受的范围内，从而对这一债务进行保值。

中国建设银行内蒙古分行于 2000 年 3 月 24 日与包钢公司进行了如下货币互换（分期支付货币互换），具体情况见表 6－13。

表 6－13　　交易细节表

协议双方	中国建设银行内蒙古分行	包钢公司
合同汇率	USD/DEM＝1.95	
本金	DEM 120 000 000	
有效期	2001.2.2—2005.1.27	
本金交换	期初：无；期末：有	
支付利率	浮动利率：DEM 6 个月期 FIBOR＋0.2%（年利率）	USD 年利率 6.48%
支付频率	半年一次	
利息支付日	每年 1 月 27 日和 7 月 27 日	

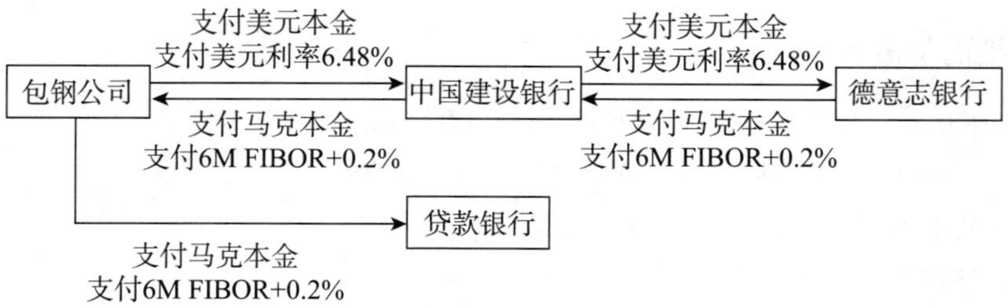

图 6－2　货币互换流程：马克浮动利率债务互换为美元固定利率债务

通过货币互换，在每一还本付息日，包钢（集团）公司与中国建设银行均按预先规定的汇率（USD1＝DEM1.95）互换本金，且在贷款期间公司只支付美元利息，而收入的马克利息正好用于归还原马克贷款利息，从而使公司规避了未来的汇率变动风险。假设马克在互换之后一路走强，包钢（集团）公司仍可按互换协议汇率（USD1＝DEM1.95）与中国建设银行交换本金，使公司承担的偿债成本固定下来，从而规避了由于外汇市场的剧烈波动而导致公司现金流不确定的风险，大大增强了公司经营的稳定性（见表 6－14）。

表 6-14　　货币互换 1.2 亿德国马克债务还本付息现金流量表

到期日	本金余额		应付利息	应还本金	本息合计
	德国马克①	美元②＝①/1.95	美元③＝②×6.48%/2	美元④＝6 000 000/1.95	美元⑤＝③＋④
2001-07-27	120 000 000	61 538 461.54	1 993 846.154	000000	1 993 846.154
2002-01-27	120 000 000	61 538 461.54	1 993 846.154	3 076 923.08	5 070 769.234
2002-07-27	114 000 000	58 461 538.46	1 894 153.846	3 076 923.08	4 971 076.926
2003-01-27	108 000 000	55 384 615.38	1 794 461.538	3 076 923.08	4 871 384.618
2003-07-27	102 000 000	52 307 692.31	1 694 769.231	3 076 923.08	4 771 692.311
2004-01-27	96 000 000	49 230 769.23	1 595 076.923	3 076 923.08	4 672 000.003
2004-07-27	90 000 000	46 153 846.15	1 495 384.615	3 076 923.08	4 572 307.695
2005-01-27	84 000 000	43 076 923.08	1 395 692.308	3 076 923.08	4 472 615.388
合计			13 857 230.770	21 538 461.54	35 395 692.329

6.4　其他类型的互换

从最普遍的意义来说，互换实际上是现金流的交换。由于计算或确定现金的方法有很多，因此除了利率互换和货币互换外，互换市场还存在许多其他类型的互换。

在标准利率互换合约中，浮动利率最为普遍的参照是 LIBOR，市场经常出现的是期限为 1 个月、3 个月、6 个月和 12 个月的 LIBOR 互换。尽管 LIBOR 是最为常见的浮动利率，但利率互换也可以参照其他利率，如商业票据利率、存款利率、贷款利率等。

隔夜指数互换（overnight index swap，OIS）是一种将某期限内浮动的隔夜利率平均值（几何平均）与固定利率进行互换的合约。OIS 的期限通常不会超过一年，也有一个月、一周甚至几天的。对于美元隔夜指数互换而言，浮动利率实际上就是每天实际的联邦基金利率，反映的是美联储愿意支付给商业银行的隔夜存款利率。OIS 收益率曲线在抵押利率互换的定价方面有着非常重要的作用。3 个月期 LIBOR 与 OIS 中固定利率之间的利差蕴含了非常丰富的经济信息，图 6-3 是美元 3 个月期 LIBOR 与隔夜指数互换固定利率利差在 2007 年 1 月—2012 年 1 月期间的走势，利差在次贷危机、欧洲债务危机期间急剧上升。

交叉利率互换是利率互换和货币互换的集合，以一种货币的固定利率交换另外一种货币的浮动汇率。在增长型互换、减少型互换和滑道型互换中，本金分别逐渐增加、逐渐减少、时而增加时而减少。在基础型互换中，双方都是浮动利率。在零息互换中，固定利息支付流量被一次性支付所取代，一次性支付可以在互换初期进行，但更常见的是在期末。在后期确定互换中，互换确定日不是在计息期开始之前，而是在结束之际。边际互换所采用的浮动利率是在 LIBOR 的基础上再加上或减去一个边际额，而不是直接用伦敦银行同业拆借利率本身。差额互换是对两种货币的浮动利率的现金流量进行交换，只是两种利息现金流量均按同种货币的相同名义本金计算。互换期权是以互换为标的的期权。股票互换是以股票指数产生的红利和资本利得与固定利率或浮动利率交换。

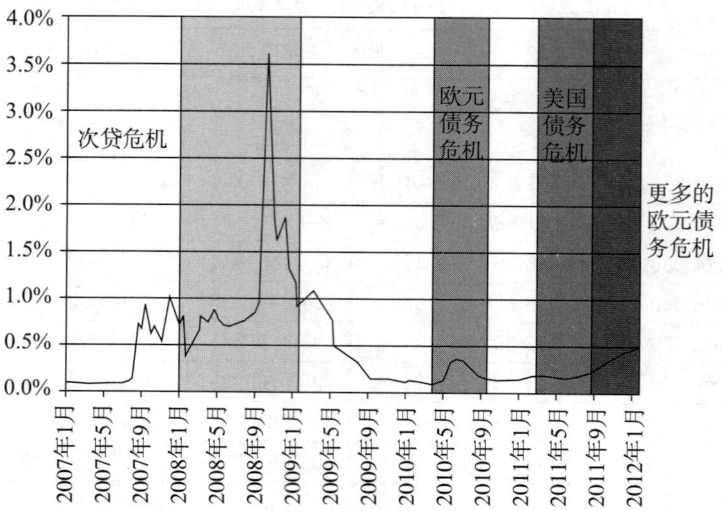

图 6-3　美元 3 个月期 LIBOR 与 OIS 利差

本章小结

互换是一种双方商定在一段时间内彼此相互交换现金流的金融交易，双方在合约中约定现金流的互换时间和现金流数量的计算方法。现代互换是在平行贷款和背对背贷款的基础上发展起来的。互换合约在场外衍生金融工具市场中起着非常重要的作用，我国互换市场在近几年也得到了飞速发展。

互换市场上最为流行的品种是利率互换和货币互换。利率互换和货币互换可以用比较优势观点来进行解释，参与者可以用它们来改变资产或负债的性态。利率互换和货币互换的运行离不开金融机构的参与。可以使用债券组合和远期协议组合来对利率互换和货币互换进行定价。

互换的类型非常多，隔夜指数互换是其中较为重要的一种类型。3 个月期 LIBOR 与 OIS 利差、期限较长的互换利率与相同期限国债收益率之间的利差蕴含了非常丰富的经济信息。

问题与应用

1. 基于债券组合的利率互换的定价原理是什么？
2. 基于远期协议组合的货币互换的定价原理是什么？
3. 简述人民币利率互换市场的发展状况。
4. 对宝洁公司（P&G）带杠杆利率的互换交易进行案例分析。
5. 什么是互换利差？有什么样的经济含义？
6. 什么是 OIS？3 个月期 LIBOR 与 OIS 利差有什么样的经济含义？
7. 简述我国货币互换市场的发展状况。

8. 如何基于比较优势原理来理解利率互换和货币互换？

9. 人民币利率互换中的浮动利率所参照的利率主要有哪些？

10. 如何应用利率互换和货币互换来转换资产或负债的风险特征？

11. 甲公司借入固定利率资金的成本是 10%，借入浮动利率资金的成本是 LIBOR＋0.25%；乙公司借入固定利率资金的成本是 11.5%，借入浮动利率资金的成本是 LIBOR＋0.75%。假定甲公司希望借入浮动利率资金，乙公司希望借入固定利率资金。问：

（1）甲、乙两公司间有没有达成利率互换交易的可能性？

（2）如果它们能够达成利率互换，应该如何操作？

（3）各自承担的利率水平是多少？（假设均分"免费蛋糕"。）

（4）如果二者之间的利率互换交易是通过中介（如商业银行）达成的，则各自承担的利率水平是多少？（假设中介获得 0.2%的回报，甲、乙双方均分剩下的部分。）

推荐阅读材料、网站

1. 约翰·赫尔．期权、期货及其他衍生产品．北京：人民邮电出版社，2009.

2. Tomas Björk，*Arbitrage Theory in Continuous Time*，Oxford University Press，USA，2009.

3. 周洛华．金融工程学．上海：上海财经大学出版社，2004.

4. 张树德．MATLAB 金融工程与资产管理．北京：北京航空航天大学出版社，2008.

5. 经管之家（原经济论坛），http：//bbs. pinggu. org/.

6. 水木社区—金融工程与技术，http：//www. newsmth. net/bbsdoc. php？ board＝FE.

参考文献

1. 约翰·赫尔．期权、期货及其他衍生产品．北京：人民邮电出版社，2009.

2. 郑振龙．衍生产品．武汉：武汉大学出版社，2004.

3. 郭瑜骏，黄丽清，汤振宇．金融衍生产品：衍生金融工具理论与应用．北京：清华大学出版社，2007.

4. 米歇尔·布罗斯，帝特玛·恩斯特，约亨姆·海克等．金融衍生工具．南京：东南大学出版社，2010.

5. 周洛华．金融工程学．上海：上海财经大学出版社，2004.

6. 叶永刚，黄河．货币互换结构分析及其在中国的应用．中国货币市场，2002（16）.

第 7 章

期权市场

学习目标

学习完本章后，读者应掌握期权及其相关的基本概念，了解几种基本的期权产品；理解期权与几种相关金融工具的联系与区别；了解美国市场上股票期权合约的条款细节；清楚与期权交易相关的各参与者的作用，理解期权结算公司的功能及其相关制度；了解美国交易委员会和美国金融业监管局的历史和主要职责及相关制度。

7.1 期权概述

7.1.1 期权概念

期权（option）是一份合约，它赋予其购买者在规定期限内按双方约定的价格购买或出售一定数量某种资产的权利。双方约定的价格称为执行价格（exercise price or strike price），购买或出售的资产称为标的资产（underlying assets）。期权合约只赋予合约的买方权利而无义务，合约卖方则无任何权利且需承担义务。期权合约的买方在合约规定的有效期内可以根据市场的情况，通过选择执行合约或者放弃执行合约来做出对自己最有利的选择。显然，为了获得这种选择的权利，期权合约的买方在合约签订时必须支付给卖方一定的期权费（premium），以补偿卖方承担的义务。期权合约的买方也称为持有期权多头头寸（long position）的投资者；期权合约的卖方也称为持有期权空头头寸（short position）的投资者。

7.1.2 期权类型

根据期权交易的特征、行使期权的方式、合约的标的资产以及期权交易市场的不同，期权有多种不同的分类。

1. 按期权交易的特征划分

看涨期权（call options）：它赋予期权买方按合约规定的执行价格，在合约的有效期内向期权卖方买入一定数量的标的资产的权利，但并不负有必须买入的义务。而期权卖方有义务在期权规定的有效期内，应期权买方的要求，以期权合约规定的执行价格卖出标的资产。

看跌期权（put options）：它赋予期权买方在期权合约的有效期内，按合约规定的执行价格向期权卖方卖出一定数量的标的资产的权利，但并不负有必须卖出的义务。而期权的卖方有义务在期权规定的有效期内，应期权买方的要求，以期权合约规定的执行价格买进标的资产（见表 7－1）。

表 7－1　看涨期权和看跌期权买卖双方的权利和义务关系

	看涨期权	看跌期权
期权买方	以执行价格买入标的资产的权利	以执行价格卖出标的资产的权利
期权卖方	以执行价格卖出标的资产的义务	以执行价格买入标的资产的义务

根据期权立即执行能否获得正的收益，把期权分为实值期权、虚值期权和平值期权。对看涨期权而言，如果标的资产的市场价格高于合约规定的执行价格，我们称此期权为实值期权（in-the-money option）；如果标的资产的市场价格低于合约规定的执行价格，我们称其为虚值期权（out-of-the-money option）。对看跌期权而言，如果标的资产的市场价格低于合约规定的执行价格，我们称此期权为实值期权；如果标的资产的市场价格高于合约规定的执行价格，我们称其为虚值期权。当市场价格等于合约规定的执行价格时，无论看涨期权还是看跌期权，它们都是平值期权（at-the-money option）。期权的内在价值是期权立即执行的价值与零的较大值，易知实值期权具有正的内在价值（intrinsic value），虚值期权和平值期权的内在价值都等于零。

例如，以 100 股 XYZ 股票为标的资产的看涨期权的执行价格为每股 65 美元，XYZ 股票当前的市场价格为每股 70 美元，则该期权是实值期权，内在价值为 500 美元。显然，该期权的期权费至少应该为 500 美元。

2. 按行使期权的方式划分

欧式期权（European options）：是指买入期权的一方只有在期权到期日当天才能行使权利的期权。在亚洲区的金融市场，规定行使期权的时间是期权到期日的北京时间下午 14：00。过了这一时间，再有价值的期权都会自动失效作废。目前国内的外汇期权交易都是采用欧式期权合同方式。

美式期权（American options）：美式期权合同在到期日前的任何时候或在到期日都可以执行合同，结算日则是在履约日之后的一天或两天，大多数美式期权合同允许持有者在交易日到履约日之间随时履约，但也有一些合同规定一段比较短的时间可以履约，如“到期日前两周”。因此美式期权比欧式期权更灵活，赋予买方更多的选择，而卖方则时刻面临着履约风险，因此，美式期权的期权费相对同等条件下的欧式期权较高。

百慕大期权（Bermuda options）：一种可以在到期日前所规定的一系列时间行权的期权。比如，期权可以有 3 年的到期时间，但只有在 3 年中每一年的最后一个月才能被执行，它的应用常常与固定收益市场有关。百慕大期权可以被视为美式期权与欧式期权的混合体，如同百慕大群岛混合了美国文化和英国文化一样。

3. 按期权合约的标的资产划分

股票期权（equity options or stock options）：以股票作为标的资产的股票期权是最常

见的一种期权合约。大部分股票期权的交易是在交易所进行的。美国有 2 500 多种股票可以进行期权交易。一份期权合约规定，买方可以在合约到期日前购买或者出售 100 股股票。因为股票本身通常是以 100 股为单位进行交易的，所以这一规定对投资者而言非常方便。

例如在美国市场，如果一个股票期权交易指令缩写为 Long 300 XYZ Feb 40 call at 5，它代表的意思是：

long：持有该期权（多头头寸）；

300：期权合约的份数为 300 份；

XYZ：期权合约的标的资产为 XYZ 公司的股票；

Feb：期权合约的到期月为 2 月；

40：期权合约的执行价格为 40 美元（每股）；

call：期权合约是看涨期权；

5：期权合约的期权费为 5 美元（每股）。

因为一份股票期权合约的标的资产为 100 股股票，所以一份该期权合约的期权费为 500 美元。期权合约的失效日为紧随到期月的第三个星期五之后的星期六晚上 11：59（美国东部时间）。

利率期权（interest-rate options）：利率期权是一项关于利率变化的权利。买方支付一定金额的期权费后，就可以在到期日按预先约定的利率，按一定的期限借入或贷出一定金额的货币。这样当市场利率向不利方向变化时，买方可选择执行期权合约以固定其利率水平；当市场利率向有利方向变化时，买方可放弃执行期权合约来获得利率变化的好处。

外汇期权（foreign currency options）：外汇期权又称货币期权（currency options），其持有者享有在将来的特定时间以合约规定的执行价格购买或出售一定数额某种外汇资产的权利。当现货市场的汇率向不利方向变化时，买方可以执行期权合约以固定其汇率水平；当汇率向有利方向变化时，买方可放弃执行期权而不会错失赚取额外利润的机会。

股票指数期权（stock index options）：股票指数期权赋予持有者在特定日（欧式）或在特定日或之前（美式），以指定价格买入或卖出特定股票指数的权利。最早的股指期权交易是 1983 年 3 月 11 日由芝加哥期权交易所（CBOE）推出的，该期权的标的物是标准普尔 100 股票指数（S&P100 Index），随后，美国证券交易所（AMEX）和纽约证券交易所（NYSE）迅速引进了指数期权交易。由于股指期权没有可用于实际交割的具体股票，所以只能采取现金结算。结算的现金额度等于指数现值和执行价格之差与该期权的乘数之积。

黄金期权（gold options）：黄金期权合约是指规定按事先商定的执行价格及时间期限，买卖数量标准化的黄金的权利。最早开办黄金期权交易的是荷兰的阿姆斯特丹交易所，1981 年 4 月开始公开交易。期权以美元计价，黄金的成色为 99%的 10 盎司黄金合同，一年可买卖四期。之后，加拿大的温尼伯交易所引进了黄金期权交易。后来，英国、瑞士、美国都开始经营黄金或其他某些贵金属的期权交易。

雇员股票期权（employee stock options，ESO）：雇员股票期权是看涨期权的一种，是指企业在与雇员签订合同时，授予雇员未来以签订合同时约定的价格购买一定数量公司普通股的选择权。雇员有权在一定时期后出售这些股票，获得股票市价和执行价之间的价差，但在合同期内，期权不可转让，也不能得到股息。在这种情况下，雇员的个人利益就同公司股价表现紧密地联系起来了。

期货期权（futures options）：一般所说的期权通常是指现货期权，而期货期权则是指“期货合约的期权”。期货期权合约表示在到期日或之前，以合约规定的执行价格购买或卖出一定数量的特定商品的期货合同。期货期权的标的资产是商品期货合约，合约在实施时要求交易的不是期货合约所代表的商品，而是期货合约本身。如果执行的是一份期货看涨期权，持有者将获得该期货合约的多头头寸外加一笔数额等于当前期货价格减去执行价格的现金。如果执行的是一份期货看跌期权，持有者将获得该期货合约的空头头寸外加一笔数额等于执行价格减去期货当前价格的现金。鉴于此，期货期权在实施时也很少交割期货合约，不过是由期货期权交易双方收付当前期货合约价格与期权的协议执行价格之间的差额而引起的结算金额而已。

4. 按期权交易市场划分

场内期权（exchange-traded options or exchange-list options）：场内期权是指在集中性的期货市场或期权市场进行交易的期权合约，它是一种标准化的期权合约，其交易数量、执行价格、到期日以及履约时间等均由交易所统一规定。在美国，场内期权合约的条款是被交易所一个下属的期权结算公司（options clearing corporation，OCC）标准化的。标准化后的期权能够很容易在各交易所里进行交易。

场外期权（over-the-counter options，OTC options）：场外期权是指在非集中性的交易场所进行的非标准化的金融期权合约的交易。场外期权其性质基本上与交易所内进行的期权交易无异。两者的不同之处主要在于场外期权合约的条款没有任何限制或规范，例如执行价格及到期日，均可由交易双方自由拟定，而交易所内的期权合约则是以标准化的条款来交易、结算，而且有严格的监管及规范，所以交易所能够有效地掌握有关信息并向市场发布，例如成交价、成交量、未平仓合约数量等数据。场外期权的参与者主要为投资银行或其他专业及机构性投资者，故在一般投资者眼中，场外期权市场的透明度相对会较低。场外期权有一个优势，那就是它们可以零售，以满足投资银行客户的特殊需要。

例如，一家中国制造业公司面向欧洲市场的财务总监因为担心欧债危机愈演愈烈，欧元持续贬值，所以想购买到期日为2014年6月7日、数额为160万欧元、汇率为787.41（100欧元兑人民币）的欧式看跌期权合约，在交易所内找不到恰好满足这些条件的期权产品。然而此刻，有可能有很多家投资银行愿意通过场外期权的交易方式来满足此财务总监的需求。

7.1.3 我国的期权市场

中国香港和台湾地区在20世纪90年代都已经开放了期权市场。长期以来，我国大陆对推出期权态度谨慎，但从未放弃对期权市场的探索。直到2015年2月9日，我国推出了第一只场内期权——上证50ETF期权，这也标志着我国大陆期权市场的诞生。下面我们简要介绍一下中国香港和台湾地区的期权市场，并回顾我国大陆地区探索开放期权市场的历程。

香港期权市场开始于1993年。1993年3月5日，恒生指数期权合约在香港期货交易所交易，其行使方式为欧式。随后香港期货交易所又相继推出了多种指数期权合约。1994年，香港联合交易所拟定了交易及结算股票期权的规则和程序；1995年香港成立联合交易所期权结算所，相关规则获证监会通过，同年9月8日香港联合交易所推出首只汇丰控股期权。股票期权一直在香港联合交易所进行买卖，香港证券、期货市场于1999年合并后，自2001年8月6日开始，股票期权转往期货交易所HKATS（香港期货电子化自动交易系统）进行交易，其行使方式为美式，即可在到期日或之前任何时间行使。2001年10月4日，香港交易所推出国际股票期货期权，相关股票属于美国、日本、韩国及中国台湾上市的20只国际股票，这种期权的相关资产为该20只股票于香港交易所买卖的期货合约，是欧式期权。不过行使期权时不需转化为期货合约，而是根据所代表的国际股票期货合约的最后结算价以美元现金结算。

台湾期货交易所于1997年9月开业。各种期货产品先于期权产品上市。2001年12月台湾期货交易所推出了第一种期权产品——台指期权，此后又相继推出了其他几种期权产品。目前台湾期货交易所的期权产品大致有六种：台指期权（TXO）、电子期权（TEO）、金融期权（TFO）、非金电期权（XIO）、黄金期权（TGO）和股票期权。其中台指期权、电子期权、金融期权和非金电期权都属于股票指数期权，它们的标的资产都是相应的股票指数。台指期权的交易标的为“台湾证券交易所发行量加权股价指数”；电子期权的交易标的为“台湾证券交易所电子类发行量加权股价指数”；金融期权的交易标的为“台湾证券交易所金融保险类发行量加权股价指数”；非金电期权的交易标的为“台湾证券交易所未含金融电子股发行量加权股价指数”；黄金期权的交易标的为“成色千分之九九九点九之黄金”；而股票期权的交易标的为“于台湾证券交易所上市之普通股股票”。所有期权产品都是欧式期权。

中国大陆目前共有四大期货交易所：郑州商品交易所（以下简称“郑商所”）、上海期货交易所（以下简称“上期所”）、大连商品交易所（以下简称“大商所”）和中国金融期货交易所（以下简称“中金所”）。作为大陆最早的期货交易所，郑商所1995年开始研究期权，并于同年加入国际期权市场协会（International Options Markets Association, IOMA）。郑商所早在1997年8月就制定了期权交易设计方案；2001年制定了比较系统完善的小麦期权规则；2004年进一步完善了小麦期权交易规则，并制定了风险控制办法、做市商管理办法；2004年9月设计了棉花期权合约，制定了棉花期权规则；2012年12月郑商所白糖期权合约及规则的设计方案出台。大商所、上期所在2002年前就开始研究期权并制定相关合约规则。上期所于2002年5月开始进行铜期权的研究；同年，大商所开始研究大豆期货期权，并完成《大豆期货期权可行性研究报告》，其后又于2004年初步制定大豆期货期权合约及相关管理办法，于2007年上线包含期权交易模式的系统。2012年开始，主要在2013年各交易所纷纷推出各类期权的仿真交易。2012年6月，上海证券交易所推出ETF期权的仿真交易。2013年10月8日，郑商所面向市场开展白糖期货和期权的仿真交易竞赛。2013年10月21日，大商所开始面向市场进行豆粕期权仿真交易。2013年11月8日，中金所的沪深300股指期权也开始进行仿真交易。2013年11月19日，上期所正式启动铜期货期权和黄金期货期权仿真交易。表7-2列出了大陆各交易所推出的期权仿真交易的时间及期权品种。经过1995—2015年整整20年的筹备，经中国证监会批准，2015年2月9日上海证券交易所上市交易我国大陆第一只场内期权——上证50ETF期权，这标志着我国大陆期权市场的诞生。上证50ETF期权的推出进一步完善了我国的金融衍生品市场，也预示着金融创新的步伐将逐渐加速，相信各类期权的推出也将渐渐提上日程。上证50ETF期权合约基本条款如表7-3所示。

表 7-2　　大陆各交易所推出期权仿真交易的时间及品种

仿真交易开始时间	交易所	期权标的
2012 年 6 月	上海证券交易所	ETF 期权
2013 年 10 月 8 日	郑州商品交易所	白糖期权
2013 年 10 月 21 日	大连商品交易所	豆粕期权
2013 年 11 月 8 日	中国金融期货交易所	沪深 300 股指期权
2013 年 11 月 19 日	上海期货交易所	铜期货期权和黄金期货期权

表 7-3　　上证 50ETF 期权合约基本条款

合约标的	上证 50 交易型开放式指数证券投资基金（“50ETF”）
合约类型	认购期权和认沽期权
合约单位	10 000 份
合约到期月份	当月、下月及随后两个季月
行权价格	5 个（1 个平值合约、2 个虚值合约、2 个实值合约）
行权价格间距	3 元或以下为 0.05 元，3 元至 5 元（含）为 0.1 元，5 元至 10 元（含）为 0.25 元，10 元至 20 元（含）为 0.5 元，20 元至 50 元（含）为 1 元，50 元至 100 元（含）为 2.5 元，100 元以上为 5 元
行权方式	到期日行权（欧式）
交割方式	实物交割（业务规则另有规定的除外）
到期日	到期月份的第四个星期三（遇法定节假日顺延）
行权日	同合约到期日，行权指令提交时间为 9：15—9：25，9：30—11：30，13：00—15：30
交收日	行权日次一交易日
交易时间	上午 9：15—9：25，9：30—11：30（9：15—9：25 为开盘集合竞价时间） 下午 13：00—15：00（14：57—15：00 为收盘集合竞价时间）
委托类型	普通限价委托、市价剩余转限价委托、市价剩余撤销委托、全额即时限价委托、全额即时市价委托以及业务规则规定的其他委托类型
买卖类型	买入开仓、买入平仓、卖出开仓、卖出平仓、备兑开仓、备兑平仓以及业务规则规定的其他买卖类型
最小报价单位	0.000 1 元
申报单位	1 张或其整数倍
涨跌幅限制	认购期权最大涨幅＝max{合约标的前收盘价×0.5%，min [(2×合约标的前收盘价－行权价格)，合约标的前收盘价]×10%} 认购期权最大跌幅＝合约标的前收盘价×10% 认沽期权最大涨幅＝max{行权价格×0.5%，min [(2×行权价格－合约标的前收盘价)，合约标的前收盘价]×10%} 认沽期权最大跌幅＝合约标的前收盘价×10%

熔断机制	连续竞价期间，期权合约盘中交易价格较最近参考价格涨跌幅度达到或者超过50%且价格涨跌绝对值达到或者超过5个最小报价单位时，期权合约进入3分钟的集合竞价交易阶段
开仓保证金最低标准	认购期权义务仓开仓保证金=[合约前结算价+max(12%×合约标的前收盘价-认购期权虚值，7%×合约标的前收盘价)]×合约单位 认沽期权义务仓开仓保证金=min[合约前结算价+max(12%×合约标的前收盘价-认沽期权虚值，7%×行权价格)，行权价格]×合约单位
维持保证金最低标准	认购期权义务仓维持保证金=[合约结算价+max(12%×合约标的收盘价-认购期权虚值，7%×合约标的收盘价)]×合约单位 认沽期权义务仓维持保证金=min[合约结算价+max(12%×合约标的收盘价-认沽期权虚值，7%×行权价格)，行权价格]×合约单位

资料来源：上海证券交易所。

除了交易上证50ETF期权外，中国大陆投资者目前还可以通过两种渠道进行期权投资。第一种是银行渠道，投资者通过银行可以买卖场外期权。比如中国银行、交通银行、民生银行等银行都提供了期权交易。第二种是通过国外一些期权交易平台来进行国外的场内期权交易。以外汇期权为例，中国银行推出了期权产品“期权宝”和“两得宝”。期权宝是指客户根据自己对外汇汇率未来变动方向的判断，向银行支付一定金额的期权费后买入相应面值、期限和执行价格的期权（看涨期权或看跌期权），期权到期时如果汇率变动对客户有利，则客户可通过执行期权获得较高收益；如果汇率变动对客户不利，则客户可选择不执行期权。两得宝是指客户在存入一笔定期存款的同时，根据自己的判断向银行卖出一个外汇期权，客户除收入定期存款利息（扣除利息税）外，还可得到一笔期权费。期权到期时，如果汇率变动对银行不利，则银行不行使期权，客户可获得高于定期存款利息的收益；如果汇率变动对银行有利，则银行行使期权，将客户的定期存款本金按协定汇率折成相对应的挂钩货币。期权宝和两得宝的交易时间为每个营业日从北京时间10：00至16：30，逢国际金融市场休市期间停办。期权面值根据情况设置一定的起点金额。交易的标的汇价为欧元兑美元、美元兑日元、澳元兑美元、英镑兑美元、美元兑瑞士法郎、美元兑加元。大额客户还可以选择非美元货币之间的交叉汇价作为标的汇价。交易期限：最长期限为六个月，最短为一天，具体期限由中国银行当日公布的期权报价中的到期日决定。在黄金期权产品方面，中国银行分别推出了个人买入和卖出黄金期权的业务——“期金宝”和“两金宝”。期金宝是指客户根据自己对国际黄金价格未来变动的判断，向银行支付一定金额的期权费后买入相应面值、期限和协定黄金价格的期权（看涨期权或看跌期权），在期权到期日如果黄金价格变动对客户有利，则客户通过执行期权可获得较高收益，如果黄金价格变动对客户不利，则客户可选择不执行期权。两金宝是指客户将自己的纸黄金（或美元）作抵押，同时根据对国际市场的判断向银行卖出一个黄金期权，客户除收入定期存款利息（仅限美元本金）外，还可得到一笔期权费。期权到期时，如果黄金价格变动对银行不利，则银行不行使期权，客户可获得高于定期存款利息的收益；如果黄金价格对银行有利，则银行行使期权，将客户的纸黄金（或美元）按协定价格转换成美元（或纸黄金）。

【例7—1】 （期金宝）某客户在2015年3月20日买入一个黄金看涨期权，执行价格为600美元，期权面值为100盎司，期限为一个月，中国银行所报该期权开仓价为17

美元/盎司，客户付出的期权费为17×100=1 700美元。

情景1：到了4月20日，期权到期，黄金价格涨到了630美元，中国银行将替客户执行该期权，客户的收益为100×(630－600)=3 000美元，客户的净收益为3 000－1 700=1 300美元，客户在这一个月期间内的绝对收益率为：(1 300/1 700)×100%=76.47%。

情景2：如果在4月20日黄金价格下跌到600美元以下，客户的期权将不被执行，客户的全部损失为付出的期权费1 700美元。

情景3：又如在4月15日，黄金价格涨到了640美元，但是客户预期黄金价格在期权到期日（4月20日）前不会再涨了，这时客户可以选择将该期权按中国银行所报平仓价23美元/盎司卖回给中国银行，锁定利润，客户的净收益为（23－17)×100=600美元。

【例7—2】 （两金宝）某客户在2015年3月20日卖出一个黄金看涨期权，执行价格为600美元，期权面值为100盎司，期限为一个月，中国银行所报该期权价格为12美元/盎司，客户获得的期权费为12×100=1 200美元，同时，客户账户中100盎司的纸黄金被冻结。到了4月20日，期权到期，如果黄金价格跌到了600美元以下，该笔期权将不被执行，客户账户中100盎司的黄金被解冻，客户从该笔期权所获收益为1 200美元期权费。如果在4月20日黄金价格涨到了600美元以上，该笔期权将被执行，客户账户中100盎司的黄金将被以600美元的价格换为美元。

专栏7—1 全球主要股指期权市场发展概况

股票期权交易历史悠久，但一直都在场外交易，交易不规范且流动性不足。1973年4月26日，美国芝加哥期权交易所（CBOE）作为全球第一个有组织、规范化的期权交易所获美国证券交易委员会（SEC）批准成立，同时创新性地推出了标准化股票期权合约，期权才正式纳入场内交易。1983年3月11日，CBOE推出了CBOE-100（后更名为S&P100）期权，成为全球第一家股指期权市场。继S&P100指数后，CBOE于1983年7月1日又推出S&P500指数期权。此后数年内，美国证券交易所（AMEX）、纽约证券交易所（NYSE）和费城证券交易所（PHLX）分别推出了主要市场指数（MMI）期权、纽约综合指数期权和价值链综合指数期权。CBOE是美国股指期权交易最主要的场所。目前CBOE有19只股指期权合约上市交易，最活跃的合约包括S&P500指数期权、S&P100指数期权、Russell2000指数期权、Nasdaq100指数期权、道琼斯指数期权等。

欧洲市场紧随美国的发展，英国伦敦国际金融期货交易所（LIFFE，后合并到Euronext）于1984年推出FTSE100指数期权，原法国国际期货交易所（MATIF，后合并到Euronext）于1988年推出CAC40指数期权，德国期货交易所DTB（后合并到Eurex）于1990年推出DAX指数期权。直到目前，这些股指期权品种仍是流动性最好的主力品种。欧洲股指期权市场遇到的最大发展机遇是欧盟正式成立，特别是欧洲统一货币体系的形成。欧洲的股指期权交易基本上全部集中在泛欧期货交易所（Eurex）、泛欧证券交易所（Euronext）和北欧证券交易所（OMX）这三家交易所。

亚洲市场最早的股指期权是日本大阪证券交易所（OSE）于1989年推出的日经225指数期权。1993年我国香港期货交易所推出恒指期权。1997年韩国证券交易所推出目前成交量最大的KOSPI200指数期权。2001年中国台湾和印度分别推出台指期权和S&P CNX Nifty指数期权。与欧美相比，亚洲的金融衍生品发展起步较晚，但自推出后便受到投资者的追捧，持续保持着高速增长。特别是股指期权产品，在全球衍生品市场一枝独秀。从单个合约的市场份额看，前10大股指期权品种就有5个来自亚太地区。和欧美相比，品种少但交投异常活跃是亚太股指期权市场的显著特征。

亚太地区股指类衍生品的发展，基本上遵从了由股指期货到股指期权再到股票期货及股票期权的规律。表7-4给出了亚洲部分国家和地区指数期货和期权的推出时间表。

表7-4　　亚洲部分国家和地区指数期货期权的推出时间表

交易所	合约名称	推出时间
中国香港交易所	恒生指数期货	1986年5月
	恒生指数期权	1993年3月
	小型恒生指数期货	2000年
	小型恒生指数期权	2003年
	H股指数期货	2003年
	H股指数期权	2004年
中国台湾期货交易所	台湾证券交易所股指期货	1998年7月21日
	台湾证券交易所股指期权	2001年12月24日
大阪证券交易所	50种股票期货合约	1987年6月9日
	日经225指数期货	1988年9月
	日经225指数期货	1989年6月
韩国证券交易所	KOSPI200指数期货	1996年5月3日
	KOSPI200指数期权	1997年6月
新加坡交易所	SGX日经225指数期货	1986年9月3日
	SGX日经225指数期权	无
印度国家证券交易所	S&P CNX Nifty 期货	2000年6月12日
	S&P CNX Nifty 期权	2001年6月4日

资料来源：何志传，王琦，钟鸣．全球股指期权市场主要品种和核心制度对比研究报告，2013。

7.2　金融期权与类似金融工具的比较

7.2.1　期权与期货的区别

第一，期货合约的双方都被赋予相应的权利和义务，除非用相反的合约抵消，这种权利和义务在到期日必须行使，也只能在到期日行使。而期权合约只赋予买方权利而无义务，卖方则无任何权利且需承担义务。为了获得这种权利，期权合约的买方在合约签订时必须支付给卖方一定的期权费，以弥补卖方只承担义务而无权利的不利地位，而期货合约在签订时合约双方是不产生现金支付的。第二，期货合约都是标准化的，因为它们都是在交易所中交易的，而期权合约则未必。因为场外期权不在交易所中交易，所以是非标准化的。第三，期货交易双方所承担的盈亏风险都是无限的，而期权交易卖方的亏损风险可能是无限的（看涨期权的卖方），也可能是有限的（看跌期权的卖方），而盈利是有限的（以期权费为限）；期权交易买方的亏损风险是有限的（以期权费为限），而盈利可能是无限的（看涨期权的买方），也可能是有限的（看跌期权的买方）。第四，期货交易的买卖双方都须交纳保证金。期权的买者则无须交纳保证金，因为他的亏损不会超过他已支付的期权费，而场内期权的卖者则必须交纳保证金，场外期权的卖者是否需要交纳保证金取决于当事人的意见。第五，期货合约的买方到期必须买入标的资产，而期权合约的买方在到期日或到期日前则有买入（对看涨期权而言）或卖出（对看跌期权而言）标的资产的权利；期货合约的卖方到期必须卖出标的资产，而期权合约的卖方在到期日或到期日前则有根据买方的意愿相应卖出（对看涨期权而言）或买入（对看跌期权而言）标的资产的义务。第六，运用期货进行的套期保值，在把不利风险转移出去的同时，也把有利机会转移出去了；而运用期权进行的套期保值，只把不利风险转移出去了，把有利的机会留给了自己，不过这是以付出期权费为代价的。

7.2.2 期权与认股权证比较

认股权证分为股本认股权证和备兑认股权证两种。如果权证由上市公司自己发行，就叫作股本认股权证或者权益认股权证。它授予持有者一项权利，在到期日前（也可能有其他附加条款）以执行价格购买公司发行的新股（或者是库藏的股票）。它的特点一是期限比较长，可能长达数年；二是如果由公司发行新股支付（大部分情况都是如此），这样每股的权益会被摊薄，并且不一定都可以上市交易或自由转让。比如流行的授予对公司作出贡献的人的认股权，一般就是股本认股权证。对于股本认股权证的持有者而言，面对的是上市公司的信贷风险。备兑认股权证则是由标的证券发行公司以外的第三方（通常为投资银行、券商等金融机构）发行的权证。备兑认股权证所赋予的权利可以是购买股票的权利（认购权证）或出售股票的权利（认沽权证），而股本认股权证只有购买股票的权利。

备兑认股权证（其标的资产为个股）是备兑权证（warrants）的一种。一般的备兑权证的标的资产还可以是一篮子股票、股票指数、商品、货币、债券以及其他衍生品。备兑权证的行使方式可以是欧式（只可在权证到期时行使）或美式（可以在到期前随时行使）。行使备兑权证时可以用现金结算，代替以实物交付指定资产。从本质上来说，期权与备兑权证均是一种可以赋予其持有者一定权利的合约，其持有者在可以获利的情况下执行这种权利，不能获利时则放弃这种权利，损失的是购买这种权利的费用。标准型备兑权证和期权非常相似，但是另外还有一系列非标准备兑权证则和期权有着很大的不同，有的甚至完全不同。从风险方面分析，期权存在卖空机制，但备兑权证一般不存在卖空机制。因此，期权投资者既有多头头寸持有者，亦有空头头寸持有者，而备兑权证投资者只能是合约多头头寸的持有者。买入期权或者备兑权证时，潜在风险与回报是“赢无限、输有限”。若标的资产的走势与预期相符，如不考虑时间价值损耗并假定标的资产波动率不变，期权及备兑权证的价格将上升；若看错方向，最大限度的亏损是投入的全部资金。由于期权存在卖空机制，理论上，投资者可以利用卖空期权收取期权金，但这时期权投资者若看错方向，就可能要承受无限风险。备兑权证和期权具有替代性，因此在同一国家或地区它们的地位往往不一样。以香港市场为例，香港权证市场由发行商持续报价，权证流通性普遍较佳，而期权市场则有所不同。虽然有上市期权供投资者买卖，但不少股票的上市期权交易较为清淡，买卖价差亦较宽，以致香港期权市场活跃程度不及权证市场。国际市场上的股本权证、备兑权证和期权的异同比较见表 7-5。

表 7-5　　股本权证、备兑权证和期权

	股本权证	备兑权证	期权
交易系统	股票交易系统	股票交易系统	期货期权交易系统
交割结算系统	股票交割结算系统	股票交割结算系统	期货期权交割结算系统
发行人	标的证券发行公司	券商、投资银行等第三方发行机构	一般由交易所根据市场需求确定可交易的期权
发行条款	具有最基本的权证条款	依发行人和权证种类的不同而不同	标准化的，由交易所指定
产品类型	主要是认购权证，标的资产主要为股票	有认购权证和认沽权证，标的资产有多种	有看涨和看跌期权，标的资产有多种
期限	1～5 年	3～24 个月	3～9 个月
参与交易者	个人投资者和机构投资者	个人投资者和机构投资者	个人投资者和机构投资者
市场流动性	流动性受到一定限制	发行人担任做市商角色只需提供至少一个买价，有较好的流动性	做市商必须提供报价和持续市场价差与数量

7.2.3 可转换债券与可赎回债券

可转换债券（convertible bonds）是债券的一种，它赋予投资者额外权利，将债权转为股权，因此通常其发行价格会高于同等条件的普通债券。从本质上来讲，可转换债券是在发行公司债券的基础上附加了一份期权，它允许购买人在规定的时间范围内根据某个确定转换比例将其购买的债券转换成对应公司的股票。因此，可转换债券具有债权和期权的双重特性，其优点为同时拥有普通股所不具备的固定收益和一般债券不具备的升值潜力。在规定时间内，若发行公司经营业绩好、股价上涨，投资者可选择按预定价格将手中持有的债券转换成股票，从而获得较高的风险回报；若公司业绩不佳、股市低迷，投资者可选择继续持有债券，则公司必须无条件还本付息。从发行公司的角度来看，公司发行可转换债券的目的是为了降低筹资成本，减轻债务压力。因为可转换债券的票面利率（coupon rate）通常比同等债券的要低，而且一旦投资者选择将债券转换为股票，公司的这部分债务即刻消失。

可赎回债券（callable bonds）也是债券的一种，它是赋予债券发行方额外的权利，即可以在债券到期前以一个事先约定的赎回价格（call price）还款赎回债券。由于债券发行方的这个额外权利，可赎回债券的发行价格通常会低于同等条件的普通债券，或者具有相对普通债券更高的票面利率。可赎回条款通常在债券发行几年后才开始生效。在市场利率跌至比可赎回债券的票面利率低得多的时候，发行方如果认为将债券赎回并且按照较低的利率重新发行债券比按现有的债券票面利率继续支付利息合算，就会将其赎回。债券发行方有时会只赎回一部分发行在外的债券。在这种情况下，有两种方法决定哪些债券将被赎回：一是计算机随机抽取债券的编号，二是所有债券的面值按一定比例被赎回。

可转换债券和可赎回债券都同时具有债券属性和期权属性，除了前者的“可转化”与后者的“可赎回”之外，它们的其他性质与普通债券完全相同。不同之处在于，首先，可转换债券可转化成股票，而可赎回债券永远都只能是债券。其次，拥有权利的主体不同；可转换债券是赋予投资者的一种选择权，而可赎回债券是赋予发行方的一种选择权。最后，主体拥有权利的时间期限不同；可转换债券的持有者可在一定时期内将债券兑换成一定数目的股票，超过这个时间即丧失此权利；可赎回债券规定可赎回条款通常在债券发行几年之后才开始生效（一般是五年），在这个时间以前发行方不能提前赎回债券。

7.3　期权合约的构成

由于国际期权市场金融体制及发达程度的不同，各市场之间期权合约的条款及内容也不尽相同，但大体相差不多。本节以美国市场为例，介绍股票期权合约应包括的主要内容，然后讨论红利和股票分割对股票期权合约的影响。

7.3.1　美国股票期权合约的内容

在美国市场，股票期权合约都是美式期权，每一合约可以购买或出售100股股票。合约的细节包括失效日、执行价格、宣布红利时会发生的情况、每一投资者可持有的最大头寸等信息。股票期权的到期日是紧随到期月第三个星期五之后的星期六晚上11：59（美国东部时间）。期权的最后交易日即为到期月的第三个星期五。持有期权多头头寸的投资者必须在这个星期五东部时间下午5：30之前给他的经纪商发出执行期权的指示。经纪商在第二天东部时间晚上11：59之前完成书面报告并通知交易所打算执行期权。

选择具有合适的失效期的期权合约进行投资对优化期权交易策略非常重要。在任何给定的时刻，市面上以同一种股票作为标的资产的期权合约至少有四种不同失效期的产品在进行交易。这是因为当股票期权在1973年首次开始交易时，芝加哥期权交易所规定每种股票都会被分配到1月、2月和3月这三个循环圈的一个中。至于哪种股票被分配到哪个循环圈完全是随机的。凡是被分配到1月循环圈的股票，期交所提供失效期分别为1月、4月、7月和10月的期权；凡是被分配到2月循环圈的股票，期交所提供失效期为2月、5月、8月和11月的期权；凡是被分配到3月循环圈的股票，期交所提供失效期分别为3月、6月、9月和12月的期权。随着期权越来越普及，原有的期权产品不再满足投资者的需求，投资者需要具有更短失效期的期权产品。因此，芝加哥期权交易所在1990年修改了原有规则，新规则规定任何股票应该总是拥有在当月及下个月失效的期权产品。新规则规定，每种有期权交易的股票至少有四种不同失效期的期权产品提供交易。前两个失效期为当月及下个月，后两个失效期的选择沿用原来的循环圈规则。我们来看一个例子。

假定现在是1月初，我们考察一个有期权交易的股票，它被分配到1月循环圈。那么在新规则下，这只股票有1月和2月失效的期权在交易。由于必须至少有四种不同失效期的期权，后两种沿用原来的循环圈规则，1月循环圈的随后2个月为4月和7月，所以，这只股票共有1月、2月、4月和7月失效的期权在交易。当失效期为1月的期权期满后，由于2月失效的期权已经在交易，在新规则下，3月失效的期权将立刻开始交易，所以，此时共有 2 月、3 月、4 月和 7 月失效的期权在交易。当 2 月失效的期权期满后，3 月变成了当前月，并且以 3 月、4 月为失效期的期权已经存在了。此时，由原来的循环圈规则，1 月循环圈中 7 月之后为 10 月，所以失效期为 10 月的期权将开始交易。此时，市面上共有 3 月、4 月、7 月和 10 月失效的期权在交易。

除了以上按规则确定的四种不同失效期的期权外，期交所也交易诸如普通股长期期权（long-term equity anticipation securities，LEAPS）这样的期限较长的股票期权。它们的到期期限可以长达 3 年。LEAPS 的到期月总是 1 月。

期交所发行新的股票期权时会根据标的股票的现价不同而发行具有不同执行价格变动间隔的一组期权。通常的原则是：当标的股票的现价介于 5 美元和 25 美元之间时，期权的执行价格间隔为 2.5 美元；当标的股票的现价介于 25 美元和 200 美元之间时，期权的执行价格间隔为 5 美元；当标的股票的现价高于 200 美元时，期权的执行价格间隔为 10 美元。例如，在订立期权合约时，若某股票的价格为 12 美元，我们可能会看到交易的期权执行价格分别为 10 美元、12.5 美元、15 美元、17.5 美元和 20 美元；若股票的价格为 100 美元，我们可能会看到交易的期权执行价格分别为 90 美元、95 美元、100 美元、105 美元和 110 美元。当新的失效期被引入时，期交所通常会提供最接近股票现价的两个或三个执行价格的期权进行交易。例如，当失效月为 10 月的期权开始交易时，标的股票的价格为 84 美元，则期交所很可能提供执行价格为 80 美元、85 美元和 90 美元的该股票的看涨和看跌期权进行交易。如果股票价格上升到 90 美元，期交所将很可能开始提供执行价格为 95 美元的期权进行交易，反之，当股票价格下跌到 80 美元时，执行价格为 75 美元的期权将很可能被提供进行交易。股票分割和股票红利将导致不标准执行价格期权的存在，具体规则将在下一节描述。

7.3.2 红利和股票分割对期权合约的影响

1. 派发现金红利对期权的影响

股权除权日（ex-dividend date）指的是交易所设定的一个日期，从这个日期开始购买某公司的股票将无法获得公司最近一次宣布将要发放的红利。公司宣布将要发放红利的日期称为红利宣布日（declaration date），在这一天公司会确定另外两个日期——股权记录日（date of record）和红利发放日（payment date）。在股权记录日这一天持有公司股票的股东将可以获得公司的红利，而红利发放日则是股东实际收到红利的日期。由于股票交易及结算过程一般需要三个工作日，所以交易所设定了股权除权日，它通常比股权记录日要早两个工作日。例如，中国工商银行在 2015 年 5 月 15 日宣布将于 2015 年 7 月 20 日给股东发放每股 0.109 元的红利，在 2015 年 6 月 15 日这一天记录股权。那么 2015 年 5 月 15 日为红利宣布日，2015 年 7 月 20 日为红利发放日，2015 年 6 月 15 日为股权记录日，而 2015 年 6 月 11 日（星期四）这一天即为股权除权日。在这一天及以后购买中国工商银行股票的股东将无法获取 7 月 20 日发放的红利。在股权除权日这一天，理论上中国工商银行的股价将每股下跌 0.109 元。

如果标的股票的公司派发一项现金红利，看涨期权的持有者不会获得该红利，除非他在股权除权日之前行使期权并买入股票；同理，看跌期权的持有者也无须支付红利。值得注意的是，股票空头头寸持有者此时需要支付红利给借出股票方。通常情况下，股票期权的执行价格在股权除权日这一天不做任何调整，但对某些场外期权而言，执行价格可能会做相应调整，这需要合约双方在签订场外期权合约时注明。

2. 股票分割对期权的影响

如果标的股票发生分割，则场内期权合约需要进行调整，以反映股票分割所引起的股票价格预期变化，这个调整程序是标准化的。例如，n 对 m 的股票分割方式（n 股新发行的股票将代替原来的 m 股股票）将会使股票价格变为分割前股价的 m/n，那么相应地，期权合约中的执行价格将被调整为原来执行价格的 m/n，每一份期权合约所包含的股票数额将调整为原来的 n/m。如果股票价格按预期的那样变化，则期权合约买卖双方的头寸将保持不变。

【例7—3】　某个看涨期权可以按40美元每股的执行价格购买某公司100股股票。假定公司进行4对1的股票分割，则期权合约的条款将变为持有者有权以10美元每股的执行价格购买400股股票。

3. 派发股票红利对期权的影响

股票红利是指公司向其现有的股东送股。例如，25%的股票红利是指每拥有4股该公司股票的股东将收到1股新股。与股票分割类似，股票红利对公司的资产和盈利能力均无影响，所以在公司送股以后，每股股权被摊薄，单位股价将会下降。股票期权合约的条款会根据股票红利进行调整。25%的股票红利基本上等同于5对4的股票分割。若其他条件相同，这种送股将导致股票价格下降到原价格的4/5。所以，期权合约中的执行价格将被调整为原来执行价格的4/5，每一份期权合约所包含的股票数额将调整为原来的5/4。

【例7—4】　某个看跌期权可以按24美元每股的价格出售某公司100股股票。假定公司派发20%的股票红利，这相当于6对5股票分割。期权合约的条款将变为持有者有权以20美元每股的价格出售120股股票。

7.4　期权交易运作

7.4.1　交易的操作者

1. 做市商

和大多数证券交易一样，场内期权也是采用做市商制度来进行交易。做市商（market makers）是指在证券市场上，由具备一定实力和信誉的证券经营法人作为特许交易商，不断地向公众投资者报出某些特定证券的买卖价格（即双向报价），并在该价位上接受公众投资者的买卖要求，以其自有资金和证券与投资者进行证券交易。做市商通过这种不断买卖来保持期权的交易量、活跃市场以维持市场的流动性，使市场价格变动有序平稳，满足大众投资者的投资需求。做市商通过买卖报价的适当差额来补偿所提供服务的成本费用，并实现一定的利润。买入价（bid price）是做市商准备买入期权的价格，卖出价（ask price）是做市商准备出售期权的价格。当做市商报出买入价和卖出价时，他无须知道询问人是准备买入期权还是卖出期权。卖出价肯定大于买入价，卖出价与买入价的差额就是买卖价差（bid-ask spread）。买卖价差使得当一个买单和一个卖单同时发给做市商时，做市商可以将价差作为自己的盈利。

例如，XYZ Jan 30 Call 期权具有买入价每股 2.15 美元和卖出价每股 2.35 美元。做市商 A 同时收到了一个买单和一个卖单。做市商 A 以每股 2.15 美元从卖家处买入 XYZ Jan 30 Call 期权并同时以每股 2.35 美元卖给买家，因此，他没有任何风险地赚取了每股 0.2 美元作为盈利。

做市商也会面对风险，由于期权的复杂性及其杠杆效应，期权的做市商会比股票的做市商面对更大的风险。期权的做市商需要通过买卖标的股票或其他期权来对其库存的证券套期保值，以随时使其库存证券的风险保持在一个相对安全的水平。

2. 场内经纪人

场内经纪人（floor brokers）是指专门在交易所内执行直接来自社会公众或来自他们所代表的经纪商的交易指令的人。当投资者通知他的经纪商购买或出售一项期权时，该经纪商将买卖指令传递给本公司在期权交易所内的场内经纪人。场内经纪人是交易订单的实际执行者。如果经纪商没有自己的场内经纪人，它常常会通过一位独立的场内经纪人或其他公司的场内经纪人进行交易。场内经纪人的收入可以是所获得的佣金，也可能是由他服务的经纪商支付薪金。独立的场内经纪人通常需要付钱给交易所以获得在交易所中的一席之地。他们能够处理来自社会公众和各个不同经纪商的订单，从中赚取佣金。

3. 指令登记员

许多传递给场内经纪人的交易指令都是限价指令，即它们只能在特定的价格或者更为有利的价格上执行该指令。通常，场内经纪人收到限价指令时，该指令并不能立即执行。在大多数交易所中，场内经纪人将该指令传递给指令登记员。指令登记员（order book official，OBO）是交易所的一名员工，他负责将该指令紧随其他人的限价指令输入计算机。这可以确保市场价格一旦达到限价，指令就会得到立即执行。所有输入的限价指令信息向所有交易者公开。指令登记员不能为自己的账号交易。

7.4.2 期权结算公司

1. 期权结算公司的功能

期权结算公司是期权交易所下属的一个针对场内期权合约的结算机构。它的主要功能是标准化期权、保证期权合约的执行及发行期权。期权结算公司决定什么时候新的期权合约应当上市，并且按市场标准制定新期权的执行价格和失效月，以维持市场的一致性和流动性。期权结算公司拥有很多会员，所有期权交易必须通过会员来结算。期权投资者的经纪商可能是期权结算公司的会员，也可能不是。会员必须满足资本最低限额要求，并且必须提供特种基金。当会员无法履行期权中的义务时，则可使用该基金。

期权结算公司同时记录所有多头和空头头寸状况。为确保期权卖方按照合约规定的条款履行其义务，期权的卖方必须在其经纪商那里开设一个保证金账户，经纪商若自己不是期权结算公司的会员，则它必须在一个期权结算公司会员那里开设一个保证金账户。同样，该会员则必须在期权结算公司开设一个保证金账户。他们的等级关系如图 7-1 所示。当市场变化使得期权卖方的风险增加时，各参与者可逐级催缴保证金以降低最终期权不被履行的风险。期权的买方必须在下一个营业日清晨全额支付期权费。期权费可作为期权结算公司会员保证金的一部分存于期权结算公司。

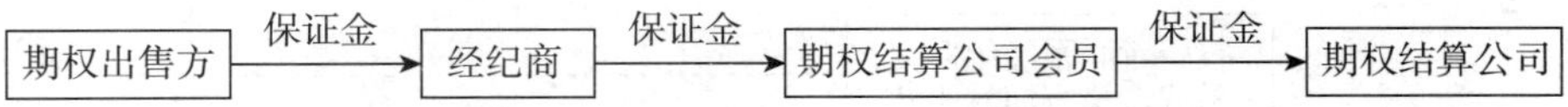

图 7－1　期权结算公司与各参与者保证金关系结构图

当一个期权合约的买方想行使期权时，买方会通知他的经纪商，经纪商会通知负责结算其交易的期权结算公司会员。该会员将向期权结算公司发出执行的指令，期权结算公司将随机地选出某个持有期权合约空头头寸的会员发送执行指令，该会员会按照事先拟定的方式，比如随机抽取的方式、先进先出（FIFO）的方式或者其他公平合理的方式选出一个卖出该期权合约的投资者执行期权。该投资者称为被指定者，当某一期权履行合约时，期权的未平仓合约数将减少 1。

2. 期权结算公司制度

期权结算公司要求投资者在开通期权账户之前必须获知某些文件信息，比如期权公开文件（options disclosure document）必须在账户开通当时或之前提供给投资者。这个文件解释了期权的策略、风险、回报等信息，目的是让投资者在进行期权交易之前获得翔实而合理的信息。

期权账户开通后的 15 天内，投资者必须返回签署过的期权承诺书（options agreement）。这份文件承诺投资者已经阅读了期权公开文件，明白期权交易具有的风险，并承诺自觉遵守限额规定等。投资者同时也会签字承诺，当他的财务状况或者投资目标出现变化时，会及时通知期权结算公司。如果在期权账户开通 15 天内签署过的期权承诺书没有返回，投资者的期权交易将受到限制。他将无法进行开通新的期权头寸的交易，只允许关闭原有期权头寸的交易。

7.4.3　期权交易的主要环节

期权交易的主要环节归纳如下：投资者联系经纪商并向其发出交易指令或者执行指令。如果是交易指令，那么经纪商将指令传递给场内经纪人，场内经纪人将指令传递给指令登记员，指令记录员将交易信息录入交易系统。当市场价格达到或优于投资者的交易要求时，交易系统将自动完成交易。如果是执行指令，那么经纪商将通知期权结算公司的会员，该会员将指令传递给期权结算公司。期权结算公司随机选择具有空头头寸的会员发送执行指令，被选中的会员用事先约定的公平的选择方式（随机选取、先进先出等）选择具有空头头寸的投资者发送执行指令。如果投资者要执行的是看涨期权，那么三个工作日内股票必须交付；如果是看跌期权，三个工作日内现金必须交付。如果在期权有效期内投资者未发出交易或执行的指令，则当期权合约到达失效日时，如果期权为实值期权，期权将自动执行（对于美国期权市场，实值期权的内在价值要大于或等于 0.05 美元且到达失效日时才会自动执行）；如果期权为虚值期权，则期权将变得一文不值。关于期权的交易、执行和失效可参见图 7－2。

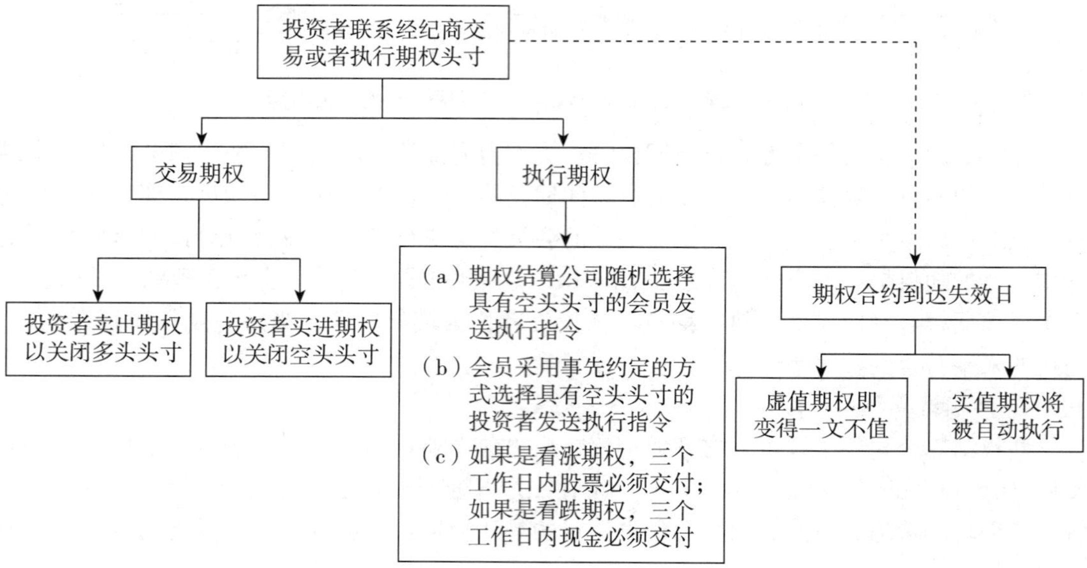

图 7-2　期权的交易、执行和失效

7.5　法制规章管理

7.5.1　管理体制

成熟的期权市场必须具备一系列成熟的规章制度。美国各大期权交易所以及其下属的期权结算公司都拥有各种约束交易者行为的规则，而且美国联邦政府和州政府也有相应的管理机构。美国证券交易委员会（Security and Exchange Commission，SEC）于 1934 年由美国联邦政府成立，其主要使命是保护投资者，维持公平、有序和有效的市场，促进资本的形成。美国金融业监管局（Financial Industry Regulatory Authority，FINRA）是美国最大的非政府的证券业自律监管机构，它是由美国证券交易委员会同意，于 2007 年 7 月 26 日由美国证券商协会（National Association of Securities Dealers，NASD）与纽约证券交易所（NYSE）中有关会员监管、执行和仲裁的部门合并而成。它的主要使命是通过保证证券市场运作的公平和诚信来保护美国投资者。它的主要监管对象包括约 4 380 家经纪公司、约 162 845 家分公司和约 629 640 名注册证券代表。

中国期权市场“千呼万唤难出来”的一个主要原因是相关法律制度的不完善和缺乏相应的监管措施。目前在我国期货市场起着重要作用的《期货交易管理条例》只对期货交易进行了规定，而缺少大量对期权产品的规定，所以期权产品推出之前，在品种设计、结算、交易方式、风险管理等规则上都有待以法律形式加以明确。郑商所和大商所在这方面做出了一些尝试，如郑商所提出了《郑州商品交易所期权交易管理办法》和《郑州商品交易所做市商管理办法》；大商所提出了《大连商品交易所期权交易细则（草案）》，这些条例目前仍然在不断讨论和修订中。在国际期权市场上，绝大多数投资者都是期权买入者。期权卖出者因为要承受巨大风险，所以一般都是由一些大型做市商来担当，因为做市商对市场的把握比普通投资者要准确得多。如果没有足够多的做市商，期权将没有流动性，期权市场也无从谈起。因此，一套完善的做市商制度也是推出期权市场的关键。

总之，由于期权自身的复杂性，期权市场必须受到多种形式的严格监管。只有当法律法规完善，监管体制健全，投资者对于期权市场的运作才会有信心。

7.5.2 限额规定

美国期权交易所为每只股票对应的期权合约都规定了期权交易的头寸限额（position limit）。它规定了每一投资者在单边市场中可持有的期权合约的最大数目。这里的单边市场是指，看涨期权的多头和看跌期权的空头是处于市场看涨的一边，而看涨期权的空头和看跌期权的多头则是处于市场看跌的一边。举例如下，如果某只股票对应的期权合约头寸限额为 250 000，那么如果一个投资者持有该股票 140 000 份看涨期权和 140 000 份看跌期权，那么该投资者没有违反头寸限额，因为市场的每一边（看涨或看跌）的合约数目都小于 250 000；但是，如果该投资者持有该股票 140 000 份看涨期权，同时卖出 140 000 份看跌期权，那么该投资者违背了头寸限额规定，因为他在看涨市场一边持有了 280 000 份期权。

我们将具有同一标的资产的同一种类（看涨或看跌）和同一行使方式（欧式或美式）的期权称为一个阶层的期权（a class of options）。执行限额（exercise limit）规定的是对任何投资者而言，在一定时间内（通常为连续 5 个工作日）对同一阶层的期权可以执行的最大合约数目。执行限额的目的是为了限制某个投资者大量囤积同一阶层的期权并在短时间内行使期权而对期权市场造成猛烈冲击。

7.5.3 佣金

经纪商大致分为两类。全面服务经纪商（full-service brokers）为其客户提供大量而广泛的服务，包括市场研究及投资建议、养老计划、避税诀窍等。当然，全面服务经纪商会向客户收取昂贵的佣金。相对于全面服务经纪商，贴现经纪商（discount brokers）对投资者不提供任何投资建议，只按照客户的要求交易证券，因此它们收取的佣金要低很多。贴现经纪商通常提供给它们的客户一个强大的交易系统，允许客户利用此系统在自己的账户中交易而无须经纪商提供人工帮助。一些经纪商，如某些银行，对存款超过一定数目的客户甚至提供免佣金的交易服务。佣金的收取量因交易商的不同而不同，通常包括固定成本加上交易金额的某个百分比。如果需要交易一个新头寸来冲销原期权头寸，必须再支付一次佣金。如果期权被执行，则佣金的数目和买或卖相应数目的标的股票需要支付的佣金相同。这个值通常为股票价值的 1%～2%。

【例 7—5】 某贴现经纪商的佣金收取办法如表 7－6 所示，假定某投资者通过这个经纪商交易期权。

表 7－6　假定的佣金计算表

交易的美元量	佣金额*
＜2 500 美元	20 美元＋交易金额的 0.02
2 500 美元～10 000 美元	45 美元＋交易金额的 0.01
＞10 000 美元	120 美元＋交易金额的 0.002 5

* 最大佣金额等于前 5 个合约每个合约 30 美元加上之后每个合约 20 美元，最小佣金额等于第一个合约 30 美元加上之后每个合约 2 美元。

（1）当期权价格为每股6.4美元时，购买12份期权合约的佣金为：

45＋0.01×(12×6.4×100)＝121.8美元

（2）假设购买一个执行价格为58美元、当前标的股票价格为56美元的看涨期权。再假设期权价格为每股6美元，则一份合约的成本为6×100＝600美元，购买一份该期权所需支付的佣金为32美元。假设股票价格上升了，当它达到68美元时，投资者执行了该期权。若投资者需为股票交易支付1.5%的佣金，则当执行期权时应付的佣金为0.015×68×100＝102美元。所以，投资者支付的总佣金为32＋102＝134美元，该投资者的净利润为：

(68－58)×100－600－134＝266美元

（3）在（2）中，若投资者可以按11美元的价格出售期权而不是执行它，则它会节省佣金102－32＝70美元。该投资者的净利润为：

(11－6)×100－32－32＝436美元

7.5.4 保证金账户和保证金

在美国市场购买股票，投资者可以支付现金或使用保证金账户（margin account）借款购买。利用保证金账户，投资者可以从经纪商处借到最多达股票金额50%的资金。如果股票价格下跌到一定程度，经纪商会向投资者发出追加保证金（margin call）通知，此时投资者需往保证金账户中存入现金以使保证金维持在一定水平。如果投资者不及时应对追加保证金通知，经纪商将卖掉所有股票。

购买合同有效期低于9个月的期权时必须现金全款付清期权费，不能用保证金账户借款购买。这是由于期权实际上已经包含了一定的杠杆率，若按保证金方式购买将使这一杠杆比率上升到难以接受的水平。对于合同有效期多于9个月的期权，投资者可以通过保证金账户购买。借款金额最多可以达到期权价值的25%。

卖出期权合约的投资者必须往其保证金账户中存入相应的保证金，称为期权保证金（options margin）。这个保证金起到了担保物的作用。如果投资者卖出的是看涨期权，那么投资者有义务在期权的买方选择行使期权时以执行价格卖出相应的标的股票给买方。如果投资者的账户中没有预先准备好的标的股票，投资者要求立刻以市场价从股市中买进股票。因此，为了确保投资者有足够的资金从市场上购买股票来履约，经纪商要求投资者存入期权保证金。类似地，若投资者卖出的是看跌期权，那么经纪商也要求投资者有足够的资金储备，当期权买方选择行使期权时，投资者能以执行价格买进标的股票。

无保护期权（naked option，也称裸期权），是指卖出期权时没有同时持有冲销该期权头寸的相应资产。比如，卖出看涨股票期权时没有同时持有对应数量的标的股票，卖出看跌股票期权时没有同时持有能以执行价格购买相应数量标的股票的现金。在芝加哥期权交易所，卖出无保护看涨股票期权的初始保证金是以下两个数量中的较大值：

（1）卖出期权所得金额的100%，加上20%标的股票的价值，减去（如果期权此时为虚值期权）期权的虚值数量；

（2）卖出期权所得金额的100%，加上10%标的股票的价值。

【例7—6】 投资者卖出了6个无保护的看涨期权，期权价格为8美元（每股），期权执行价格为45美元（每股），股票当前价格为每股40美元。因为此时期权为虚值期权，每股虚值数量＝45－40＝5美元，所以需要计算的第一个值为6×(8×100＋20%×40×100－5×100)＝6 600美元；需要计算的第二个值为6×(8×100＋10%×40×100)＝7 200美元。因此，初始保证金要求为7 200美元。由于投资者通过卖出期权能筹得现金6×8×100＝4 800美元，这部分钱可以作为初始保证金的一部分。所以投资者还需要存入保证金账户的现金为2 400美元。

在芝加哥期权交易所，卖出无保护看跌股票期权的初始保证金是以下两个数量中的较大值：

（1）卖出期权所得金额的100%，加上20%标的股票的价值，减去（如果期权此时为虚值期权）期权的虚值数量；

（2）卖出期权所得金额的100%，加上10%的执行价值。

【例7—7】 上例中的看涨期权若为看跌期权，则期权此时为实值期权（每股实值数量＝5美元）。需要计算的第一个值为6×(8×100＋20%×40×100)＝9 600美元；需要计算的第二个值为6×(8×100＋10%×45×100)＝7 500美元。因此，初始保证金要求为9 600美元。除了卖出期权获得的4 800美元外，投资者还需要存入保证金账户的现金为4 800美元。

每天都需要重复进行与计算初始保证金类似的计算，不同的地方是在计算两个数量中较大值的步骤，将“卖出期权所得金额的100%”替换为“所卖出期权的当前市值”。当计算表明所需保证金比保证金账户中的数量低时，投资者可以从账户中提取多出的金额；当计算表明需要更高保证金数量时，投资者会收到追加保证金的通知。

更多关于期权交易的保证金规则可以从《芝加哥期权交易所保证金手册》（*CBOE Margin Manual*）中找到。该手册在CBOE的网页（www.cboe.com）上可以下载。美国期权市场成熟的保证金规则对我国期权市场保证金规则的建立有非常重要的参考价值。

7.5.5 税收

美国证券市场的税收原则是：证券交易若获利需纳税，证券交易若赔钱可退税，仅仅持有升值或贬值的证券而没有发生交易转让的，则无须报税。针对期权交易的税收原则也是如此。由于期权的特性，以下三种不同情形的发生将导致三种不同的税收结果。第一，期权失效。如果期权失效，则期权合约的买家损失期权费，卖家获得期权费。那么，买家可向国内税收署（Internal Revenue Service，IRS）报大小等于期权费额度的损失抵扣免税，卖家则必须报大小等于期权费额度的盈利缴税。第二，期权交易。当期权交易时，交易产生的盈利或损失必须报IRS缴税或免税，这与股票交易完全相同。第三，期权执行。期权执行时并不立即产生资本盈利或损失，直到随后标的资产按执行价格被买进或卖出时才产生相应的盈利或损失。注意计算盈利或损失的成本基础应当将期权费考虑在内。例如，如果一个看涨期权的多头头寸被执行，期权合约的买方以执行价格买入股票，那么买方购买股票的总成本基础将是期权费加上执行价格。不同期权策略在期权失效、执行和交易的情形下产生的盈利或损失情形总结于表7-7中。

表7-7 不同期权策略可能的税收结果

期权策略	期权失效	执行期权	交易期权
买入看涨期权	资本损失	执行价格＋期权费＝成本基础	资本盈利或损失

续前表

期权策略	期权失效	执行期权	交易期权
卖出看涨期权	资本盈利	执行价格＋期权费＝销售盈利	资本盈利或损失
买入看跌期权	资本损失	执行价格－期权费＝销售盈利	资本盈利或损失
卖出看跌期权	资本盈利	执行价格－期权费＝成本基础	资本盈利或损失

在美国期权交易中一个税务方面需考虑的问题是虚售规则（wash sale rule）。举一个简单的例子，假设一个投资者以 60 美元购买了某只股票并打算长期持有。假设股票价格下跌到 40 美元，那么投资者可能会临时出售该股票并立刻购回该股票或者购买该股票的看涨期权。这样的操作使得投资者的资产组合没有发生实质性的变化，但是账面上会造成自己有 20 美元的损失用以冲销税前收入，达到少缴税的目的。为了防止这种情况出现，税务当局规定在出售股票的前 30 天和后 30 天这个时间段范围内，如果购回了股票或者该股票的看涨期权，那么由于出售股票造成的任何损失将不能在税前抵扣。

本章小结

本章首先介绍了期权及与之相关的各种概念，如执行价格、标的资产等，并依据不同的特征给出了期权的各种分类方式。然后介绍了我国香港和台湾地区期权市场的历史和现状以及相关的期权产品，并重点介绍了我国大陆期权市场探索的进程和银行推出的几种期权类产品。

其次，本章将金融期权与几种类似的金融工具进行了比较，其中包括期权与期货的比较、期权与股本认股权证和备兑认股权证的比较，同时也介绍了两种具有期权性质的债券：可转换债券与可赎回债券，并对比了两种特殊债券之间的联系与区别。

接着本章介绍了美国市场上股票期权合约的条款细节，包括失效期的规定、执行价格间隔的规定、当公司宣布红利或股票分割时期权合约条款的变化等。我们分别给出了香港指数期权合约和未来中国大陆商品期权合约的一个样本。

再次，本章介绍了与期权交易相关的各操作者的作用，包括做市商、场内经纪人和指令登记员，然后介绍了期权结算公司的功能及其相关制度，最后给出了期权交易的运作细节，其中包括期权的买卖程序、期权的执行程序以及期权到达失效日时能否被自动执行的依据。

最后，本章介绍了美国证券交易委员会和美国金融业监管局的历史和主要职责，并提出我国大陆推出期权市场之前完善相关法律法规和监管措施是关键；然后详细介绍了美国期权市场的头寸限额和执行限额规定、佣金制度、保证金账户和保证金制度，以及税收方面的规定。

问题与应用

1. 请解释为什么美式期权的价值总是不低于具有同样标的资产、同样执行价格和失效日的欧式期权的价值。

2. 卖空一个看跌期权和买进一个看涨期权的区别有哪些？

3. 可赎回债券的赎回价格与债券面值相等吗？

4. 请说明为什么经纪商向期权卖方而不是期权买方收取保证金。

5. 美国某家公司的股票期权位于 2 月循环圈，那么在 2012 年 4 月 1 日和 5 月 30 日该股票期权分别有哪几个月的期权可以交易？

6. 股票 SSS 需要满足 25 000 份期权头寸限额的规定。如下哪些期权策略违反了此期权头寸限额的规定？

(1) Long 14 000 SSS Aug 40 calls；short 12 000 SSS Aug 40 puts。

(2) Long 14 000 SSS Aug 40 calls；short 12 000 SSS Jan 40 puts。

(3) Long 14 000 SSS Aug 40 calls；short 12 000 SSS Aug 40 calls。

A. (1) 和 (2)　　B. (1) 和 (3)　　C. (2) 和 (3)　　D. (1)，(2) 和 (3)

7. 假定表 7-6 为某经纪商的佣金计算表，当期权价格为每股 0.85 美元时，购买 8 份期权合约的佣金为多少？

8. 如果一家公司宣布 4 对 1 的股票分割，请说明以该公司股票为标的，执行价格为 80 美元的看涨期权条款如何变化？

9. 一个在美国的期权投资者卖出 5 个无保护看涨期权合约。期权价格为 3.5 美元每股，执行价格为 60 美元每股，股票当前价格为 57 美元。请问初始保证金应该为多少？

推荐阅读材料、网站

[1] Ansbacher, M., *The New Options Market*, 4th Edition, Wiley, NJ, 2000.

[2] Arzac, E. R., "PERCs, DECs, and Other Mandatory Convertibles", *Journal of Applied Corporate Finance*, 10, 1 (1997): 54-63.

[3] Core, J. E., and W. R. Guay, "Stock Option Plans for Non-executive Employees", *Journal of Financial Economics*, 61, 2 (2001): 253-287.

[4] Hull, J. C., and A. White, "How to Value Employee Stock Options", *Financial Analysts Journal*, 60, 1 (2004): 114-119.

[5] Rubinstein, M., "On the Accounting Valuation of Employee Stock Options", *Journal of Derivatives*, 3, 1 (1995): 8-24.

[6] http://www.cboe.com/.

[7] http://www.chinaoptions.cn/.

[8] http://www.hkex.com.hk/eng/rulesreg/traderules/otr/opttraderule.htm.

[9] http://www.taifex.com.tw/chinese/2/TXO.asp.

参考文献

[1] Chicago Board Options Exchange, *Margin Manual*, Chicago, 2000.

［2］Chicago Board Options Exchange, *Understanding Stock Options*, Chicago, 1994.

［3］John, C. H., *Options, Futures, and Other Derivatives*, 6th Edition, Pearson Education, Inc., NJ, 2005.

［4］John, C. H., *Fundamentals of Futures and Options Markets*, 4th Edition, Pearson Education, Inc., NJ, 2002.

第 8 章

期权价格性质

学习目标

本章对期权价格的相关性质进行了系统介绍。期权因其构成因子的复杂性，其价格变动也具有极其复杂的变化，表现出各种丰富多样的特征。本章需要掌握的知识要点主要包括：期权的内在价值和时间价值，期权各种头寸的损益关系，影响期权价格的因素，期权价格的上下限，看涨和看跌期权的平价关系，提前执行美式期权的合理性，红利对股票期权价格上下限的影响。通过对期权价格性质的深入学习，读者可以掌握期权价格变化的规律，有助于设计各种套利策略，对于下一步理解期权定价模型很有帮助。

在衍生金融工具中期权直接包含的结构因子最为复杂，其价格也具有同样复杂的性质。本章以期权的价值如何决定为出发点，首先从内在价值和时间价值两个维度解析期权的价值构成，然后讨论期权价格的影响因素，在此基础上分析各类期权头寸的损益状况。运用无套利分析方法，结合期权本身的构成要素，来判断期权价格的上下限，并对提前执行美式期权的合理性和看涨期权与看跌期权之间的平价关系进行分析。

8.1 期权价值的构成

现实中的期权价格会受到很多因素的影响，但最终价格还是由价值来决定。期权价值从理论上来讲由两部分构成：内在价值和时间价值。即期权价值由期权的内在价值和期权的时间价值两部分相加而成。

8.1.1 期权的内在价值

期权的内在价值（intrinsic value）是指多方行使期权时可以获得的收益现值，也就是期权合约本身所具有的价值。例如，一只股票的市场价格为 50 美元，以该股票为标的资产的看涨期权协议价格为 40 美元，那么多方行使期权可以获得 1 000 美元［=(50−40)×100］（在美国股票期权合约中一张股票期权合约的交易单位为 100 股）。这 1 000 美元就是该看涨期权的内在价值。由此可见，期权合约的内在价值取决于该期权的执行价格和该标的资产的市场价格之间的差额。同时，对于期权内在价值的理解，需要注意两个方面：

第一，欧式期权和美式期权的内在价值有所不同。合约规定欧式期权只能到期执行，因此在到期前的任意时刻，欧式期权的内在价值就等于到期时欧式期权的内在价值的现值；对于欧式看涨期权，其内在价值等于（S_T-K）的现值；对于欧式看跌期权，其内在价值等于($K-S_T$)的现值。如果不考虑标的资产的股息收入，那么S_T的现值就是当前资产的价格S，则欧式看涨期权的内在价值为$S-Ke^{-r(T-t)}$；如果考虑标的资产的股息收入，那么S_T的现值就是$S-D$，其中D为期权有效期内标的资产股息收入的现值，欧式看涨期权的内在价值为$S-D-Ke^{-r(T-t)}$。对于欧式看跌期权，如果标的资产没有股息收入，那么欧式看跌期权的内在价值为$Ke^{-r(T-t)}-S$；如果标的资产存在股息收入，那么欧式看跌期权的内在价值为$Ke^{-r(T-t)}+D-S$。

美式期权与欧式期权的区别在于美式期权可以提前执行，这一点区别就使得美式期权的内在价值等于其执行时的收益，而无须再贴现。在本章后半部分，我们将了解到，对于美式看涨期权，如果标的资产没有股息收入，那么提前执行美式期权是不明智的，因此无股息收入的美式看涨期权的内在价值等于欧式看涨期权的内在价值。当预期有股息收入时，我们对美式看涨期权是否应提前执行需要具体情况具体分析。有时在除息日前，立即执行美式看涨期权是明智的。这是因为发放红利将使股票价格下降，使期权的吸引力下降，而在其他任何时刻，提前执行美式看涨期权都是不明智的。对于美式看跌期权，我们后面将会分析，提前执行有可能是合理的。

第二，期权的内在价值应为非负值。对于标的资产的市场价格低于执行价格的看涨期权或者标的资产的市场价格高于执行价格的看跌期权，期权多方会放弃行权，从而使得期权的内在价值至少为零。

期权内在价值的结论归纳于表 8-1 中。

表 8-1　　期权的内在价值

		看涨期权	看跌期权
欧式期权	无收益	$\max\{[S-Ke^{-r(T-t)}],0\}$	$\max\{[Ke^{-r(T-t)}-S],0\}$
	有收益	$\max\{[S-D-Ke^{-r(T-t)}],0\}$	$\max\{[Ke^{-r(T-t)}+D-S],0\}$
美式期权	无收益	$\max\{[S-Ke^{-r(T-t)}],0\}$	$\max(K-S,0)$
	有收益	$\max\{[S-D-Ke^{-r(T-t)}],0\}$	$\max(K+D-S,0)$

实值、虚值和两平是与期权内在价值紧密相关的三种状态，并形成了下面三个概念：(1) 实值期权（in the money）是指如果期权立即履约，持有者具有正的现金流，即内在价值为正；(2) 虚值期权（out of the money）是指如果期权立即履约，持有者具有负的现金流，即内在价值为负；(3) 两平期权（at the money）是指如果期权立即履约，持有者的现金流为零，即内在价值为零。见表 8-2。

表 8-2　　实值、虚值与两平期权

	$S>K$	$S=K$	$S<K$
看涨期权	实值期权	两平期权	虚值期权
看跌期权	虚值期权	两平期权	实值期权

8.1.2　期权的时间价值

期权的时间价值（time value），是指在期权有效期内标的资产价格波动为期权持有者带来收益的可能性所隐含的价值。对于虚值和两平期权，虽然其内在价值为零，但是当投资者持有期权时，其价格却为正，这恰是因为在期权的价格中，还包括了期权的时间价值。在期权的有效期内，期权价格一般都超过了期权的内在价值，超出的部分即为期权的时间价值。

期权时间价值的影响因素有：

（1）到期时间。期权的时间价值代表到期之前期权带来收益的可能性。除了标的资产支付大量收益这一特殊情况除外，在一般情况下，到期时间越长，期权的时间价值越大，即期权的边际时间价值为正。

但同时，随着时间的延长，期权的时间价值的增幅是递减的，即对于到期日确定的期权来说，在其他条件不变的情况下，随着时间的流逝，其时间价值的减少是递增的，这就是期权的边际时间价值递减规律。

（2）标的资产价格的波动率。标的资产价格的波动率是单位时间内资产收益率的标准差。无论对于看涨期权还是看跌期权来说，期权持有者可能得到的收益均取决于标的资产价格的波动幅度，因此，波动率越大，期权的时间价值就越大。

（3）期权的内在价值。期权立即执行时所获得价值的绝对值越大，期权的时间价值越小。

下面举例说明期权内在价值与时间价值的关系，以无收益股票看涨期权为例：

(1) 假设 A 股票(无红利) 的市价为 $S=9.05$ 元，A 股票有 A_1、A_2、A_3 三种看涨期权，其执行价格分别为：$K_1=10$ 元，$K_2=8$ 元，$K_3=12$ 元。它们的有效期都是1年，1年的无风险利率是 10%(连续复利)。

证明：$|S-Ke^{-r(T-t)}|$ 的值越小，其时间价值越大。

分析：由已知条件列出表 8-3。

表 8-3　三种执行价格看涨期权的 $|S-Ke^{-r(T-t)}|$ 值

市场价格 $S=9.05$；利率（连续复利）$=10\%$；时间 $T-t=1$				
期权	协议价	$S-Ke^{-r(T-t)}$	$\|S-Ke^{-r(T-t)}\|$	内在价值 $\max\{[S-Ke^{-r(T-t)}],0\}$
A_1	10	0	0	0
A_2	8	1.81	1.81	1.81
A_3	12	−1.81	1.81	0

从表 8-2 可知：A_1 在 $|S-Ke^{-r(T-t)}|$ 值最小时，其时间价值应在三种期权中最大。

(2) 证明：假定 A_1、A_2、A_3 三种看涨期权的时间价值相等，都是 2 元，那么可得表 8-4。

表 8-4　三种执行价格看涨期权在不同市场情况下的损益

期权	协议价	期末时，期权在不同市场情况下的损益					
		$S_r=14$	执行	$S_r=10$	执行	$S_r=8$	执行
A_1	10	$14-10-2e^{0.1}=1.79$	是	$-2e^{0.1}=-2.21$	不	$-2e^{0.1}=-2.21$	不
A_2	8	$14-8-3.81e^{0.1}=1.79$	是	$10-8-3.81e^{0.1}=-2.21$	是	$-3.81e^{0.1}=-4.21$	不
A_3	12	$14-12-2e^{0.1}=-0.21$	是	$-2e^{0.1}=-2.21$	不	$-2e^{0.1}=-2.21$	不

比较期权 A_1 和 A_2，因为 A_1 的价值在各种情况下都优于或至少等于 A_2，显然 A_1 的时间价值理应高于 A_2。

同样：比较期权 A_1 和 A_3，因为 A_1 的价值在各种情况下都优于或至少等于 A_3，显然 A_1 的时间价值理应高于 A_3。

即：$|S-Ke^{-r(T-t)}|$ 越小，时间价值越大。

(3) 分析：设 $I=|S-Ke^{-r(T-t)}|$，期权的内在价值部分所考虑的标的资产价格 S_T 变动的范围是区间 $(-I+Ke^{-r(T-t)},\ I+Ke^{-r(T-t)})$。

若 I 越大，该区间的范围越大，期权的内在价值部分所考虑的标的资产价格 S_T 变动的范围越大。

同时由于期权价值有其上限(不会高于现货价值)，时间价值考虑的标的资产的未来价格 S_T 超出这个范围的可能性越小，即在期权有效期内标的资产价格波动为期权持有者带来收益的可能性所隐含的价值越小，因此时间价值越小。

图 8-1 描述了无收益资产看涨期权的时间价值与标的资产价格之间的关系。

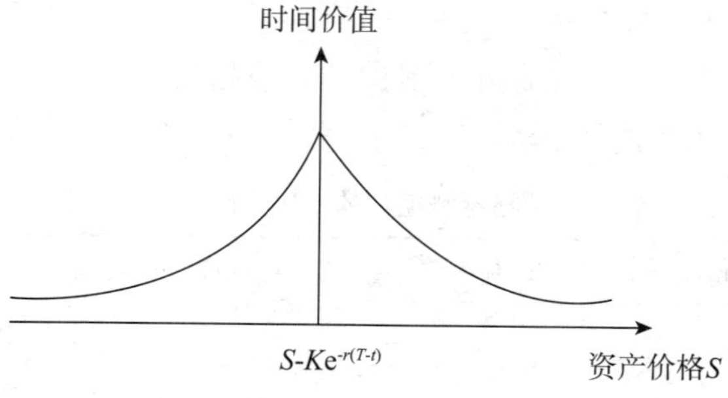

图 8-1　无收益资产看涨期权的时间价值与标的资产价格的关系图

各种期权时间价值最大的条件见表 8-5。

表 8-5　各种期权时间价值最大的条件

		看涨期权	看跌期权
欧式期权	无收益	$S=Ke^{-r(T-t)}$	$S=Ke^{-r(T-t)}$
	有收益	$S=D+Ke^{-r(T-t)}$	$S=Ke^{-r(T-t)}-D$
美式期权	无收益	$S=Ke^{-r(T-t)}$	$S=K$
	有收益	$S=D+Ke^{-r(T-t)}$	$S=K-D$

【例 8—1】 DGB 股票为每股 52 美元，张先生支付 2.8 美元的股权市值（即一手 280 美元）购买了一个 DGB 股票在 6 月到期的执行价格为 50 美元的买入期权合约，即：Buy DGB June 40 Call @ 2.8，则：

内在价值＝股票市价－履约价格＝52－50＝2 美元
时间价值＝股权市值－内在价值＝2.8－2.0＝0.8 美元

8.2 期权的影响因素

8.2.1 概述

期权的价格由期权的内在价值和时间价值构成，因此，影响内在价值和时间价值的因素都会影响期权的价格。影响期权价格的因素有很多，例如替代资产价格、投资者预期或心理因素等。但是，以下六个因素才是影响期权价格的直接因素：（1）标的资产的市场价格；（2）期权的执行价格；（3）期权的有效期；（4）标的资产的波动率；（5）无风险利率；（6）标的资产的收益。

8.2.2 标的资产的市场价格与期权的执行价格

我们可以把标的资产的市场价格与期权合约中标的资产的执行价格结合起来考虑，因为两者都是关于标的资产的价格，一个是市场价格，一个是约定价格。对于看涨期权而言，标的资产的市场价格越高，执行价格越低，看涨期权的价格越高，因为在执行时，其收益等于标的资产当时的市价与执行价格之差。对于看跌期权，标的资产的市场价格越低，执行价格越高，看跌期权的价格越高，因为在执行时，其收益等于执行价格与标的资产当时的市价之差。

8.2.3 期权的有效期

期权的有效期限对美式期权和欧式期权的影响有所不同。对于美式期权而言，有效期越长，无论是看涨期权还是看跌期权，价值都会越高。因为有效期较长的期权执行的机会一定包含有效期较短的期权执行的机会。

对于欧式期权，随着有效期的增加，欧式期权的价值并不一定必然增加，因为有效期较长的期权执行的机会不包含有效期较短的期权执行的机会。不论有效期的长短，欧式期权只能在到期执行。考虑两个欧式看涨期权，一个到期期限为 3 个月，一个到期期限为 9 个月，如果在 6 个月后预计将支付大量红利，从而使标的资产的价格大幅下降，就有可能使得有效期短的期权价值超过有效期长的期权价值。

一般而言，如在有效期内标的资产没有支付大量红利，有效期越长，标的资产面临的风险越高，空头可能的损失就会越大，欧式期权的价格也就会越高。

8.2.4 标的资产的波动率

股票价格波动率是反映未来股价变动的不确定性。随着波动率增加，股票上涨到很高和下跌到很低的可能性增大，期权价值会上升，但对多方和空方的影响不对称。

当股价上涨时，波动率越大，对看涨期权的多头越有利，对空头越不利，因为多头会选择行权，收益为股价与执行价格的差额，同时这一差额为空头的损失；对看跌期权的多头和空头影响都不大，因为多头会放弃行权，空头只赚取期权费。

当股价下跌时，波动率越大，对看跌期权的多头越有利，对空头越不利，因为多头会选择行权，收益为执行价格与股价的差额，同时这一差额为空头的损失；对看涨期权的多头和空头影响都不大，因为多头会放弃行权，空头只赚取期权费。

总之，波动率越大，对期权多头越有利，对期权空头越不利，期权价格也应越高。

8.2.5 无风险利率

无风险利率的影响体现在对预期收益率和贴现率的影响上。我们先从比较静态的角度比较不同利率水平下的均衡状态。首先看对预期收益率的影响：如果一种状态下无风险利率水平较高，则标的资产的预期收益率也应较高，这意味着对应于标的资产当前市场价格 S_0，未来预期价格 $E(S_T)$ 较高。其次看对贴现率的影响：如果一种状态下无风险利率水平较高，则贴现率较高，未来同样预期盈利的现值就较低。

这两种影响都将减少看跌期权的价值。因此，随着无风险利率的增加，看跌期权的价值会降低。对于看涨期权而言，第一种影响会增加期权的价值，第二种影响会降低期权的价值。一般而言，前者的影响会大于后者的影响，因此，随着无风险利率的增加，看涨期权的价值会相应增加。

再从动态的角度考察。对标的资产价格的影响是：在标的资产（如股票、债券等）价格与利率成负相关时，当无风险利率提高时，原有均衡被打破，为了使标的资产的预期收益率提高，均衡过程通常是通过同时降低标的资产的期初价格和预期未来价格。只是前者的降幅更大。对贴现率的影响是：当无风险利率提高时，原有均衡被打破，贴现率也上升。

对于看涨期权，利率上升对标的资产价格和贴现率都会有影响，这两种效应都将使期权价格下降。对于看跌期权，利率上升对标的资产价格和贴现率都会有影响，前者效应为正，后者效应为负，由于前者效应通常大于后者，因此净效应是看涨期权价格上升。

8.2.6 标的资产的收益

由于标的资产分红付息等将减少标的资产的价格，而执行价格并未进行相应的调整，因此，在期权有效期内标的资产的现金收益将使看涨期权的价值因标的资产价格的变动而与预期红利的大小呈反向变动；看跌期权的价值因标的资产价格的变动而与预期红利的大小呈正向变动。

最后，我们把以上讨论的六种因素对期权价值的影响总结如下，见表 8－6。

表 8－6　一个变量增加而其他变量保持不变时对期权价格的影响

变量	欧式看涨期权	欧式看跌期权	美式看涨期权	美式看跌期权
标的资产价格	＋	—	＋	—
执行价格	—	＋	—	＋
期权的有效期	?	?	＋	＋
波动率	＋	＋	＋	＋

续前表

变量	欧式看涨期权	欧式看跌期权	美式看涨期权	美式看跌期权
无风险利率	+	—	+	—
收益	—	+	—	+

注：+表示正向的影响，—表示反向的影响，？表示不确定的影响。

8.3　期权头寸的损益

专栏 8—1　5.5 亿美元巨亏谜团：中航油掉进了谁的“陷阱”？

2004 年 11 月 29 日，由于石油衍生品投机发生 5.5 亿美元的巨亏，中国航油（新加坡）股份有限公司总裁陈久霖向新加坡法院申请破产保护，爆发了“中航油事件”，这个事件被喻为中国版的“巴林事件”。中航油此次巨额亏损主因是衍生品投机失败，公司在柜台市场卖出看涨期权，随着 2004 年石油价格一路上涨，到 3 月 28 日，公司已经出现 580 万美元的账面亏损。陈久霖决定以展期掩盖账面亏损，致使交易盘量放大。至 6 月，公司因期权交易导致的账面亏损已扩大至 3 500 万美元。此时，陈久霖仍未设定交易头寸止损上限，擅自冒险将期权合约展期至 2005 年及 2006 年，赌博式地在新价位上继续卖空。到 2004 年 10 月，中航油持有的期权总交易量已达到 5 200 万桶之巨，超过公司每年实际进口量三倍以上，公司账面亏损已达 1.8 亿美元，公司现金全部耗尽。陈久霖开始向母公司中国航油集团写报告请求救助。中国航油集团本应立即对此违规操作进行制止，强令其择机斩仓，但集团领导不顾国内监管部门有关风险控制的规定，决定对此疯狂的赌徒行为施行救助。10 月 20 日，中国航油集团以私募方式卖出手中所持 15%的股份，获资 1.08 亿美元，立即交给中航油新加坡公司补仓，此举越发使公司深陷泥淖。11 月 30 日，中航油终止了所有原油期货交易。至此，累计亏损 5.54 亿美元。

对于中航油事件，一个重要的质疑是：为何此次中航油在进行投机操作时，竟会选择“卖出看涨期权”？在油价涨至每桶 40 美元附近时，如果中航油真的看空油价，完全可以选择更安全的期权产品——“买入看跌期权”。在期权市场上，“卖出看涨期权”的收益是固定的，即期权合约卖出时的期权价格，但风险可能是无限大。而同样是看空操作的“买入看跌期权”，当实际资产价格小于执行价格和期权价格之差时，其收益为执行价格减去期权价格再减去资产价格后的差值，从理论上讲，当价格跌至零时，这一产品的利润将达到最大，但其风险却是固定的，为期权价格。

如果说中航油为了博取高额利润而冒巨亏 5.5 亿美元的风险尚可理解，那么这次“卖出看涨期权”却只是为了这么一个并不高的收益——固定的期权价格。通常情况下，卖出期权的行为一般多为国外经纪商所为，因为一般的投资和保值客户都愿意购买期权，购买期权有选择履行合约的权利，风险相对小一些。当然，这些经纪商也会相应在期货市场上再做一个反向操作，用来对冲风险。而中航油此次“卖出看涨期权”未作任何对冲操作来规避风险。

中航油的国际操盘老手为何这次会违反常理，选择高风险产品又不做任何对冲？因为对于这些操盘手来说，这一高风险金融产品还有一个比较大的诱惑——无成本。卖出期权根本就无须任何成本，并且在卖出时，买方还会再给你一笔期权费，这是最大的诱惑，而且这一无成本投机还可以绕过国内对国有企业境外期货投资严格的监管体系。就是因为卖出看涨期权这个投机操作不需要成本，所以在长达一年的时间里，这种过度投机活动都没有被集团公司发现。同时，由于中航油卖出看涨期权的头寸建立过多，如果在期货市场进行对冲操作，建立相应的多头头寸，就必须支付较多的保证金，需要动用大笔公司资金，便有可能冒被集团公司发现的风险，所以，中航油的操盘手不愿意在期货市场上做反向操作避险，便采取了这种危险的投机方式。

资料来源：黄嵘：《5.5亿美元巨亏谜团：中航油掉进了谁的“陷阱”》，载《中国经营报》，2004-12-18。

期权等衍生金融工具就像一把“双刃剑”。一方面，为投资者提供了更多的投资机会和风险管理途径；另一方面，如果使用不当，将会带来巨大的风险。期权赋予了期权多头有利的权利，作为代价，多头需要在合约签订时付出相应的权利金，因此对多头而言，期权的价格即权利金是一个十分重要的问题。在期权的定价模型中，最主要的有两个：二叉树模型和B-S模型。在后面的章节中，我们将会详细地讨论这两个模型。以下侧重于对期权价值构成、价格的影响因素以及价格的波动上下限等问题进行分析。

8.3.1 期权头寸

期权交易参与者分为多头和空头。期权的多头是指持有期权头寸的投资者，即购买期权合约的一方。期权的空头是指持有期权头寸的投资者，即出售或承销（written）期权合约的一方。期权的空头事先收取现金，但之后将面临潜在的负债。期权有四种基本的期权头寸，即：看涨期权的多头；看涨期权的空头；看跌期权的多头；看跌期权的空头。

8.3.2 期权合约的损益（不考虑期权费）

1. 看涨期权多头的损益

不考虑期权费，是基于期权费已经是沉没成本，并不影响期权多空双方其后的交易选择。如果以 K 代表执行价格，S_T 代表标的资产的到期价格，则看涨期权多头的损益为 $\max(S_T-K,\ 0)$。这就表明，到期时，如果 $S_T>K$，多头会选择行权，收益为标的资产的到期日价格与执行价格之差；如果 $S_T\leqslant K$，多头会放弃行权，收益为0(见图8-2)。

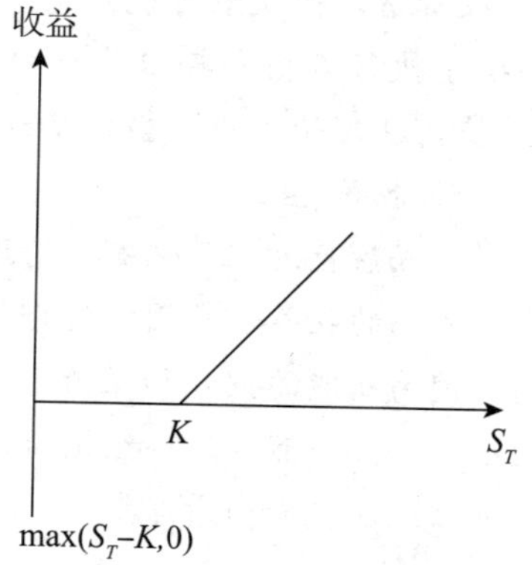

图8-2 看涨期权多头的损益图

2. 看涨期权空头的损益

看涨期权空头的损益为$-\max(S_T-K, 0)$，即$\min(K-S_T, 0)$。这表明，到期时，如果$S_T>K$，多头选择行权，空头的损失为标的资产的到期日价格与执行价格之差；如果$S_T\leqslant K$，多头放弃行权，空头的收益为 0(见图 8-3)。

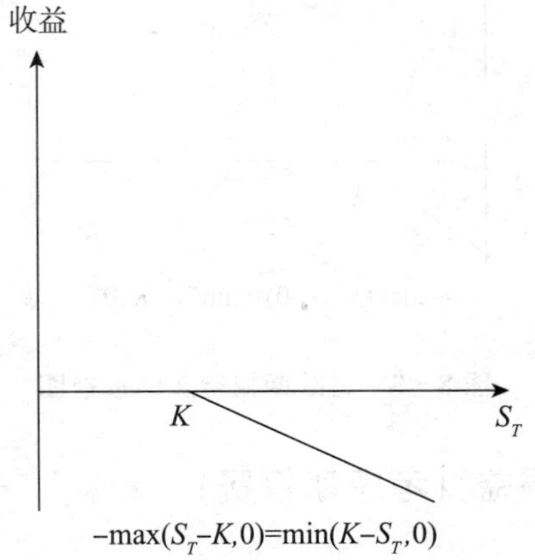

图 8-3　看涨期权空头的损益图

3. 看跌期权多头的损益

看跌期权多头的损益为$\max(K-S_T, 0)$。这表明，到期时，如果$K>S_T$，多头会选择行权，收益为执行价格与标的资产的到期日价格之差；如果$K\leqslant S_T$，多头会放弃行权，收益为 0(见图 8-4)。

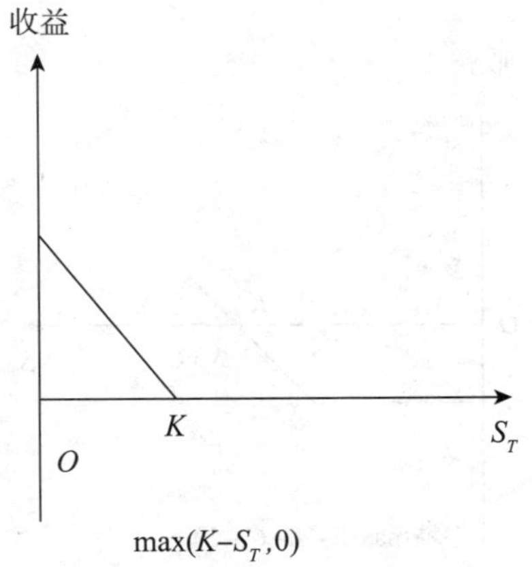

图 8-4　看跌期权多头的损益图

4. 看跌期权空头的损益

看跌期权空头的损益为$-\max(K-S_T, 0)$，即$\min(S_T-K, 0)$。这表明，到期时，如果$K>S_T$，多头会选择行权，空头的损失为执行价格与标的资产的到期日价格之差；如果$K\leqslant S_T$，多头会放弃行权，空头的损益为 0(见图 8-5)。

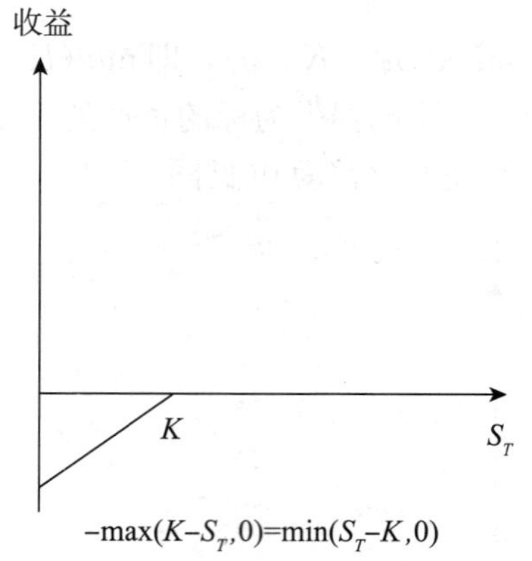

图 8-5 看跌期权空头的损益图

8.3.3 期权合约的损益（考虑期权费）

1. 看涨期权多头的损益

考虑期权费，是基于期权费已经构成会计成本，影响到期权多空双方其后交易的实际损益。如果以 K 代表执行价格，S_T 代表标的资产的到期日价格，C 表示看涨期权价格，则看涨期权多头的损益为 $\max(S_T-K-C，-C)$。这表明，到期时，如果 $S_T>K$，多头会选择行权，损益为标的资产的到期日价格与执行价格之差，同时减去期权费，此时多头仍有可能亏损，但行权会弥补一部分期权费；如果 $S_T\leqslant K$，多头会放弃行权，损失为期权费 C(见图 8-6)。

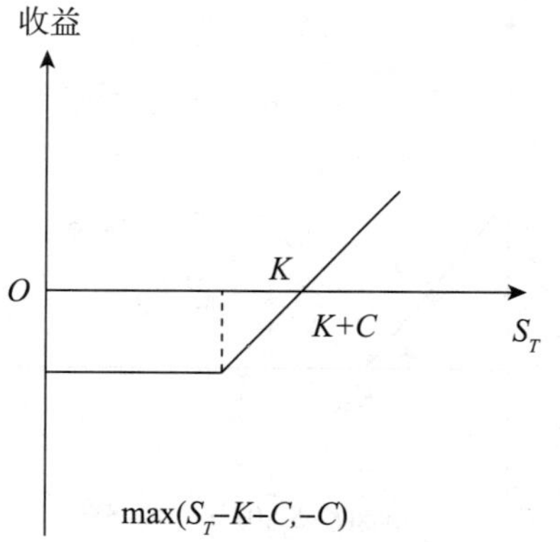

图 8-6 看涨期权多头的损益图（考虑期权费）

2. 看涨期权空头的损益

看涨期权多头的损益为 $-\max(S_T-K-C，-C)$，即 $\min(K-S_T+C，C)$。这表明，签订合约时，空头会得到期权费 C。到期时，如果 $S_T>K$，多头行权，空头的损益为执行价格与标的资产的到期日价格之差，并加上期权费；如果 $S_T\leqslant K$，多头放弃行权，空头的收益为期权费 C(见图 8-7)。

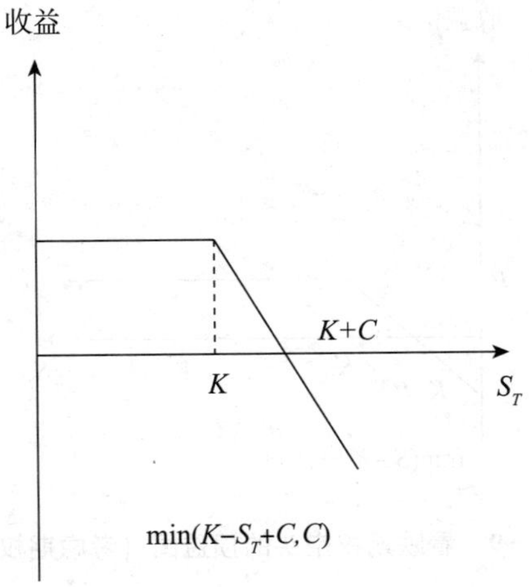

图 8-7　看涨期权空头的损益图（考虑期权费）

3. 看跌期权多头的损益

看跌期权多头的损益为 $\max(K-S_T-P,\ -P)$，P 表示看跌期权的价格。这表明，到期时，如果 $K>S_T$，多头选择行权，损失为标的资产的到期日价格与执行价格之差，同时减去期权费 P，此时多头仍可能亏损，行权会弥补一部分期权费；如果 $K\leqslant S_T$，多头放弃行权，损失为期权费 P(见图 8-8)。

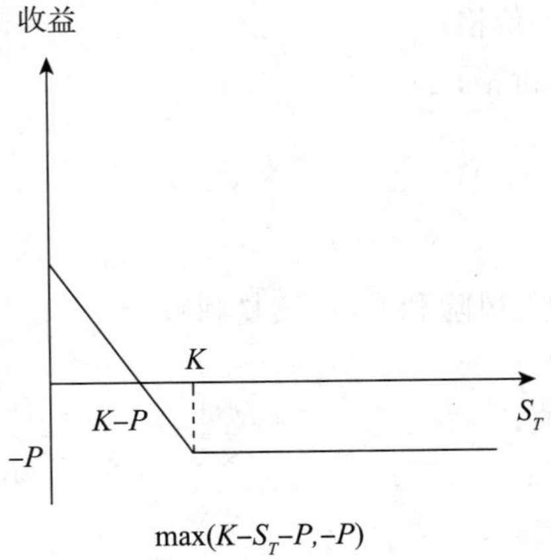

图 8-8　看跌期权多头的损益图（考虑期权费）

4. 看跌期权空头的损益

看跌期权空头的损益为 $-\max(K-S_T-P,\ -P)$，即 $\min(S_T-K+P,\ P)$。这表明，签订合约时，空头会得到期权费 P，到期时，如果 $K>S_T$，多头行权，空头的损益为执行价格与标的资产的到期日价格之差，并加上期权费；如果 $K\leqslant S_T$，多头放弃行权，空头的收益为期权费 P(见图 8-9)。

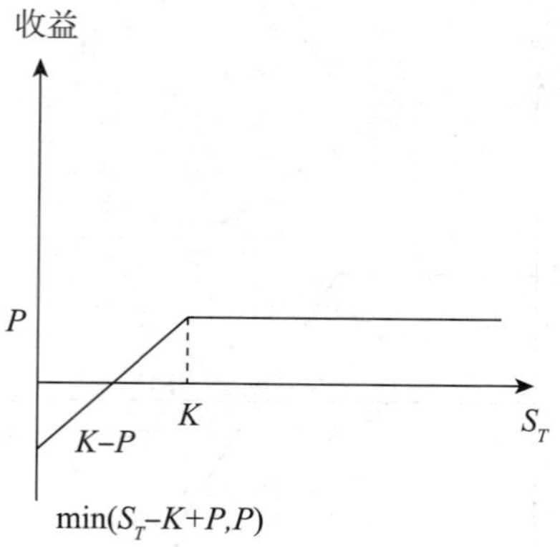

图 8－9　看跌期权空头的损益图（考虑期权费）

8.4　期权价格的上下限

8.4.1　变量定义

我们在讨论期权价格的上下限之前，先给出以下变量的界定：

S：标的资产当前的市场价格；

S_T：标的资产的到期日价格；

K：期权执行价格；

T：期权的到期时间；

t：当前的时间；

r：$T-t$ 时期内投资的无风险利率(连续复利)；

C：美式看涨期权的价值；

P：美式看跌期权的价值；

c：欧式看涨期权的价值；

p：欧式看跌期权的价值；

σ： 标的资产价格的波动率。

8.4.2　期权价格的上限

1. 看涨期权价格的上限

对于美式和欧式看涨期权，标的资产价格是看涨期权价格的上限。即在任何时刻期权的价值都不会超过股票的价值：$c \leqslant S$ 和 $C \leqslant S$ 。

假若上式不成立，即 $C > S$ 或 $c > S$，就会存在套利机会。下面以欧式看涨期权为例来说明这种明显的套利机会。

【例 8—2】　假定某股票看涨期权的期权费为 9 元，执行价格为 8.5 元，股票当前价格为 7 元，距离到期日还有 1 年，无风险利率为 10%。

根据本题条件：$c=9$，$S=7$，$K=8.5$，$T-t=1$，$r=10\%$，则存在如下套利机会：套

利者在 t 时购买股票并卖出相应的期权，即可获得一笔净现金流入 $C-S=2$ 元。到 T 时刻的本息为：

$$2e^{10\%}\times 1=2.21\text{ 元}$$

至到期日 T 时，如果股票市场价格高于执行价格，则多方执行期权。套利者将 t 时购买的股票以 8.5 元卖出，总共获利为：8.5+2.21=10.71 元。

如果股票市场价格低于执行价格，则多方放弃执行期权。假定股票市场价格为 6.5 元，套利者在 T 时的总获利为：6.5+2.21=8.71 元。即使股票价格为 0，也能获得 2.21 元的套利收益。无论哪种情况，套利者都可以获取无风险收益。

2. 看跌期权价格的上限

(1) 美式看跌期权。

美式看跌期权价格 P 的上限为 K，无论股票价格多低，期权的价值都不会超过 K：

$$P\leqslant K$$

(2) 欧式看跌期权。

欧式看跌期权价格 p 不能超过 K 的现值：

$$p\leqslant Ke^{-r(T-t)}$$

以欧式期权为例，假如不存在上述关系，即 $p>Ke^{-r(T-t)}$，则存在如下套利机会，即：卖出期权并将所得以无风险利率投资，到期可得到 $pe^{r(T-t)}$。

到期如果 $S_T<K$，多方执行，套利者需要支付 K，由于 $pe^{r(T-t)}>K$，因此，套利者可获得 $pe^{r(T-t)}+S_T-K(>0)$ 的净额，为无风险收益。

到期如果 $S_T\geqslant K$，多方到期放弃执行期权，套利者将获得无风险收益 $pe^{r(T-t)}$。

8.4.3 期权价格的下限

1. 欧式看涨期权价格的下限

(1) 无收益资产欧式看涨期权价格的下限。

为了推导出期权价格的下限，我们考虑如下两个组合：

组合 A，一份欧式看涨期权加上金额为 $Ke^{-r(T-t)}$ 的现金；

组合 B，一单位标的资产。

在 T 时刻：

在组合 A 中，如果现金按无风险利率投资，则在 T 时刻将变为 K，即等于协议价格。此时多头是否执行看涨期权，取决于在 T 时刻标的资产价格 S_T 是否大于 K。

若 $S_T>K$，则执行看涨期权，组合 A 的价值为 S_T；

若 $S_T\leqslant K$，则不执行看涨期权，组合 A 的价值为 K。

因此，在 T 时刻，组合 A 的价值为：$\max(S_T, K)$。

在组合 B 中，T 时刻的价值为 S_T。

由于 $\max(S_T, K)\geqslant S_T$，在 t 时刻，组合 A 的价值也应大于等于组合 B，即：

$$c+Ke^{-r(T-t)}>S$$

可得：

$$c > S - Ke^{-r(T-t)}$$

由于期权的价值一定为正，因此无收益资产欧式看涨期权的价格下限为：

$$c > \max[S - Ke^{-r(T-t)}, 0]$$

【例 8—3】 考虑一个不支付红利的股票的欧式看涨期权，股票当前价格为 19 美元，执行价格为 18 美元，距离到期日还有 1 年，无风险利率为 10%。

根据本题条件：$S=19$，$K=18$，$T-t=1$，$r=10\%$，因此，该期权的下限为：$c>\max[S-Ke^{-r(T-t)}, 0]$，$S-Ke^{-r(T-t)}=2.71$ 美元>0 美元，即为下限。

假设该期权价格比下限还低，为 2 美元，则存在如下套利机会：

套利者 t 时可以购买看涨期权并卖空股票，现金流为：19−2=17 美元。

如果将 17 美元按无风险利率投资 1 年，则为：$17e^{r(T-t)}=18.79$ 美元。

至到期日 T，如果股票价格高于 18 美元，套利者以 18 美元执行期权（即购买股票），并将股票空头平仓，则可获利：18.79−18=0.79 美元。

如果股票价格低于 18 美元，则套利者从股票市场购买股票并将股票空头平仓，可获得更高收益。例如股票价格为 17 美元，则获利：18.79−17=1.79 美元。无论哪种情况，套利者都可以获取无风险收益。

2. 有收益资产欧式看涨期权价格的下限

只要将上述组合 A 的现金改为 $D+Ke^{-r(T-t)}$，其中 D 为期权有效期内资产收益的现值，并经过类似的推导，就可得出有收益资产欧式看涨期权价格的下限为：

$$c > \max[S - D - Ke^{-r(T-t)}, 0]$$

3. 无收益资产欧式看跌期权价格的下限

考虑以下两种组合：

组合 C，一份欧式看跌期权加上一单位标的资产；

组合 D，金额为 $Ke^{-r(T-t)}$ 的现金。

在 T 时刻：

在组合 C 中：如果 $S_T < K$，期权将被执行，组合 C 的价值为 K；

如果 $S_T > K$，期权将不被执行，组合 C 的价值为 S_T，即在 T 时刻组合 C 的价值为：$\max(S_T, K)$。

在组合 D 中：假定组合 D 的现金以无风险利率投资，则在 T 时刻组合 D 的价值为 K。

由于组合 C 的价值在 T 时刻大于等于组合 D，因此组合 C 的价值在 t 时刻也应大于等于组合 D，即：$p+S>Ke^{-r(T-t)}$，即 $p>Ke^{-r(T-t)}-S$。

由于期权价值一定为正，因此无收益资产欧式看跌期权的下限为：

$$p > \max[Ke^{-r(T-t)} - S, 0]$$

4. 有收益资产欧式看跌期权价格的下限

只要将上述组合 D 的现金改为 $D+Ke^{-r(T-t)}$，就可得到有收益资产欧式看跌期权价格的下限为：$p>\max[D+Ke^{-r(T-t)}-S, 0]$。

小结：从以上分析可以看出，欧式期权的下限实际上就是内在价值。

【例 8—4】　考虑一个不支付红利的股票的欧式看跌期权，股票当前价格为 36 美元，执行价格为 40 美元，距离到期日有 0.5 年，无风险利率为 5%。

根据本题条件：$S=36$，$K=40$，$T-t=0.5$，$r=5\%$，因此，该期权的下限为：$c>\max[Ke^{-r(T-t)}-S，0]$，$Ke^{-r(T-t)}-S=3.01$ 美元 >0 美元，即为下限。

假设该看跌期权价格比下限还低，为 2 美元，则存在如下套利机会：

套利者 t 时可以借入 36 美元的资金，期限为 6 个月，同时将该资金用于购买看跌期权和股票。在 6 个月末，套利者将支付：

$$36e^{r(T-t)}=36.91 \text{ 美元}$$

至到期日 T，如果股票价格低于 40 美元，套利者以 40 美元执行期权（即卖出股票），并归还本息 36.91 美元，可获利：40－36.91－2＝1.09 美元。

如果股票价格高于 40 美元，则套利者放弃执行期权，卖出股票偿还本息，例如 T 时股票市场价格为 42 美元，则获利：42－36.91－2＝3.09 美元。无论哪种情况，套利者都可以获取无风险收益。

8.5　提前执行美式期权的合理性

美式期权的执行时间虽然可以在合约期的任意时刻，但是美式期权应不应该提前执行并没有一致的答案。下面我们从美式期权标的资产有无收益两方面分别探讨美式看涨和看跌期权提前执行的合理性问题。

8.5.1　提前执行无收益资产美式期权的合理性问题

1. 美式看涨期权提前执行的合理性

我们以无收益的美式看涨股票期权为例，假设该股票期权距到期日还有 1 个月，股票价格为 40 美元，执行价格为 30 美元。期权实值额比较大，期权持有者很有可能立即执行该期权。但是，假设投资者执行期权后计划持有所得股票超过一个月，那么提前执行该期权并不是最好的选择。更好的方案是持有期权，直到期权到期日再执行。此时，支付 30 美元的执行价格的时间要比立即执行晚一个月。这就是说，投资者可获得 30 美元本金 1 个月的利息。由于股票并没有红利支付，则投资者不会损失任何来自股票的收益。持有期权至到期日执行的好处在于，在这一个月内股票价格还有可能会低于 30 美元。在这种情况下，投资者将庆幸自己没有提前执行期权。

上述讨论表明，如果投资者选择在期权有效期内行权并持有股票，则提前执行期权并没有好处。如果该投资者认为股票价值目前被高估了，是否应该执行期权并卖出股票？在这种情况下，提前执行也不是投资者的最佳策略，最好的选择是投资者应该卖出该期权。其他确实想持有股票的投资者将会购买该期权，而且这类投资者是一定存在的，否则股票的现价就不是 40 美元。因此，收取的期权费将高于期权内在价值 10 美元。为了给出更正式地解释美式看涨期权不应该提前执行的原因，我们需要构造如下两个资产组合：

组合 A，一份美式看涨期权加上金额为 $Ke^{-r(T-t)}$ 的现金；

组合 B，一单位标的资产。

在期权到期日 T 时刻，组合 A 的现金变为 K，而在此之前的时刻 τ，其价值为 $Ke^{-r(T-\tau)}$。因此如果看涨期权在时刻 τ 被提前执行，组合 A 的价值为 $S_\tau - K + Ke^{-r(T-\tau)}$。由于 $r>0$，所以当 $\tau<T$ 时，组合 A 的价值总是小于 S_τ。因此，如果看涨期权在到期日前提前执行，则组合 A 的价值总是小于组合 B 的价值。如果持有看涨期权至到期，则组合 A 在时刻 T 的价值为：max（S_T，K）。组合 B 在时刻 T 的价值为 S_T。由于存在 S_T 小于 K 的可能性，这就是说，组合 A 的价值总是不小于组合 B 的价值，因此，如果立即执行期权，则组合 A 的价值小于组合 B 的价值，但如果持有者直到到期日才执行期权，则组合 A 的价值将大于或等于组合 B 的价值。这就是说，在到期日前，无收益的美式看涨股票期权绝不应该执行。

由以上分析可得：同一种无收益资产美式看涨期权与欧式看涨期权的价值是相同的。即：$C=c$，结合欧式看涨期权的下限不等式 $c>\max[S-Ke^{-r(T-t)},0]$，得到无收益资产美式看涨期权价格的下限：$C>\max[S-Ke^{-r(T-t)},0]$。由于 $r>0$，所以 $C>S-K$，可见提前执行并不明智。

图 8-10 表明看涨期权的价格总是高于期权的内在价值 $\max[S-K,0]$。随着 r、T 或波动率的增加，看涨期权的价格按箭头所示方向变动(偏离内在价值更远)。

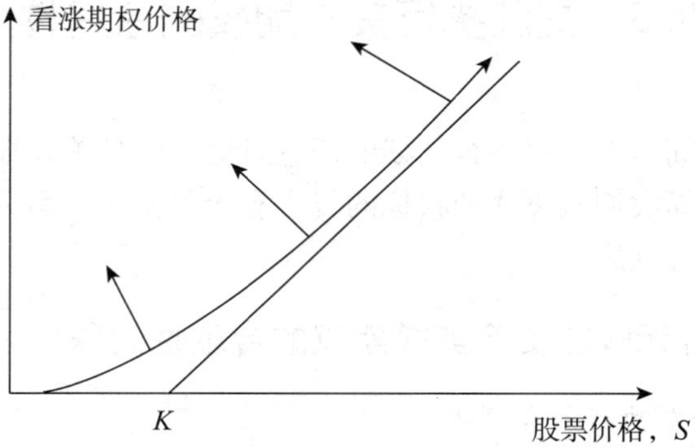

图 8-10　股价为 S 的无收益股票的美式看涨期权或欧式看涨期权的价格变化图

综合上述分析，可以得到这样的结论：无收益资产美式看涨期权提前执行并不明智。其根本原因在于期权提供了某种形式的保险。当持有看涨期权而不是股票本身时，看涨期权可以确保持有者在股票价格低于执行价格时不受损失。如果该期权被执行，股票价格取代了执行价格，这种保险作用就不存在了。另外一个原因与货币的时间价值相关。支付执行价格的时间越晚，对期权持有者就越有利。

2. 美式看跌期权提前执行的合理性

提前执行无收益的美式看跌股票期权可能是明智的选择。事实上，在期权有效期内的任一给定时刻，只要看跌期权的实值额足够大，那么最佳策略就是提前执行它。

为了说明这一点，我们将构造两个如下资产组合：

组合 C，一份美式看跌期权加上一单位标的资产；

组合 D，金额为 $Ke^{-r(T-t)}$ 的现金。

如果在时刻 $\tau<T$ 时执行看跌期权，组合 C 的价值为 K，组合 D 的价值为 $Ke^{-r(T-\tau)}$。因此，组合 C 的价值高于组合 D 的价值。如果持有期权至到期，组合 C 的价值不低于组

合 D 的价值。因为在不提前执行该期权时，组合 C 的价值不低于组合 D 的价值，因此我们并不能明确下结论是否应该提前执行该期权。

与看涨期权同理，看跌期权也能提供类似的保险功能。当同时持有股票和对应的看跌期权时，在股票价格跌破某一特定水平时，对应的看跌期权可以确保股票持有者并不遭受损失。但是，看跌期权与看涨期权并不完全相同，投资者可以放弃这一保险，并提前执行看跌期权来立即实现执行价格，这样做可能是明智的。因此，是否提前执行无收益资产美式看跌期权，主要取决于期权的实值额 $K-S$ 、无风险利率水平等因素。一般来说，随着 S 的减少、r 的增加和波动率的减少，提前执行看跌期权是很有利的。由于美式看跌期权可提前执行，因此其下限更为严格：$P \geqslant K-S$。在 $r>0$ 的条件下，当股票价格足够低时，立即执行美式看跌期权是有利的。此时期权价值为 $K-S$ 。

我们用图形来刻画美式看跌期权（见图 8－11）和欧式看跌期权（见图 8－12）的价格变化行为。图 8－11 表明，在 $r>0$ 的条件下，如果股票价格足够低，立即执行美式看跌期权是非常明智的。如果提前执行是最佳策略，该期权的价值为 $K-S$ 。因此，当 S 很小时，表明看跌期权价值曲线与看跌期权内在价值 $K-S$ 重合。在图 8－11 中，这个很小的股票价值 S 如 A 点所示。当 r 减少、波动率增加、T 增加时，看跌期权的价值按箭头所示的方向变化。

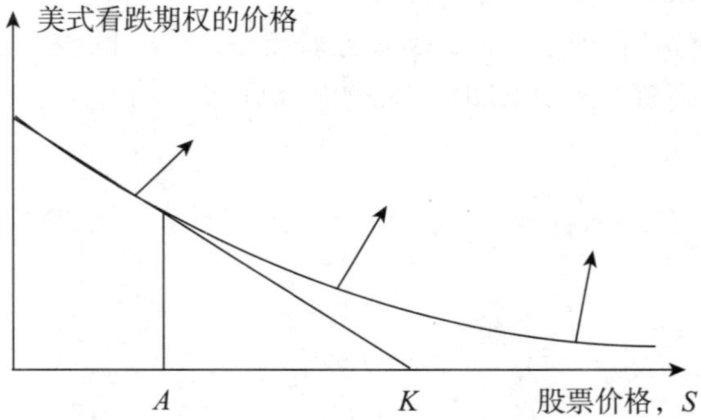

图 8－11　股价为 S 的美式看跌期权的价格变化图

值得注意的是，在某些情况下，投资者希望提前执行美式看跌期权，如果这样，美式看跌期权的价值就等于其内在价值，但欧式看跌期权的价值有时会低于其内在价值。图 8－12 表明欧式看跌期权的价格随股票价格 S 的变化。图8－12中 B 点上期权的价格等于其内在价值，B 点所代表的股票价格必定大于图 8－11 中的 A 点所代表的股票价格。图 8－12 中的 E 点上 $S=0$，欧式看跌期权的价格为 $Ke^{-r(T-t)}$ 。

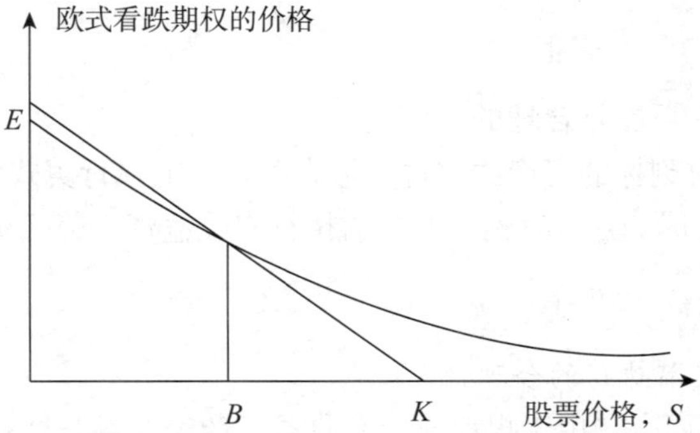

图 8－12　股价为 S 的欧式看跌期权的价格变化图

8.5.2 提前执行有收益资产美式期权的合理性

我们这里讲的有收益资产是指在期权有效期内派发现金红利的标的资产。如果在期权有效期内标的资产有现金收益派发，提前执行有时可能是合理的。

1. 美式看涨期权提前执行的合理性

对于看涨期权而言，由于提前执行有收益资产美式期权可较早获得标的资产，从而获得现金收益，而现金收益可以派生利息，因此在一定条件下，提前执行有收益资产美式期权有可能是合理的。由于存在提前执行更有利的可能性，有收益资产美式看涨期权的价值大于等于欧式看涨期权，其下限为：

$$C \geqslant c \geqslant \max\{S-D-K\mathrm{e}^{-r(T-t)},0\}$$

下面我们讨论的是在一定条件下，提前执行有收益资产美式期权的合理性的问题。

假设：在期权到期前，标的资产有 n 个除权日 t_1，t_2，…，t_n，即除权时的瞬时时刻；在这些时刻之后的收益分别为 D_1，D_2，…，D_n；在这些时刻的标的资产价格分别为 S_1，S_2，…，S_n。

(1) 在最后一个除权日（t_n）提前执行的条件：

如果在 t_n 时刻提前执行期权，则期权多方获得 S_n-K 的收益。

如果不提前执行，则资产价格将由于除权而降到 S_n-D_n。

根据关系：

$$c \geqslant \max[S-D-K\mathrm{e}^{-r(T-t)},0]$$

在 t_n 时刻期权的价值为：

$$C_n \geqslant c_n \geqslant \max\{S_n-D_n-K\mathrm{e}^{-r(T-t_n)},0\}$$

因此，如果

$$S_n-D_n-K\mathrm{e}^{-r(T-t_n)} \geqslant S_n-K$$

即：

$$D_n \leqslant K[1-\mathrm{e}^{-r(T-t_n)}]$$

则在 t_n 时刻提前执行是不合理的。

相反，如果

$$D_n > K[1-\mathrm{e}^{-r(T-t_n)}]$$

则在 t_n 时刻提前执行有可能是合理的。

结论：只有当 t_n 时刻标的资产的收益足够大时，提前执行美式看涨期权才是合理的。

(2) 对于任意 $i<n$，在 t_i 时刻不能提前执行有收益资产美式看涨期权的条件是：

$$D_i \leqslant K[1-\mathrm{e}^{-r(T-t_i)}]$$

2. 美式看跌期权提前执行的合理性

对于美式看跌期权而言，由于提前执行有收益资产美式看跌期权意味着自己放弃收益权，因此美式看跌期权提前执行的可能性很小，但又不能完全排除提前执行的可能性，要视现金收益大小等情况而定。

（1）美式看跌期权不提前执行的条件。

通过同样的分析，可以得出美式看跌期权不能提前执行的条件是：

$$D_n \geqslant K[1-e^{-r(T-t_n)}]$$

$$D_i \geqslant K[1-e^{-r(T-t_i)}]$$

（2）美式看跌期权的下限。

由于美式看跌期权有提前执行的可能性，因此其下限为：

$$P \geqslant \max(D+K-S,0)$$

8.6　期权价格曲线的形状

我们可以换一个角度来分析期权价格的运动轨迹和变化特征。对于看涨期权，资产价格 S 的上升将增加期权的当前价值，但呈现一种非线性、凸的形式。对于看跌期权，资产价格 S 的下降将增加期权的当前价值，同样也呈现一种非线性、凸的形式。随着时间的推移，曲线接近于曲棍球球棒线。

将期权的当前价格分解为内在价值和时间价值两部分。内在价值包括期权购买后当日执行的价值，即对看涨期权来说为 $\max[S-Ke^{-r(T-t)}, 0]$，对看跌期权来说为 $\max[Ke^{-r(T-t)}-S, 0]$，因此内在价值主要取决于 S 和 K。时间价值由剩余部分组成，反映了期权在未来创造更多收益的可能性，时间价值主要取决于期权的内在价值、r 和波动率等因素。

8.6.1　看涨期权的价格曲线

1. 无收益资产看涨期权的价格曲线

我们考虑一个无收益资产看涨期权。看涨期权的上限 $=S$，看涨期权的下限 $=\max[S-Ke^{-r(T-t)}, 0]$，期权价格的下限就是期权的内在价值。当内在价值 $=0$ 时，期权价格就等于时间价值。当 $S=Ke^{-r(T-t)}$ 时，时间价值最大；当 S 趋于 0 和 ∞ 时，此时看涨期权的价值分别趋于 0 和 $S-Ke^{-r(T-t)}$。特别地，当 $S=0$ 时，$C=c=0$。

此外，r 越高，期权期限越长，标的资产价格的波动率很大，则期权价格曲线以 O 为中心越往右上方旋转，但基本形状不变，而且不会超过上限，如图 8-13 所示。

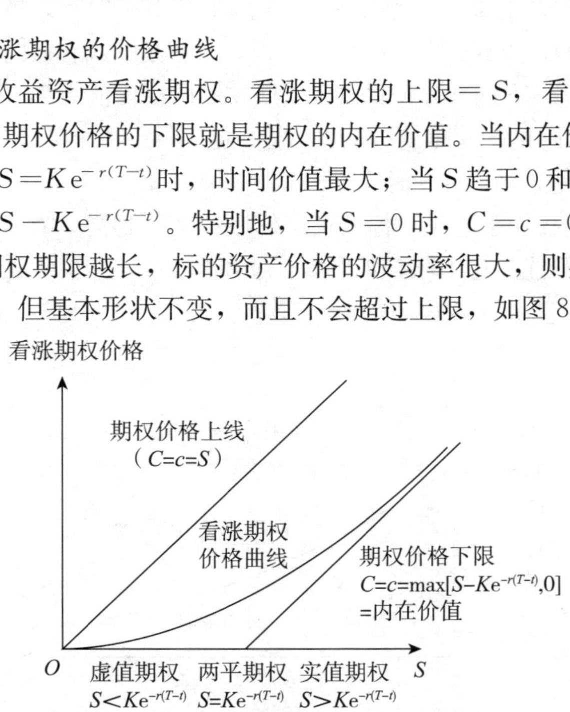

图 8-13　无收益资产看涨期权价格曲线图

如图 8－13 所示，期权价格变化轨迹可以分为以下三种情况：

(1) 两平期权，即当标的资产的市场价格等于执行价格的现值时。时间价值最大，内在价值为 0。

(2) 实值期权，即当标的资产的市场价格大于执行价格的现值时。期权价值由时间价值与正的内在价值构成，并且当内在价值越来越大时，时间价值越来越小。

(3) 虚值期权，即当标的资产的市场价格小于执行价格的现值时。内在价值为 0，并且当标的资产价格趋于 0 时，时间价值也趋于 0。

2. 有收益资产看涨期权的价格曲线

如果期权标的资产存在现金收益，那么其对看涨期权的价格变化有何影响呢？我们用 D 表示在期权有效期内现金收益的现值。在计算 D 值时通常假定其是在除息日发放的。

有收益资产看涨期权的上限 $=S$，看涨期权的下限 $=\max[S-Ke^{-r(T-t)}-D，0]$，期权价格的下限就是期权的内在价值。当内在价值=0 时，期权价格就等于时间价值。当 $S=Ke^{-r(T-t)}+D$ 时，时间价值最大；当 S 趋于 0 和 ∞ 时，此时看涨期权的价值分别趋于 0 和 $S-Ke^{-r(T-t)}-D$。特别地，当 $S=0$ 时，$C=c=0$。

此外，r 越高，期权期限越长，标的资产价格波动率很大，则期权价格曲线以 O 为中心越往右上方旋转，但基本形状不变，而且不会超过上限。

有收益资产看涨期权价格曲线图与无收益资产看涨期权价格曲线图类似，只是把 $Ke^{-r(T-t)}$ 换成 $Ke^{-r(T-t)}+D$。

8.6.2 看跌期权的价格曲线

1. 欧式看跌期权的价格曲线

(1) 无收益资产看跌期权的价格曲线。

考虑一个无收益资产的欧式看跌期权，其上限 $=Ke^{-r(T-t)}$，欧式看跌期权的下限 $=\max[Ke^{-r(T-t)}-S，0]$。当 $Ke^{-r(T-t)}-S>0$ 时，它就是欧式看跌期权的内在价值，也是其价格下限；当 $Ke^{-r(T-t)}-S<0$ 时，欧式看跌期权的内在价值为 0，其期权价格等于时间价值；当 $S=Ke^{-r(T-t)}$ 时的时间价值最大。当 S 趋于 0 和 ∞ 时，期权的价值分别趋于 $Ke^{-r(T-t)}$ 和 0。特别地，当 $S=0$ 时，$p=Ke^{-r(T-t)}$。

此外，r 越低，期权期限越长，标的资产价格波动率越高，看跌期权价值以 O 为中心越往右上方旋转，但不能超过上限，如图 8－14 所示。

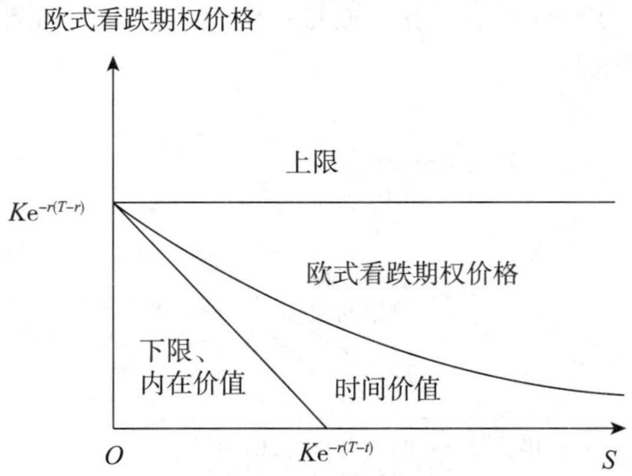

图 8－14 无收益资产欧式看跌期权的价格曲线图

（2）有收益资产看跌期权的价格曲线。

考虑一个有收益资产的欧式看跌期权，则其价格的上限$=D+Ke^{-r(T-t)}$，其价格的下限$=\max[D+Ke^{-r(T-t)}-S, 0]$。当$D+Ke^{-r(T-t)}-S>0$时，它就是欧式看跌期权的内在价值，也是其价格下限；当$D+Ke^{-r(T-t)}-S<0$时，欧式看跌期权的内在价值为 0，其价格等于时间价值；当$S=D+Ke^{-r(T-t)}$时的时间价值最大。当S趋于 0 和∞时，期权的价格分别趋于$D+Ke^{-r(T-t)}$和 0。特别地，当$S=0$时，$p=D+Ke^{-r(T-t)}$。

此外，r越低，期权期限越长，标的资产价格波动率越高，看跌期权价值以O为中心越往右上方旋转，但不能超过上限。

有收益资产欧式看跌期权的价格曲线图与无收益资产欧式看跌期权的价格曲线图相似，只是把$Ke^{-r(T-t)}$换成$D+Ke^{-r(T-t)}$。

2. 美式看跌期权的价格曲线

（1）无收益资产看跌期权的价格曲线。

考虑一个无收益资产的美式看跌期权，其上限为K，下限为$K-S$。当标的资产的价格足够低时，提前执行是明智的，此时期权的价格为$K-S$。因此当S较小时，看跌期权的曲线与其下限，或者说内在价值$K-S$是重合的。当$S=K$时，期权的时间价值最大。其他情况与欧式看跌期权类似（见图 8－15）。

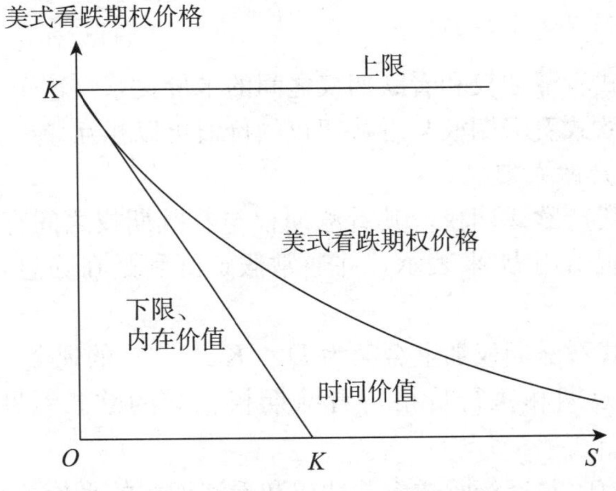

图 8－15　无收益标的资产美式看跌期权的价格曲线图

（2）有收益资产看跌期权的价格曲线。

考虑有收益资产的美式看跌期权，则其上限为$D+K$，下限为$D+K-S$。当标的资产的价格足够低时，提前执行是明智的，此时期权的价值为$D+K-S$。因此当S较小时，看跌期权的曲线与其下限，或者说内在价值$D+K-S$是重合的。当$S=D+K$时，期权的时间价值最大。其他情况与欧式看跌期权类似。

有收益美式看跌期权的价格曲线图与无收益美式看跌期权的价格曲线图相似，只是把K换成$D+K$。

8.7 看涨期权与看跌期权之间的平价关系

对于欧式期权来说，看涨期权与看跌期权之间存在平价关系，而美式期权之间并没有平价关系。但是，美式看涨期权与看跌期权之间仍然存在一定的联系。

8.7.1 欧式看涨期权与看跌期权之间的平价关系

1. 无现金收益资产欧式期权

为了推导欧式看涨期权和看跌期权之间的平价关系，我们构造如下两个资产组合：

组合 E，一份欧式看涨期权加上金额为 $Ke^{-r(T-t)}$ 的现金。

组合 F，一份有效期和执行价格与看涨期权相同的欧式看跌期权加上一单位标的资产。

由前面的分析可知，在期权到期时，两个组合的价值均为：

$$\max(S_T, K)$$

由于欧式期权不能提前执行，因此两个组合在时刻 t 必须具有相等的价值。即：

$$c + Ke^{-r(T-t)} = p + S$$

这一关系就是欧式看涨期权和看跌期权之间的平价关系。这个平价关系表明具有相同执行价格和到期日的欧式看涨期权与看跌期权的价值可以相互导出。

2. 有现金收益资产欧式期权

对于有现金收益资产欧式期权，其看涨期权与看跌期权之间存在怎样的平价关系呢？假定标的资产收益的现值用 D 来表示，并通常假定红利是在除息日发放。我们构造如下两个资产组合：

组合 G，一份欧式看涨期权加上金额为 $D + Ke^{-r(T-t)}$ 的现金。

组合 H，一份有效期和执行价格与看涨期权相同的欧式看跌期权加上一单位标的资产。

同前，可推导出有收益资产欧式看跌期权和看涨期权的平价关系：

$$c + D + Ke^{-r(T-t)} = p + S$$

考虑一个看涨期权的例子。首先，根据 $c + D + Ke^{-r(T-t)} = p + S$ 可以得到：

$$c = p + S - D - Ke^{-r(T-t)}$$

由上式可见，如果红利的现值 D 增加，那么看涨期权的价值会下降。

其次，在没有红利的条件下，根据式 $c + Ke^{-r(T-t)} = p + S$ 可以得到：

$$c = p + S - Ke^{-r(T-t)}$$

我们可以将看涨期权视同借钱买入股票，并同时买进一个看跌期权来提供保险，这种操作与直接购买股票相比，看涨期权多头有保险和利用杠杆效应两个优点。

8.7.2 美式看涨期权与看跌期权之间的关系

因为美式期权没有确定的执行日，因而看涨期权和看跌期权之间不存在明确的平价关系，明确的平价关系仅适用于欧式期权，但我们也可以导出美式期权价格之间的非平价关系。

1. 无现金收益资产美式期权

由于 $P>p$，根据欧式期权的平价关系 $c+Ke^{-r(T-t)}=p+S$ 可得：

$$P>c+Ke^{-r(T-t)}-S$$

对于无收益资产看涨期权，由于 $c=C$，因此，

$$P>C+Ke^{-r(T-t)}-S$$

即：

$$C-P<S-Ke^{-r(T-t)}$$

这样我们就得到了看涨期权价格与看跌期权价格之差的上限。下面通过构造资产组合得出其下限。

考虑以下两个组合：

组合 I，一份欧式看涨期权加上金额为 K 的现金。

组合 J，一份美式看跌期权加上一单位标的资产。

如果美式期权没有提前执行，则在 T 时刻组合 J 的价值为 $\max(S_T, K)$，而此时组合 I 的价值为 $\max(S_T, K)+Ke^{r(T-t)}-K$。因此组合 I 的价值大于组合 J。

如果美式期权在 τ 时刻提前执行，则在 t 时刻组合 J 的价值为 K，而此时组合 I 的价值大于等于 $Ke^{r(\tau-t)}$。因此组合 I 的价值大于组合 J。

换言之，无论美式组合是否提前执行，组合 I 的价值都高于组合 J，因此在 t 时刻，组合 I 的价值都应该高于组合 J 的价值，即：$c+K>P+S$。

由于 $c=C$，因此，$C+K>P+S$，即：$C-P>S-K$，结合前面的不等式 $C-P<S-Ke^{-r(T-t)}$ 得：

$$S-K<C-P<S-Ke^{-r(T-t)}$$

这便是美式看涨期权与看跌期权的价格所满足的关系式。

2. 有现金收益资产的美式期权

如果美式期权的标的资产有现金收益，则只要把组合 I 的现金改为 $D+K$，仍可得到有收益资产美式期权必须遵守的不等式 $S-D-K<C-P<S-D-Ke^{-r(T-t)}$。

为了证明上述不等式，我们通过修改前面的组合 I 与 J 来构造下面的资产组合。

组合 I：一份欧式看涨期权加上金额为 $D+K$ 的现金；

组合 J：一份美式看跌期权加上一单位标的资产。

可以得出：无论美式组合是否提前执行，组合 I 的价值都高于组合 J。因此

$$P+S<c+D+K$$

由于欧式看涨期权的价值不会超过美式看涨期的价值，即：$c<C$，因此

$$P+S<C+D+K$$

即：

$$S-D-K<C-P$$

由于看涨期权和看跌期权的不同性质，红利的存在对两者的影响是不同的，一方面，它可能减少看涨期权的价值；另一方面，它可能增加看跌期权的价值。因此不等式$C-P<S-D-Ke^{-r(T-t)}$一定成立。

本章小结

期权的价值由内在价值和时间价值两个部分构成。影响期权价格的因素主要有：标的资产现价、执行价格、到期时间、标的资产波动率、无风险利率以及标的资产的收益。

期权的价格上下限见表8-7。

表8-7 期权的价格上下限

			上限	下限
欧式	有收益	看涨	S	$\max[S-D-Ke^{-r(T-t)}, 0]$
		看跌	$Ke^{-r(T-t)}$	$\max[D+Ke^{-r(T-t)}-S, 0]$
	无收益	看涨	S	$\max[S-Ke^{-r(T-t)}, 0]$
		看跌	$Ke^{-r(T-t)}$	$\max[Ke^{-r(T-t)}-S, 0]$
美式	有收益	看涨	S	$\max[S-D-Ke^{-r(T-t)}, 0]$
		看跌	K	$\max(D+K-S, 0)$
	无收益	看涨	S	$\max[S-Ke^{-r(T-t)}, 0]$
		看跌	K	$K-S$

无收益资产欧式期权平价关系：

$$c+Ke^{-r(T-t)}=p+S$$

有收益资产欧式期权平价关系：

$$c+D+Ke^{-r(T-t)}=p+S$$

对美式期权来说，不存在看涨期权和看跌期权的平价关系。

无收益美式看涨期权提前执行是不合理的；提前执行有收益资产美式看涨期权才可能是合理的。美式看跌期权提前执行可能是合理的。

对于看涨期权，资产价格S的上升将增加期权的当前价值，呈现一种非线性、凸的形式；对于看跌期权，资产价格S的下降将增加期权的当前价值，同样也是呈现非线性、凸的形式。

无收益资产的欧式看涨期权与看跌期权之间的平价关系：

$$c+Ke^{-r(T-t)}=p+S$$

有收益资产的欧式看涨期权与看跌期权之间的平价关系：

$$c+D+Ke^{-r(T-t)}=p+S$$

无收益资产美式看涨期权与看跌期权的价格之间的关系：

$$S-K<C-P<S-Ke^{-r(T-t)}$$

有收益资产美式看涨期权与看跌期权的价格之间的关系：

$$S-D-K<C-P<S-D-Ke^{-r(T-t)}$$

问题与应用

1. 一个基于无红利股票的1年期欧式看跌期权，执行价格为25欧元，期权的即期交易价格为3.19欧元。股票的即期价格为23欧元，它的年波动率为30%，年无风险收益率为5%。基于相同股票的欧式看涨期权的价格是多少？以连续复利计算。

2. 一个无红利支付股票的美式看涨期权的价格为4美元。股票价格为31美元，执行价格为30美元，3个月后到期，无风险利率为8%。请推出相同股票、相同执行价格、相同到期日的美式看跌期权的价格上下限。

3. 你现在要对一个2年期的执行价格为45美元的欧式看涨期权定价。已知初始股票价格为50美元，连续无风险利率为3%。为了确定该期权的价格范围，你考虑计算价格的上下限。该期权价格的上限与下限的差是多少？

4. 列举影响期权价格的6个因素，并简述其影响的机理。

5. 请解释为什么对欧式看涨期权与看跌期权之间平价关系的讨论用于美式期权不可能得到相同的结论。

6. 一个期限为4个月的无红利支付股票的欧式看涨期权现价为5美元。股票价格为64美元，执行价格为60美元，一个月后支付红利0.8美元。对所有期限的无风险年利率均为12%。对套利者而言存在什么样的机会？

7. 请直观地解释为什么当无风险利率上升且波动率减少时，提前执行美式看跌期权变得很有吸引力。

8. 执行价格为30美元，6个月后到期的欧式看涨期权的价格为2美元，标的股票的价格为29美元，2个月后和5个月后支付红利0.5美元。期限结构为水平的，无风险利率为10%。执行价格为30美元，6个月后到期的欧式看跌期权的价格为多少？

9. 在习题8中，如果欧式看跌期权的价格为3美元，请说明存在什么样的套利机会。

10. 执行价格为20美元、3个月后到期的欧式看涨期权和欧式看跌期权，售价都为3美元。无风险年利率为10%，股票现价为19美元，预计1个月后发放1美元红利。请说明对投资者而言，存在什么样的套利机会。

11. “提前执行美式看跌期权是在货币的时间价值与看跌期权的保险价值之间的权衡。”请解释。

12. 请给出两个原因说明为什么提前执行无红利支付股票的美式看涨期权不是最好的。第一个原因应包括货币的时间价值，第二个原因在利率为零时也成立。

13. 讨论题

股票期权是指给一个员工以一定的行权价格（一般是一个很低的价格）在一段时间里买入公司普通股的权利。

公司在刚起步的时候，付不起很高的工资，而且要员工放弃原有稳定的工作，这个时候期权就对员工有很大的激励作用。除了可以“吸引”员工加入之外，期权还可以起到“留住”员工的作用。一个员工如果拿了工资或者奖金，然后离开公司，对公司肯定有损害，但对员工自己没有损害。员工如果拿了期权，情况就不一样了：首先，期权需要几年（一般是3～5年）才会被授予，早走就少拿。如果是5年绑定期，他工作了2年就走，只能拿2/5。其次，一般的期权协议规定，辞职的员工在离职后90天内必须行使期权，过期作废，这样即使是一分钱、一角钱的美元期权，如果是几万股，员工也可能要拿出上万元人民币才能拿到这些普通股。在公司上市前，这些普通股是不流通的，只是一张白纸而已，所以对很多员工来讲，买不买是一个困难的决定。最后，一个重要的员工走了，对公司造成损失，同样他作为股东也要承受这些损失，这也会成为促使一个员工留在公司的原因之一，或者至少不太可能离开公司到竞争对手那里去，做出对公司有害的事情。

在实际中，创业者经常会遇到这样的问题：

第一大问题，也是最常见的问题，是“给多少”？

第二大问题是期权授予期限的问题，是3年、4年还是5年？

第三大问题是期权授给多少人？

第四大问题是行权价格该定多少？

股票期权是小公司能够吸引人才并且留住人才的最大法宝，而人是公司成功最重要的因素。

推荐阅读材料、网站

［1］Hull，J. C.，and A. White，“How to Value Employee Stock Options”，*Financial Analysts Journal*，60，1（January/February 2004）：114-119.

［2］Cox，J. C.，and M. Rubinstein，*Options Markets*. Upper Saddle River，NJ：Prentice-Hall，1985.

［3］Black，F.，and M. Scholes，“The Pricing of Options and Corporate Liabilities”，*Journal of Political Economy*，81（May/June 1973）：637-659.

［4］Merton，R. C.，“Theory of Rational Option Pricing”，*Bell Journal of Economics and Management Science*，4（Spring 1973）：141-183.

［5］刘海龙，吴冲锋．期权定价方法综述．管理科学学报，2002（2）．

［6］李曜．股票期权与限制性股票股权激励方式的比较研究．经济管理，2008（23/24）．

［7］中国期权网 http：//www. chinaoptions. cn/.

［8］期权中国网 http：//www. qiquanchina. com/.

［9］芝加哥期权交易所 http：//www. cboe. com/.

参考文献

[1] 约翰·赫尔．期权、期货及其他衍生产品（第六版）．北京：人民邮电出版社，2009.

[2] 郑振龙主编．衍生产品．武汉：武汉大学出版社，2005.

[3] 常清主编．期货、期权与金融衍生品概论．北京：教育科学出版社，2009.

[4] 迈克尔·德宾．金融衍生品入门．北京：中国青年出版社，2008.

[5] 罗孝玲，等．期货与期权．北京：高等教育出版社，2006.

第 9 章

期权交易策略

学习目标

学习完本章后，读者应了解期差组合、对角价差期权的构建方式，掌握包括一个简单期权和一个股票的四种策略、牛市价差期权、熊市价差期权、蝶式价差期权、跨式组合期权、宽跨式组合期权的构建方式以及损益图。

从20世纪七八十年代开始，期权作为一种极具特色的金融衍生工具，取得了迅速发展，并深受投资者的喜爱。期权是一把“双刃剑”，用得好能够形成各种特色的风险—收益配置，用得不好也会造成巨大的损失。在期权交易的过程中，投资者首先需要对市场未来走势做出判断，在此基础上构建最适合该走势风险—收益特征的期权交易策略。一般来说，期权交易策略具有高杠杆性、风险收益不对称性和多样性等特点。本章主要介绍了常见的欧式期权交易策略，具体有包含标的资产的简单期权组合、价差组合、期差组合、对角组合、跨式组合等，并用图表分析这些期权交易策略的损益情况。

9.1 包含标的资产的简单期权组合

为了分析的简便，我们假设在本章所考虑的期权标的资产为股票，当然本章建立的期权交易策略也适用于其他标的资产的期权。

为了更直观地描述期权交易策略潜在的损益状态，我们一般利用损益图来帮助理解。在组合策略中，往往使用虚线表示该组合中单个证券的损益与股票价格之间的关系，实线则表示整个组合的损益与股票价格之间的关系。以下将利用损益图介绍四种包括一个简单期权和一只股票的交易策略。

在本章的讨论中，用来表示交易策略损益的图和表都不考虑现金的时间价值，收益由最终损益减去初始成本得到。

9.1.1 标的资产多头与看涨期权空头组合

标的资产多头与看涨期权空头组合是指由一个股票的多头加上一个看涨期权的空头形

成的交易策略，这一交易策略也称为有保护的看涨期权空头或出售一个有保护的看涨期权（writing a covered call）。组合损益图与卖出看跌期权的损益图相同，如图9－1所示。

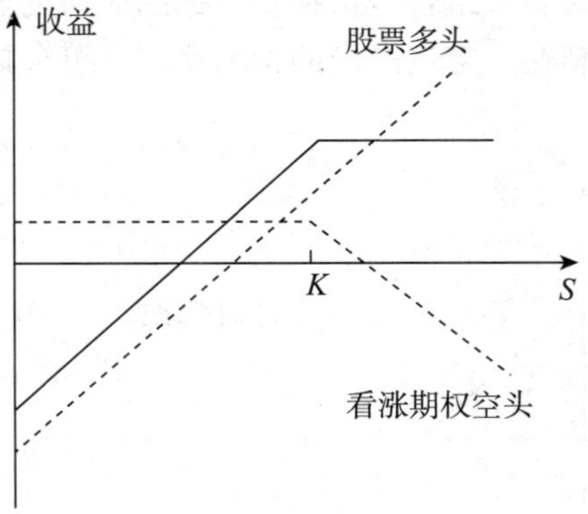

图9－1 有保护的看涨期权空头

分析损益图可知，当股票价格急剧上涨时，投资者作为看涨期权的卖出方，可能会面临因看涨期权被行权而造成的巨大损失。此时，投资者可以通过该策略，直接交割手中的股票，用股票多头“轧平”（cover）看涨期权被行权带来的损失；当股票价格急剧下跌时，看涨期权不会被行权，投资者还有可能从卖出看涨期权所收到的期权费中获利。

但是，有保护的看涨期权空头交易策略的缺点在于：限制了投资者的潜在盈利。因为投资者在卖出看涨期权合约中承担了按约定价格出售股票的义务，即一旦股票价格高于看涨期权的执行价，看涨期权买方要求行权，看涨期权卖方必须按照执行价将手中的股票卖出。因此，采用有保护的看涨期权空头交易策略的投资者可能难以享受到因股票价格的大幅上涨所带来的收益。

【例9—1】 投资者张某以每股10元价格买入A股票100股，想要在3个月后出售，由于担心3个月后价格下跌，张某卖出一份执行价格为10元的看涨期权，售价为2元，一份该期权的标的资产为100股A股票。100股A股票及一个执行价格为10元的看涨期权空头构成了一个有保护的看涨期权空头。3个月后，若A股票的市场价格为10元，则张某在股票市场没有盈亏，在期权市场的收益为看涨期权的售价，2元；若A股票的市场价格为11元，则张某在股票市场的收益为（11－10）×100＝100元，在期权市场，期权买方选择执行期权，张某的亏损为2－100＝－98元，净收益为2元；若A股票的市场价格为n元（$n<10$），则张某在股票市场的亏损为（$10-n$）×100，在期权市场，期权买方选择不执行期权，张某的收益为2元，净收益为［$2-(10-n)\times100$］元。如表9－1所示。

表9－1

	$S_T<10$	$S_T=10$	$S_T>10$
股票损益	$(S_T-10)\times100$	0	$(S_T-10)\times100$
看涨期权空头损益	2×100	2×100	$[2-(S_T-10)]\times100$
组合损益	$[2+(S_T-10)]\times100$	2×100	2×100

9.1.2 标的资产空头与看涨期权多头组合

标的资产空头与看涨期权多头组合是指在卖空标的股票的同时买进一份看涨期权，该策略是将卖空股票的风险限制在一定范围内的交易手段，组合损益图与买进看跌期权的损益图相同，如图 9－2 所示。

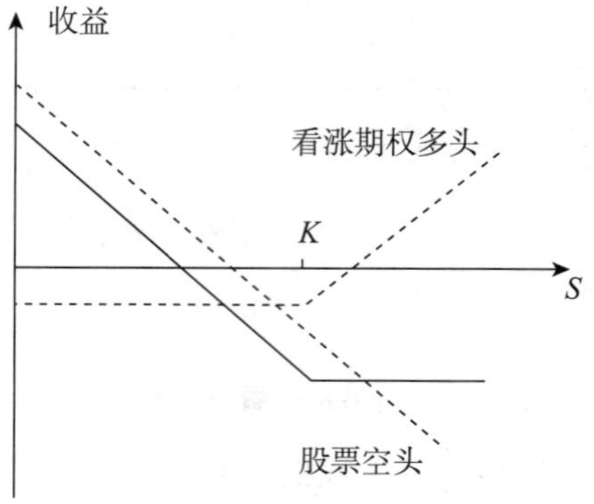

图 9－2 标的资产空头与看涨期权多头组合

分析损益图可知，单一的卖空股票交易，理论上来说收益是有限的，而风险是无限的。所以投资者在卖空时往往会有所顾虑，当股票价格出现暂时性上涨时，投资者也可能会因心理压力而进行回补卖空头寸的交易。如果投资者在卖空股票的同时拥有看涨期权多头，当股票价格上涨时，看涨期权多头的盈利将抵消由于卖空股票造成的亏损，且当股价高于执行价格时，亏损可以被限制在一个固定的、通常比较小的范围内，该亏损的大小等于股价与执行价格相等时股票的亏损额加上购买期权的期权费。

9.1.3 标的资产多头与看跌期权多头组合

标的资产多头与看跌期权多头组合是指拥有标的股票的同时买进一份看跌期权的交易策略，这一策略往往被用来限制已有股票价格下跌的亏损。组合损益图与买进看涨期权的损益图相同，如图 9－3 所示。

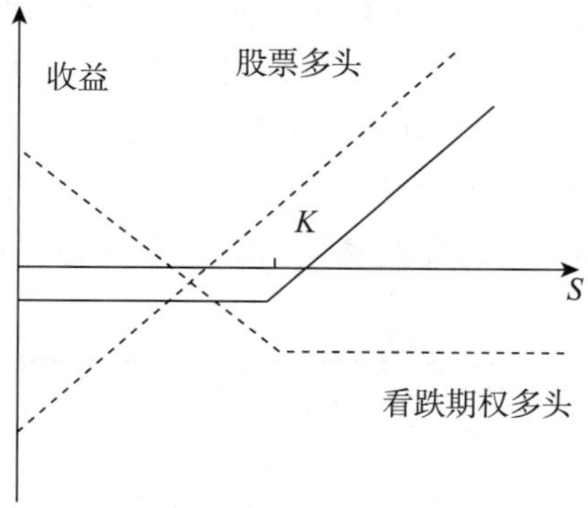

图 9－3 标的资产多头与看跌期权多头组合

分析损益图可知，持有股票多头的投资者会面临股票价格下跌造成的亏损，当投资者同时拥有普通股股票和基于同一股票的看跌期权时，这就形成了一个在期权存续期内股票价格下跌风险有限的头寸。

从理论上来说，所有股票持有者都可以采用该策略，但是其最适合两种股票持有者：首先是不想卖出股票的长期持有者，他们可以通过买进看跌期权来限制短期股票价格下跌的亏损；其次是在买进某只股票时想采取保护措施，以防股价意外下跌的投资者。

标的资产多头与看跌期权多头组合策略常常被称为保护性看跌期权（protective put）策略。相较于保护性看涨期权策略，两者的差别在于，保护性看涨期权策略侧重于规避价格上涨时看涨期权空头的巨大损失，而保护性看跌期权策略则侧重于规避价格下降时股票多头的巨大损失。所以，保护性看涨期权策略避免价格上涨对期权空头的影响，而保护性看跌期权策略避免价格下降对股票多头的影响。两者针对的价格波动范围以及保护资产类型均不同。

9.1.4　标的资产空头与看跌期权空头组合

标的资产空头与看跌期权空头组合是指持有一个股票空头加上一个看跌期权空头的组合策略。该策略是一个潜在盈利有限的交易策略，组合损益图与卖出看涨期权的损益图相同，如图 9－4 所示。

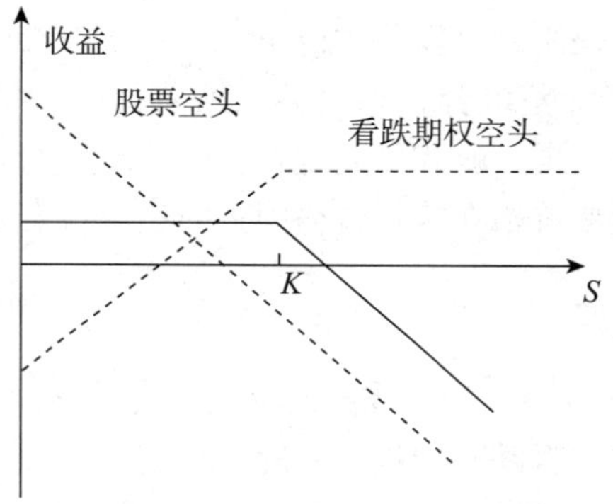

图 9－4　标的资产空头与看跌期权空头组合

分析损益图可知，如果标的股票在期权到期日的价格低于看跌期权的执行价格，就能实现这个盈利。而在价格上涨方向有无限的风险，因为如果股票价格上涨，卖空股票的交易就会积累亏损，而卖出看跌期权得到的收入是有限的。该策略实际上跟一个单独的看涨期权空头的头寸是相等的，不同之处在于，如果该股票有股息存在，持有该组合策略的投资者必须就标的股票支付股息。

在以上四种期权与股票的组合类型中，第四种组合类型的投资者承受的损失风险最大，因为在前三种组合中，从理论上来说，要么损失有限（组合一与组合二），要么收益无限（组合三），而第四种组合收益有限而损失无限。

以上介绍了四种包括一只股票和一个简单期权的交易策略，如果以 C 代表看涨期权价格，以 P 代表看跌期权价格，以 K 代表期权执行价格，以 S_0 代表标的股票的期初价格，以 S_T 代表标的股票的到期日价格，则它们的损益和适合的市场状况汇总为表 9－2。

表 9-2　包含一只股票和一份期权的交易策略适用市场与损益情况

交易策略	标的资产多头与看涨期权空头	标的资产空头与看涨期权多头	标的资产多头与看跌期权多头	标的资产空头与看跌期权空头
适用市场预期	对股票看涨	对股票看跌	对股票看涨	对股票看跌
期权行权损益	$K-S_0+C$	S_0-C-K	$K-S_0-P$	S_0+P-K
期权不行权损益	S_T-S_0+C	S_0-C-S_T	S_T-S_0-P	S_0+P-S_T

9.2　价差组合

价差组合（价差期权）交易策略是指同时买入或卖出两个（或者多个）执行价格不同、到期日相同的同类期权。这里所讲的同类期权，是指价差组合所包含的期权，它们要么都是看涨期权，要么都是看跌期权。前者称为看涨期权价差组合，后者称为看跌期权价差组合。价差组合可以锁定整个价格区间内收益的波动范围，即拥有一个最低损失额以及一个最高收益额。

按照投资目标不同，价差组合可以分为以下三类：第一类，到期日股票价格升高对组合持有者较有利，称为牛市价差组合。第二类，到期日股票价格下降对组合持有者较有利，称为熊市价差组合。第三类，蝶式价差组合。蝶式价差组合由牛市价差组合与熊市价差组合合并而成，到期日股票价格在执行价格附近对组合投资者较有利。

9.2.1　牛市价差组合

牛市价差组合（bull spreads）是最普遍的价差组合类型。该类型期权组合是指购买一个较低执行价格的股票看涨（看跌）期权的同时，出售一个该股票的较高执行价格的看涨（看跌）期权，两个期权的到期日相同。之所以称为“牛市”，是因为投资者预测股票价格可能会上涨，按期权执行价格对期权“买低卖高”。

有相同的到期日但不同的执行价格会导致两个期权的价格不同。随着执行价格的上升，看涨期权的价格往往随之下降，看跌期权的价格往往随之上升。所以，卖出看涨期权的价值总是小于买入看涨期权的价值，而卖出看跌期权的价值总是大于买入看跌期权的价值。这意味着，利用看涨期权构造牛市价差期权的投资者，开始时会得到一个负的现金流；而利用看跌期权构造牛市价差期权的投资者，开始时会得到一个正的现金流。

1. 利用看涨期权形成的牛市价差组合

利用看涨期权形成的牛市价差组合，由一份较低执行价格的看涨期权多头（通常价格较高）与一份相同期限的较高执行价格的看涨期权空头（通常价格较低）组成，该组合损益情况如图 9-5 所示。

由于看涨期权的执行价格越高，期权价格就越低，买入看涨期权的价格大于卖出看涨期权的价格，所以建立该策略需要一笔初始投资。

K_1 和 K_2 分别是买入看涨期权和卖出看涨期权的执行价格，$K_1<K_2$；C_1 和 C_2 分别是执行价格为 K_1 和 K_2 的看涨期权的价格，对于看涨期权，执行价格越低，期权价值越高，所

以 $C_1 > C_2$；S_T 是期权到期日股票的实际价格。该投资组合的损益如表 9－3 所示。

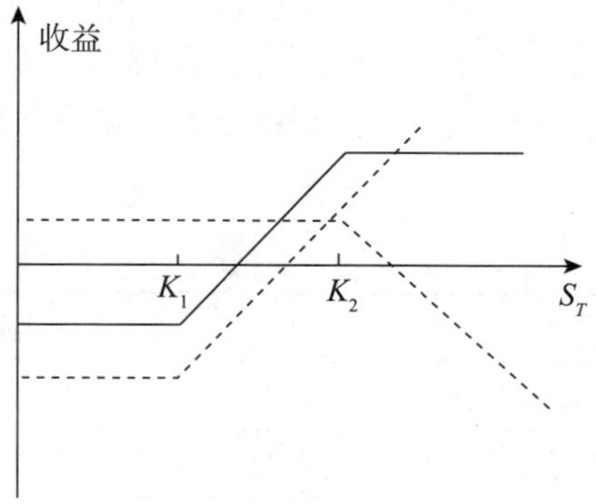

图 9－5　利用看涨期权形成的牛市价差组合

表 9－3　用看涨期权组成的牛市价差组合损益

股票价格范围	看涨期权多头	看涨期权空头	组合损益
$S_T \leqslant K_1$	$-C_1$	C_2	$C_2 - C_1$
$K_1 < S_T < K_2$	$S_T - K_1 - C_1$	C_2	$S_T - K_1 + C_2 - C_1$
$S_T \geqslant K_2$	$S_T - K_1 - C_1$	$K_2 - S_T + C_2$	$K_2 - K_1 + C_2 - C_1$

在期权到期时，如果股票价格 S_T 小于K_1，则执行价格为 K_1 和 K_2 的看涨期权多头投资者都会放弃履约，该策略持有者的总收益为负，绝对值为买入看涨期权的价格与卖出看涨期权的价格之差，即 $|C_1 - C_2|$；如果股票价格 S_T 在K_1 和 K_2 之间，则协议价为 K_1 的看涨期权会选择履约，而协议价为 K_2 的看涨期权是虚值的，不会履约，导致该策略持有者获得 $S_T - K_1 - C_1 + C_2$ 的总收益；如果 S_T 大于K_2，则两份看涨期权都会被履约，该组合策略的总收益为 $S_T - K_1 - C_1 + K_2 - S_T + C_2 = K_2 - K_1 - (C_1 - C_2)$，即两份看涨期权协议价格之差减去初始投资。

牛市价差组合的收益和损失均被限制在一个既定的范围之内。在一个谨慎看多的市场环境下，投资者通常采用牛市价差组合策略，这样可以通过期权组合将潜在的收益和损失锁定在一定的范围内。此外，由于出售期权的收入能够抵消一部分购买期权所支付的期权费，牛市价差组合所支付的期权费用也少于购买单个期权的费用支出。

根据当前看涨期权的状态，可以将初始投资的牛市价差期权组合分为三类：第一，期初两个看涨期权均为虚值期权，即 $S_0 < K_1$，此时该组合的成本也比较低(因为此时两个期权的价格都比较低)，所以未来获得高收益 $K_2 - K_1$ 的可能性相对来说也比较小；第二，期初看涨期权多头为实值期权，而看涨期权空头为虚值期权，即 $K_1 \leqslant S_0 \leqslant K_2$；第三，期初两个看涨期权均为实值期权，即 $S_0 > K_2$，此时该组合获得高收益的可能性较大，同时构造成本也很高。由此可见，从第一种组合类型到第三种组合类型，组合风险逐渐降低，组合逐渐趋于保守。

【例 9—2】　投资者王某以 2 元的价格买入一份执行价格为 10 元、标的资产为 A 股票的 1 个月期看涨期权，同时以 1 元的价格卖出一份执行价格为 13 元的同一标的资产的 1 个月期看涨期权，这构成一个由看涨期权组成的牛市价差期权。

1 个月后，若股票价格大于 13 元，两个期权均被执行，王某在看涨期权多头上的损益

为 (S_T-10)，在看涨期权空头的上损益为 $(13-S_T)$，则整个组合的损益为 $(S_T-10)+[(13-S_T)-2+1]=2$ 元；若股票价格小于10元，两个看涨期权均不执行，整个组合的损益为 $(-2+1)=-1$ 元；若股票价格大于10元小于13元，看涨期权多头被执行，损益为 (S_T-10)，而看涨期权空头不被执行，整个组合的损益为 $[(S_T-10)-2+1]=S_T-11$ 元。损益如表 9-4 所示。

表 9-4

股票价格变动范围（元）	损益状态（元）
$S_T\geqslant 13$	2
$10<S_T<13$	S_T-11
$S_T\leqslant 10$	-1

2. 利用看跌期权形成的牛市价差组合

利用看跌期权形成的牛市价差组合，由一份较低执行价格的看跌期权多头（通常价格较低）与一份相同期限的较高执行价格的看跌期权空头（通常价格较高）组成，该组合损益情况如图 9-6 所示。

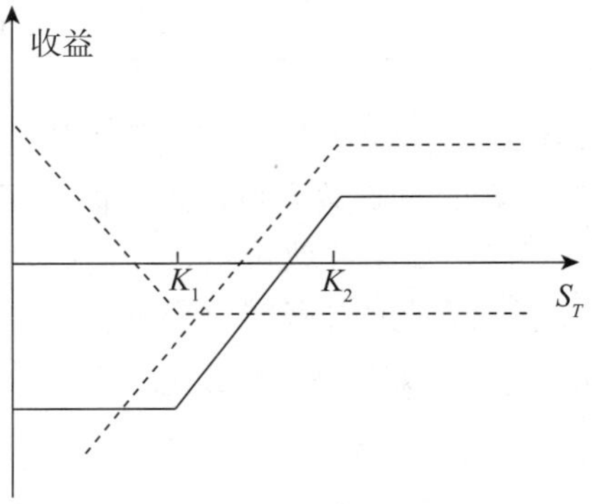

图 9-6 利用看跌期权组成的牛市价差期权

与利用看涨期权构建牛市价差期权策略一样，利用看跌期权建立牛市价差期权也是买进一份执行价较低的期权，卖出一份执行价较高的期权，只不过这里交易的是看跌期权，而不是看涨期权。

K_1 和 K_2 分别是买入看跌期权和卖出看跌期权的执行价格，$K_1<K_2$；P_1 和 P_2 分别是执行价为 K_1 和 K_2 的看跌期权的价格；S_T 是期权到期日股票的实际价格。该投资组合的损益如表 9-5 所示。

表 9-5　用看跌期权组成的牛市价差组合损益

股票价格范围	看跌期权多头	看跌期权空头	组合损益
$S_T\geqslant K_2$	$-P_1$	P_2	P_2-P_1
$K_1<S_T<K_2$	$-P_1$	$K_2-S_T+P_2$	$K_2-S_T+P_2-P_1$
$S_T\leqslant K_1$	$K_1-S_T-P_1$	$-(K_2-S_T)+P_2$	$K_1-K_2+P_2-P_1$

在期权到期时，如果股票价格 S_T 小于 K_1，则执行价格为 K_1 和 K_2 的看跌期权多头投资者都会履约，该策略持有者遭受最大确定额度的亏损，绝对值为两份看跌期权执行价格之差减去总的期权费用，即 $K_1-K_2-P_1+P_2$；如果股票价格 S_T 在 K_1 和 K_2 之间，则协议价为 K_1 的看跌期权会选择放弃履约，而协议价为 K_2 的看跌期权会履约，导致该策略持有者获得 $K_2-S_T-P_1+P_2$ 的总收益；如果 S_T 大于 K_2，则两份看跌期权都是虚值期权，会放弃履约，该组合策略的总收益为 P_2-P_1。

牛市价差组合策略的潜在盈利和亏损都是有限的，在一个稍许看多的市场环境下表现最好。与利用看涨期权构建牛市价差期权策略不同的是，用看跌期权构造牛市价差期权的投资者一开始会得到一个正的现金流。与利用看涨期权构造牛市价差期权一样，用看跌期权构造的牛市价差期权也可以分为三类：第一，期初两个看跌期权同为虚值期权，即 $S_0>K_1$；第二，期初两个看跌期权同为实值期权，即 $S_0<K_2$；第三，看跌期权多头为虚值期权，看跌期权空头为实值期权，即 $K_1 \leqslant S_0 \leqslant K_2$。

牛市价差期权组合策略通过两个期权构造出在股价适度上涨时可以获利，并且损失有限、收益有限的投资策略。当投资者对未来行情适度看涨时，或者较为保守的投资者看多市场但希望在牛市中以较低的成本来获取股票上涨的收益时，都可以考虑采用这个策略。

3. 两种牛市价差组合的比较

实际上，牛市价差组合无论是由看涨期权构成还是由看跌期权构成，对最终结果影响并不大。二者不仅损益图形状相似，而且在整个期权存续期内的金融特征几乎相同。唯一的区别是到期时的理论数值会有些许差异。牛市看涨期权价差组合的初始现金流为负，而牛市看跌期权价差组合的初始现金流为正，因此同牛市看涨期权价差组合相比，牛市看跌期权价差组合期初节约了一笔金额，而这笔金额可以产生利息收入。根据无套利原理，牛市看涨期权价差组合的期权收益应当稍高于牛市看跌期权价差组合的期末收益。

下面对牛市看涨期权价差组合和牛市看跌期权价差组合的相同点与不同点进行了归纳，详情如表 9-6 所示。

表 9-6　两种牛市价差组合的比较

交易策略	利用看涨期权组成的牛市价差组合	利用看跌期权组成的牛市价差组合
相同点	1. 适用于对股票温和看涨的情况 2. 组合的潜在最大收益和风险都被限制在一定额度内 3. 都是通过买入较低执行价格期权、卖出较高执行价格期权建立组合（买低卖高）	
不同点	初始现金流为负	初始现金流为正

9.2.2　熊市价差组合

熊市价差组合策略（bear spreads）与牛市价差组合策略正好相反，该类型期权组合是指购买一个较高执行价格的股票看涨（看跌）期权的同时，出售一个该股票的较低执行价格的看涨（看跌）期权，两个期权的到期日相同。之所以称为“熊市”，是因为投资者预测股票价格可能会下跌，按期权执行价格对期权“买高卖低”。

在期权现金流方面，与牛市价差期权组合策略相对，售出的看涨期权价值总是大于买入期权的价值，而售出的看跌期权价值总是小于买入期权的价值。这意味着，利用看涨期权构造的熊市价差组合的投资者开始会得到一个正的现金流；而利用看跌期权构造的熊市价差组合的投资者开始会得到一个负的现金流。

1. 利用看涨期权构造的熊市价差组合

利用看涨期权形成的熊市价差组合，由一份较高执行价格的看涨期权多头（通常价格较低）与一份相同期限的较低执行价格的看涨期权空头（通常价格较高）组成，该组合损益情况如图 9－7 所示。

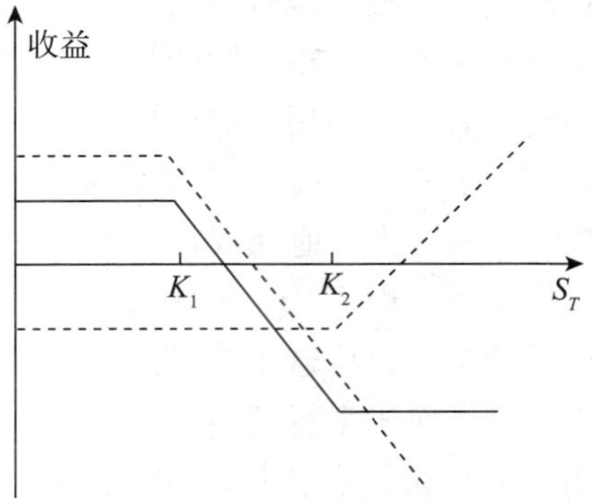

图 9－7 利用看涨期权构造的熊市价差组合

上文提到过，执行价格越低，看涨期权的价格就越高，因此该策略中卖出看涨期权的价格高于买入看涨期权的价格，所以利用看涨期权构造的熊市价差期权组合策略的初始现金流为正。

K_1 和 K_2 分别是卖出看涨期权和买入看涨期权的执行价格，$K_1 < K_2$；S_T 是期权到期日股票的实际价格。该投资组合的损益如表 9－7 所示。

表 9－7 用看涨期权组成的熊市价差组合损益

股票价格范围	看涨期权多头	看涨期权空头	组合损益
$S_T \geqslant K_2$	$S_T - K_2 - C_2$	$K_1 - S_T + C_1$	$K_1 - K_2 + C_1 - C_2$
$K_1 < S_T < K_2$	$-C_2$	$K_1 - S_T + C_1$	$K_1 - S_T + C_1 - C_2$
$S_T \leqslant K_1$	$-C_2$	C_1	$C_1 - C_2$

可见，在到期日当股价在最小执行价格之下时，则两个看涨期权的购买者都不会履约，该组合的收益即为 $C_1 - C_2$；到期日股价若在两个执行价格之间，则较小执行价格的看涨期权会被行权，较大执行价格的看涨期权会放弃履约。由于组合是买入较低执行价格的看涨期权，卖出较高执行价格的看涨期权，所以组合收益为 $K_1 - S_T$，再减去期权费用即为 $K_1 - S_T + C_1 - C_2$；若到期日股价比较高的执行价格还高，则两个看涨期权都会被执行，此时该价差组合获得最大亏损，总损益为 $K_1 - K_2 + C_1 - C_2$。

该策略也限制了交易中潜在的最大收益和损失，将结果控制在一定范围内。同理，对牛市价差期权组合的分类也可以运用在熊市价差期权上。用看涨期权构造熊市价差期权根据初始期权所处的状态也可以分为三类：第一，期初两个看涨期权均为虚值期权，即 $S_0 < K_1$，此时组合最为保守，未来组合获得较高收益的可能性较大，当然构造组合时初始流入的现金也就非常少；第二，期初看涨期权多头为实值期权，而看涨期权空头为虚值期权，

即 $K_1 \leqslant S_0 \leqslant K_2$；第三，期初两个看涨期权均为实值期权，即 $S_0 > K_2$，该组合较前两种组合风险更大，未来损失的可能性较大，同时构造期权组合时初始流入的现金流也更大。从第一种到第三种组合类型，组合风险逐渐增大，组合逐渐趋于具有挑战性。

2. 利用看跌期权构造的熊市价差组合

利用看跌期权形成的熊市价差组合，由一份较高执行价格的看跌期权多头（通常价格较高）与一份相同期限的较低执行价格的看跌期权空头（通常价格较低）组成，该组合损益情况如图 9－8 所示。

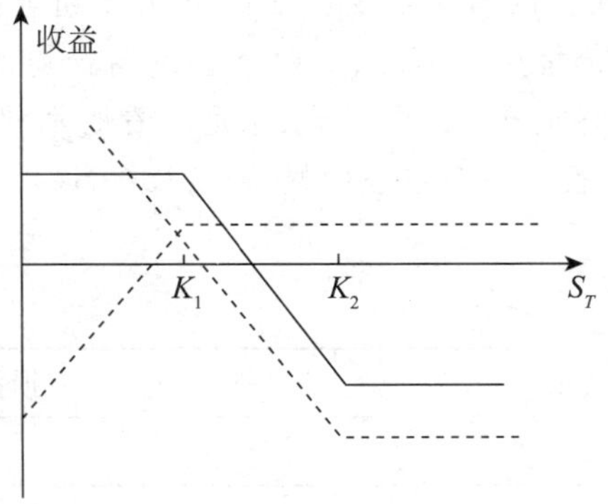

图 9－8　利用看跌期权构造的熊市价差组合

看跌期权熊市价差组合与看涨期权熊市价差组合有类似的潜在盈利和风险，其最大潜在盈利和风险都是有限的。其损益由表 9－8 列出。

表 9－8　用看跌期权组成的熊市价差组合损益

股票价格范围	看跌期权多头	看跌期权空头	组合损益
$S_T \geqslant K_2$	$-P_2$	P_1	$P_1 - P_2$
$K_1 < S_T < K_2$	$K_2 - S_T - P_2$	P_1	$K_2 - S_T + P_1 - P_2$
$S_T \leqslant K_1$	$K_2 - S_T - P_2$	$S_T - K_1 + P_1$	$K_2 - K_1 + P_1 - P_2$

该组合的潜在收益与到期日标的股票价格所在区间的分析与看涨期权熊市价差组合类似。期权到期时，如果股票价格 S_T 小于 K_1，则执行价格为 K_1 和 K_2 的看跌期权多头投资者都会履约，该策略持有者获得最大确定额度的亏损，绝对值为两份看跌期权执行价格之差，即 $K_2 - K_1 + P_1 - P_2$；如果股票价格 S_T 在 K_1 和 K_2 之间，则协议价为 K_1 的看跌期权会选择放弃履约，而协议价为 K_2 的看跌期权会履约，导致该策略持有者获得 $K_2 - S_T + P_1 - P_2$ 的总收益；如果 S_T 大于 K_2，则两份看跌期权都是虚值期权，会放弃履约，该组合策略的总收益为 $P_1 - P_2$。

相比看涨期权熊市价差组合策略，看跌期权熊市价差组合策略在期初的现金流为负，这是因为较高执行价格的看跌期权比较低执行价格的看跌期权的费用高。与由看涨期权构造的熊市价差期权一样，用看跌期权构造的牛市价差期权也可以分为三类：第一，期初两个看跌期权同为虚值期权，即 $S_0 > K_2$，该组合承担的风险很大，构造成本较低；第二，看跌期权多头为虚值期权，看跌期权空头为实值期权，即 $K_1 \leqslant S_0 \leqslant K_2$；第三，期初两个看跌期权同为实值期权，即 $S_0 < K_1$，该组合较为保守，构造成本也较高。从第一种到

第三种熊市价差组合的构造成本逐渐增加，风险逐渐减小。

熊市价差期权组合通过两个期权构造出股价适度下跌时可以获利，并且损失有限、收益有限的组合。当投资者对未来行情适度看跌时，可以采取熊市价差期权组合策略。

【例 9—3】 投资者李某以 3 元的价格买入一份执行价格为 15 元、标的资产为 B 股票的 6 个月期看涨期权，同时以 1 元的价格卖出一份执行价格为 10 元的同一标的资产的 6 个月期看涨期权，这构成一个由看跌期权组成的熊市价差期权。

6 个月后，若股票价格小于 10 元，两个期权均被执行，李某在看跌期权多头上的损益为 $15-S_T$，在看跌期权空头上的损益为 S_T-10，则整个组合的损益为$(15-S_T)+(S_T-10)-3+1=3$ 元；若股票价格大于 15 元，两个看跌期权均不执行，整个组合的损益为 $-3+1=-2$ 元；若股票价格大于 10 元小于 15 元，看跌期权多头被执行，损益为 $15-S_T$，而看跌期权空头不被执行，整个组合的损益为$(15-S_T)-2+1=14-S_T$ 元。损益如表 9-9 所示。

表 9-9

股票价格变动范围（元）	损益情况（元）
$S_T \leqslant 10$	3
$10 < S_T < 15$	$14-S_T$
$S_T \geqslant 15$	-2

3. 两种熊市价差组合的比较

与牛市价差组合相似，熊市价差组合无论是由看涨期权构成还是看跌期权构成，对最终结果影响并不大。二者不仅损益图形状相似，而且在整个期权存续期内的金融特征几乎相同。唯一的区别是到期时的理论数值会有些许差异。熊市看涨期权价差组合的初始现金流为正，而熊市看跌期权价差组合的初始现金流为负，因此，同熊市看跌期权价差组合相比，熊市看涨期权价差组合期初节约了一笔金额，而这笔金额可以产生利息收入。根据无套利原理，熊市看跌期权价差组合的期末收益应当稍高于熊市看涨期权价差组合的期末收益。

下面对熊市看涨期权价差组合和牛市看跌期权价差组合的相同点与不同点进行了归纳，详情如表 9-10 所示。

表 9-10 两种熊市价差组合的比较

交易策略	利用看涨期权组成的熊市价差组合	利用看跌期权组成的熊市价差组合
相同点	1. 适用于对股票温和看跌的情况 2. 组合的潜在最大收益和风险都被限制在一定额度内 3. 都是通过买入较高执行价格期权、卖出较低执行价格期权建立组合（买高卖低）	
不同点	初始现金流为正	初始现金流为负

【案例 1】 上证 50ETF 期权仿真交易熊市看涨期权价差组合策略

2014 年 7 月上证 50ETF 继续震荡下行，10 日最终收于 2.905 元，涨幅 4.05%。综合考虑市场近期的表现和基本面的情况，投资者认为未来两个月上证 50ETF 将继续震荡下行，但由于下方有强支撑，跌幅有限。此时可以考虑构造熊市价差组合策略，实现在锁定最大损失的基础上增强收益。此处不考虑成本、交易费用，以 1 份期权为例：

2014 年 7 月 10 日上证 50ETF 盘中股价为 2.952 元，投资者认为 50ETF 价格在未来两个月会下跌，但是下跌幅度有限，估计股价会在 2.25 元～2.35 元之间。投资者卖出一份 50ETF9 月认购期权，行权价格为 2.250 元，权利金为 0.63 元，获得股票下跌的收益。同时，买入一份行权价格为 2.350 元的 50ETF9 月认购期权，权利金为 0.572 元，规避上证 50ETF 上涨时可能产生的风险（见图 9－9 和图 9－10）。该操作构成了看涨期权熊市价差组合策略（见表 9－11）。

认购					2015 年 9 月（75 天）		2015 年 9 月（75 天）					认沽
	涨跌幅%	涨跌	持仓	最新价	代码	执行价	代码	最新价	持仓	涨跌	涨跌幅%	隐波%
0.86	19.54	0.14	2929	0.692	10000031.SH	2.20	10000036.SH	0.0410	3808	−0.02	−30.79	0.58
0.59	2.01	0.01	1879	0.63	10000032.SH	2.25	10000037.SH	0.0490	788	−0.01	−16.79	0.57
0.62	16.14	0.10	1101	0.61	10000033.SH	2.30	10000038.SH	0.0590	1273	−0.02	−23.40	0.56
0.76	21.87	0.13	394	0.572	10000034.SH	2.35	10000039.SH	0.0700	253	−0.02	−18.30	0.56
0.62	13.18	0.07	949	0.539	10000035.SH	2.40	10000040.SH	0.0760	444	−0.02	−16.34	0.57

图 9－9　交易端报价界面

序号		合约代码	合约名称	业务类别	业务行为	成交价格	成交数量	成交金额	成交编号
1	13:57:14	900000271	50ETF购9月2.35	买入开仓	限价GFD	0.572	1	5 720	114207
2	13:57:14	900000270	50ETF购9月2.25	卖出开仓	限价GFD	0.63	1	6 300	114208

图 9－10　系统操作记录

表 9－11　　上证 50ETF 期权熊市看涨价差期权策略损益分析表

上证 50ETF 期权熊市看涨价差期权策略损益分析		
期权到期日上证 50ETF 价格（S）		组合策略损益分析
情形 1	$S\leqslant 2.25$ 元	最大盈利＝净权利金＝（0.63－0.572）×10 000（合约单位）＝580 元
情形 2	$S\geqslant 2.35$ 元	最大亏损＝两个行权价的差额－净权利金＝（2.35－2.25－0.058 0）×10 000（合约单位）＝420 元
情形 3	$S=2.308$ 元	盈亏平衡： 买入期权亏损＝权利金＝0.572×10 000（合约单位）＝5 720 元； 卖出期权收益＝［0.63－（2.308－2.25）］×10 000（合约单位）＝5 720元
情形 4	2.25 元＜S＜2.308 元	收益有限：0＜组合收益＜最大收益＝580 元
情形 5	2.308 元＜S＜2.25 元	0＜组合亏损＜最大亏损＝420 元

到期日当天（9 月 23 日）50ETF 盘中小幅震荡，价格区间为 2.177 元～2.220 元，行权日（9 月 24 日）收盘价为 2.187 元，比投资者预期的价位还低，依前述分析，该策略给投资

者带来580元的盈利。实际运用中，此类垂直套利模型还时常作为单独买入买权或卖权的善后行动出现，即锁定盈利或向上、向下移仓以控制当初单期权操作的进一步损失。

9.2.3 蝶式价差组合

蝶式价差组合是价差期权组合的一种，因其损益图类似于对称的蝴蝶翅膀，故得此名。蝶式价差组合由三种同一类型的四个具有相同期限、不同执行价格的期权头寸组成。正向蝶式价差组合相对于温和看涨的牛市价差组合与温和看跌的熊市价差组合而言，是一种中性投资策略，它实际上是一个牛市价差组合与一个熊市价差组合形成的包含四手简单期权的组合，适用于对市场预期持中立观点的投资者。

1. 蝶式价差组合的种类

蝶式价差组合有四种，假设K_1、K_2、K_3为期权执行价格，$K_1<K_2<K_3$，且K_2是K_1和K_3的中值，则四种蝶式价差组合各自的构建方式如下：

(1) 看涨期权的正向蝶式价差组合，它由执行价格分别为K_1和K_3的看涨期权多头和两个执行价格为K_2的看涨期权的空头组成。

(2) 看涨期权的反向蝶式价差组合，它由执行价格分别为K_1和K_3的看涨期权空头和两个执行价格为K_2的看涨期权的多头组成。

(3) 看跌期权的正向蝶式价差组合，它由执行价格分别为K_1和K_3的看跌期权多头和两个执行价格为K_2的看跌期权的空头组成。

(4) 看跌期权的反向蝶式价差组合，它由执行价格分别为K_1和K_3的看跌期权空头和两个执行价格为K_2的看跌期权的多头组成。

2. 蝶式价差组合的损益图

虚线表示组合中单个期权的损益情况与标的资产价格的关系，实线则表示组合整体的损益情况与标的资产价格的关系。在图9-11中，图（a）代表的是由看涨期权组成的正向蝶式价差组合。如果到期日标的资产价格维持在K_2附近，则运用该策略就会盈利；如果到期日标的资产价格在任何方向上有较大波动，运用该策略则会出现少量可控制的损失。该投资策略需要一个较小的初始投资。图（b）代表的是由看涨期权组成的反向蝶式价差组合，其潜在损益情况与由看涨期权组成的正向蝶式价差组合正好相反，适用的市场预期也与正向的组合相反。如果到期日标的资产价格在任何方向有较大波动，运用该策略则会获利。该策略的初始现金流为正，数额较小。图（c）和图（d）是由看跌期权组成的正向蝶式价差组合和反向蝶式价差组合，其损益图和适用的市场预期情况与用看涨期权构造的组合类似。

正向蝶式价差组合一般适用于投资者预测市场行情将会在某一区间内作幅度不大的变化，投资者希望能在这个价格区间内获利，同时，当价格波动幅度超出这个区间时，投资者可以将亏损限制在一定的范围内；反向蝶式价差组合一般适用于投资者预测市场行情将会在某一区间外变化，投资者希望在这个价格区间外，能获得一定的利润，同时当价格在这个区间内时，投资者可以将亏损限制在一定的范围内。无论是正向蝶式价差组合还是反向蝶式价差组合，该策略的盈利和亏损都是有限的。

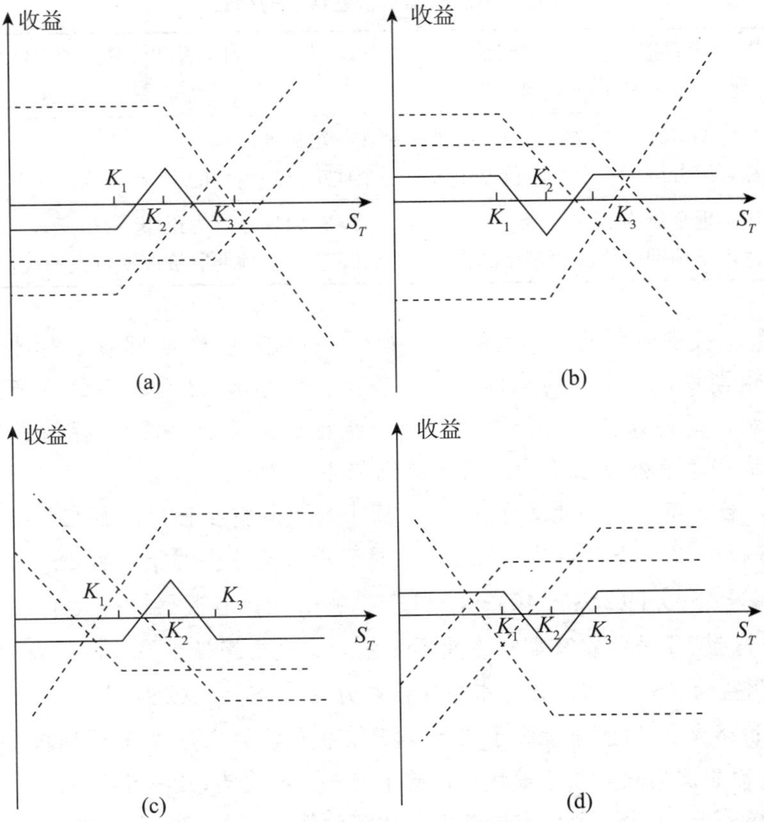

图 9－11　蝶式价差组合的损益图

3. 蝶式价差组合的特点

蝶式价差组合中 K_2 作为中间执行价格，在操作中应该非常接近股票现价。如果到期时股票价格保持在 K_2 附近，则正向蝶式价差组合策略获利。如果股票价格在任何方向上有较大波动，则正向蝶式价差组合会有少量损失。对于认为股票价格不会发生较大波动的投资者，这是非常适当的策略，但是需要少量的初始投资。反向蝶式价差组合的特点则与上述特点相反。

虽然存在四种构造类型，但如果上述所有期权均为欧式期权，则运用看跌期权构造的正向蝶式价差期权组合与运用看涨期权构造的正向蝶式价差期权组合完全一样，这是由于，蝶式价差期权组合可以分为一个牛市价差组合与一个熊市价差组合的组合，在正向蝶式价差期权组合中，牛市价差组合的执行价格（K_1 和 K_2）较低，而熊市价差组合的执行价格（K_2 和 K_3）较高，所以组合起来在 K_2 时收益为正。同理，运用看跌期权构造的反向蝶式价差期权组合与运用看涨期权构造的反向蝶式价差期权组合也完全一样，在 K_2 时收益为负。

4. 四种蝶式价差组合的比较

在介绍了四种蝶式价差组合的构造和潜在损益特点后，下面再将四者分为正向蝶式价差组合与反向蝶式价差组合进行完整的比较，详情如表 9－12 所示。

表 9-12　　正向与反向蝶式价差组合的比较

交易策略	利用看涨（跌）期权组成的正向蝶式价差组合	利用看涨（跌）期权组成的反向蝶式价差组合
相同点	1. 组合的潜在最大收益和风险都被限制在一定额度内 2. 都可以分解为一个牛市价差组合与一个熊市价差组合的组合	
不同点	1. 初始现金流为负 2. 适用于预期股价波动较小的投资	1. 初始现金流为正 2. 适用于预期股价波动较大的投资

【例 9—4】　投资者刘某以 5 元的价格买入一份执行价格为 18 元、标的资产为 C 股票的 3 个月期看涨期权，以 1 元的价格买入一份执行价格为 22 元、标的资产为 C 股票的 3 个月期看涨期权，同时以 2 元的价格卖出两份执行价格为 20 元同一标的资产的 3 个月期看涨期权，构成一个看涨期权正向蝶式价差期权组合。

3 个月后，若股票价格小于等于 18 元，四个期权均被执行，刘某在看涨期权多头上的损益为$(18-S_T)+(22-S_T)=40-2S_T$，在看涨期权空头上的损益为$2S_T-40$，则整个组合的损益为$(40-2S_T)+(2S_T-40)-5-1+4=-2$元；若股票价格大于 18 元且小于等于 20 元，执行价格为 18 元的看涨期权多头不被执行，则看涨期权多头的损益为$22-S_T$，看涨期权空头的损益为$2S_T-40$，整个组合的损益为$(22-S_T)+(2S_T-40)-5-1+4=S_T-20$元；若股票价格大于 20 元小于等于 22 元，只有执行价为 22 元的看涨期权多头被执行，损益为$22-S_T$，而看涨期权空头不被执行，整个组合的损益为$(22-S_T)-5-1+4=20-S_T$元；若股票价格大于 22 元，则所有看涨期权均不被执行，整个组合的损益为$-5-1+4=-2$元，损益如表 9-13 所示。

表 9-13

股票价格变动范围	损益情况
$S_T \leqslant 18$	-2
$18 < S_T \leqslant 20$	S_T-20
$20 < S_T \leqslant 22$	$20-S_T$
$S_T > 22$	-2

9.3　期差组合

到目前为止，我们采用的都是具有相同到期日的期权来构造期权组合，下面介绍由相同执行价格、不同到期日的期权头寸组成的组合——期差组合，又叫日历价差期权。该类期权交易策略之所以能够获利，主要原因是到期日不同的期权，它们的时间价值衰减速度不同。一般来说，期权的时间价值是期权剩余期限的非线性函数。一个期权的剩余到期日越长，其价格越高；剩余到期时间越短的期权，其价格随时间衰减得越快，即到期日越临近，期权的价格越是加速变低，最终期权的时间价值在到期日变为零。

9.3.1　期差组合的四种类型

根据构造方式的不同，期差组合可以分为四种类型，其组合情况分别如下所述：

（1）看涨期权的正向期差组合：一份看涨期权多头与一份期限较短的看涨期权空头的组合。

（2）看涨期权的反向期差组合：一份看涨期权多头与一份期限较长的看涨期权空头的组合。

（3）看跌期权的正向期差组合：一份看跌期权多头与一份期限较短的看跌期权空头的组合。

（4）看跌期权的反向期差组合：一份看跌期权多头与一份期限较长的看跌期权空头的组合。

9.3.2　损益情况

上述四种期差组合的损益情况分析如下。

1. 看涨期权的正向期差组合

期权的到期日越长，其价格越高，所以在期初，持有看涨期权的多头所支付的价格大于持有一份期限较短的看涨期权空头的收益，因此看涨期权的正向期差组合需要一个初始投资。

令 T 为期限较短的期权到期时间，K 为期权的执行价格，C_1、C_2 分别表示期限较长和较短的期权价格，C_{1T} 代表 T 时刻期限较长的看涨期权的时间价值，S_T 表示 T 时刻标的资产的价格。则其损益情况如图 9－12 所示。

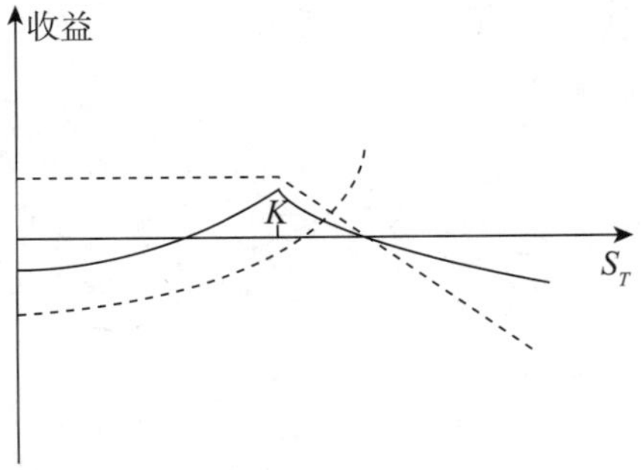

图 9－12　看涨期权的正向期差组合

由图 9－12 可以直观地看出，如果期限较短的期权到期时，股票价格 S_T 接近于该期权的执行价格 K ，则该组合投资者获得正的收益。而如果股票价格比该执行价格过高或过低，投资该组合就会遭受损失。这是因为，假如在期限较短的期权到期时，股票价格远低于该期权的执行价格，则该期权的价值为零，并且期限较长的期权的价值也会接近于零，因此投资者发生损失。由于在期限较长的看涨期权的价值中还包含时间价值，所以损失额度会略小于该组合的构造成本。反之，假如在期限较短的看涨期权到期时，持有期限较长的期权多头的收益约等于 S_T-K-C_1（还包含较高的时间价值），持有期限较短期权空头的收益等于 $K-S_T+C_2$，二者相加则可大约得到组合的收益：C_2-C_1（期限较长的期权价格更高，因此 C_2-C_1 小于零），所以最终投资于该组合会出现损失，损失金额略小于构造该组合的成本，近似等于初始构造该投资策略时的成本。如果较短期限股权到期时股票的价格接近于执行价格，则执行期权的损益很小或者几乎没有，即可得到期初卖空短期限期权的权利金 C_2，以及期限长的期权的价值，这样组合就会获得正收益。

组合的损益情况总结见表 9-14。

表 9-14　看涨期权构造的正向期差组合损益情况

股票价格范围	看涨期权多头	看涨期权空头	组合损益
S_T 远大于 K	$\approx S_T-K-C_1$	$K-S_T+C_2$	$\approx C_2-C_1$
$S_T=K$	$C_{1T}-C_1$	C_2	$C_2-C_1+C_{1T}$
$S_T\approx K$	$\approx C_{1T}-C_1$	$\approx C_2$	$\approx C_2-C_1+C_{1T}$
S_T 远小于 K	$\approx C_1$	C_2	$\approx C_2-C_1$

2. 看涨期权的反向期差组合

顾名思义，看涨期权的反向期差组合与其正向期差组合构造方向相反，损益情况也相反：通过购买期限较短的看涨期权，同时售出期限较长的看涨期权来构建组合；其最终损益情况可由与图 9-12 中实线部分关于 x 轴对称的线段来表示，即该组合在股价接近执行价格时收益为负，股价波动幅度越大，收益越高。

3. 看跌期权的正向期差组合

该组合策略与利用看涨期权构造的正向期差组合类似，只不过利用的是看跌期权。投资者通过购买一个期限较长的看跌期权，同时售出一个期限较短的看跌期权构建。其损益情况如图 9-13 所示。

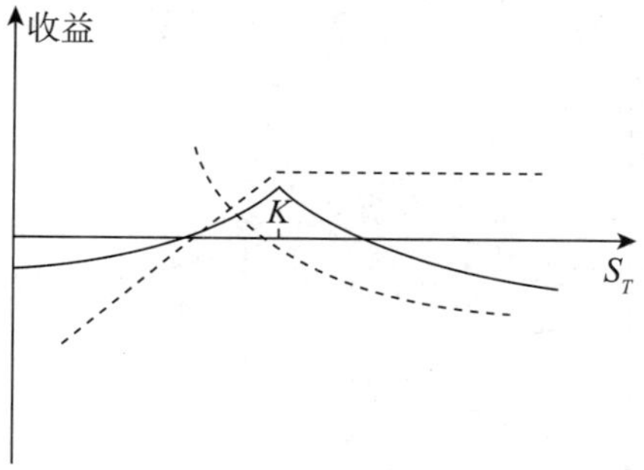

图 9-13　看跌期权的正向期差组合

在期限较短的期权到期时，若股票价格远低于其执行价格，则短期看跌期权空头的收益为 $K-S_T+C_2$(小于零)，长期看跌期权多头的收益略大于 S_T-K-C_1(大于零)，二者相加可得到组合的收益约为 C_2-C_1。反之，在期限较短的期权到期时，若股票价格远高于其执行价格，则短期看跌期权空头的收益仅仅是权利金，而长期看跌期权多头的收益略大于权利金(因为还有时间价值)，二者相加可得到组合的收益约为 C_2-C_1。而如果股票价格等于期限较短的期权的执行价格，或在执行价格附近，则投资者能够从与长期期权不同的时间价值中获利。该组合策略的潜在收益情况见表 9-15。

表 9-15　看跌期权构造的正向期差组合损益情况

股票价格范围	看跌期权多头	看跌期权空头	组合损益
S_T 远大于 K	$\approx C_1$	C_2	$\approx C_2 - C_1$
$S_T = K$	$C_{1T} - C_1$	C_2	$C_2 - C_1 + C_{1T}$
$S_T \approx K$	$\approx C_{1T} - C_1$	$\approx C_2$	$\approx C_2 - C_1 + C_{1T}$
S_T 远小于 K	$\approx S_T - K - C_1$	$K - S_T + C_2$	$\approx C_2 - C_1$

4. *看跌期权的反向期差组合*

同理，看跌期权构建的反向期差组合通过出售一个期限较长的看跌期权，同时购买一个期限较短的看跌期权构成。其损益情况与看跌期权构建的正向期差组合损益情况正好相反：当期限较短的期权到期时，如果股票价格远高于或远低于该期权的执行价格，则该组合盈利。如果股票价格在执行价格附近或与执行价格相等，则组合亏损。

从以上分析可见，在任何一种期差组合策略中，风险都被限制在构建组合的成本以内。

对正向期差组合而言，投资者都是抱着当近期看涨或看跌期权到期后将该组合策略平仓的想法而构造的。如果到期日股票价格在执行价格附近，则实现最大潜在收益。投资者只是希望从“时间价值在短期期权中消失得比在长期期权中更快”这一规律中获利。如果标的股票的价格在期限较短的期权到期时远离执行价格，则会出现最大亏损。因为在这种情况下，两份期权会在几乎相同的价格上交易，价格差距缩小到微乎其微，对持有者而言组合没有期末收益，仅仅承担了组合的构造成本，所以期差组合获得最大亏损。

对反向期差组合而言，其损益情况与正向期差组合的损益正好相反。反向期差组合卖空长期期权，买入短期期权，由于长期期权价格高于短期期权，组合建立初始有正的资金流入。当期限较短的期权到期时，如果股票价格远高于或远低于期限较短期权的执行价格，可以行使短期期权或者平掉长期期权，使得该组合获得少量的收益。如果股票价格与执行价格比较接近或相等，则组合会出现一定的损失。

9.3.3　期差期权在市场中的应用

在一个相对平稳的市场，期差组合选取的执行价格非常接近股票现价。这也称为中性日历期权组合策略。构造该组合的目的是进行中性套利，更准确地说，是基于对市场平稳的预期，不去预测标的股票的价格走势，直接利用时间价值衰减获利。如果在期限较短的期权到期时，股票价格离该短期期权的执行价格较近，该组合将盈利。

在牛市，期差组合选取的执行价格较高。以看涨期权的正向期差组合为例，由于执行价格高于股票现价，在短期内价格到达执行价格的可能性较低，因此卖出的短期看涨期权到期时不被执行（无价值过期）的概率就比较大。而一旦标的股票的价格在期限较长的看涨期权到期之前超过了执行价格，则该组合的投资者能够获得丰厚的收益。

在熊市，期差组合选取的执行价格较低，这也能从组合损益图中看出。因为未来股票价格预期下降，所以需要构造一个在价格下降时能够盈利的组合，期差组合选取较低的执行价格则可下移组合盈利区间，与市场预测相配合的期差组合策略获利的可能性更大。

9.4 对角组合

对角组合（diagonal spreads）是指由同种期权（同为看涨或同为看跌）的不同执行价、不同期限、不同方向头寸构建的组合。对角组合有多种不同的种类，其潜在损益情况也因此不同。根据不同期限、执行价格和正反向三种因素，总共分为八种对角组合策略，分别是：看涨期权构造的牛市正向对角组合、看涨期权构造的牛市反向对角组合、看涨期权构造的熊市正向对角组合、看涨期权构造的熊市反向对角组合、看跌期权构造的牛市正向对角组合、看跌期权构造的牛市反向对角组合、看跌期权构造的熊市正向对角组合以及看跌期权构造的熊市反向对角组合。

以看涨期权的牛市正向对角组合为例，该组合由一个到期期限较长、执行价格较低的看涨期权多头加一个期限较短、执行价格较高的看涨期权空头组成。其损益图如图 9－14 所示。

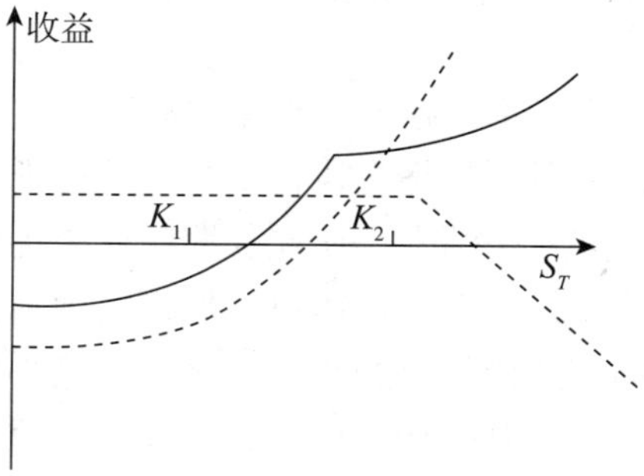

图 9－14　看涨期权构造的正向牛市对角组合

如果该股票价格在期限较短的期权到期时并没有上涨，那么该组合在股票价格下行方向就有了某种套保。另外，即使期限较短的期权无价值过期了，投资者也可以再卖出另一个到期日的看涨期权来构建组合。如果股票价格在两个执行价格之间，该组合可能的损失也比较微小。如果股票价格比较高的执行价格还高，那么组合获得最大的盈利。以上分析表明，对角组合为了控制股票价格下行的风险进行套保同时限制了股票价格上行方向的潜在盈利。

该对角组合其实是普通看涨期权牛市价差组合的改善策略，如果卖出的期限较短看涨期权过期之前的股票价格相对没有变化或者有所下跌，该对角组合策略就会发挥较好的作用。如果股票价格上涨，该组合策略就可以转化为一个普通的看涨期权牛市价差组合。

而看涨期权构造的反向牛市对角组合则是上述组合中长短期的搭配交换一下，即由一个到期期限较短、执行价格较低的看涨期权多头加一个期限较长、执行价格较高的看涨期权空头组成。其损益图如图 9－15 所示。

其余六种对角组合的损益图也可以用类似的方法进行讨论。

9.5 组合期权

前面几节所讲的期权组合在构造的时候要么用看涨期权，要么用看跌期权，不会同时

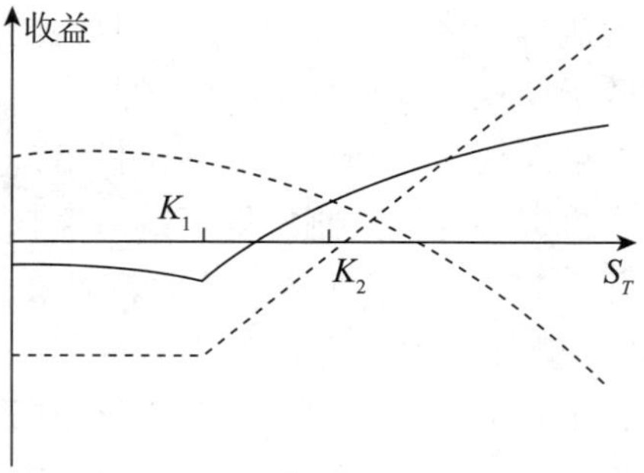

图 9－15　看涨期权构造的反向牛市对角组合

使用看涨期权和看跌期权来构造。而本节所讲的组合期权策略是指一个组合中同时包含同一标的的看涨期权和看跌期权的组合方法。通过同时持有看涨期权与看跌期权，投资者可以利用股票价格朝着任意一个方向的波动盈利。组合期权类型繁多，我们这里选择较为典型的四类做介绍，分别是：跨式期权、条式期权、带式期权和宽跨式期权。

9.5.1　跨式组合期权

1. *底部跨式期权或买入跨式期权*

底部跨式期权（bottom straddle）或买入跨式期权（straddle purchase），是指由具有相同执行价格、相同到期日、同种标的资产的一份看涨期权和一份看跌期权的多头组成的组合。

跨式期权的损益图如图 9－16 所示。设 K 为期权执行价格。

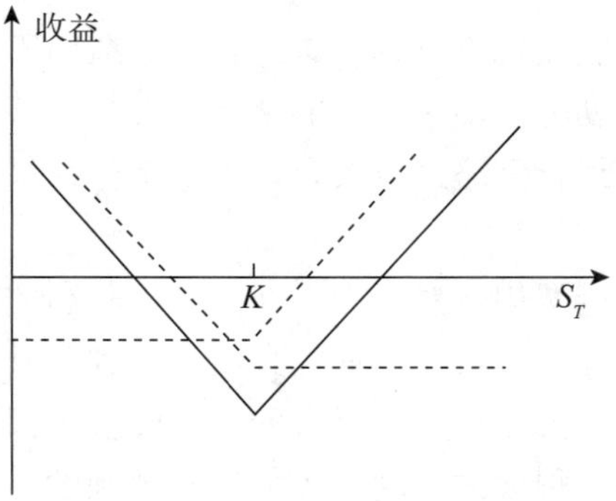

图 9－16　底部跨式期权

如果期权到期时股票价格在执行价格附近，则该组合策略出现损失。如果到期时股票价格远高于执行价格或者远低于执行价格，则利用该组合策略能够获得大量盈利。其潜在损益情况如表 9－16 所示。

表 9－16　底部跨式期权组合损益情况

股票价格范围	看涨期权多头	看跌期权多头	组合损益
$S_T \leqslant K$	0	$K-S_T$	$K-S_T$
$S_T > K$	S_T-K	0	S_T-K

在股票价格高于期权合约执行价格的区间内，组合收益随着期权到期日股票价格的升高而同步增加；在股票价格低于期权合约执行价格的区间内，组合收益随着期权到期日股票价格的下降而反向增加。如果期权合约到期日股票价格恰好等于期权执行价格，则看涨期权与看跌期权都不被执行，投资者的损失刚好等于购入期权的价值。

【例 9—5】 2015 年 3 月 11 日，投资者林某认为大盘在接下来的 3 个月中将发生重大的变化，10 000 份 50ETF 的现行市场价值为 23 740 元。该投资者可通过同时购买到期期限为 3 个月、执行价格为 2.400 0 元的一张（10 000 份 50ETF）看涨期权和一张看跌期权来构造跨式期权。假定看涨期权的成本为 0.052 7 元，看跌期权的成本为 0.258 4 元。如果 50ETF 保持 2.374 元不变，我们很容易知道该策略的成本为 2 851 元（初始投资需要 3 111 元，看涨期权价值为零，看跌期权价值为 260 元）；如果到期时 50ETF 价格为 2.400 0元，会有 3 111 元的损失，这是组合的最大损失；如果到期时 50ETF 小于 2.088 9 元或者大于 2.711 1 元，组合收益大于零。总的来说，当 50ETF 小于 2.400 0 元时，看涨期权不被执行，看跌期权被执行，收益为 2.400 0$-S_T$，加上成本，总损益为 2.088 9$-S_T$；当 50ETF 大于等于 2.400 0 元时，看涨期权被执行，看跌期权不被执行，看涨期权的损益为 $S_T-2.400\ 0$，总损益为 $S_T-2.711\ 1$。损益情况如表 9 - 17 所示。

表 9 - 17

股票价格变动范围	损益情况
$S_T<2.400\ 0$	$2.088\ 9-S_T$
$S_T\geqslant 2.400\ 0$	$S_T-2.711\ 1$

由跨式期权组合的潜在收益特点可见，该组合策略适用于投资者预计标的股票价格将会出现大幅变动，而对其变动方向却不肯定的情况。例如，某公司将发生重大重组或兼并收购，投资者就可以使用该组合策略进行投资，不论事件结果是利好还是利空，投资者都能从中获利。

该期权策略存在初始投资费用，对于力求在交易中获利的投资者而言，股票价格必须超过期权执行价格足够的程度，方可使得期权合约多头到期时的收益足以弥补建仓买入期权合约所支付的初始投资。跨式期权里有巨大的潜在收益，但同时投资者必须注意到，正常情况下，跨式期权需要一个很大的波动，才能满足盈利的需要。假设 c 为看涨期权买入价格，p 为看跌期权买入价格，K 为两个期权相同的执行价格，则只有当 $S_T>K+c+p$ 或者 $S_T<K-c-p$ 时，跨式期权组合才能获利，股价波动率大于 $\frac{c+p}{K}$。例如在例 9—5 中，投资者收益为正的区间为 $S_T>2.711\ 1$ 或者 $S_T<2.088\ 9$，这是一个以 2.400 0 元为中心的对称区间，股价波动率至少为 12%，这是一个不小的价格波动。

2. 顶部跨式期权或卖出跨式期权

与底部跨式期权相对应，顶部跨式期权（top straddle）或卖出跨式期权（straddle write）是由具有相同执行价格、相同到期日的，以同种资产为标的的看涨期权和看跌期权的空头构造的组合策略。其潜在收益情况与底部跨式期权相反，当期权到期时，如果股票价格在执行价格附近，则投资该组合获利；如果股票价格与执行价格相比有较大幅度的上升或下降，投资该组合就会出现大量损失，并且该损失额度难以控制。

【例 9—6】 以例 9—5 中的两个期权为例，同时卖出两者，当到期日价格为 $2.0889<S_T<2.7111$ 时，投资者的收益为正。这要求股价到期后的变动与期初相比不大于 12%。

底部跨式期权与顶部跨式期权的区别在于：第一，底部跨式期权预期未来股价波动幅度很大，而顶部跨式期权则认为股价在执行价格附近小幅波动；第二，底部跨式期权亏损有限而收益无限，所以也常被视为绝佳的投机方式（正如我们在例 9—5 中看到的一样），顶部跨式期权收益有限而亏损无限，是一个高风险的策略。

案例 9—1　巴林银行破产案

导致拥有 200 多年历史的巴林银行倒闭的原因源于一位名为尼克·里森（Nick Leeson）的交易员对跨式期权的对赌交易行为。作为巴林银行新加坡期权与期货交易部门的总经理，尼克·里森为了掩盖下属在交易中犯下的错误建立了一个“错误与遗漏账户”，通过该账户向英国总部隐藏交易亏损。起先他预测日经指数波动幅度不大，于是大量构造顶部跨式期权，即同时卖出相同执行价格的日经 225 指数看涨期权与看跌期权。一开始，在稳定的日经 225 指数下，这样的极端操作暂时弥补了账户的亏损。如果尼克·里森就此作罢，他保护下属的行为也许反而是个佳话，尽管此时他的行为已经违规了。问题是尼克·里森从中尝到了赌博的甜头，他加大了顶部跨式期权的仓位，正是他的这一赌博行为导致了巴林银行的亏损。1995 年，日本神户突然发生地震，尼克在期权头寸上的损失惨重。如果他此时立即止损，可能事后会面临一些惩罚，但巴林银行可以幸免于难。问题是要指望输红了眼的人自动收手是很难的，尼克预期日经指数会在受到打击后很快反弹，而日本国债价格会下降，从而再次加大赌注，大量买入日经指数期货而卖空日本国债，企图弥补之前的亏空。然而市场变动方向与尼克·里森的预期完全相反，交易损失最终压垮了巴林银行。1995 年 2 月，世界上最老牌的银行命运终结。

9.5.2　条式组合期权与带式组合期权

1. 条式组合

条式组合（strips）是指由买入具有相同执行价格、相同到期日的一份看涨期权和两份看跌期权构建的组合策略。根据多头构成的组合和空头组建的构成的不同，条式组合又分为由多头构成的底部组合与由空头构成的顶部组合。由多头构建的底部条式组合的损益图如图 9－17 所示，顶部条式组合的损益图与该图关于横轴对称。

如果投资者预计股票价格将会在期权组合到期时发生较大的变动，并且股价下降的可能性要大于股价上升的可能性，则利用该组合较为合适。因为该策略下，股价低于执行价格时，策略的收益变化速度高于股价下跌的速度；而股价高于执行价格时，策略收益增加的速度与股价上涨的速度相同。

2. 带式组合

带式组合（straps）是指由买入具有相同执行价格、相同到期日的两份看涨期权和一份看跌期权构建的组合策略。带式组合也分为由多头构成的底部组合与由空头组成的顶部组合。由多头构成的带式组合的损益图如图 9－18 所示，空头组成的带式组合的损益状况与之相反。

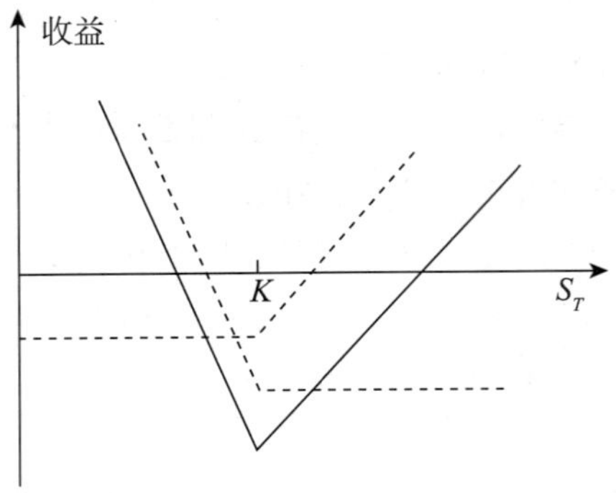

图 9-17 条式组合期权

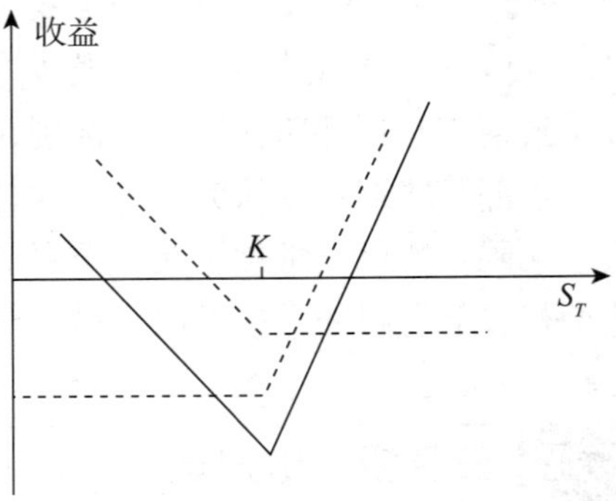

图 9-18 带式组合期权

带式组合中，投资者预计股票会有很大的变动，并且股票价格上升的可能性比下降的可能性要大。在带式组合中，投资者也是对股票价格大的变动下注，不同的是，投资者认为价格上升的可能性大于价格下降的可能性。所以，同样由多头（空头）构成的相同执行价格和到期日的条式组合与带式组合的损益图关于直线 $S_T=K$ 对称。

类似地，我们可以推出，如果预期股价上升（或下降）的可能性非常大，投资者可以通过买入多份（一份）看涨期权与一份（多份）看跌期权的组合，获得更大的投机利得。

9.5.3 宽跨式组合期权

1. 定义

宽跨式组合策略，又被称为底部垂直价差组合（bottom vertical combination），是由具有相同期限但执行价格不同的一份看涨期权和一份看跌期权组成。其中看涨期权的执行价格高于看跌期权。

2. 宽跨式组合的类型

宽跨式组合也分为由多头构成的底部与由空头构成的顶部。

与跨式期权组合类似，宽跨式组合也因多头构成和空头构成的不同分为由多头构成的底部宽跨式组合与由空头构成的顶部宽跨式组合。底部宽跨式组合的损益图如图 9-19 所示，顶部宽跨式组合的潜在损益情况与之相反。

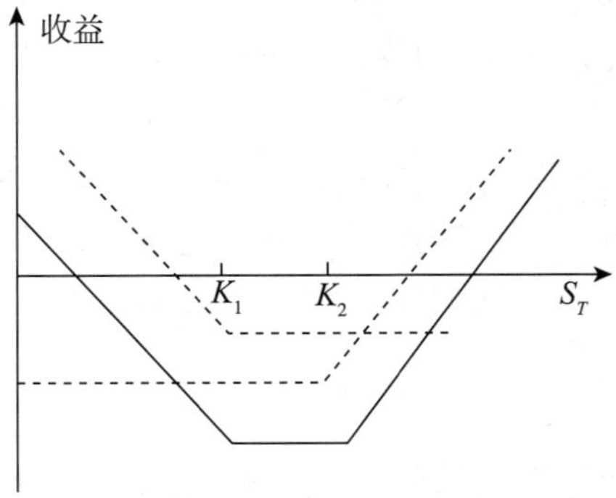

图 9-19 底部宽跨式组合期权

底部宽跨式组合期权潜在的损益情况如表 9-18 所示。

表 9-18　底部宽跨式期权组合损益情况

股票价格范围	看涨期权多头	看跌期权多头	组合损益
$S_T \leqslant K_1$	0	$K_1 - S_T$	$K_1 - S_T$
$K_2 < S_T < K_2$	0	0	0
$S_T \geqslant K_2$	$S_T - K_2$	0	$S_T - K_2$

底部宽跨式期权组合策略的盈利额度取决于两个期权的执行价格的跨度，跨度越大，组合潜在的损失就越小。因为对于看涨期权，执行价格越高，期权价值越低；而对于看跌期权，执行价格越低，期权价格越低。所以跨度越大，组合的初始投资越小，但同时获利的概率也下降了。而且只有股票价格变动较大，组合的盈利才大。顶部宽跨式期权组合与之适用的情况相反，如果投资者较为确定股票价格不会发生巨大变动，则该组合可以获取有限的盈利。

3. 宽跨式期权策略与跨式期权策略比较

宽跨式期权策略与跨式期权策略有很多相似之处。以多头组合的宽跨式期权策略和多头组合的跨式期权策略为例，这两种策略都适用于投资者预期股票价格会有大幅变动但变动方向不确定的情况。空头组合则相反，并且空头组合的两种策略风险都很大，盈利却有限。

不同之处在于，跨式期权策略组合的两个期权具有相同的执行价格，而宽跨式期权策略的两个期权执行价格不同。另外，宽跨式期权策略中，由于两个期权执行价格有一个跨度，因此该组合能够获利的股价波动幅度要大于跨式期权策略的股价波动幅度。但当期权到期时，股票价格如果距离执行价格很近或相等，宽跨式期权策略组合的损失要小于跨式期权策略组合。

本章小结

普通交易策略是将单一的期权与其标的股票进行搭配，而本章主要学习了价差、期差组合和组合期权等由不同期权合约构建的期权投资策略。具体来说，价差组合的主要种类有对后市看涨的牛市价差期权组合、对后市看跌的熊市价差期权组合、认为后市以小幅波动为主的蝶式价差期权组合等，所有价差期权组合都既可以由看涨期权构造，也可以由看跌期权构造。看涨和看跌期权的权利金不同，所以组合的构造成本不同，因此未来潜在的收益状况也有所不同：成本越高，未来获得的收益平均水平也越高。期差组合则是由两个执行价格相同、期限不同的同种期权的不同头寸组成的组合，投资者只是希望从“时间价值在短期期权中消失得比在长期期权中更快”这一规律中获利。而组合期权则是同时用看涨和看跌期权构造的策略，包括了跨式、条式、带式和宽跨式等类型。

本章所介绍的这些交易策略满足了我们对未来股价不同预期（看涨、看跌、波动幅度等）进行不同投资的要求。当然，现实中的期权策略远不止这些，根据期权头寸的多样性和灵活性完全可以自己设计出更多的期权组合，何况本章只考虑了欧式期权和常见的期权，并没有将美式和奇异期权考虑在内。从这些期权策略组合丰富多样的收益图形中可以窥见金融工程的本质意义，那就是将现金流进行各种可能的分割和组合，并提供给具有不同需求、不同风险偏好的投资者，而期权头寸自身的灵活性保证了这一目标的实现。

问题与应用

1. 解释构造熊市价差期权组合的两种方法。

2. 在什么样的市场中适合于投资正向蝶式期权组合?

3. 将在 3 个月后到期的股票看涨期权分别有 9 元、10 元和 11 元的执行价格，其期权价格分别为 2 元、1 元和 0.25 元。解释如何应用这些期权来构造出蝶式价差期权组合。列表说明蝶式价差期权组合的损益如何随股票价格变化而变化。

4. 假定你从父母那里得到一些股票，近期股票表现不尽如人意，但通过分析你认为该股票在未来具有上涨的潜力，你打算卖出针对该股票的看涨期权，构造一个有保护的看涨期权。你应该卖出怎样的看涨期权，才能使得期权被执行的可能性较低呢?

5. 牛市价差和牛市价差策略均可以通过看涨、看跌期权合约来构建，不同合约的构建有什么区别? 在不同的市场行情中该如何选择期权合约来完成策略的构建?

6. 假设执行价格分别为 30 元和 40 元的看跌期权成本分别为 4 元和 9 元，请利用期权构造 (a) 牛市价差期权组合；(b) 熊市价差期权组合。列表说明这两个期权组合的损益情况。

7. 利用看跌期权和看涨期权之间的等价关系式证明：欧式看跌期权构造的蝶式价差期权组合的成本与欧式看涨期权构造的蝶式价差期权组合的成本是相等的。

8. 上证 50ETF 期权 2015 年 2 月 9 日上市以来，请结合市场行情变化情况总结现实交易中本章讲解的组合策略运用案例。

9. 执行价格为 60 元的看涨期权的成本为 6 元，相同执行价格和到期日的看跌期权的成本为 4 元，制表说明跨式期权的损益情况。请问：股票价格在什么范围内时，跨式期权将导致损失?

10. 有效期为 1 个月的执行价格为 30 元的看涨期权的成本为 2 元，执行价格为 25 元的看跌期权的成本为 3 元。由这两种期权如何构造宽跨式期权? 宽跨式期权的损益情况如何?

11. 宽跨式期权与跨式期权之间有何不同?

12. 假如你正在关注某公司的股票，该公司不巧出现了一些严重的问题。破产清算迫在眉睫，除非公司有能力得到政府担保的贷款。一旦公司经营失败进行清算，股价会深度下跌；但如果公司获得贷款，股价也可能快速上涨。在这种情况下，请说明投资者能采用哪几种不同的期权投资策略并解释它们之间的不同点。

推荐阅读材料、网站

［1］Chan, Ernest P., *Quantitative Trading—How to Build Your Own Algorithmic Trading Business*, John Wiley & Sons, Inc., 2009.

［2］Drobny, Steven, *Inside the House of Money—Top Hedge Fund Traders on*

Profiting in the Global Markets，John Wiley & Sons，Inc.，2006.

［3］芝加哥期权交易所 http：//www.cboe.com/.

参考文献

［1］约翰·赫尔．期权、期货及其他衍生产品（第六版）．北京：人民邮电出版社，2009.

［2］唐·M. 钱斯．衍生金融工具与风险管理（第五版）．北京：中信出版社，2004.

［3］劳伦斯·G. 麦克米伦．期权投资策略（第四版）．北京：机械工业出版社，2010.

第 10 章

二叉树期权定价模型

学习目标

学习完本章后，读者应理解期权定价的实质，掌握无套利定价思想；理解二叉树定价方法，掌握二叉树定价公式；理解风险中性定价原理；理解风险中性世界和现实世界的区别及联系；学会在一种软件下运行二叉树算法程序。

期权定价的主要方法有：离散树图法；连续时间布莱克-斯科尔斯（Black-Scholes）微分方程法，以及蒙特卡洛（Monte Carlo）模拟法。本章主要介绍二叉树期权定价模型，该模型最早是由诺贝尔经济学奖得主威廉·夏普（William Sharpe）于1978年提出，后来由约翰·考克斯、斯蒂芬·罗斯和马克·鲁宾斯坦（John Cox，Stephen Ross and Mark Rubinstein）以及伦德尔曼和巴特（Rendleman and Bartter）分别发展改进。目前大家都以考克斯、罗斯和鲁宾斯坦三人发表的论文为主，故又称CRR模型。它在数学上对应一个二项式模型，由于股价每一步按两种可能性展开后，形似左倾90度的树状，因而形象地称之为二叉树模型。

10.1 无套利方法与风险中性定价

10.1.1 引子

先以一个简单的例子来介绍二叉树期权定价方法背后深刻的无套利定价的基本思想。

【例10—1】 假定标的股票在当前时刻的价格是1元，1个月后股价有两种等概率的可能：上涨到2元，或者下跌到0.5元。如图10-1所示。如果无风险利率为每年6%，则在当前时刻，1个月到期、执行价格为1元的该股票看涨期权的合理价格应该为多少？

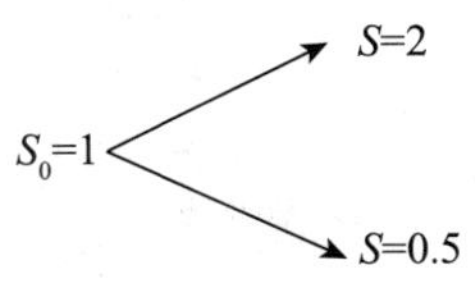

图 10－1　引例

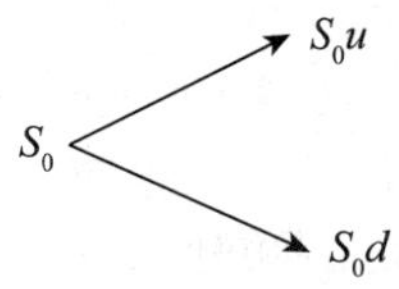

图 10－2　单步二叉树

解 1： 在上涨状态，期权的回报是 1 元；在下跌状态，期权的回报是 0 元。因为上涨和下跌是等概率的，各为 1/2，故期权的期望回报是 0.5 元，按照年利率 6%，1 个月期贴现为：

$$0.5\times e^{-6\%\times\frac{1}{12}}=0.498 \text{ 元}$$

那么，这份期权当前合理的价格好像应该为 0.498 元。

解 2： 首先构造股票和期权的证券组合，使得无论股票价格是上涨还是下跌，证券组合的价值保持不变。设 1 份期权 c 和 Δ 份股票 S 构成的证券组合是无风险的，满足

$$c_u+\Delta S_u=c_d+\Delta S_d$$

其中，u 和 d 分别表示股票上涨和下跌状态时的系数，$(S_0u-K)^+$ 与 $(S_0d-k)^+$ 分别表示 $\max(S_0u-K,\ 0)$ 和 $\max(S_0d-k,\ 0)$，见图 10－2。代入数值，上式变为：

$$1+2\Delta=0+0.5\Delta$$

可得 $\Delta=-2/3$。

因此构造资产组合 $\Pi=2S-3c$，即买入 2 份股票、卖出 3 份看涨期权，有

$$\Pi=2S_u-3c_u=\Pi_d=2S_d-3c_d=1$$

即资产组合的到期价值是确定的 1 元。

事实上，若在当前时刻将 $\frac{1}{1+0.5\%}=0.995$ 元现金存入银行，1 个月后也可获得 1 元。根据无套利原理，资产组合 Π 的期初价值为：

$$\Pi_0=2S_0-3c_0=2-3c_0=0.995$$

于是，当前时刻期权的价格为 $c_0=0.335$ 元。

这两种解答得到的答案竟然不一样！

仔细分析对比一下解 1 和解 2，可以发现，解 1 运用的是贴现的思想，利用了股票上涨和下跌的概率；而解 2 运用的是对冲（hedging）的思想——寻找由适当比例的股票和期权形成无风险投资组合，没有用到股票实际上涨和下跌的概率。究竟谁对呢？

10.1.2　为什么实际概率对期权的定价没有影响？

解 2 是对的。期权的定价只能按照无套利的思想，且标的资产价格上涨和下跌的实际概率对期权的定价没有影响。

按照通常的想法，如果标的资产价格上涨的概率越大，下跌的概率越小，那么基于该标的资产的看涨期权的价格应该越高才对。那么，解 1 究竟错在哪里？

错误一：期权和股票的风险都比债券高，不能用无风险利率来贴现。否则，股票未来

的期望回报为（2＋0.5）/2＝1.25 元，按无风险利率贴现的现值为 1.24 元，并不等于现价 1 元，岂不也出现矛盾？这多出的部分是风险回报，即对股票价格不确定性的补偿。期权的不确定性比股票更高，风险回报应该更高。事实上，以解 2 计算得到的期权价格来看，期权的期望回报率为（0.5－0.335）/0.335＝49.3％，的确大于股票的期望回报率（1.25－1）/1＝25％。

既然标的股票的价格不是未来期望回报的无风险利率的贴现，那么股票衍生出来的期权价格更不可能是未来期望回报的贴现值。因为投资者是风险厌恶的，贴现率在无风险利率的基础上至少还要加上风险溢价率。

错误二：期望回报不能这么算！因为上涨和下跌是互斥事件，分属于两个不同的状态空间，而不同状态空间的东西是不能相加减的，正如不同时间上的东西不能相加减一样。后者大家都熟悉，比如金融中，要么将未来某时间点上的货币贴现到现在，要么将现在的货币折现到未来某时点，在同一节点上进行加减。

10.1.3 风险中性定价原理

解 1 中犯错误的两点仅在一种情况下是正确的，那就是风险中性世界。在风险中性世界，不同状态空间中的货币可以相加减（求期望），而且所有资产（债券、股票、期权）的贴现率都是无风险利率。

先将不同状态空间下的货币不能在现实概率下求期望的事情讲清楚。

以当前 $t=0$ 时刻的 1 元钱为例，到 $t=T$ 时刻的价值，不仅和时间有关，如存入银行可获取 r 元无风险利息，而且和所处的空间状态有关。即假定在 T 时刻，经济有可能出现繁荣或者萧条两种情形，则两种状态下，同样面值的 1 元钱，其价值不是一回事。[①] 金融中以状态价格（即某种未来状态下的 1 单位面值，在当前时间和状态下的价格）来表示该价值。

为了更直观地说明这 1 元钱的状态价格，暂不妨假定无风险利率为 r_0，仍然讨论前面的例子。在当前 t_0 时刻，股价为 1 元，在 t_T 时刻股价有两种可能：以 1/2 的概率上涨到 2 元，或者以 1/2 的概率下跌到 0.5 元。考虑该股票的 T 时刻到期执行价格为 1 元的欧式看涨期权价格的确定。

假定在 $t=0$ 时刻有 1/3 元（形式上假定货币和股票在数学上可任意分割），构造如下投资组合：再借入 1/3 元，购买 2/3 份股票。则在 $t=T$ 时刻，若经济繁荣，股票上涨到 2 元时，组合的回报为 1 元；若经济萧条，股票下跌为 1/2 元时，组合的回报为 0 元。这和看涨期权在 T 时刻的回报是一模一样的。[②] 根据市场无套利原理，期权在 $t=0$ 时刻的价值应该和该投资组合的初始资金 1/3 元相等，即期权的初始价格为 1/3 元。这说明经济繁荣时 1 元钱的状态价格（贴现到当前的时空节点）为 1/3。由于 $t=0$ 时刻的 1 元现金若存入银行，则无论是在经济繁荣状态还是在经济萧条状态，都会得到确定的 1 元钱（假定利率 $r=0$）。因此，经济萧条时 1 元钱的状态价格应为 2/3，比经济繁荣时的状态价格要高，和直觉相符。

求出了不同情形下的状态价格（1/3，2/3），因为非负且和为 1，我们可以将不同情形

---

① 形象地，好比同一个面包，对于饱腹状态和饥饿状态的人来说，价值是不一样的。

② 此处利用现金和股票复制了期权。

下的状态价格分别定义为对应的概率，并称之为风险中性概率。在新定义的风险中性概率下，证券价格等于未来期望回报的无风险利率贴现。本质上，这种定价方法将未来不同状态下的回报通过状态价格返回到当前的时空节点上进行相加减。

当前 $t=0$ 时刻的股价 1 元，等于上涨行情下的回报 2 元乘以状态价格（概率）1/3，加上下跌行情下的回报 0.5 元乘以状态价格（概率）2/3，再按无风险利率 $r=0$ 进行贴现，贴现值刚好为 1 元。同样，对股票期权也可以验证，期权价格 $1/3=(1\times1/3+0\times2/3)/(1+0)$。如图 10－3 所示。

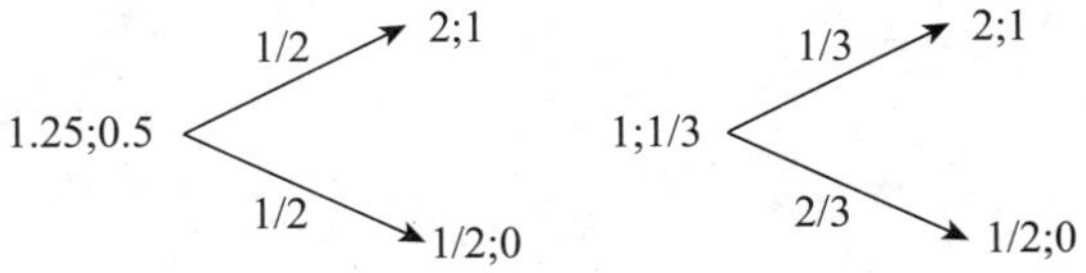

图 10－3　风险中性定价

注：分号前后两个数字依次表示股票和期权的价值。

这就是著名的风险中性定价（risk neutral pricing）原理。其核心思想在于，构造了一个风险中性世界。在这个世界中，将以状态价格作为概率，将不同状态下的回报折算到当前时空节点，所以可以相加减（求期望），贴现率为无风险利率。于是，现实世界中形形色色的资产和各种投资偏好的投资者在风险中性世界里一下子都变得简单了，统统以风险中性偏好和无风险利率进行定价。在无套利的前提下，定价是唯一的，风险中性世界中定出的价格也是现实世界中的价格。

虽然出现了一个新的风险中性世界，但事实上，只有一个世界！从概率空间的观点来看，事件集合不变，改变的只是概率测度。即对于确定性的事件，现实世界和风险中性世界拥有一致的确定无疑的看法。比如两个世界都认为当前期权价格是唯一确定的，也都认为资产价格有上涨和下跌两种情况，但是对于上涨和下跌两种可能性的概率，现实世界和风险中性世界的看法有分歧。对上例而言，现实世界认为上涨和下跌的概率都为 1/2，而风险中性世界则认为是（赋予了）1/3 和 2/3 的概率。因此，从真实概率到风险中性概率的变换改变的只是资产价格的分布，但是不改变资产价格本身，这就是为什么在风险中性世界里给金融资产定价，可以拿到现实世界中来用的原因，因为确定性的事件（比如期权的价格）在两个世界是一致的。事实上，无套利原理要求所有的定价应该满足相同的定价法则，因此风险中性定价本质上是利用对股票和债券进行定价的方法来对期权进行定价。

风险中性定价原理假定投资者都是风险中性偏好，期望收益率都是无风险利率，大大简化了定价的计算过程，因此在资产定价领域广为运用。

10.2　期权的二叉树定价方法

10.2.1　单步二叉树定价模型

将例 10—1 的期权定价过程抽象化，得到一般的单步二叉树定价模型。

【例 10—2】　设在期初 $t=0$ 时刻，标的资产的价格为 S_0，在期末 $t=T$ 时刻，标的资产的价格有两种可能：上涨为期初价格的 u 倍，或者下跌为期初价格的 d 倍。如图 10-2 所示。设在 $t=0$ 到 T 期间无风险利率为 r(单利)，且 $0<d<1+r<u$，则基于标的资产执行价为 K_1、到期时间为 T 的欧式看涨期权，在期初 $t=0$ 时的价格为多少？

解：先构造对冲组合，即由标的资产和期权组成无风险资产组合 $\Pi=c-\Delta S$，该组合在期末两种状态下价值是确定的。① 即有

$$\Pi_T=\Pi_u=c_u-\Delta S_u=\Pi_d=c_d-\Delta S_d \tag{10.1}$$

解得

$$\Delta=\frac{c_u-c_d}{S_u-S_d} \tag{10.2}$$

因为资产组合在期末的价值是确定的，因此根据无套利原理，组合期初价值应该为期末价值的无风险利率的贴现：

$$\Pi_0=c_0-\Delta S_0=\frac{\Pi_T}{Hr}=\frac{(c_u-\Delta S_u)}{1+r} \tag{10.3}$$

将式（10.2）代入式（10.3），解得

$$c_0=\frac{1}{Hr}\left(\frac{1+r-d}{u-d}c_u+\frac{u-1-r}{u-d}c_d\right) \tag{10.4}$$

上面的讨论依赖于一些假设：

（1）标的资产可以细分成不同的份额来买卖；

（2）借贷利率相同；

（3）标的资产的买价和卖价一样；

（4）标的资产在下一时段的价格只有两种可能。

对单步二叉树来说，记

$$q=\frac{1+r-d}{u-d},1-q=\frac{u-1-r}{u-d} \tag{10.5}$$

当 $0<d<1+r<u$ 时，根据10.3节的分析，(10.5) 式可以定义成一种概率测度②，即风险中性概率测度，通常记为 Q 测度，与此对应，现实世界的概率测度常记为 P 测度。概率测度 P 和概率测度 Q 是等价的，因为它们具有相同的零测集，即对确定性事件的看法一致。

结论：资产价格等于风险中性世界未来期望回报按照无风险利率的贴现值。

10.2.2 多步二叉树定价模型

在实际运用中，一般考虑多步二叉树模型。

以欧式看跌期权为例，将期权的持续期等分为 N 个时段，假设在每个时段每个节点上，股票价格的变化服从独立同伯努利分布的单步二叉树过程。即在每个节点上的股票价

---

① 除了对冲，在完全市场下，也可以通过复制来构造无风险组合。见 10.4 节的实例。

② 概率测度满足几个基本条件：样本事件的概率非负，满足可数可加性，概率的和为 1。

格，下一个时段或者上涨为原来的 u 倍，或者下跌为原来的 d 倍。如图 10－4 所示。

在到期时刻，股票的价格 S_T 可能取到 $N+1$ 个值$\{S_T \mid S_0u^m d^{N-m}$，$m=0$，1，…，$N\}$，欧式看跌期权在到期时刻的价值 $C_T=(K-S_T)$ 也有 $N+1$ 种可能。① 利用单步二叉树模型，通过倒向递推，可以逐步求出期权在每个节点上的价值，最终求出期权在初始时刻的价格。

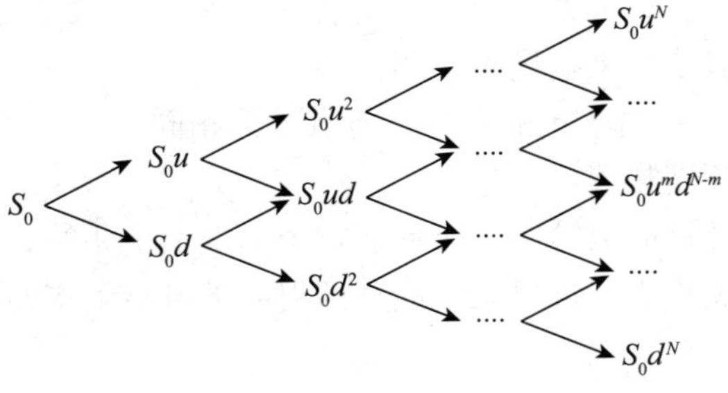

图 10－4　多步二叉树

具体地，以两步二叉树为例说明计算过程。

【例 10—3】　如图 10－5 所示，设初始时刻股价 $S_0=1$，$u=1.2$，$d=0.8$，期权持续期的无风险利率为 $r=10\%$，如何利用两步二叉树模型计算的欧式平价看跌期权的价格？

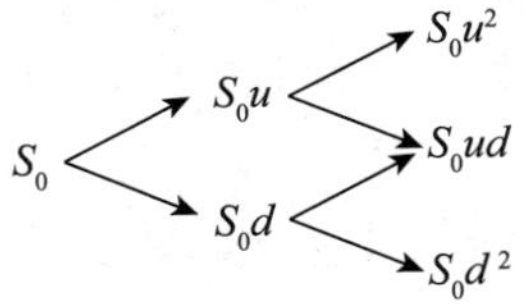

图 10－5　两步二叉树

解： 先利用 B 到 D 或 E 的单步二叉树，计算 B 点期权的价值：

$$P_B=\frac{1}{1+r/2}[qP_D+(1-q)P_E] \tag{10.7}$$

再利用 C 到 E 或 F 的单步二叉树，计算 C 点期权的价值：

$$P_C=\frac{1}{1+r/2}[qP_E+(1-q)P_F] \tag{10.8}$$

最后利用 A 到 B 或 C 的单步二叉树，计算 A 点期权的价格：

$$P_A=\frac{1}{1+r/2}[qP_B+(1-q)P_C] \tag{10.9}$$

将式（10.7）和式（10.8）代入式（10.9），可得

---

① 可以证明，当 $N\to\infty$ 即时间步长无限小时，二叉树的股票的价格趋于对数正态分布。对数正态分布是第 12 章布莱克-斯科尔斯期权定价模型的基本假设。事实上，多步二叉树给出的期权定价是当 $N\to\infty$ 时收敛到布莱克-斯科尔斯方程的解。在实际应用二叉树定价时，出于时间和精度的考虑，N 通常取值在 30 到 1 000 之间。

$$P_A = \frac{1}{(1+r/2)^2}[q^2 P_D + 2q(1-q)P_E + (1-q)^2 P_F] \tag{10.10}$$

代入数据，得

$$q = \frac{1+r/2-d}{u-d} = 0.625,\ P_B = 0.014,\ P_C = 0.152,\ P_A = 0.06 \tag{10.11}$$

因此，两步二叉树计算的欧式平价看跌期权价格为 0.06 元。

从本例中可以发现多步二叉树定价模型：

(1) 上涨比率 u 和下跌比率 d 的在每个节点上都相同；

(2) 每一步的时间长度相等；

(3) 由式 (10.5) 计算的风险中性概率在每个节点上也相等；

(4) 期权价格等于风险中性世界未来期望回报的无风险利率贴现值。

10.3 Delta 对冲

在 10.2.1 节中，我们利用期权和标的资产进行所谓的 Delta 风险对冲，构造出价值不依赖于状态的无风险投资组合。通过待定系数的方法，确定出参数 Δ (Delta)。

Delta 是期权定价中非常重要的一个参数，反映了期权价格的变化相对于标的资产价格变化的比率。它表明当证券组合处于中性状态时，组合的价值不受标的资产价格波动的影响，从而实现了套期保值。

以图 10-5 所示的欧式期权为例，对应节点 A 到 B 或 C 的变化，期权的 Δ 为

$$\frac{P_B - P_C}{S_B - S_C} = \frac{0.014 - 0.152}{1.2 - 0.8} = -0.345 \tag{10.12}$$

对应节点 B 到 D 或 E 的变化，期权的 Δ 为

$$\frac{P_D - P_E}{S_D - S_E} = \frac{0 - 0.04}{1.44 - 0.96} = -0.083 \tag{10.13}$$

而对应节点 C 到 E 或 F 的变化，期权的 Δ 为

$$\frac{P_E - P_F}{S_E - S_F} = \frac{0.04 - 0.36}{0.96 - 0.64} = -1 \tag{10.14}$$

可以发现：Delta 其实反映了期权价格与标的资产价格关系曲线的切线斜率，它的值随着时间的推移而变化，即证券组合处于无风险的中性状态只能维持一段很短的时间，是“瞬时”套期保值。另外，从式 (10.12)、式 (10.13) 和式 (10.14) 来看，Delta 值变化非常大，说明 Delta 值对价格变化比较敏感。这些都因为 Delta 实质上是“导数”，在布莱克-斯科尔斯期权定价模型中可以更清楚地看到这一点。

Delta 对冲是金融风险管理的一个重点。在管理一个证券组合时，可以通过相应的标的资产、期货、期权等进行套期保值，使得证券组合的 Delta 为零，证券组合价值不受标的资产价格变化影响。然而，Delta 值随时间的推移在不断变化，因此需要不断调整保值头寸使证券组合重新处于中性状态，这就是动态套期保值。证券组合的管理者需要合理地估计调

整 Delta 的频率①，在调整带来的交易费用和不调整带来的价格波动风险中权衡风险和收益。

10.4　美式期权的二叉树定价方法

截至目前，考虑的二叉树定价模型针对的都是欧式期权。事实上，由于二叉树定价过程清晰可见，相对于其他定价模型而言，可以很方便地用来给美式期权定价，处理美式期权的提前执行问题。

美式期权定价的过程仍然是倒向的，即从到期时刻，将期权的价值倒向递推，一直计算到初始时刻。不同的是，因为美式期权可以提前执行，因此在每个节点上，需要确定提前行权是否更优。以倒推计算的期权价值和提前行权价值的较大者作为该节点期权的价值，继续倒向递推，直至计算出期权的价格。

【例 10—4】　如图 10－5 所示，设初始时刻股价 $S_0=1$，$u=1.2$，$d=0.8$，期权持续期的无风险利率 $r=10\%$，则以两步二叉树计算的美式平价看跌期权的价格为：

解：先计算 B 点期权的价格：

$$P_B=\max\left\{\frac{1}{1+r/2}[qP_D+(1-q)P_E],(K-S_B)^+\right\}$$

再计算 C 点期权的价格：

$$P_C=\max\left\{\frac{1}{1+r/2}[qP_E+(1-q)P_F],(K-S_C)^+\right\}$$

最后计算 A 点期权的价格：

$$P_A=\frac{1}{1+r/2}[qP_B+(1-q)P_C]$$

计算发现，C 点期权提前执行的价值为 $(K-S_C)^+=0.2>0.152$，也就是说，若股价到达该点，则看跌期权需要提前执行，最终计算得 $P_A=0.08$。

美式平价看跌期权价格为 0.08 元，比相应的欧式看跌期权价格 0.06 元高。

10.5　参数 u 和 d 的选择

几乎所有金融中的计算程序和软件都包含二叉树定价方法。对常见的期权定价，只需要输入参数 u 和 d、无风险利率 r、标的资产的初始价格 S_0、期权的执行价格 K 和到期时间 T，即可输出理论上的期权价格。在输入的几个参数中，u 和 d 的确定是最复杂的，依赖于人们的经验和判断。因为现实中到期时刻股票的价格是随机的，很难直接用来确定参数 u 和 d。因此，一种常见的办法是通过匹配标的资产的波动率来选择参数 u 和 d。②

具体地，以股票和股票期权为例，分别在现实世界和风险中性世界中考虑。将期权的

① 可以考虑 Delta 对 S 的变化率（称为 Vega）来判断 Delta 对 S 的敏感性，从而决定调整频率。

② 选择参数 u 和 d 来吻合波动率是由考克斯、罗斯和鲁宾斯坦（Cox，Ross and Rubinstein，1979）提出的。

持续期等分为 N 个时段，即步长 $\Delta t = T/N$。设现实世界中股票的期望收益率为 u，波动率为 σ。图 10-6 示意的是 N 步二叉树的第一步，股票价格从 S_0 开始，上涨到 S_0u，或者下跌到 S_0d。这是现实世界和风险中性世界里都一致确定的两个事件。不同的是，现实世界认为上涨的概率为 S_0u，而风险中性世界认为上涨的概率为 q。

在现实世界里，第一步末期股票价格的期望是：

$$S_0(1+u\Delta t)=pS_0u+(1-p)S_0d$$

从而有

$$p=\frac{1+u\Delta t-d}{u-d} \tag{10.15}$$

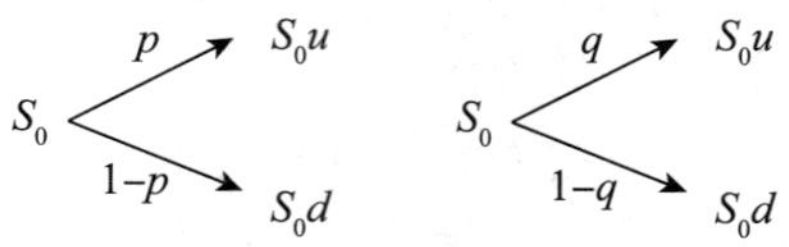

图 10-6 现实世界和风险中性世界二叉树

根据波动率的定义——股票价格在单位时间内收益率的标准差可知，第一步二叉树对应的股票价格收益率的方差为：

$$\sigma^2\Delta t=pu^2+(1-p)d^2-[pu+(1-p)d]^2 \tag{10.16}$$

将式（10.15）代入式（10.16）可以得到一个方程，但不能确定两个未知数 u 和 d，容易验证其中一组解为：

$$u=1+\sigma\sqrt{\Delta t}\text{，}d=1-\sigma\sqrt{\Delta t} \tag{10.17}$$

注意到当 Δt 很小时，在运算时可以忽略 Δt 的大于 1 阶的高阶项。

若定价过程在风险中性世界里进行，则第一步末期股票价格的期望满足：

$$S_0(1+r\Delta t)=qS_0u+(1-q)S_0d$$

从而有

$$q=\frac{1+r\Delta t-d}{u-d} \tag{10.18}$$

这时，股票价格的收益率方差为 $qu^2+(1-q)d^2-[qu+(1-q)d]^2$，代入式(10.17)和式(10.18)，同时忽略 Δt 大于 1 阶的高阶项，则有：

$$qu^2+(1-q)d^2-[qu+(1-q)d]^2=\sigma^2\Delta t$$

结果表明：从现实世界转换到风险中性世界，股票价格的期望收益率发生了变化，从 u 变为无风险利率 r，但是波动率保持不变。①

① 当 Δt 趋于零时的极限情形对应的是吉尔萨诺夫定理（Girsanov theorem）的结果。

10.6　应用举例

本节使用市场上实际交易的期权，在 Matlab 软件中利用二叉树方法计算其价格，以比较市场报价。下面分别以美国市场和中国市场上的股指期权为代表。其他国家和地区的期权市场，以及其他的期权类型（如国债期权、货币期权和期货期权等），计算方法类似。

先以最新的标普 ETF 指数期权为例，在 2015 年 10 月 14 日观察的 2015 年 10 月 23 日到期的美国 S&P500 指数 SPY 期权数据①，执行价格指数为 200.50，美国纽约证券交易所（NYSE）显示的标的指数 SPY 为 200.25，1 年期 LIBOR 美元利率为 0.84%②，标的指数的波动率采用 VIX 指数，为 16.17%③，S&P500 过去 12 个月的红利率为 2.08%④，市场给出的认购和认沽期权收盘价格分别为 1.66 美元和 2.11 美元。

利用二叉树方法在 Matlab 中计算相应的期权价格，以及程序的耗时为：

```
≫ tic，Call = LatticeEurCall (200.25，200.50，0.0084，(datenum('2015/10/23')－datenum('2015/10/14')) /365，0.1617，500，0.044)，toc
Call =1.8237
Elapsed time is 0.015787 seconds.
≫tic，Put = LatticeEurPut (200.25，200.50，0.0084，(datenum('2015/10/23')－datenum('2015/10/14')) /365，0.1617，500，0.044)，toc
Put =2.2493
Elapsed time is 0.014834 seconds.
```

可以看出，即使是多达 500 步的二叉树算法，在个人电脑上运行，耗时也非常短。二叉树期权价格和市场收盘价格存在一定的误差。由于雅虎财经网站（Yahoo Finance）上已经看不到买卖报价（bid ask spread），这里再利用早年的数据做进一步分析。

表 10－1 是 2012 年 6 月 10 日观察的 2012 年 7 月 12 日到期的美国 S&P500 指数 SPY 期权数据⑤，执行价格指数为 133，美国纽约证券交易所（NYSE）显示的标的指数 SPY 为 133.1，1 年期 LIBOR 美元利率为 1.070 20%⑥，标的指数的波动率采用 VIX 指数，为 21.23%⑦，S&P500 过去 12 个月的红利率为 2.06%⑧，市场给出的看涨期权买卖价分别为 3.27 美元和 3.21 美元。

---

① 雅虎财经网站 http：//finance.yahoo.com/q/op?s=SPY&k=133.000000。

② http：//www.bankrate.com/。

③ 雅虎财经网站 http：//finance.yahoo.com/q?s=^VIX。

④ http：//www.multpl.com/s-p-500-dividend-yield/。对于股票指数红利率为 λ 的二叉树模型，计算时以 $r-\lambda$ 代替原来的 r，即 $q=\dfrac{1+(r-\lambda)\Delta t-d}{u-d}$。货币期权中外币利率可以看做是红利率。

⑤ http：//www.bankrate.com/。

⑥ 飞狐网站 http：//www.fx168.com/fxrela/zixun_ll.aspx。

⑦ 雅虎财经网站 http：//finance.yahoo.com/q?s=^VIX。

⑧ http：//www.multpl.com/s-p-500-dividend-yield/。对于股票指数红利率为 λ 的二叉树模型，计算时以 $r-\lambda$ 代替原来的 r，即 $q=\dfrac{1+(r-\lambda)\Delta t-d}{u-d}$。货币期权中外币利率可以看做是红利率。

表 10-1　　SPY 看涨看跌期权价格表

欧式期权			2012 年 6 月 10 日观察，执行价格指数为 133.00					
Type	Expires	Symbol	Lest	Che	Bid	Ask	Vol	Open Int
Call	Jul 12	SPY120721C00133000	3.20	↑0.54	3.21	3. 27	9. 484	58. 137
Put	Jul 12	SPY120721P00133000	3.43	↓0.80	3.38	3.43	6.075	59.463

利用二叉树方法在 Matlab 中计算相应的期权价格为：

≫call＝LatticeEurCall(133.1，133，0.0107020，1/12，0.2123，500，0.0206)

call ＝3.2433

≫put＝LatticeEurPut(133.1，133，0.0107020，1/12，0.2123，500，0.0206)

put ＝3.2530

≫[CallPrice，PutPrice]＝blsprice(133.1，133，0.0107020，1/12，0.2123，0.0206)

CallPrice ＝3.2434

PutPrice ＝3.2531

从计算结果中可以发现：期权的二叉树定价结果和布莱克-斯科尔斯定价结果非常接近；欧式看涨期权二叉树价格和布莱克-斯科尔斯价格和市场报价吻合得较好，落在买卖价格之间。但是，二叉树和布莱克-斯科尔斯公式计算的看跌期权价格，比市场报价要低很多。这是否违反了无套利原理？很难讲。因为现有的研究早已认识到标的资产的实际价格并不遵从几何布朗运动，而这却是二叉树和布莱克-斯科尔斯定价最基本的假设；另外，真正的无风险利率和波动率实际上是无法知道的，只能是近似代替。一种普遍认可的解释是，看跌期权为市场提供了一种保险功能，所以存在负的风险溢酬。

表 10-2 列出了 2012 年 6 月 10 日观察到的 2012 年 7 月 20 日到期的 S&P100 指数 OEX 美式期权价格信息，标的指数为 605.62，利用 Matlab 软件中的美式二叉树函数程序计算得：

≫Amcall＝LatticeAmCall(605.62，605，0.0107020，1/12，0.2123，500，0.0206)

Amcall ＝14.8695

≫Amput＝LatticeAmPut(605.62，605，0.0107020，1/12，0.2123，500，0.0206)

Amput ＝14.7193

可以看出，由于可以及时行权，美式平价期权二叉树方法计算的价格均落在市场买卖报价区间内。

表 10-2　　OEX 看涨看跌期权价格表

美式期权			2012 年 6 月 10 日观察，7 月 20 日周五到期					
Type	Strike	Symbol	Last	Chg	Bid	Ask	Vol	Open Int
Call	605.00	OEX120721C00605000	14.40	↑2.04	14.10	16.90	79	271
Put	605.00	OEX120721P00605000	14.90	↓1.70	13.00	15.70	12	32

接下来看看中国市场上交易的上证 50ETF 期权。这是国内第一只 ETF 期权产品，于 2015 年 2 月 9 日正式上市。该合约为欧式期权，合约标的为上证 50ETF（510050），类型可分为认购期权和认沽期权。期权合约的相关基本条款可见上海证券交易所网站。①

① 上海证券交易所网站 http：//www.sse.com.cn/assortment/derivatives/options/contract/。

表 10－3 是 2015 年 10 月 14 日观察的 2015 年 10 月 28 日到期的中国上证 50ETF 指数期权（欧式）数据①，执行价格指数为 2.150，期权的标的指数 50ETF 为 2.221，1 年期 SHIBOR 利率为 3.414 0%②，波动率采用 iVIX 指数，为 32.01%③，上证 50 指数过去 12 个月的红利率为 3.161 5%④。

表 10－3　　50ETF 期权认购（看涨）和认沽（看跌）期权价格表

类型	合约代码	最新价	最高价	最低价	涨跌幅（%）	成交量	持仓量
认购	510050C1510M02200	0.085 0	0.105 1	0.085 0	－17.87	8 851	1.33 万
认沽	510050P1510M02200	0.030 0	0.034 4	0.028 4	－1.82	6 783	1.29 万

```
≫tic, call = LatticeEurCall(2.258, 2.200, 0.034140, (datenum('2015/10/28')-datenum('2015/10/14'))/365, 0.3201, 500, 0.031615), toc
call =0.0895
Elapsed time is 0.081916 seconds.
tic, put = LatticeEurPut(2.258, 2.200, 0.034140, (datenum('2015/10/28')-datenum('2015/10/14'))/365, 0.3201, 500, 0.031615), toc
put =0.0314
Elapsed time is 0.016289 seconds.
```

可以看出：上证 50ETF 期权的市场价格和理论价格比较接近，理论价格落在市场买卖报价之间，认沽期权的市场报价并没有像美国市场一样出现溢价，涨跌幅很小。看涨期权的涨跌幅较大，为－17.87%。事实上当天的上证 50ETF 本身的波幅非常小，开盘 2.263，最高 2.288，最低 2.256，收盘 2.258。

本章小结

期权之所以能被定价，其核心的假定为市场是完全的，且无套利原理成立。在此基础上，本章介绍了期权的二叉树定价模型，利用无套利均衡分析和风险中性定价两种方法推导了期权定价公式。两种定价方法得到的二叉树定价公式具有形式上的一致性，这就是著名的 CRR 公式。以单步双状态的二叉树模型为例，$f=[qfu+(1-q)fd]/(1+rT)$。公式中的 q 是未来上升状态下回报的状态价格，以此可将未来各种状态下的回报按无风险利率 r 折算贴现到根节点，得到期权的价格。这便是风险中性定价，q 为风险中性世界中标的资产上升的概率。因为现实世界中期权的价格是唯一的，风险中性世界中期权的价格也是唯一的，而期权只有唯一的价格，风险中性世界和现实世界对应的是同一个世界，因此，风险中性世界中期权的定价就是现实世界中期权的合理价格。风险中性定价便成了期权定

① 上海证券交易所网站 http://www.sse.com.cn/assortment/derivatives/options/price/index.shtml?code=510050&date=2015-10#anchor。

② SHIBOR 官方网站 http://www.shibor.org。

③ 上海证券交易所网站 http://www.sse.com.cn/assortment/derivatives/options/。

④ Wind 数据库。

价中最常用的方法。

期权价格等于风险中性世界未来期望回报按照无风险利率的贴现值。标的资产实际上升和下降的概率对期权的定价没有影响，因为期权的价格是根据无套利原理，建立在标的资产价格合理性的基础上的。

美式期权的定价，可以运用以上对欧式期权的定价方法，再结合与相应时点提前执行的价值比较，选取较大值，之后再逐步回推出美式期权期初的价值。

问题与应用

1. 证明：对于单步二叉树模型而言，$0<d<1+r<u$ 是市场无套利的充要条件。

2. 阐述现实世界和风险中性世界的区别与联系。

3. 什么是风险中性定价?

4. 已知标的股票当前价格为 50 美元，期权的执行价格为 52 美元，无风险利率为 5%，两年后股票价格或者上涨 20%，或者下跌 20%。利用两步二叉树分别计算欧式和美式看跌期权价格，并指出看跌期权中是否存在节点会提前执行期权。

5. 1 澳元的现值为 0.99 美元，汇率的波动率为 12%，澳元的无风险利率为 3.50%，美元的无风险利率为 1.07 %. 试利用两步二叉树计算执行价为 1 的 2 个月期美式期权价格。

6. 若股票价格服从两步二叉树过程，解释为什么用股票和期权构造的交易组合不可能在整个有效期内一直保持无风险。

7. 若利率 r 是按复利计算，推导风险中性概率 q 的表达式，参数 u 和 d 以波动率表示的公式。

8. 甲、乙两只股票当前的价格均为 10 元，3 个月后甲股票价格有两种可能：上涨 20%，下跌 20%；乙股票价格也有两种可能：上涨 10%，下跌 10%。已知无风险年利率为 10%，试分别计算甲、乙两只股票看涨和看跌平价期权价格，你能从价格中发现什么吗?

9. 某股票当前价格为 30 美元，3 个月后股票价格或者上涨 10%，或者下跌 10%。已知该股票在未来 3 个月内不会分红，无风险年利率为 6%。利用软件分别计算 3 个月期欧式和美式看涨和看跌平价期权价格，观察期权的价格是否一样。

10. 利用程序软件验证市场上某一种期权的价格，如美国标准普尔指数期权、香港恒生指数期权、日经 225 指数期权、欧洲美元期权和国债期货期权等，相应的参数需自己查找。

推荐阅读材料、网站

[1] Carr, Peter, FAQ's in Option Pricing Theory, 2002. http://www.math.nyu.edu/research/carrp/papers/pdf/faq2.pdf.

[2] http://www.math.unl.edu/~tshores1/Public/JDEP384hS07/MatlabTools/.

[3] 电影《魔鬼交易员》(*Rogue Trader*)，导演：詹姆斯·迪尔，主演：伊万·迈克格雷戈.

参考文献

[1] Cox, J. C. , S. A. Ross, and M. Rubinstein, "Option Pricing: A Simplified Approach", *Journal of Financial Economics*, 7 (October 1979): 229 - 264.

[2] Rendleman, R. , and B. Bartter, "Two State Option Pricing", *Journal of Finance*, 34 (1979): 1092 - 1110.

[3] Shreve, Steven E. , *Stochastic Calculus for Finance*, 2004, Springer.

[4] Kahneman, D. , and A. Tversky, " Prospect Theory: An Analysis of Decisions Under Risk", *Economtrica*, 47 (1979): 267 - 291.

[5] 姜礼尚．期权定价的数学模型和方法．北京：高等教育出版社，2003.

附：欧式看涨期权 Matlab 程序代码[①]

```
%%%%%%%%%%%%%%%%%%%%%%%%%%%%%%%%%%%%%%%%%%%%%%%%%%%%%%%%%%%%%
function [price, lattice] = LatticeEurCall (S0, X, r, T, sigma, N, D0)
% description: Returns the call price of an European option calculated by the binomial lattice method
%where S is the initial security price, K is the strike price, r is the annual interest rate, T is the time
%until maturity in years, sigma is the annual risk, and N is the number of time steps dt = T/N until maturity
%used to calculate the call price, and D0 is the (optional) dividend rate with default zero.
% Optionally returns the entire lattice as a second return argument.
deltaT = T/N; u=exp (sigma*sqrt(deltaT) ); d=1/u; rtilde = r-D0; p = (exp(rtilde * deltaT)-d)/(u-d);
lattice = zeros (N+1, N+1);
for j=0: N; lattice (N+1, j+1) =max (0 , S0 * (u^j) * (d^ (N-j))-X); end
for i=N-1: -1: 0
for j=0: i; lattice (i+1, j+1) = exp (-r * deltaT) * (p*lattice(i+2, j+2)+(1-p) *lattice (i+2, j+1) ); end
end
price = lattice (1, 1);
%%%%%%%%%%%%%%%%%%%%%%%%%%%%%%%%%%%%%%%%%%%%%%%%%%%%%%%%%%%%%
```

① 更多的代码可在 Matlab 金融工具箱或者网上找到，比如 http://www.math.unl.edu/~tshores1/Public/JDEP384hS07/MatlabTools/。

第 11 章

股票价格的行为模式

学习目标

本章将介绍连续时间的随机过程，因为其可以被应用于描述公司股票在市场上连续变化的行为。同时，随机过程也是后面期权定价公式的基础。因此本章的学习重点是：了解各种随机过程（马尔可夫过程、维纳过程、伊藤过程）之间的差异，学会选择适当的随机过程来描述股票价格变动，并且能够初步使用伊藤引理来帮助分析连续时间下股票价格的变动。

一般来讲，随机过程和微积分可能听起来会比较晦涩难懂，因此，本章将会使用较为直观的方式来介绍并比较各种随机过程，让读者了解随机微分方程中几个主要参数所代表的实际意义，并由此帮助读者理解为什么这些随机过程可以用来描述股票价格的变动率。本章的最后还初步介绍了著名的伊藤引理，该引理可以说是整个随机微积分分析的基础。为了让读者更易于了解，其推导将会放在本章附录中。对于大多数读者而言，应该专注于随机过程的直观理解与伊藤引理的实际应用，然后才是去深究这些理论背后严格的数学基础。总的来说，对本章内容的直观理解和灵活应用是进一步学习下面几章的基础。

11.1 随机过程

所谓随机过程（stochastic process），就是某个变量随时间变化而随机变化的一种过程。从概率论的角度来看，随机过程可以严格地看成是许多随机变量（random variable）的一种叠加。而在金融领域，大部分变量如期货价格、股票收益、利率、汇率等都是不可预测的，即未来是不确定的。因此，许多金融变量都可以看作是随机过程。一般来说，随机过程可以分为离散时间（discrete time）和连续时间（continuous time）两种类型。两者的差异在于离散时间随机过程中的变量只能在时间轴上的固定时点改变，但是在连续时间的随机过程中的变量在任何一个时点都可以改变。举例来说，在上一章介绍的二叉树模型中，就是假定股票的价格变动是一种离散时间下的随机过程。除此之外，随机过程也可以依照变动的方式分为离散变量（discrete variable）和连续变量（continuous variable）。前者变量的分布只能是数轴上的某些点，而后者则可以落在一个或多个区间下的任意数值。

本章主要介绍描述连续时间下股票价格变动的随机过程。其中一个重要假设是股价过程是一个连续取值、连续时间变化的随机过程。该假设是推导连续时间下的衍生品定价模型的基础，并将在下一章的推导中得到应用。然而，读者需要注意的是：该假设只是对现实世界的一种合理近似。其原因如下：在现实交易中，股票的交易存在固定的价格变动单位（tick size），故而股票价格只能取一系列特定的价格点，也就是说，股价并不能够连续取值。同时，股票交易市场并不是全天开启的，因此股票价格的变动也不全是连续时间的，而是存在周期性的间断和跳跃。然而即使如此，连续取值和连续时间变化的假设仍是一种合理的近似，并广泛应用于实际。实践表明，只有在一些特殊情况下才需要考虑股价的非连续性，而本书也会在之后的讨论中略有提及。

11.1.1　有效市场假设与马尔可夫过程

有效市场假设是无套利定价的基础。其核心思想是投资者会利用可以获得的信息去交易，因此股票价格应该迅速地反映现有的信息，投资者无法利用现有的信息去判断股票价格未来的走势，也就是说，市场价格过程应该是随机的。而依照投资者可以获得的信息集合的大小，法玛（Fama，1970）提出了有效市场假设（efficient market hypothesis）的三种形态：弱式有效、半强式有效以及强式有效。其中弱式有效市场假设可以使用的信息集合为过去的股票价格。在这样的假设下，过去的股票价格及其变动均应当反映在现有的股价上，因此投资者不能利用这些信息来预测未来的股价变动。如果市场是符合弱式有效市场假设的，则以过去的价量来分析未来走势的技术分析将会十分不准确。半强式有效市场假设可以使用的信息集合为所有公开资讯。在这样的假设下，所有现在可以存在于市场上的公开信息均应当反映在现有的股价上，因此投资者不能利用这些信息来预测未来的股价变动。强式有效市场假设可以使用的信息集合为所有信息，包括公开以及未公开的所有情报。在这样的假设下，所有信息均应当反映在现有的股价上，因此投资者不能利用任何资讯来预测未来股价变动。

一般来说，普遍认为市场应该至少是弱式有效的。如果市场上存在竞争，许多投资者都会密切关注金融市场上的股票。如果现在有人发现过去股票的价格走向呈现某一走势，接下来获得超额报酬的机会比较大，那么理性的投资者在看到这种走势的时候就会选择去购买该只股票，这样的超额需求会使得这只股票的价格上涨，预期收益率下降，在市场均衡的情况下，原来可以观测到的超额报酬机会自然就会被消除。

如何用数学的严格方式来合理描述一个弱式有效的股票市场呢？一般来说，弱式有效市场假设与股价波动的马尔可夫性是一致的。这里，马尔可夫过程是一类特别的随机过程，其定义如下：

$$\mathrm{E}(P_{t+1} \mid P_t, P_{t-1}, P_{t-2}) = \mathrm{E}(P_{t+1} \mid P_t) \tag{11.1}$$

从直观上理解，如果一个变量服从马尔可夫过程，那么该变量的未来只与其当前的值有关，而与过去的历史无关。也就是说，如果我们要对这个变量的未来值做预测，那么只需要知道其当前值就够了，而进一步知道该变量的过去值并不能提高预测的精度。从某种意义上讲，马尔可夫随机变量的预测相对简单：只需要知道今天就够了。① 如前所述，大

① 马尔可夫同样有连续时间下的版本，其基本的意义与离散时间下的定义并无基本差异。同样是历史价值及走向对于股票价格未来的运动不具有预测性。

部分实证研究都倾向于认为股票价格的变动遵循马尔可夫过程。毫无疑问，这方便了对许多股票衍生品定价公式的推导。

11.1.2 维纳过程

（标准）维纳过程（standard Wiener process）是一种最基础的连续时间、连续取值的马尔可夫过程。在我们开始介绍如何利用维纳过程来描述股票价格的变动之前，有必要先了解什么是维纳过程。实际上，对维纳过程的研究起源于所谓的布朗运动（Brownian motion），其指的是悬浮于液体中的花粉微粒受到液体分子持续的无序碰撞而产生的随机运动。因此，很多时候维纳过程也被称为布朗运动。

定义：在连续时间下一个标准维纳过程 $W(t)$ 在区间 $[0, T]$ 必须满足下列三个条件：

(1) $W(0)=0$。

(2) 对于任何 $0 \leqslant s < t \leqslant T$，$W(t)-W(s) \sim \sqrt{t-s}N(0, 1)$，其中 $N(0, 1)$ 是均值为 0、方差为 1 的正态分布。

(3) 对于任何 $0 \leqslant s < t < u < v \leqslant T$，$W(t)-W(s)$ 与 $W(v)-W(u)$ 是独立的。

第一个条件只是标准化的定义，因此不多赘言。由第二个条件可以看出，维纳过程中任一固定时间长短的区间其分布必定是同分布的。从第三个条件可以看出，过去任一时间区间之内的变动对于未来任一时间区间之内的变动都没有预测性，因此维纳过程也是一种马尔可夫过程。

为了方便直观理解，我们可以将上述定义中的连续时间离散化，变成只考虑一系列均匀的时间点，也就是 $0, \Delta t, 2\Delta t, 3\Delta t, \cdots, T$（其中，$\Delta t=T/N$，$N$ 是某个正整数）。然后，我们就可以定义 $\Delta z = W(t+\Delta t)-W(t)=\varepsilon\sqrt{\Delta t}$。① 其中，$\varepsilon$ 是一个服从标准正态分布的随机变量，而 Δt 则是离散化后的最小单位变动时间。

因为 ε 服从标准正态分布，很容易看出：

(1) $E(\Delta z)=0$

(2) $\sigma(\Delta z)=\sigma(\varepsilon)\sqrt{\Delta t}=\sqrt{\Delta t}$

在长时间 T 下 W 的变动，则可以看作是不同时间点上 Δz 的不断累加，也就是 $W(T)-W(0)=\sum \Delta z(t)$。注意，这里一个潜在的数学假设是：在不同时间点，$\Delta z(t_1)$ 和 $\Delta z(t_2)$ 是相互独立的随机变量；也就是维纳过程中不相交时间区间内变量的独立性。根据概率论知识，两个随机变量之和的均值是这两个随机变量各自的均值之和；而如果它们相互独立，则其和的方差（标准差的平方）也正好是这两个随机变量各自方差的和。因此，我们知道：

(1) $E[W(T)-W(0)]=\sum E[\Delta z(t)]=\sum 0=0$

(2) $\sigma[W(T)-W(0)]=\sqrt{\sum\{\sigma[\Delta z(t)]\}^2}=\sqrt{\sum \Delta t}=\sqrt{T}$

上面这些基于离散时间的计算和分析，可以帮助我们更好地理解维纳过程或布朗运动

① 虽然理论上 Δz 应该受到 t 的影响，但由于上述第二个条件，无论 Δz 的起点在哪里，其分布都会相同，因此我们可以省略引数 t。

的本质：如前所述，布朗运动是悬浮于液体中的花粉微粒受到液体分子持续的无序碰撞而产生的随机运动。假若在极短时间 Δt 内花粉微粒只受到一个液体分子的碰撞，且该碰撞让该花粉微粒的位置移动了 Δz 。由于在不同时点有不同的液体分子碰撞该花粉微粒，且其影响是随机的，故而随着时间的推移，这个花粉微粒可能会往复运动。不过总的来说，该花粉微粒在 T 时间内的总位移就是 $W(T)-W(0)=\sum\Delta z(t)$ 。在初始时间 0，这个总位移是一个未知的随机变量，但我们可以知道，它服从一个均值为 0、方差为 T 的正态分布。

类比到股票价格变动上，用类似布朗运动的随机过程描述股票过程的基本逻辑原理如下：股票价格在每时每刻都会受到各种随机的市场因素影响，但是在极短的时间 Δt 内，其价格变动率是服从正态分布的（但其不一定是标准正态分布）。从而在一段时间内，其总收益就是这些短时间收益的叠加。并且当 Δt 越小时，这种方法对股价随机性的描述就越精确。

显然，上面的这种离散化讨论在数学上并不严格，在某些情况下连续的维纳过程与离散化的过程存在一些数学上的本质区别。不过因为离散化后相对比较容易理解，因此在后面将会使用这样的定义方式进行讨论。特别是在用维纳过程描述股票价格变动时，离散化更可以帮助我们直观地考虑问题。这可以在接下来的例子中看出来。

【例 11—1】　假设已知一变量 z 遵从标准维纳过程且初始值为 10。其中时间的衡量单位为月份。如果我们想要预测 1 个月后 z 的值 $z(1)$，$z(1)$ 应该会呈现均值为 10、标准差为 1 的正态分布。如果考虑 95% 的置信区间，$z(1)$ 应该落在 8.04～11.96 之间。利用上述介绍的公式，4 个月后的 z 值 $z(4)$ 应该会呈现均值为 10、标准差为 2 的正态分布。这里，$\Delta t=1$ 个月。为了更精确地描述该变量的变动，我们可以取更小的 Δt。

从图 11-1 中可以看出，所取的时间区间越小，维纳过程的路径就会越呈现锯齿状，也就是图形看起来会比较不平顺。这是因为 $\Delta z=\varepsilon\sqrt{\Delta t}$ ，因此当时间区间越小时，$\sqrt{\Delta t}>\Delta t$，维纳过程中的随机项所带来的影响也就会比较大。

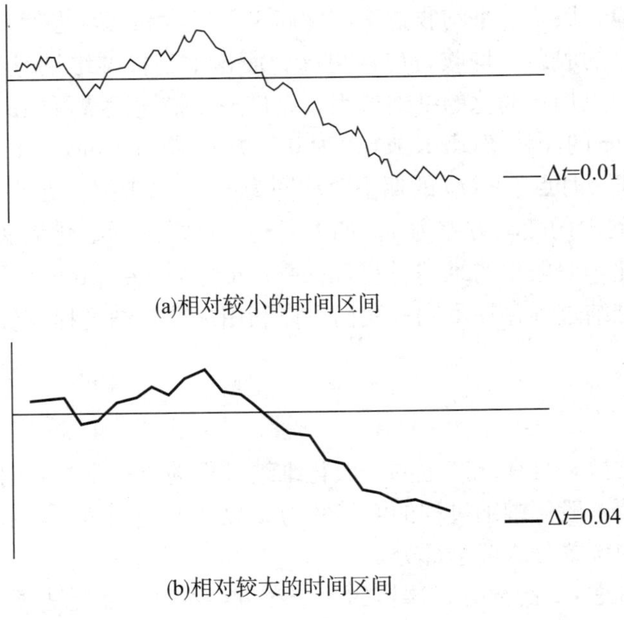

图 11-1　不同时间区间大小下的维纳过程

为转换到连续时间下以方便使用我们学习过的微积分知识，可以令 $\Delta t \rightarrow 0$，并将上述定义中的 Δz 以 $\mathrm{d}z$ 的方式来表现。简单来说，我们将每一单位的时间区间取至无穷小。在这样的情况下，我们可以证明如果初始值为 0 且 $T=1$，则我们定义的变量 Δz 会符合一开始我们所使用的定义。

11.1.3 利用 Excel 做随机过程的模拟

读者可以简单地利用 Excel 来模拟出离散时间下的随机过程。首先，Excel 的基本随机变量生成函数是 RAND()。这个函数可以产生一个 0 到 1 之间的遵循均匀分布的随机变量。为了模拟维纳过程，我们需要考虑标准正态分布而非均匀分布。所以，我们必须将这个随机变量进行转换，即 NORMSINV(RAND())，这里 NORMSINV() 是正态分布的反函数，其参数为累积分布的概率。

当然，我们还得对这样的函数进行处理。因为我们的时间区间不是 1，因此利用本章所学，我们必须对方差率进行调整。例如当 $\Delta t=0.01$ 时，在这段时间内的变动就必须遵循一个均值为 0、方差为 0.01 的正态分布。我们可以利用 SQRT(0.01) * NORMSINV(RAND())来产生这里所需要的随机变量。这里的调整是因为此变量的方差为 0.01，因此其标准差会是 SQRT(0.01)。

最后，通过 Excel 表格的功能，可以很方便地将短时间的随机变量叠加起来，从而得到在不同时间阶段的随机过程模拟值。这样的技巧在模拟离散随机变量时十分有用。例如我们可以利用 ROUND(RAND())来产生一个伯努利试验随机变量。

11.1.4 一般化的维纳过程

标准化的维纳过程是描述股价变动规律的基础，然而我们却不能直接假设一只股票的价格变动遵循标准的维纳过程。首先，标准维纳过程的变动量均值为 0，这就意味着无论持有期限有多长，股票的期望收益为 0。这是与实际相违背的。另外，投资学的基本原理认为由于股票有风险，股票的平均收益率应该高于无风险利率，也就是说，风险与收益应该有一致性，高风险的股票平均收益应该更高。而这也是标准维纳过程不能正确描述的。故而，我们必须讨论更加一般化的维纳过程，以进一步描述股票可能的风险和收益。

标准维纳过程 $\mathrm{d}z$ 的漂移率(drift rate) 为 0 且方差率(variance rate) 为 1。所谓的漂移率为 0 指的是未来任一时点下 $z(t)$ 的期望值均同为 $z(0)$ 的现值。方差率为 1 指的是 z 在一时间长短为 T 的区间内的变动方差为 1。如上所述，这样的标准化无法适当地描述一个股价变动的过程。因此，一般化的维纳过程(generalized Wiener process) 允许变量的漂移率以及方差率与标准维纳过程存在不同。我们可以利用标准维纳过程变量 z 来定义一个一般化的维纳过程变量 x：

$$\mathrm{d}x=a\,\mathrm{d}t+b\,\mathrm{d}z \tag{11.2}$$

在上式中 a 和 b 为常数，且在此产生的一般化维纳过程的漂移率为 a 且方差率为 b^2。要解释为什么这样定义的一般化维纳过程的漂移率为 a 以及方差率为 b^2，我们可以先简单地将上述定义依照加号的位置分成两个部分。

首先，如果不考虑 $\mathrm{d}z$ 的部分，这样的一个变量将不再存在无法预测的部分，也就是：

$$\mathrm{d}x=a\,\mathrm{d}t$$

$$\frac{dx}{dt}=a$$

如果我们已知 x 的初始值 x_0，我们可以将 $x(t)$ 写成：

$$x(t)=x_0+at$$

只要知道时间 t，我们就可以确定地推算出当时的 $x(t)$。如果 a 为正，则观测的时间越长，$x(t)$ 的值就会越大，因此 a 决定了均值成长的速度，所以称为漂移率。

现在让我们来看看刚才被忽略的部分。$b\mathrm{d}z$ 是一个均值为 0 的随机变量。这一点可以从我们之前定义中所说的 $\mathrm{d}z$ 的均值为 0 得知。由此可见，无论我们想要知道的 $x(t)$ 离现在有多远，$b\mathrm{d}z$ 都不会对它的期望值有任何影响。如果将上一小节的定义代入，我们可以看出：

$$b\mathrm{d}z=b\varepsilon\sqrt{\mathrm{d}t} \tag{11.3}$$

此项的均值为零，但是其变动率受两项因素影响。首先，ε 遵循标准正态分布，所以不会影响变量的不确定性。同时，也会使得 $b\mathrm{d}z$ 以及包含漂移率的 $\mathrm{d}x$ 呈现正态分布。剩下的两个变量 b 以及 $\sqrt{\mathrm{d}t}$ 均对变量的不确定性有正向的影响。时间越长，则变量能够变动的距离就会越长，因此跟变量的现值之前的差异的方差就会越大。同样地，b 越大，则每一单位时间内这一项的变动量就会越大，而这样的变动量会成倍地放大原来的变量关系，在计算方差时就会有平方的影响，因此这样定义下的一般维纳过程的方差率将为 b^2。

【例 11—2】 假设已知某公司的总价值 z 遵从标准维纳过程且目前公司总资产为 50 亿元。公司总资产变动的均值为每年 10 亿元、标准差为 20 亿元。其中时间的衡量单位为年。如果我们想要预测 1 年后 z 的值 $z(1)$，$z(1)$ 应该会呈现均值为 60、标准差为 20 的正态分布。6 个月后的 z 值 $z(0.5)$ 应该会呈现均值为 55、标准差为 $20\sqrt{0.5}=14.14$ 的正态分布。4 年后的 z 值 $z(4)$ 应该会呈现均值为 90、标准差为 $20\sqrt{4}=40$ 的正态分布。

图 11－2 显示了一般化的维纳过程与前述标准维纳过程的区别。其中 $a=0$、$b=1$ 代表了标准维纳过程。$a=3$、$b=0$ 的虚线代表了漂移率带来的影响。从图中可以看出一般化的维纳过程允许随机变量有上升或下降的趋势。比较剩下的两条线 $a=3$、$b=1$ 以及 $a=3$、$b=2$，两条线都具有上升趋势，但是可以看出，方差率较小的路径变化较小，也会比较靠近趋势线。相对地，当方差率较大时，随机项带来的影响就会相对较大。

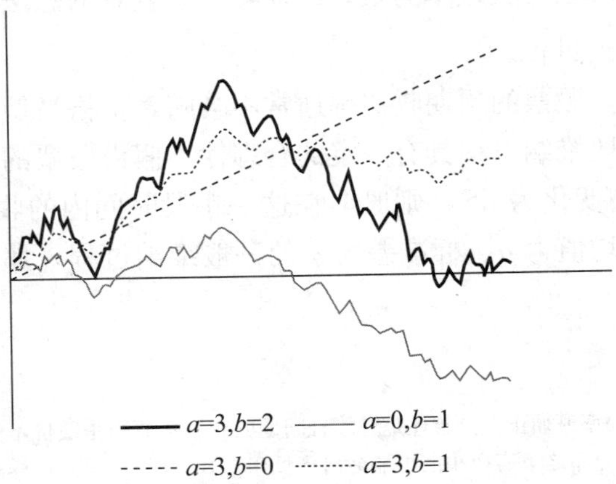

图 11－2 不同漂移率以及方差率下的一般化维纳过程

利用上面我们求出的标准维纳过程的均值及标准差，并利用上述将标准维纳过程转换成一般化的维纳过程的定义，我们可以得出：

(1)$E(\Delta x)=a\Delta t$。

(2)$\sigma(\Delta x)=b\sqrt{\Delta t}$ 。

同样考虑长时间 T 下 x 的变动量，我们也可以得出：

(1)$E[x(T)-x(0)]=aT$。

(2)$\sigma[x(T)-x(0)]=b\sqrt{T}$ 。

实际上第 10 章中介绍的二叉树模型，在将每个时间区间取极限到无限小的时候，最后的结果就是会让股票的变动率呈现一般化的维纳过程。有兴趣的读者可以利用练习中的习题自行练习。

11.1.5 伊藤过程

我们可以进一步扩展上面介绍的维纳过程，进一步允许定义中的 a 以及 b 随时间变化而变化，并将其写成状态变量的函数。这样一类更广泛的随机过程就是所谓的伊藤过程(Ito process)。在数学上，我们可以将一个伊藤过程表示成如下公式：

$$dx=a(x,t)dt+b(x,t)dz \tag{11.4}$$

其中，dz 是一个标准维纳过程，参数 a 和 b 是状态变量 x 和时间 t 值的函数。变量 x 的漂移率为 a，方差率为 b，也就是说，伊藤过程的期望漂移率和方差率都随时间推移而变化。

11.2 股票价格的行为过程

可以说，维纳过程是最简单的随机过程。如果能假设股票价格服从一般维纳过程，那将是一件非常完美的事情。可惜的是，此假设并不能很好地描述实际情况：股价永远不会是负值，而维纳过程则必然有概率取负数。因此，我们需要换一种思路来考虑股价的波动。虽然股价本身不能为负，但股价却是可以涨跌的。如果股价上涨，则股票的收益率为正；如果股价下跌，则股票的收益率为负。故而，一个直观的想法就是，或许可以假设股价的收益率服从一般维纳过程。①

许多实证结果表明，股票的预期收益率通常不会随着价格高低而变动。据此，认为股票的预期收益率服从一般维纳过程具有一定的合理性。假设股票的当前价格为 S，而股价在未来极小时间 dt 内的变化为 dS，则股票在这一小段时间内的收益率为 dS/S。如果股票的预期收益率服从某均值为 μ、标准差为 σ 的一般维纳过程，那么我们可以将 dS/S 写

① 实际上假设股价的变动率遵循正态分布还是可能有问题的。基本原因是股价不能是负的，因此股价的成长率最低只能到－100%。而在正态分布之下有极小的可能会出现低于－100%的情况。这样的假设一般不会显著影响到推论的结果，因此可以暂且不论。此外，如果假设股票的价格呈正态分布，则得到负的股价的可能性更高，这样的问题影响会更大。

成以下（随机）微分方程①：

$$\frac{dS}{S}=\mu dt+\sigma dz \tag{11.5}$$

或者

$$dS=\mu S dt+\sigma S dz \tag{11.6}$$

注意，这里股票价格本身服从的是所谓的几何布朗运动。因此，这里是股价变动率 dS/S，而非股价本身 dS，其期望均值(漂移率)为 μ，方差率为 σ^2。即使如此，μ 和 σ^2 依然间接描述了股价本身 dS 的变化率和波动率。也就是说，μ 越大，股价越容易上涨，而 σ^2 越大，则股价越容易波动。为了进一步了解这一点，考虑股票波动为 0 的情况，也就是 $\sigma=0$。这时的股价过程为：$dS=\mu S dt$。这个常微分方程式是可以直接求解的。假设当 $t=0$ 时 $S=S_0$，那么当 $t=T$ 时 S_T 将为：

$$S_T=S_0 e^{\mu T} \tag{11.7}$$

也就是说，可以把这里的收益率 μ 看作是连续复利下的利率。

上述基于几何布朗过程的股价模型是后面推导布莱克-斯科尔斯期权定价公式的基础。但需要留意的是，不论什么股价模型，都只是在特定时间、特定市场的环境下，对实际股价波动的一种近似。比如，几何布朗过程模型假设股票的收益率之间是相互独立的，然而这并不一定符合现实。根据对欧美国家股市的实证研究，相邻月份之间股价的自相关系数一般都接近零，也就是说，当月股票收益率与下月收益率之间往往是不相关的。但是，如果进一步考虑以天为单位的周期，那么每天的股票收益率就会与第二天的股票收益率相关，特别是对交易量较低的股票而言。对于中国股市而言，由于市场化程度普遍不高，加上个人投资者较多，以上收益率的独立性假设往往存在更大的问题。

然而，即使存在许多问题，这并不是说研究股价的几何布朗过程模型没有实际意义。正确的认识应该是，几何布朗过程模型是一种简单、直接的模型，它反映了一部分现实情形，但却不能反映所有的现实。因此在应用它的时候，要明确它到底有哪些合理之处和哪些不合理之处。这就好比爱因斯坦的相对论比牛顿的经典力学更精确，但在日常生活中，简单的牛顿经典力学却往往更好用。任何模型的选择都必须兼顾精确性和简单性的均衡，毕竟很多时候过分追求精确性而把模型弄得太复杂得不偿失。而股价的几何布朗过程模型之所以被广泛应用，就是因为它足够简单，且在许多情况下能达到对现实比较精确的近似。

关于几何布朗过程模型中漂移率以及方差率的选择，我们需要先回到离散时间的模式下，也就是说离散化的几何布朗过程：

$$\frac{\Delta S}{S}=\mu\Delta t+\sigma\varepsilon\sqrt{\Delta t} \tag{11.8}$$

或者

---

① 一般来说，这里的预期收益以及标准差会用股票市场上的历史数据得出，或者使用资产定价模型，例如资本资产定价模型或法玛-弗伦奇三因子模型（Fama-French three-factor model）等来估计。

$$\Delta S = \mu S \Delta t + \sigma S \varepsilon \sqrt{\Delta t} \tag{11.9}$$

首先假设最小时间单位为 1 年，即 $\Delta t = 1$，这时股票价格的变动率服从正态分布：

$$\frac{\Delta S}{S} \sim N(\mu, \sigma\sqrt{\Delta t})$$

在这种离散化的方法下，很显然其中的 μ 就是股票的年度收益率，而 σ 则为股票收益率的标准差。但如果我们考虑更短时间的离散化，例如考虑以 3 个月为最小时间单位，即 $\Delta t = 3/12 = 0.25$，则有以下公式：

$$\frac{\Delta S}{S} \sim N(\mu \Delta t, \sigma\sqrt{\Delta t})$$

由于 $\Delta t = 0.25$①，可以看出 3 个月内的股价变动率将约等于年度变动率的 1/4，而标准差则约为年度标准差的 1/2。

11.3 伊藤引理

至此，我们已介绍了三种随机时间下的过程：标准维纳过程，一般化的维纳过程，以及几何布朗过程；而这三者都只是伊藤过程的一些特殊情况。所以，我们需要进一步学习伊藤过程，特别是重要的伊藤引理（Ito's Lemma）。可以说，伊藤引理是对绝大部分连续时间、连续取值随机过程进行解析分析的主要数学工具，是随机微积分的基础。它也将会在第 12 章中布莱克-斯科尔斯期权定价公式的推导中起到重要作用。

由于伊藤引理的严格数学背景相当复杂，涉及深奥的泛函分析和测度论，而这已经超出了本教材的知识范围，所以，本书不准备深入探讨伊藤引理的数学原理，而侧重于讨论其应用。毕竟对于金融学科而言，学会怎么应用才是最主要的。当然，为了方便有兴趣的读者稍微多理解一些伊藤引理的数学逻辑，本章附录给出了伊藤引理的一个简单直观的推导。但是请记住，这不是一个严格意义上的数学推导！

下面我们就开始介绍伊藤引理。首先考虑这样一个问题：假设随机变量 x 服从如下的伊藤过程：

$$\mathrm{d}x = a(x,t)\mathrm{d}t + b(x,t)\mathrm{d}z \tag{11.10}$$

其中的 $\mathrm{d}z$ 是一个标准维纳过程。同时，再假设另一个随机变量 $y(t)$ 可以表示成随机变量 $x(t)$ 和时间 t 的函数 $y(t) = G[x(t), t]$（为简单起见，写成 $y = G(x, t)$，我们要求 $G(x, t)$ 二阶可微）。那么，(1) 这个新的随机变量 y 是否也服从一个伊藤过程呢？(2) 如果是的，这个伊藤过程是什么呢？

伊藤引理回答了上述两个问题。第一，新的随机变量 y 也服从某个伊藤过程。第二，这个新的伊藤过程可以写成：

---

① 如果要找每一天的均值与方差，一般来说这里可以使用日历日来计算，也就是每一点的变动量为 1/365。有时候也可以使用交易日数来计算。在美国一般是使用 252 天，而中国是使用 250 天。这样的差异在计算月均值及方差时就不太有影响了。

$$dy=\left(\frac{\partial G}{\partial x}a+\frac{\partial G}{\partial t}+\frac{1}{2}\frac{\partial^2 G}{\partial x^2}b^2\right)dt+\frac{\partial G}{\partial x}b\,dz$$
$$=A(x,t)dt+B(x,t)dz \tag{11.11}$$

其中，漂移率函数为

$$A(x,t)=\frac{\partial G}{\partial x}a+\frac{\partial G}{\partial t}+\frac{1}{2}\frac{\partial^2 G}{2\partial x^2}b^2 \tag{11.12}$$

而其方差率为

$$B^2(x,t)=\left(\frac{\partial G}{\partial x}b\right)^2 \tag{11.13}$$

本章的附录给出了伊藤引理的一种非严格的，但是却直观的推导。从某种意义上，该推导是利用了泰勒展开式对函数 G（x，t）进行展开，并利用一个“直观等式” $dz^2=dt$ 对泰勒展开式进行化简。需要注意的是，该“直观等式” $dz^2=dt$ 显然不是一个严格意义上的数学等式；至于为何可以用它直观地推导伊藤引理，背后的故事很多，但已经超出了本书的范畴。

这里介绍伊藤引理，主要是为了给后面的布莱克-斯科尔斯期权定价模型提供足够的数学工具。但是学习应用伊藤引理推导欧式期权定价公式，只是为打开了应用伊藤引理的一扇窗而已。可以说，当前大多数市场价格过程的连续时间模型，无论是股票价格和大宗商品价格，还是利率结构和汇率波动，都是基于伊藤过程的。因此，不论是对各种标准化的股票期权和商品期货，还是对大量场外交易的利率汇率衍生品而言，其定价往往都会用到伊藤引理。

本章小结

本章介绍随机过程的几个主要概念及其数学定义。其中包括马尔可夫过程、维纳过程、一般化的维纳过程、伊藤过程。据此，我们进一步讨论了股票价格变动的几何布朗运动模型。读者需要注意几何布朗运动股价模型的合理与不合理之处。本章最后则介绍了连续时间连续取值随机过程分析的重要基础——伊藤引理。

问题与应用

1. 国际黄金价格从 2002 年大约每盎司 200 美元变化到 2007 年大约每盎司 700 美元，再变化到 2012 年大约每盎司 1 600 美元。同时期美国的消费者价格指数从 2002 年的 180 增加到 2007 年的 205 再增加到 2012 年的 225。试回答下列问题：

a. 如果让你选择，你觉得黄金价格应该接近标准布朗运动还是几何布朗运动？

b. 如果现在用黄金价格对物价进行调整，你的答案会不会更改？

2. 在本章中我们使用例 11—2 来解释一般化的维纳过程。假设范例中的公司初始总资产中 40%为负债，并假设债务的数值在未来五年内都会维持在现在的水平（不是百分比）。

回答下列问题：

a. 请问两年后公司破产的概率有多高?（总资产小于负债。）

b. 依你的意见，两年后这家公司的资产负债比会升高还是降低?

c. 假设这家公司在外发行了 1 000 万股股票。请问该股票的价格（在五年以内）会遵循怎样的分布? 这样的股票价格运动模式是否符合本章中介绍的模式?

3. 在第 10 章中我们介绍了二叉树模型。如果我们每一次都将二叉树的时间取极限到极小，同时利用第 10 章的假设 $u=\mathrm{e}^{\sigma\sqrt{\Delta t}}$ 以及 $d=\mathrm{e}^{-\sigma\sqrt{\Delta t}}$，则在下列条件下股价的过程会遵循怎样的过程?

a. $p=0.5$；

b. $p=\dfrac{\mathrm{e}^{r\Delta t}-d}{u-d}$。

（提示：考虑股票价格的对数变动，并利用中心极限定理。）

4. 依据你对利率市场的了解，如果一定要选择，我们应该假设利率的变动遵循标准布朗运动还是几何布朗运动?

5. 变量 X_1 以及 X_2 遵循一般化的维纳过程。两者的漂移率均为 μ 且方差率均为 σ。如果 X_1 以及 X_2 之间的相关系数为 ρ，X_1+X_2 会遵循怎样的过程? 如果 $\rho=0$ 会遵循怎样的过程? 如果 $\rho\neq 0$ 又会遵循怎样的过程? 你从这样的练习中学到了什么?

6. 利用上题的结果，假设西南财经大学以及清华大学的最低录取成绩如同上题中的 X_1 以及 X_2。假设两者之间的相关系数为 1，那么两者最低录取成绩的差异会呈现什么样的过程? 此外，这样的假设你觉得会有什么样的问题?

7. 假设一只股票的年度期望收益率为 12%，且标准差为 20%。如果今天该股票的价格为 20 美元，且股票价格遵循几何布朗运动。依照上述条件回答下列问题：

a. 1 个月后该股票的期望价格是多少?

b. 1 个月后该股票价格 95%的置信区间为多少?

8. 股票的技术分析假设过去的股票价格移动的路径可以用来预测未来股票价格的移动。例如，如果股票连续上涨两天后下跌三天，那么今天的股票上涨的机会就会比较大。假如股票的价格遵循本章所述的几何布朗运动，技术分析是否可以用来预测股票价格?

9. 天气或气温等气象指标也是一种随机过程。依你的意见，这些指标是否遵循马尔可夫过程? 是否遵循一般化的维纳过程? 是否遵循伊藤过程? 为什么?

10. 如果 S 遵循几何布朗运动（如式（11.6）），那么下列变量会遵循怎样的过程?

a. $Y=4S$；

b. $Y=2S^2$；

c. $Y=\ln S$；

d. $Y=\dfrac{\mathrm{e}^{r(T-t)}}{S}$。

11. 中国的股市不同于外国，每天个股股价变动涨跌幅的限制为 10%。也就是说，一天股价最高不能上涨超过 10%，也不能下跌超过 10%。依你的意见，在这样的限制下本章所介绍的股价变动过程是否适用于中国股市?

12. 农业为中国重要的产业之一。在衍生性的金融产品中，也有许多标的物为农产品，例如大豆、玉米等。依照你的意见，我们是否可以利用本章所述的股票价格移动随机过程来表示农产品的价格?

13. 在习题 2 中讨论了利用本章所讨论的随机过程计算公司价值。实际上，公司的管理层对于股票价格的变动往往会使用财务上的操作进行调整。试讨论以下公司财务政策对于股价变动的影响：

a. 当公司股价过高时发行新股；

b. 当公司股价过低时发表暂时性提振股价的消息；

c. 当公司股价过低时买回库藏股；

d. 当公司股价过高时发放股票股利。

推荐阅读材料、网站

[1] Pennacchi, George , *Theory of Asset Pricing*, Prentice Hall, 2007.

[2] 中国期权网 http：//www. chinaoptions. cn/.

参考文献

[1] Fama, Eugene , "Efficient Capital Markets: A Review of Theory and Empirical Work", *Journal of Finance*, 25, 2 (1970): 383 - 417.

[2] Ito, Kiyoshi, "On Stochastic Differential Equations", *Memoirs*, *American Mathematical Society*, 4 (1951): 1 - 51.

[3] Campbell, J. , A. Lo, and A. MacKinlay, *The Econometrics of Financial Markets*, Princeton, N. J. : Princeton University Press, 1997.

附录：伊藤引理的推导

对于伊藤引理的正规推导需要较为高深的数学基础，简单来说必须对随机变量的数列取极限。这样的推导虽然较为正式，但对于读者的了解来说并不会很有帮助。这里我们参考大多数文献提供的证明方式，也就是利用泰勒数列以及随机微积分的简单原理来进行论证。

假设存在一个伊藤过程：

$$\mathrm{d}x = a(x,t)\mathrm{d}t + b(x,t)\mathrm{d}z$$

以及一个受 x 以及 t 影响的 $G(x, t)$ 函数，那么利用泰勒数列展开可得：

$$\mathrm{d}G=\frac{\partial G}{\partial x}\mathrm{d}x+\frac{\partial G}{\partial t}\mathrm{d}t+\frac{1}{2}\frac{\partial^2 G}{\partial x^2}\mathrm{d}x^2+\cdots$$

现在再将 $\mathrm{d}x$ 代入上述式子，可得：

$$\mathrm{d}G=\frac{\partial G}{\partial x}(a\mathrm{d}t+b\mathrm{d}z)+\frac{\partial G}{\partial t}\mathrm{d}t+\frac{1}{2}\frac{\partial^2 G}{\partial x_2}(a^2\mathrm{d}t^2+2ab\mathrm{d}t\mathrm{d}z+b^2\mathrm{d}z^2)+\cdots$$

因为在微积分中$\mathrm{d}t$和$\mathrm{d}z$均为极小的数值，当取极限的时候，$\mathrm{d}t^2$和$\mathrm{d}t\mathrm{d}z$均会趋近0，而泰勒数列中的高阶项也因此会消失。现在回头看剩下的$\mathrm{d}z$。记得之前我们可以将其改写成$\mathrm{d}z=\varepsilon\sqrt{\mathrm{d}t}$。如果可以证明$\mathrm{d}z^2\rightarrow \mathrm{E}(\mathrm{d}z^2)=\mathrm{d}t$，那么我们就可以将上述式子简化为：

$$\mathrm{d}G=\left(\frac{\partial G}{\partial x}a+\frac{\partial G}{\partial t}+\frac{1}{2}\frac{\partial^2 G}{\partial x^2}b^2\right)\mathrm{d}t+\frac{\partial G}{\partial x}b\,\mathrm{d}z$$

则我们可以得到伊藤引理的公式。

为什么$\mathrm{d}z^2\rightarrow \mathrm{E}(\mathrm{d}z^2)=\mathrm{d}t$？我们可以用简单的思考来简化。因为$\mathrm{d}z=\varepsilon\sqrt{\mathrm{d}t}$，或$\mathrm{d}z^2=\varepsilon^2\mathrm{d}t$，因此如果对于$\mathrm{d}z^2$做近似，高阶的预估项将会是$\mathrm{d}t$的高阶项，所以在取极限的时候，这些项都会趋于0，因此$\mathrm{d}z^2\rightarrow \mathrm{E}(\mathrm{d}z^2)$。因此，实际上我们可以将$\mathrm{d}z^2$视为非随机变量。后面的关系可以利用$\mathrm{d}z$标准差的公式以及$\mathrm{Var}(X)=\mathrm{E}(X^2)+[\mathrm{E}(X)]^2$轻易地得出。

第 12 章

布莱克-斯科尔斯期权定价模型

学习目标

学习完本章后，读者应熟悉正态分布的特征，了解对数正态分布，初步理解股票的随机模型；了解风险中性定价法的原理，掌握布莱克-斯科尔斯欧式期权价格公式的推导过程；了解布莱克-斯科尔斯价格的性质及存在股息的布莱克-斯科尔斯公式的扩展；通过应用伊藤引理及无套利原理，推导出布莱克-斯科尔斯偏微分方程；初步了解美式期权的定价问题及历史波动率、隐含波动率的概念。本章的学习重点在于掌握风险中性定价方法、布莱克-斯科尔斯期权价格公式及期权定价方法的实际应用。

期权定价理论是由三位美国金融经济学家布莱克、斯科尔斯和默顿（Black，Scholes and Merton）于 1973 年提出来的，一般被称为布莱克-斯科尔斯（或布莱克-斯科尔斯-默顿）期权定价模型。这个理论不但解决了期权定价的难题，而且其核心思想在现代金融学中得到了广泛的应用。它的提出促进了期权及其他衍生产品交易市场的快速发展，影响极为深远。1997 年，默顿和斯科尔斯获得了当年的诺贝尔经济学奖，可惜布莱克已于两年前病逝，失去了共享这一殊荣的机会。

本章将简要地介绍这一划时代的、具有重大实际应用价值的理论。

12.1 正态分布的特征

众所周知，正态分布（又叫高斯分布）的用途极为广泛，在金融学中也不例外。如果用 $Y \sim N(\mu, \sigma^2)$ 表示随机变量 Y 服从均值为 μ 、标准差为 σ 的正态分布，Y 的概率密度函数可以表示为：

$$g(y) = \frac{1}{\sqrt{2\pi\sigma^2}} \exp\left[-\frac{(y-\mu)^2}{2\sigma^2}\right]$$

定义 $Z = (Y-\mu)/\sigma$ ，很容易证明 Z 是一个均值为 0、标准差为 1 的正态随机变量，

记为 $Z \sim N(0, 1)$。Z 被称为标准正态变量，其概率密度函数为：

$$g(z)=\frac{1}{\sqrt{2\pi}}\exp\left(-\frac{z^2}{2}\right)$$

给定一个任意常实数 c，标准正态变量 Z 小于 c 的概率记为 $P(Z<c)$，即以下积分：

$$P(Z<c)=\int_{-\infty}^{c} g(z)\mathrm{d}z=N(c) \tag{12.1}$$

$N(c)$ 被称为标准正态变量的累积分布函数。遗憾的是，积分 $N(c)$ 没有解析解，只能通过数值积分或近似方法求得。根据概率的定义，显然有 $N(-\infty)=0$ 及 $N(\infty)=1$。相对于纵坐标轴来说，标准正态概率密度函数是对称的，显而易知 $N(0)=0.5$ 及 $N(c)+N(-c)=1$（见图 12-1）。

应该记住，由 $Y \sim N(\mu, \sigma^2)$ 可知 $(Y-\mu)/\sigma \sim N(0, 1)$，故在研究概率时往往先将正态随机变量标准化，从而简化计算过程：

$$P(Y<c)=P\left(\frac{Y-\mu}{\sigma}<\frac{c-\mu}{\sigma}\right)=P\left(Z<\frac{c-\mu}{\sigma}\right)=N\left(\frac{c-\mu}{\sigma}\right)$$

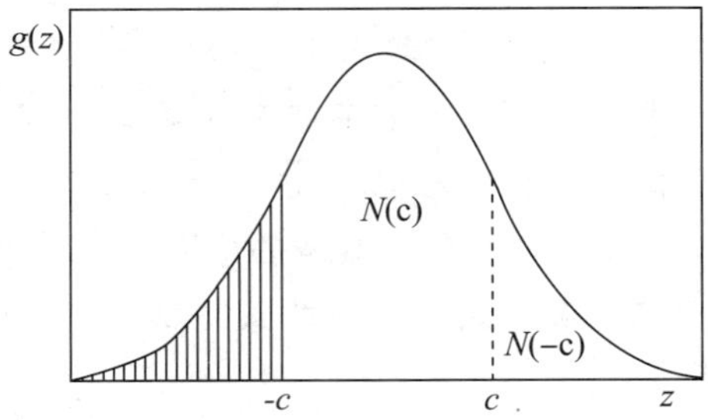

图 12-1 标准正态变量的密度曲线及累积分布函数

注：垂直实线部分、垂直虚线右侧的面积均为 $N(-c)$，而垂直虚线左侧的面积为 $N(c)$。

最后，如果 $\ln X(=Y)$ 服从正态分布，则 $X(=e^Y)$ 服从对数正态分布。

12.2 股票价格的随机模型

从第 11 章可知，假设股票的价格过程服从几何布朗运动，则股票价格的动态行为可以用以下随机微分方程来表示：

$$\mathrm{d}S_t=\mu S_t\mathrm{d}t+\sigma S_t\mathrm{d}B_t \tag{12.2}$$

其中 $B_t \sim N(0, t)$ 表示标准布朗运动。这里假设漂移系数 μ 和波动率 σ 均为常数。根据均值及方差的定义，我们知道 $\mathrm{E}[\mathrm{d}S_t/S_t]=\mu\mathrm{d}t$、$\mathrm{Var}[\mathrm{d}S_t/S_t]=\mathrm{E}[\mathrm{d}S_t/S_t-\mathrm{E}(\mathrm{d}S_t/S_t)]^2=\sigma^2\mathrm{d}t$。可见在方程（12.2）这个模型中，用 $\mathrm{d}S_t/S_t$ 表示的股票收益，服从均值为 $\mu\mathrm{d}t$、标准差为 $\sigma\sqrt{\mathrm{d}t}$ 的正态分布。

应用伊藤引理，不难验证随机微分方程（12.2）的解为：

$$S_t = S_0 \exp\left[\left(\mu - \frac{1}{2}\sigma^2\right)t + \sigma B_t\right] \tag{12.3}$$

对式（12.3）两边取对数，易知 $\ln S_t$ 服从均值为 $\ln S_0 + \left(\mu - \frac{1}{2}\sigma^2\right)t$ 、标准差为 $\sigma\sqrt{dt}$ 的正态分布。根据 12.1 节有关对数正态变量的定义，我们说式（12.2）定义的股票价格 S_t 服从对数正态分布。对数正态变量是非负的，用来描述股票价格是恰当的，因为股票价格不能为负。值得注意的是，对数正态分布是非对称的，其峰值偏向左侧。

实际上，$\ln(S_{t+dt}/S_t)$ 表示股票的连续（计息）收益。式（12.3）表明，股票的连续收益也服从正态分布，其均值、方差分别为 $\left(\mu - \frac{1}{2}\sigma^2\right)dt$ 、$\sigma^2 dt$ 。与 dS_t/S_t 相比，$\ln(S_{t+dt}/S_t)$ 的均值要小一些。这是因为连续收益计算的是几何平均值，而非连续收益表示的是算术平均值。

后续内容将显示，许多定价运算要用到股票价格及其分布特征。这是否意味着我们要用到更为复杂的对数正态分布及其性质呢？幸运的是，有关对数正态变量的问题总是可以转化为有关正态变量的问题。因此，我们仅需熟练掌握正态变量的运算即可，而不必与对数正态变量打交道。

12.3　欧式期权的布莱克-斯科尔斯价格公式

12.3.1　风险中性定价下布莱克-斯科尔斯公式的推导

欧式看跌、看涨期权的布莱克-斯科尔斯价格公式是布莱克和斯科尔斯于 1973 年首次提出的。在布莱克和斯科尔斯那篇有关期权定价的经典文献中，价格公式是通过求解布莱克-斯科尔斯偏微分方程得到的。大家都知道，求解偏微分方程不是一件容易的事情。因此，本节我们将用简单易懂的风险中性定价法来推导出欧式期权的布莱克-斯科尔斯价格公式。

这里的推导沿用布莱克和斯科尔斯的假设：股票价格的动态行为用式（12.3）描述（即股价服从几何布朗运动），参数波动率 σ 为常数；股票不支付股息；期限为 T 的连续计息无风险利率 r 已知且为常数。另外假设期权定价日为 0 时刻，期权到期日为 T 时刻。当然，股票在定价日的价格 S_0 已知。

风险中性定价法分三步来确定期权的价格。第一步，假设股票的期望收益率为无风险利率，即在式（12.3）中用 r 替代 μ ，得到 T 时刻的股价：

$$S_T = S_0 \exp\left[\left(r - \frac{1}{2}\sigma^2\right)T + \sigma\sqrt{T}Z\right] \tag{12.4}$$

注意在式（12.4）中我们用正态变量 $\sqrt{T}Z$ 替代 B_T ，因为 $B_T \sim N(0, T)$ 。

第二步，求期权终期损益（payoff）的期望值。以欧式看跌期权为例，其终期损益为 $p_T = \max(K - S_T, 0)$ ，其中 K 为看跌期权的行权价。由式（12.4）可知，p_T 实际上是关于标准正态变量 Z 的函数，其期望值可利用标准正态变量的概率密度函数来计算：

$$\begin{aligned}E[p_T]&=E[\max(K-S_T,0)]\\&=\int_{-\infty}^{\infty}\max\left\{K-S_0\exp\left[\left(r-\frac{1}{2}\sigma^2\right)T+\sigma\sqrt{T}z\right],0\right\}g(z)\mathrm{d}z\end{aligned}$$

上式中的数学函数 max 要求 $K-S_0\exp\left[\left(r-\frac{1}{2}\sigma^2\right)T+\sigma\sqrt{T}z\right]>0$ 或者 $z<-d_2$：

$$d_2=\frac{\ln(S_0/K)+\left(r-\frac{1}{2}\sigma^2\right)T}{\sigma\sqrt{T}} \tag{12.5}$$

去掉被积函数为零的部分，于是有：

$$\begin{aligned}E[p_T]&=\int_{-\infty}^{-d_2}\left\{K-S_0\exp\left[\left(r-\frac{1}{2}\sigma^2\right)T+\sigma\sqrt{T}z\right]\right\}g(z)\mathrm{d}z\\&=K\int_{-\infty}^{-d_2}g(z)\mathrm{d}z-S_0\exp\left[\left(r-\frac{1}{2}\sigma^2\right)T\right]\int_{-\infty}^{-d_2}\exp(\sigma\sqrt{T}z)g(z)\mathrm{d}z\end{aligned}$$

根据式（12.1），上式中第一个积分为 $N(-d_2)$。又由于

$$\sigma\sqrt{T}z-\frac{1}{2}z^2=\frac{1}{2}\sigma^2T-\frac{1}{2}(z-\sigma\sqrt{T})^2$$

故上式中第二个积分为：

$$\frac{\exp\left(\frac{1}{2}\sigma^2T\right)}{\sqrt{2\pi}}\int_{-\infty}^{-d_2}\exp\left[-\frac{(z-\sigma\sqrt{T})^2}{2}\right]\mathrm{d}z=\exp\left(\frac{1}{2}\sigma^2T\right)N(-d_1)$$

其中

$$d_1=d_2+\sigma\sqrt{T} \tag{12.6}$$

于是：

$$\begin{aligned}E[p_T]&=KN(-d_2)-S_0\exp\left[\left(r-\frac{1}{2}\sigma^2\right)T\right]\exp\left(\frac{1}{2}\sigma^2T\right)N(-d_1)\\&=KN(-d_2)-S_0e^{rT}N(-d_1)\end{aligned}$$

第三步，用无风险利率将期权的期望终期损益折现，就得到期权在定价日的价格：

$$p_0=e^{-rT}E[p_T]=Ke^{-rT}N(-d_2)-S_0N(-d_1) \tag{12.7}$$

用风险中性定价法同样可得到欧式看涨期权的价格。但更简单的是，我们可以利用看跌—看涨平价关系（put-call parity），$c_0+Ke^{-rT}=p_0+S_0$ 及标准正态变量累积分布函数的性质，直接得到欧式看涨期权的价格公式：

$$c_0=S_0N(d_1)-Ke^{-rT}N(d_2) \tag{12.8}$$

需要注意式（12.7）～式（12.8）中参数的单位。其中 σ 为年化的波动率（详见后面 12.6 节），r 为年化无风险利率（连续计息），T 为按日历时间计算的期权到期年数（一年按 365 天计）。与赫尔书上的处理不一样，这里 T 采用日历日而非交易日，原因有以下三

点：一是利率的累计和折现均采用日历日；二是用交易日或日历日来计算期权到期年数的数值，实际上区别不大；三是定价程序的软件实施采用日历时间更自然，且广为华尔街所用。

【例 12—1】　用微软表格（Excel）计算欧式期权的价格。假设 2015 年 11 月 1 日长虹的股票价格为 50 元，股票的年波动率为 35%，连续计息的年无风险利率为 3%，2016 年 11 月 1 日到期的长虹欧式期权的行权价为 50。长虹股票不支付股息。

根据题目给定的数据，容易知道 $S_0=50, \sigma=0.35, r=0.03, K=50$ 及 $T=365/365=1$。将数值代入式（12.5）和式（12.6），可得 $d_2=-0.0893$ 和 $d_1=0.2607$。利用微软表格提供的函数 NORMSDIST()，求出 $N(d_1)=0.6028$ 及 $N(d_2)=0.4644$。最后，将参数及结果代入式（12.7）和式（12.8），得到看跌期权的价格为 6.13 元、看涨期权的价格为 7.61 元。

12.3.2　欧式期权布莱克-斯科尔斯价格的性质

首先，因为累积分布函数不大于 1，很容易知道布莱克-斯科尔斯期权价格满足无套利上限：

$$c_0=S_0N(d_1)-Ke^{-rT}N(d_2)<S_0N(d_1)\leqslant S_0$$
$$p_0=Ke^{-rT}N(-d_2)-S_0N(-d_1)<Ke^{-rT}N(-d_2)\leqslant Ke^{-rT}$$

其次，因为终期损益的期望值恒为正，欧式看涨期权、看跌期权的价格均为正。故：

$$c_0=p_0+S_0-Ke^{-rT}>S_0-Ke^{-rT}$$
$$p_0=c_0+Ke^{-rT}-S_0>Ke^{-rT}-S_0$$

可见，欧式看涨期权、看跌期权的布莱克-斯科尔斯价格的高于其无套利下界（参见第 8 章）。

股票价格一旦为零，将永远为零，因为这意味着发行股票的公司破产倒闭了。所以，若当前股票价格为零，则其看涨期权将不再具有任何价值，价格将为零；而其看跌期权的价值达到最大可能，即行权价的现值 Ke^{-rT} 。值得欣慰的是，布莱克-斯科尔斯公式与这些直观结论一致，因为 $\ln(S_0/K)\to-\infty$ ，$d_2\to-\infty$ ，$N(d_2)=0$，从而

$$c_0=-Ke^{-rT}N(d_2)=0$$

又由于 $N(-d_2)=1$

$$p_0=Ke^{-rT}N(-d_2)=Ke^{-rT}$$

行权价如果为零，看涨期权的终期损益等同于股票价格本身，故看涨期权的价格就等于股票价格；而看跌期权的终期损益恒为零，所以其价格也为零。此时，布莱克-斯科尔斯公式同样给出正确的期权价格：因 $\ln(S_0/K)\to\infty$ ，$d_1\to\infty$ ，$N(d_1)=1$，故

$$c_0=S_0N(d_1)=S_0$$

因 $N(-d_1)=0$，故

$$p_0=-S_0N(-d_1)=0$$

又容易知道，在期权的到期日（即 $T=0$）期权的价格就等于其终期损益。就布莱克-斯科尔斯公式而言，要分两种情况来考虑。如果 $S_T>K$ ，$d_1\to\infty$ 及 $d_2\to\infty$ ，这意味着

$N(d_1)=1$ 及 $N(d_2)=1$，即 $c_T=S_T-K$；同时 $N(-d_1)=0$ 及 $N(-d_2)=0$，$p_T=0$。如果 $S_T<K$，$d_1\to-\infty$ 及 $d_2\to-\infty$，这意味着 $N(d_1)=0$ 及 $N(d_2)=0$，即 $c_T=0$；同时 $N(-d_1)=1$ 及 $N(-d_2)=1$，$p_T=K-S_T$。综合这两种可能性，我们得到：

$$c_T=\max(S_T-K,0)$$

和

$$p_T=\max(K-S_T,0)$$

即分别为看涨期权、看跌期权的终期损益。

最后讨论 $\sigma=0$ 的情况。波动率为零，说明股票不存在风险，其价格只能按无风险利率增长，将不再具有任何随机的波动性。由式（12.4）可知 $S_T=S_0e^{rT}$，很显然有

$$c_0=e^{-rT}\max(S_T-K,0)=\max(S_0-Ke^{-rT},0)$$

及

$$p_0=\max(Ke^{-rT}-S_0,0)$$

就布莱克-斯科尔斯公式而言，同样要分两种情况来考虑。要么 $S_0>Ke^{-rT}$，$d_1\to\infty$ 且 $d_2\to\infty$，可得 $c_0=S_0-Ke^{-rT}$ 及 $p_0=0$。要么 $S_0<Ke^{-rT}$，可得 $c_0=0$ 及 $p_0=Ke^{-rT}-S_0$。综合两种可能性，可见布莱克-斯科尔斯公式仍然给出正确的期权价格。

总之，在已知的各种极端情形下，布莱克-斯科尔斯公式均能给出正确的价格。故我们有理由相信，在一般情形下布莱克-斯科尔斯公式算出的期权价格应该也是合理的。

12.3.3 欧式平价期权的近似公式

当无风险利率接近零时，平价（$S_0=K$）看涨期权的价格为：

$$c_0=S_0\left[N\left(\frac{1}{2}\sigma\sqrt{T}\right)-N\left(-\frac{1}{2}\sigma\sqrt{T}\right)\right]$$

根据正态变量的累积分布函数式（12.1）的定义，式子右边中括号内的差 $N\left(\frac{1}{2}\sigma\sqrt{T}\right)-N\left(-\frac{1}{2}\sigma\sqrt{T}\right)$ 可以用正态概率密度函数下面长方形的面积来近似。这个长方形的宽为 $\sigma\sqrt{T}$，高为 $\exp(-\sigma^2T/8)/\sqrt{2\pi}\approx1/\sqrt{2\pi}\approx0.4$，面积约为 $0.4\sigma\sqrt{T}$。故：

$$c_0\approx0.4S_0\sigma\sqrt{T}$$

同理，也可以导出平价看跌期权的近似公式为：

$$p_0\approx0.4S_0\sigma\sqrt{T}$$

【例 12—2】 利用平价欧式期权的近似公式计算期权的价格。设参数与例 12—1 相同，但无风险利率为 0。

首先，看涨期权、看跌期权的布莱克-斯科尔斯价格均为 6.95 元。用近似公式计算，得到看涨期权、看跌期权的价格均为 7.00 元。近似公式的误差仅为 0.78%，可见近似的效果相当不错。期权交易员们正是利用了以上近似公式，通过心算就能够快速地估计出期

权的价格。

12.3.4　存在股息的布莱克-斯科尔斯价格近似公式

前面介绍了无股息情况下的布莱克-斯科尔斯价格公式，现在讨论存在股息的布莱克-斯科尔斯公式。支付股息只是将股东的权益从公司的账目上转移到股东个人的账目上，股东作为公司的拥有者，实际上拥有公司的账目，所以通过支付股息发生的权益转移，实质上只是权益的内部账面移动，不可能创造额外的价值，但减少了公司本身的价值，因此将导致股票价格下跌。在期权定价时，通常可以假设股票价格下跌的幅度就等于股息的大小。下面我们分两种情况来讨论存在股息的欧式期权定价问题。这两种情况分别为已知连续现金股息收益率及已知现金股息量。一般而言，期权的条款在标的支付股票股息（股息为附加股份数）之后会进行相应的调整，故股票股息不影响期权的价格，不必进一步讨论。

1. 预先已知的连续股息收益率

首先，假设标的股票连续地支付百分比为 q 的股票股息，时刻 t 的股数为 M_t，时刻 $t+\mathrm{d}t$ 的股数为 $M_{t+\mathrm{d}t}$，那么 $M_{t+\mathrm{d}t}=M_t+qM_t\,\mathrm{d}t$ 或 $M_T=M_0\mathrm{e}^{qT}$，其中 M_0 为 0 时刻持有的股数。可见，支付股票股息将使股数增加到 e^{qT} 倍。如前所述，与无股息相比，这将降低股票的价格。如果在无股息的情况下，T 时刻的股价为 S_T，那么支付股息后的股票价格将变为：

$$S_T^d=S_T\mathrm{e}^{-qT}$$

代入风险中性条件下无股息的价格公式（12.4），T 时刻支付股息后的股票价格为：

$$S_T^d=S_0\exp\left[\left(r-q-\frac{1}{2}\sigma^2\right)T+\sigma\sqrt{T}Z\right]$$

同样使用风险中性定价法，很容易得到已知连续股息收益率下的期权价格公式：

$$c_0=S_0\mathrm{e}^{-qT}N(d_1)-K\mathrm{e}^{-rT}N(d_2)$$
$$p_0=K\mathrm{e}^{-rT}N(-d_2)-S_0\mathrm{e}^{-qT}N(-d_1)$$
$$d_1=d_2+\sigma\sqrt{T}$$
$$d_2=\frac{\ln(S_0/K)+\left(r-q-\frac{1}{2}\sigma^2\right)T}{\sigma\sqrt{T}}$$

显而易见，在原始布莱克-斯科尔斯公式式（12.7）～式（12.8）中用 $S_0\mathrm{e}^{-qT}$ 代替 S_0 即可。

根据无套利原理，以上结果也适用于连续现金股息（股息以现金的形式支付）的情况，因为无论是股票股息还是现金股息，股息支付方式的本身将不会影响持股者的收益，否则市场将出现套利机会。美国股票市场上的 S&P500 指数，通常被视为已知连续现金股息收益率的实例，而我国沪深 300 指数只能按已知现金股息量来处理。

2. 预先已知的现金股息量

国际市场上交易的期权一般在半年之内到期，其标的股票在期权存续期之内现金股息支付的时间及大小可以认为是能预先知道的。为了讨论的便捷，这里只考虑支付一次股息的情形。假设股息支付日（即股权登记日）为 u，股息支付日的收盘价为 S_u；若股票价格下跌的幅度就是股息的大小，在股息支付之后的瞬间（即除息日）股票的价格为 S_u-D_u（见图 12-2）。假设在风险中性的世界里，股息支付前后的股票价格均服从式（12.4）：

$$S_u=S_0\exp\left[\left(r-\frac{1}{2}\sigma^2\right)u+\sigma B_u\right]$$

$$S_T^d=(S_u-D_u)\exp\left[\left(r-\frac{1}{2}\sigma^2\right)(T-u)+\sigma B_{T-u}\right]$$

$$=S_T-D_T\exp\left[-\frac{1}{2}\sigma^2(T-u)+\sigma B_{T-u}\right]$$

其中 $D_T=D_u e^{r(T-u)}$ 为股息在期权到期日的未来价值。推导上式的过程中还用到了布朗运动的性质 $B_{t+u}-B_t=B_u$。注意，S_T^d 中包含两个标准布朗运动随机变量，风险中性定价的期望值计算需要用到标准双正态变量的累积分布函数，比较复杂，这里不进行深入讨论。比较简易的做法是采用蒙特卡洛方法，即通过模拟 S_u、S_T^d 来对欧式期权定价。

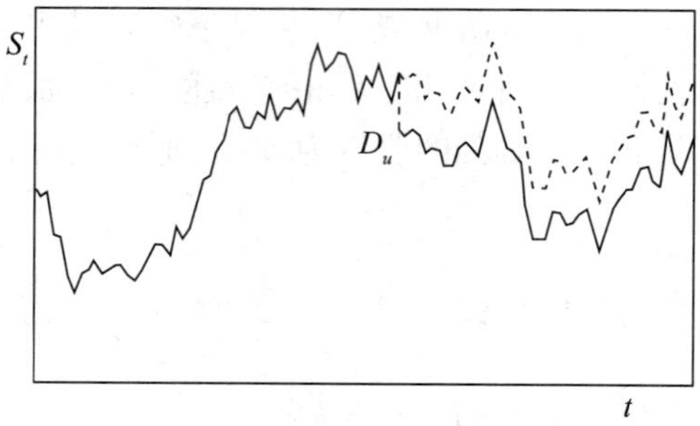

图 12-2 支付股息（图中中上部的垂直粗虚线）的股票价格过程（实线）

注：实线上方的虚线表示无股息时股票价格本来可能的走势。

如果在定价日支付股息，$S_T^d=(S_0-D_0)\exp\left[\left(r-\frac{1}{2}\sigma^2\right)T+\sigma B_T\right]$，此时用 S_0-D_0 代替布莱克-斯科尔斯公式中的 S_0 即可得出期权的准确价格。假如股息在期权到期日支付，$S_T^d=S_T-D_T$。这时，把布莱克-斯科尔斯公式中的行权价 K 用 $K+D_T$ 代替，亦可得到准确的价格。基于这两种极端情形的结果，设想将股息线性分解为下面两部分：

$$D_0=D_u\frac{T-u}{T}e^{-ru}$$

$$D_T=D_u\frac{u}{T}e^{r(T-u)}$$

其中 D_0 将降低当前股价，而 D_T 将提高行权价。于是，可以设想以下欧式期权价格的近似公式：

$$c_0\approx(S_0-D_0)N(d_1)-(K+D_T)e^{-rT}N(d_2)$$

$$p_0\approx(K+D_T)e^{-rT}N(-d_2)-(S_0-D_0)N(-d_1)$$

$$d_1=d_2+\sigma\sqrt{T}$$

$$d_2=\frac{\ln[(S_0-D_0)/(K+D_T)]+\left(r-\frac{1}{2}\sigma^2\right)T}{\sigma\sqrt{T}}$$

也就是把布莱克-斯科尔斯公式中的股价 S_0 用 S_0-D_0、行权价 K 用 $K+D_T$ 代替即可。值得指出的是，这与赫尔书中给出的结果（后面我们称其为“赫尔算法”）不一样。赫尔算法是用 S_0-D 代替布莱克-斯科尔斯公式中的 S_0，其中 D 为股息 D_u 的现值。

以上讨论只考虑了支付一次股息的情形，但结果可以直接推广到支付多次股息的情形，只要用 D_0、D_T 表示所有这些股息线性分解后的和即可。

准确地说，支付股息的股票价格过程与不支付股息的股票价格过程的波动率是不一样的，但是这两者的差别很小，实际上一般可以忽略不计。直观而言，存在股息将降低看涨期权的价格，但将提高看跌期权的价格，这在以上近似公式中得到了较好的反映。下面我们通过一个例题来进一步说明这个现象。

【例 12—3】　存在股息的欧式期权价格。仍然采用与例 12—1 同样的参数，但 (1) 已知连续股息年收益率为 5%；(2) 2016 年 7 月 31 日，每股将支付 3 元的现金股息。

仍然可用微软表格计算。(1) 将 $q=0.05$ 代入存在连续股息的布莱克-斯科尔斯公式中，得到看涨期权的价格 6.20 元、看跌期权的价格 7.17 元。

(2) 股票将在 273 天后支付股息，故 $u=273/365=0.747\,9$、$T-u=0.252\,1$。股息分解为 $D_0=3\times0.252\,1\times e^{-0.03\times0.747\,9}=0.739\,5$、$D_T=3\times0.747\,9\times e^{0.03\times0.252\,1}=2.260\,7$，代入存在股息的布莱克-斯科尔斯近似公式算得看涨期权的价格是 6.24 元、看跌期权的价格为 7.70 元。注意，如果用赫尔算法计算，看涨期权的价格为 5.94 元，看跌期权的价格为 7.39 元。

事实上，存在股息时期权的基准价格，可以通过蒙特卡洛模拟计算出来。蒙特卡洛模拟实际上是基于风险中性定价原理的一种数值算法。式（12.4）告诉我们，在风险中性条件下，标的股票在期权到期日的价格是标准正态变量的函数，只要知道了标准正态变量的取值，就能知道股票的价格。有了股票价格，就容易算出期权的终期损益。通过模拟抽样，可以获得多个独立的标准正态变量的值，进而得到它们对应的股票价格及终期损益。于是，风险中性定价中的计算终期损益的期望值，就简化成蒙特卡洛算法下计算多次随机抽样得到的多个终期损益的平均值。最后，将终期损益的平均值按无风险利率折现，就得到期权在定价日的价格。尽管蒙特卡洛模拟存在随机抽样误差，但模型本身没有引入任何近似处理，所以这样得到的期权价格是“准确”的，而随机抽样误差只影响模拟定价的精确度。

【例 12—4】　用蒙特卡洛方法确定存在股息的欧式期权价格。参数与例 12—3 相同，股票支付 3 元现金股息。

蒙特卡洛模拟可以在微软表格中实现。首先，在 A、B 列的第 1 行到第 7 行中分别输入：divtime、0.747 9，timeafterdiv、0.252 0，stkpx、50，strike、50，vol、0.35，riskfree、0.03，divamount、3。然后，选择所有这 14 个单元格，点击“公式”，再点击“定义的名称”中的“根据所选内容创建”，在弹出窗口中选定“最左列”。这样一来，以上 B 列的 7 个单元格均被命名，名称分别为对应 A 列中各单元格内的文字，如单元格 B2 的名称为 timeafterdiv。

在单元格 F2 到 F15001 中输入“=RAND ()”，用于产生 0 与 1 之间的均匀分布随机数

（以下简称均匀随机数）。在单元格 G2 中输入“=NORMSINV(F2)”，并把公式往下复制到单元格 G15001，计算得到标准正态随机数。在单元格 G15002 中输入“=−G2”，并把公式往下复制到单元格 G30001，这样共生成 3 万个标准正态随机数。注意，使用 3 万个公式时，表格需要较长的时间运算，从而有可能导致计算机反应过慢。为避免这种情况的发生，建议先将表格设置成手动运算模式，当然也可考虑减少公式的数量。

这里主要用到概率论的两个结论：第一，取均匀随机数对任意分布的累积分布函数的反函数，得到相应任意分布下的随机数；第二，若 z 是标准正态随机数，则 $-z$ 也是标准正态随机数。上一段操作中的最后一步，就用到正态随机数的这种对称性。这样既可以节省计算时间，又能够提高模拟计算的精度。文献中把这种方法称为对偶（antithetic）蒙特卡洛算法。

在单元格 H2 中输入公式（12.4）“=stkpx * EXP((riskfree−0.5 * vol * vol) * divtime+vol * G2 * SQRT(divtime))”计算支付股息之前瞬间的股票价格（即 12.3.4.2 小节中定义的 S_u），将公式往下复制到单元格 H30001。

在单元格 I2 中输入“=MAX（H2−divamount，0）”求得支付股息之后瞬间的股票价格。这里用 MAX（）函数来保证股票价格非负。将公式往下复制到单元格 I30001。

在单元格 J2 中输入公式（12.8）计算从支付股息之后开始的一个看涨期权的价格，在单元格 K2 中输入公式（12.7）计算从支付股息之后开始的一个看跌期权的价格。其中，股票价格从单元格 I2 获得，到期时间为 timeafterdiv，行权价为 strike，波动率为 vol，无风险利率为 riskfree。将公式往下分别复制到单元格 J30001 及单元格 K30001。这里直接计算支付股息之后瞬间开始的欧式期权的价格，而不是模拟 12.3.4.2 小节中定义的 S_T^d，将大幅提高模拟计算的精度。

在单元格 D1 中输入“=AVERAGE(J2:J30001) * EXP(−riskfree * divtime)”得到看涨期权的价格，在单元格 D2 中输入“=AVERAGE（K2:K30001）* EXP(−riskfree * divtime)”得到看跌期权的价格。重复运算三次并取平均值，最终得到的看涨期权价格为 6.25 元，看跌期权价格为 7.70 元。由于以上随机模拟方法的标准误差约为 0.05，两个期权价格都只保留到小数点后两位。

与蒙特卡洛比较，看涨期权近似公式（见例 12—3）的误差仅为−0.16%，而看跌期权的近似误差可以忽略不计。所以，本小节给出的布莱克-斯科尔斯近似公式的误差很小，可以忽略不计。相反，赫尔算法的误差较大，看涨期权、看跌期权分别为−5.01%、−4.00%。

12.4 布莱克-斯科尔斯偏微分方程

这里的推导受到默顿的启发。用期权、股票及零息债券构造一个净投资为零的组合：

$$V + f_S S + f_P P = 0 \tag{12.9}$$

其中，f 表示各证券的份数（假设 1：证券的份数可以不是整数），V 表示期权价格，S 表示股票价格，P 表示零息债券价格。假设不存在套利机会（假设 2），那么净投资为零的组合在下一个时刻的价值仍然为零，也就是说组合价值瞬间的变化为零（假设 3：交易可以连续进行），即：

$$dV+f_S dS+f_P dP=0 \tag{12.10}$$

假设股票价格服从几何布朗运动式（12.2）（假设 4），期权价格是股票价格及时间的函数，根据伊藤引理有：

$$dV=\left(\frac{\partial V}{\partial t}+\mu S\frac{\partial V}{\partial S}+\frac{1}{2}\sigma^2S^2\frac{\partial^2 V}{\partial S^2}\right)dt+\sigma S\frac{\partial V}{\partial S}dB \tag{12.11}$$

其中，B 表示标准布朗运动（为简化符号，此处略去时间下标）。假设在期权存续期内无风险利率为常数（假设 5），零息债券价格的瞬时变化则为：

$$dP=rP\,dt \tag{12.12}$$

将表达式（12.2）、式（12.9）、式（12.11）和式（12.12）代入式（12.10）有：

$$\left[\left(\frac{\partial V}{\partial t}+\mu S\frac{\partial V}{\partial S}+\frac{1}{2}\sigma^2S^2\frac{\partial^2 V}{\partial S^2}-rV\right)+f_S(\mu S-rS)\right]dt+\sigma S\left[\frac{\partial V}{\partial S}+f_S\right]dB=0$$

上式中 dt、dB 均不为零，那么只有当它们的系数同时为零，才能保证左边为零。于是：

$$f_S=-\frac{\partial V}{\partial S}$$

$$\left(\frac{\partial V}{\partial t}+\mu S\frac{\partial V}{\partial S}+\frac{1}{2}\sigma^2S^2\frac{\partial^2 V}{\partial S^2}-rV\right)-\frac{\partial V}{\partial S}(\mu S-rS)=0$$

化简上式，我们有：

$$\frac{\partial V}{\partial t}+rS\frac{\partial V}{\partial S}+\frac{1}{2}\sigma^2S^2\frac{\partial^2 V}{\partial S^2}=rV \tag{12.13}$$

这就是布莱克-斯科尔斯偏微分方程（有些文献称之为布莱克-斯科尔斯-默顿方程）。给定式（12.13）的边界条件，比如欧式期权的终期损益，将 V 解出来（如果存在解析解），就得到期权的价格公式。不难验证，布莱克-斯科尔斯公式（式（12.7）～式（12.8））均是式（12.13）的解。可见，对期权而言风险中性定价与布莱克-斯科尔斯无套利偏微分方法的结果相同，也就是说这两种定价方法是等价的。

在推导式（12.13）时，还隐含了 4 个假设：没有交易成本（假设 6）、可以卖空（假设 7）、存贷利率均为无风险利率（假设 8）和股票不支付股息（假设 9）。

尽管以上推导多处提到期权，但实际上我们没有用到期权的任何特性。换句话说，式（12.13）对满足假设条件的所有衍生产品均适用。式（12.13）中没有出现股票的期望收益率 μ，说明风险偏好不影响衍生产品的价格；也就是说，我们可以在风险中性的假想世界里确定衍生产品的价格。部分基于这一点，考克斯和罗斯于 1976 年提出了衍生产品的风险中性定价方法。进一步可以证明，风险中性定价与布莱克-斯科尔斯无套利方法对任意衍生产品的定价同样是等价的。

【例 12—5】　求欧式看涨期权价格的 Δ

首先，容易知道：

$$\frac{\partial N(d)}{\partial S}=g(d)\frac{\partial d}{\partial S}=\frac{g(d)}{\sigma S\sqrt{T}}$$

$$\begin{aligned}Sg(d_1)&=Sg(d_2+\sigma\sqrt{T})\\&=Sg(d_2)\exp\left(-d_2\sigma\sqrt{T}-\frac{1}{2}\sigma^2T\right)\\&=Ke^{-rT}g(d_2)\end{aligned}$$

于是：

$$\Delta=\frac{\partial c}{\partial S}=N(d_1)+\frac{Sg(d_1)-Ke^{-rT}g(d_2)}{\sigma S\sqrt{T}}=N(d_1)$$

根据式（12.1）和式（12.4），不难导出 $N(d_1)=P(S_T>Ke^{-\sigma^2T})>P(S_T>K)$。可见 Δ 略高于看涨期权到期行权的概率，且随当前的股票价格升高而增大（因为 $\partial N(d_1)/\partial S>0$）。对看涨期权来说，当前股票价格升高意味着到期行权的可能性增大，为规避行权的风险，用于对冲的股份数也要相应地增加，这显然是合理的。

12.5 美式期权定价入门

学习完第8章后我们知道，无股息时美式看涨期权提前行权不是最优的、从而与欧式看涨期权等价，故无股息时美式看涨期权同样用式（12.8）定价。

下面讨论已知股息量时美式看涨期权的价格。与12.3.4.2小节一样，仍然设唯一一次股息支付日为 u，在股息支付之前的瞬间股票的价格为 S_u，在股息支付之后的瞬间股票的价格为 S_u-D_u（见图12—2）。股息支付之后，标的股票在期权到期之前不再支付股息，故此时美式看涨期权与欧式看涨期权等价，不应提前行权。如果在股息支付之前存在最优行权时机，美式看涨期权实际上也是一个到期日为行权点的欧式看涨期权。因为无股息时欧式看涨期权的价格与其存续期成正比，故行权时间越迟越好，也就是说在股息支付之前的瞬间行权最优。所以，美式看涨期权是否要提前行权，只需考虑股息支付之前的瞬间即可。

在股息支付之前的瞬间行权，价值为 S_u-K，而股息支付后欧式看涨期权的下界为 $(S_u-D_u)-Ke^{-r(T-u)}$（参见第8章）。显然，若这个下界高于股息支付之前的行权价值，也就是 $S_u-D_u-Ke^{-r(T-u)}>S_u-K$，即：

$$D_u<K[1-e^{-r(T-u)}] \tag{12.16}$$

则美式看涨期权不应该提前行权。以上关于一次股息的讨论结论，可以直接推广到多次股息的情形。在实际应用中，我们大多只需考虑在最后一次股息支付之前，提前行权是否最优就可以了。

基于上述讨论，1975年布莱克提出了存在股息的美式看涨期权的近似算法。他设想，先求出到期日为 T 且存在股息的欧式看涨期权的价格，再求出到期日为最后一次股息日且存在股息的欧式看涨期权的价格，最后取这两个价格中的较大值作为美式看涨期权的近似值。

【例 12—6】　用布莱克近似求存在股息时美式看涨期权的近似价格。参数与例 12—3 相同。

设到期日为 2016 年 7 月 31 日（即股息支付日），欧式看涨期权的价格为 6.52 元。美式期权到期日实为 2016 年 11 月 1 日，存在股息的欧式看涨期权的价格为 6.24 元（见例 12—3）。取两个价格中较大者，得到美式看涨期权的近似价格为 6.52 元。

仍假设只存在一次股息，在股息支付前行权，价值为 $S_u - K$，而股息支付后的期权价值为 $c_{BS}(S_u - D_u)$（即布莱克-斯科尔斯价格）。所以，在美式看涨期权定价时考虑提前行权，只需在股息日取 $\max[c_{BS}(S_u - D_u), S_u - K]$ 即可。罗尔、格斯克和惠利（Roll, Geske and Whaley）给出了存在一次股息的美式看涨期权价格的解析解，郭和刘（Guo, Liu）提出了一种更准确的二叉树方法。当然，蒙特卡洛方法仍然可以派上用场。

【例 12—7】　用蒙特卡洛方法估计存在股息时的美式看涨期权的价格。参数与例 12—6 相同。

$K[1 - e^{-r(T-u)}] = 0.377$ 不满足式（12.16）的条件，因此定价时要考虑提前行权的可能。

也许并不奇怪，很容易在例 12—4 的基础上模拟存在股息时的美式看涨期权的价格。在单元格 L2 中输入“＝MAX（J2，H2-strikepx）”，将公式往下复制到单元格 L30001，计算考虑提前行权的价值。

在单元格 D3 中输入“＝AVERAGE（L2：L30001）＊EXP(－riskfree＊divtime)”得到美式看涨期权的价格。重复运算三次并取平均值，得到的看涨期权的价格为 6.91 元，与例 12—4 给出的欧式看涨期权价格 6.25 元相比，高出 10.56％；而与例 12—6 的结果比较易知，布莱克近似的误差为－5.68％，即布莱克近似低估了提前行权的价值。

存在股息的美式看涨期权有可能提前执行，美式看跌期权同样有可能提前行权，故无法直接利用布莱克-斯科尔斯公式定价。幸运的是，它们的定价均可以通过求解布莱克-斯科尔斯方程的数值解来进行。业界常用的数值算法是二叉树方法（见第 10 章）或有限差分法（finite difference），图 12-3 给出了用有限差分法计算的美式看跌期权的价格。这个价格图有两个明显的特征：其一，当股票价格足够低时，看跌期权的时间价值为零，应提前行权；其二，美式看跌期权的价格随到期时间的加长而增大。

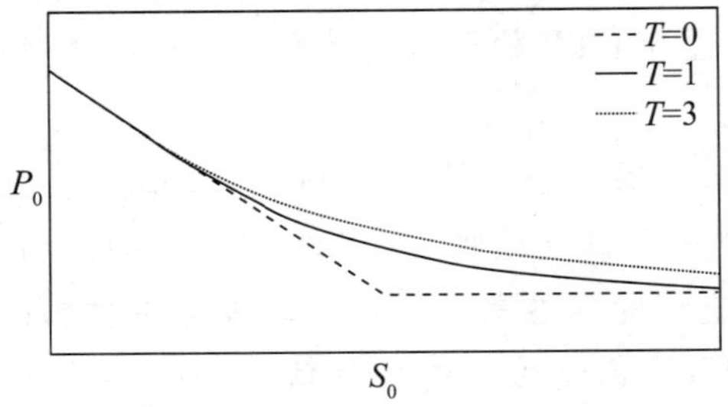

图 12-3　基于有限差分法已到期、1 年到期及 3 年到期的美式看跌期权的价格与当前股票价格的关系

作为对比，图 12-4 给出了同样三个不同到期时间的欧式看跌期权的价格。显然，欧式与美式看跌期权的价格有比较明显的区别。由于不能提前行权，欧式看跌期权在股票价格较低时低于其内在价值 $\max(K - S_0, 0)$，也就是说其时间价值为负。当股票价格较低时，到期时间越长，欧式看跌期权的价格越低；相反，当股票价格较高时，到期时间越长，欧式看跌期权的价格越高。

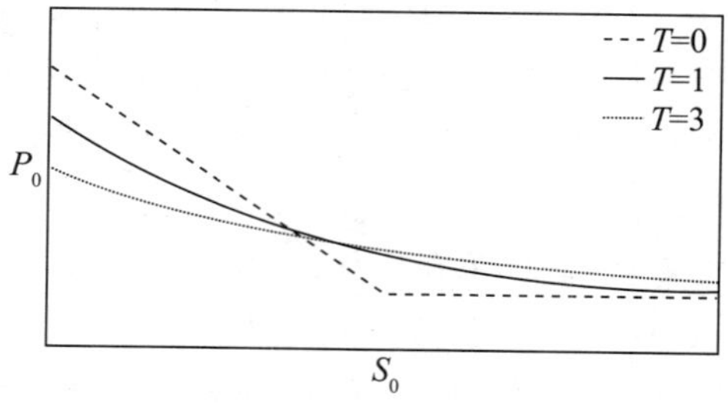

图 12－4　基于布莱克-斯科尔斯公式已到期、1 年到期及 3 年到期的欧式看跌期权的价格与当前股票价格的关系

12.6　历史波动率与隐含波动率

12.6.1　历史波动率

式（12.2）中的参数 σ 反映股票价格随机波动的大小，被称为股票的波动率。在金融理论中，波动率是常用的一种风险度量，其大小一般处于 10%～80%之间。

根据 12.2 节的内容，已知方差 $\mathrm{Var}[\ln(S_{t+\mathrm{d}t}/S_t)]=\sigma^2\mathrm{d}t$ 。可见，波动率 σ 可以通过股票的市场连续收益的方差来估计，即：

$$\hat{\sigma}=\frac{\sqrt{\mathrm{Var}[\ln(S_{t+\mathrm{d}t}/S_t)]}}{\sqrt{\mathrm{d}t}}$$

这样得到的波动率估计值被称为历史波动率。用历史数据来估计波动率，通常选取每天、每周或者每月的收盘价。以日数据为例，假如每年共有 τ 个交易日，上式中的 $\mathrm{d}t$ 就为 $1/\tau$ 。另外，用来估计历史波动率的样本大小一般与期权的存续期相同。

【例 12—8】　估计上证 50ETF 的历史波动率。数据：2014 年 11 月 11 日至 2015 年 5 月 11 日的每日收盘价。

样本段含 121 个交易日。第一个交易日是 11 月 11 日，收盘价为 1.714。第二个交易日的收盘价为 1.733，故这一天的连续收益为 $\ln 1.733-\ln 1.714=0.011\ 0$。依此类推，共算出 120 个日连续收益。它们的标准差可以用微软表格中的 STDEV（）函数计算，结果为 0.023 5。这是上证 50ETF 日波动率的估计值。2015 年 5 月 11 日之前的一年，共有 245 个交易日。于是，日波动率的估计值除以 $\sqrt{1/245}$ 就得到年化波动率为 36.78%。

12.6.2　隐含波动率

布莱克-斯科尔斯公式和方程中用到股票现价、行权价、到期期限、无风险利率、波动率等参数。除了波动率之外，这些参数都可以在市场上直接观察到。根据波动率的初始定义，即在一定时间段内的标的资产连续收益率的标准差，似乎波动率也不难确定，但实际上并非如此，因为在衍生产品定价中，我们真正需要的是尚未发生的未来波动率。

期权作为市场上交易的品种，其市场价格是可以观察到的；期权的市场价格可能与布莱克-斯科尔斯模型价格一致，也可能完全是由市场供需关系决定的。无论如何，以欧式看涨期权的公式（12.8）为例，如果知道了看涨期权的市场价格及其他可观察参数，剩下的唯一未知参数就是波动率。所以，利用布莱克-斯科尔斯公式及看涨期权的价格，可以通过反解方程（12.8）求出波动率。这样得到的波动率，隐含着市场对未来波动率的预期，称为隐含波动率（implied volatility）。

波动率出现在公式（12.8）的正态累积分布函数之中，无法求出解析解，所以只能通过一元方程的数值解法来求得，如著名的牛顿-拉夫森（Newton-Raphson）方法。

【例 12—9】　用微软表格求隐含波动率。2015 年 5 月 11 日，行权价为 3.30、44 天到期的 50ETF 看涨期权的最后买卖均价为 0.125 3。当天 50ETF 的收盘价为 3.11，无风险利率为 3.289%。

新建一个表格文件。在单元格 B1～B5 中分别输入股价 3.11、行权价 3.30、到期年数 44/365、利率 3.289%及波动率 30%。在单元格 B6 中输入公式（12.8）。

点击“数据”，再点击“假设分析”，选择“单变量求解”，出现一个弹出小窗口。在“目标单元格”后，输入“B6”；在“目标值”后，输入看涨期权的价格 0.125 3；在“可变单元格”后，输入波动率所在的单元格地址“B5”。点击“确定”进行计算，计算结束后又弹出一个小窗口，再次点击“确定”。此时单元格 B5 显示的数值是 45.71%，即所求得的隐含波动率。值得注意的是，隐含波动率比历史波动率 36.75%（见例 12—8）高不少，表明市场预期未来一个月左右的波动会增大。

12.7　期权公平价格的含义

12.7.1　期权具有公平价格的逻辑

股票未来的涨跌是随机的，是涨还是跌无法提前做出预测，所以前面式（12.2）用几何布朗运动来模拟股票价格的随机过程。股息折现模型、资本资产定价模型等，可用来估计股票的价值，却无法为股票提供一个公平的价格。因为即使它们估计出来的股价与股票的市场价格相差甚远，也没有人能通过套利操作使股价回归到公平价位。

期权的价格作为股票价格函数，从式（12.11）看似乎也是随机的，但我们可以用布莱克-斯科尔斯公式或方程来确定一个价格，这无疑有点令人费解。其实原因很简单，式（12.11）与式（12.2）具有同一个布朗运动，也就是说同一个因素造成了股票价格及期权价格的随机性。既然如此，就一定能够通过构造股票与期权的某种组合，使得其中股票随机变动的大小与期权随机变动的大小相等，但变化的方向正好相反。这样一来，股票的随机变化与期权的随机变化将可以抵消，使这个组合不再具有任何不确定性，也就是说这个组合没有风险。如果排除存在套利机会的可能性，那么这种组合与无风险债券等价，其收益率必定为无风险利率。

如果说股票与期权的组合与无风险债券等价，那么股票与无风险债券的组合同样可以与期权等价。于是，给定股票及债券的市场价格，期权的价格就被唯一确定了，我们称期权的这个价格为期权的"公平"价格。如果期权的价格偏离这个公平价格，我们可以通过无风险套利交易操作，使其回归公平。以看涨期权为例，若其市场价格高于公平价格，可以出售看涨期权，同时用部分期权金（出售期权的收入）购入相应的股票—债券组合，剩余的期权金存入银行。期权到期时，期权与股票—债券组合相抵，存在银行的期权金将是没有任何风险的利润。这种因套利引起的出售看涨期权的交易，将使看涨期权价格下降，向公平价格靠近。另一方面，若看涨期权的市场价格低于公平价格，可以卖空股票—债券组合，同时用部分卖空收入来购入看涨期权，同样也可获得正的无风险利润。此时的套利导致购入看涨期权的交易，结果使看涨期权价格上升，向公平价格靠近。总而言之，尽管我们无法为股票确定一个公平价格，却能够为期权定出一个公平的价格；通过套利交易，可以迫使期权的买、卖在这个公平价格的附近成交。

12.7.2 布莱克-斯科尔斯公平价格的准确性

前面谈到期权具有公平价格。问题是，通过布莱克-斯科尔斯模型确定出的公平价格是准确的吗？在回答这个问题之前，我们需要对"准确"进行定义。作为市场上交易的金融产品，期权的交易如果按接近布莱克-斯科尔斯的价格成交，那么可以说布莱克-斯科尔斯模型确定的价格是准确的。否则，就不是准确的。

遗憾的是，布莱克-斯科尔斯价格可能准确、也可能不准确。实证研究表明，在布莱克-斯科尔斯理论发表之前、之后及 1987 年"黑色星期一"之后，布莱克-斯科尔斯价格表现有异，在第一阶段是不大准确的，但在第二阶段比较准确，后来误差又变大了。

原因其实也不复杂。布莱克-斯科尔斯公平价格的确定基于不少假设。这些假设如果与实际较符合，定价就比较准确，但如果与实际相差甚远，定价的误差当然会比较大。具体而言，布莱克-斯科尔斯模型中的波动率，应该是反映期权存续期间、未来那段时间的波动率，无法在市场上直接观察到。毫无疑问，未来波动率预测的准确与否将决定布莱克-斯科尔斯价格的准确性。不幸的是，准确预测波动率的难度，似乎不亚于准确预测股票价格的难度。可见，确定期权的公平价格，实质上仍是一种预测，而预测可能准确，也可能不准确。

值得庆幸的是，股票的价格可以任意变动，但期权的价格却受到一些约束。第一，一般情况下波动率的大小在10%～80%之间，具有一定的范围。因此，有较高的把握估算出期权的价格范围。第二，期权的价格具有无套利的上、下界，这些边界与布莱克-斯科尔斯模型中的假设无关，期权的交易价格不能超出这些边界。

12.7.3 布莱克-斯科尔斯公平价格的作用

布莱克-斯科尔斯理论可用于指导市场上的期权交易，布莱克-斯科尔斯公平价格为交易员提供了一种决策的依据。在布莱克-斯科尔斯模型提出之前，交易员只能靠拍脑袋决定期权的价格、从事期权交易。在布莱克-斯科尔斯理论发表之后较长一段时间内，布莱克-斯科尔斯公平价格曾经指导交易员进行期权交易。

布莱克-斯科尔斯模型是期权交易的风险管理工具。期权交易中的风险管理是华尔街日常工作的重点之一。期权头寸风险的大小，可以通过各种敏感性，即通常所说的 Greeks（希腊字母）来分析，而敏感性的大小需要通过布莱克-斯科尔斯模型来估计。

对于复杂衍生产品的定价，布莱克-斯科尔斯模型具有不可或缺的辅助作用。在美国，标准期权的市场很成熟，流动性较好，市场可以很好地确定这些标准期权的价格，从某种意义上说，布莱克-斯科尔斯模型似乎并不是必需的。但复杂衍生产品的交易不频繁，流动性较差，如何确定这种衍生产品的价格，不是一件容易的事情。利用标准期权先估计隐含波动率，交易员进而可以利用隐含波动率对复杂衍生产品进行定价，从而指导复杂衍生产品的交易。前面已经讨论过，隐含波动率的估计需要布莱克-斯科尔斯模型。

案例　上证 50ETF 期权的定价

市场背景：2015 年 2 月 9 日，上海证券交易所推出中国资本市场首批四十个交易所交易的期权。这些期权的标的为上证 50ETF（交易代码 510050），2004 年 12 月 30 日成立，由华夏基金管理公司管理。上证 50ETF 是一只开放式交易所交易基金，完全复制上证 50 指数。

50ETF 期权合约的基本条款：下表略去涨跌幅限制、熔断机制、开仓保证金最低标准及维持保证金最低标准四条款。

合约标的	上证 50 交易型开放式指数证券投资基金（“50ETF”）
合约类型	认购期权和认沽期权
合约单位	10 000 份
合约到期月份	当月、下月及随后两个季月
行权价格	5 个（1 个平值合约、2 个虚值合约、2 个实值合约）
行权价格间距	3 元或以下为 0.05 元，3 元至 5 元（含）为 0.1 元，5 元至 10 元（含）为 0.25 元，10 元至 20 元（含）为 0.5 元，20 元至 50 元（含）为 1 元，50 元至 100 元（含）为 2.5 元，100 元以上为 5 元
行权方式	到期日行权（欧式）
交割方式	实物交割（业务规则另有规定的除外）
到期日	到期月份的第四个星期三（遇法定节假日顺延）
行权日	同合约到期日，行权指令提交时间为 9：15—9：25，9：30—11：30，13：00—15：30
交收日	行权日次一交易日
交易时间	上午 9：15—9：25，9：30—11：30（9：15—9：25 为开盘集合竞价时间）
	下午 13：00—15：00（14：57—15：00 为收盘集合竞价时间）
委托类型	普通限价委托、市价剩余转限价委托、市价剩余撤销委托、全额即时限价委托、全额即时市价委托以及业务规则规定的其他委托类型
买卖类型	买入开仓、买入平仓、卖出开仓、卖出平仓、备兑开仓、备兑平仓以及业务规则规定的其他买卖类型
最小报价单位	0.000 1 元
申报单位	1 张或其整数倍

50ETF 期权的 BS 定价结果：目前的 A 股股票及 ETF 市场采用 $T+1$ 交易机制，而上海证券交易所的期权行权后次一日才交收，看涨期权交收得到的标的在交收日的次日才能卖出。所以，50ETF 看涨期权行权之后存在价格风险，这与国外交易所交易的期权是有区别的。如何对 50ETF 看涨期权定价暂时不是很清楚，这里我们用布莱克-斯科尔斯公式来近似。另外，上海证券交易所的期权设有股息保护机制，故不需要考虑股息对价格的影响。

选取 2015 年 5 月 11 日的市场数据。当天交易的期权的 4 个到期月为 5 月、6 月、9 月及 12 月，但这里只研究 6 月到期的期权。期权的最后交易日为 2015 年 6 月 24 日，到期时间为 44 天。当天 50ETF 的收盘价为 3.11 元，对应的历史波动率为 36.75%（见例 12—8）。

用上海银行间同业拆放利率（Shibor）作为无风险利率，其采用 ACT/360 作为计息方式，2015 年 5 月 11 日的年利率为 3.120 0%（期限 1 个月）及 3.735 0%（期限 3 个月）。先将利率转换成 ACT/365 连续计息的年利率，分别为 3.159%（期限 31 天）及 3.769%（期限 92 天）。通过线性内插法，得到期限 44 天的连续计息的年利率 3.289%，用于对期权定价。

50ETF 期权的布莱克-斯科尔斯价格见下表。其中误差是相对于市场当天最后一个买卖均价而言的。

看涨期权				看跌期权		
买卖均价	BS 价格	百分误差	行权价	买卖均价	BS 价格	百分误差
0.924 6	0.919 0	−0.6	2.20	0.003 6	0.000 3	−91.5
0.878 0	0.869 4	−1.0	2.25	0.003 9	0.000 5	−85.8
0.829 6	0.820 0	−1.2	2.30	0.004 8	0.000 9	−80.3
0.780 2	0.770 9	−1.2	2.35	0.006 4	0.001 6	−75.5
0.730 6	0.722 0	−1.2	2.40	0.008 4	0.002 5	−70.1
0.678 5	0.673 6	−0.7	2.45	0.010 7	0.003 9	−63.6
0.637 0	0.625 7	−1.8	2.50	0.013 7	0.005 8	−57.2
0.593 7	0.578 7	−2.5	2.55	0.017 7	0.008 6	−51.5
0.545 9	0.532 6	−2.4	2.60	0.022 4	0.012 3	−45.1
0.504 9	0.487 6	−3.4	2.65	0.029 2	0.017 1	−41.3
0.463 8	0.444 1	−4.3	2.70	0.036 7	0.023 4	−36.3
0.423 5	0.402 2	−5.0	2.75	0.047 2	0.031 3	−33.7
0.380 3	0.362 1	−4.8	2.80	0.058 8	0.041 0	−30.2
0.349 8	0.324 0	−7.4	2.85	0.073 0	0.052 7	−27.7
0.312 2	0.288 1	−7.7	2.90	0.087 9	0.066 7	−24.2
0.280 7	0.254 6	−9.3	2.95	0.106 5	0.083 0	−22.1
0.253 0	0.223 6	−11.6	3.00	0.127 5	0.101 7	−20.2

续前表

看涨期权				看跌期权		
买卖均价	BS 价格	百分误差	行权价	买卖均价	BS 价格	百分误差
0.201 3	0.169 0	−16.0	3.10	0.172 6	0.146 8	−15.0
0.158 7	0.124 5	−21.6	3.20	0.232 0	0.201 8	−13.0
0.125 3	0.089 3	−28.8	3.30	0.296 7	0.266 2	−10.3
0.096 2	0.062 4	−35.1	3.40	0.371 4	0.339 0	−8.7
0.078 7	0.042 5	−45.9	3.50	0.443 3	0.418 7	−5.5

50ETF 期权的 BS 价格定价结果分析：看涨期权的误差在−0.6%～−45.9%之间，看跌期权的误差在−5.5%～−91.5%之间。可见，把历史波动率当作常数来给期权定价，实际误差可能很大。无论是看涨还是看跌，实值期权的误差较小，而虚值期权的误差较大，这正是所谓波动率“微笑”的具体表现。总体来看，看跌期权的误差更大，其中的原理值得进一步研究。

本章小结

布莱克-斯科尔斯模型是基于正态分布的。如果某随机变量的对数服从正态分布，我们说这个随机变量服从对数正态分布。用几何布朗运动来模拟股票价格的过程，那么对于某固定的时刻，股票价格将服从对数正态分布，而股票的收益率将服从正态分布。在期权定价中，可以只用到标准正态分布，而不需要考虑更复杂的对数正态分布，从而达到简化运算的目的。

欧式期权布莱克-斯科尔斯价格公式可通过风险中性定价法导出。用无风险利率代替股票价格模型中的股票收益率，并代入期权的终期损益表达式中，计算终期损益的期望值(即与标准正态分布有关的一个积分)，最后将结果按无风险利率折现。布莱克-斯科尔斯价格与无套利原理下欧式期权价格的所有一般结论一致。对于欧式平价期权，布莱克-斯科尔斯公式可以进一步简化。可以近似地把股息引入布莱克-斯科尔斯公式。

在无套利原理下可导出布莱克-斯科尔斯偏微分方程。构造一个期权、股票及无风险债券的组合，使其总净投资为零。那么，组合价值的瞬间变化仍然为零，这是推导过程的核心。实际上从推导过程可知，布莱克-斯科尔斯偏微分方程适用于任意衍生产品（包括期权)。(选学)

美式看涨期权定价比较容易处理。如果不存在股息，可以直接使用布莱克-斯科尔斯公式。存在股息时，可利用布莱克近似估价。美式看跌期权的定价比较复杂，要考虑提前执行的问题，只能通过数值算法来求解。

波动率是期权定价中唯一无法在市场上直接观察到的参数。历史波动率可以用标的股票的历史价格来估计。可以通过布莱克-斯科尔斯模型利用市场上交易的标准期权的价格来反推出波动率的大小，这样得到的波动率称为隐含波动率。

期权具有公平价格，根本原因在于其价格的变动与股票价格的变动受同一个随机因素的影响。在大多数情况下，市场上无风险的套利操作可以使期权的价格始终不会远离其公平价格。由于波动率的准确预估比较困难，布莱克-斯科尔斯价格可以存在较大的误差。布莱克-斯科尔斯公平价格对期权的交易，具有重要的指导意义。

后记：本章多处借鉴了《期货、期权和其他沂生品（第8版）》（*Options*, *Futures*, *and Other Derivatives*），这本教科书在学术界及业界均十分流行。克拉克（Crack博士）*Heard on the Street*: *Quantitative Questions from Wall Street Job Interviews* 一书也给予我们不少启发。存在股息的欧式期权价格近似公式，来自本章作者的工作论文 Recombining Binomial Tree for Pricing Options on Stocks with Known Dollar Dividends。

问题与应用

1. 用伊藤引理验证式（12.3）是随机微分方程（12.2）的解。
2. 假设股票价格用几何布朗运动来模拟。计算股价在未来一周之后的期望值及方差。
3. 在不求积分的情况下，直接推导出看跌期权到期时被执行的概率。
4. 用微软表格重复例12—4的计算。
5. 用微软表格重复例12—7的计算。
6. 用微软表格重复例12—8的计算。
7. 用微软表格重复例12—9的计算。
8. 用风险中性定价导出欧式看涨期权的布莱克-斯科尔斯公式。
9. 某衍生产品的终期损益为 $\max(\ln S_T - K, 0)$。用风险中性定价导出其价格公式。
10. 假设无风险利率为零，波动率为25%，当前股票价格为50，1年到期的欧式看跌期权的行权价为50。这个看跌期权的价格是多少？（用心算估计）
11. 选取最近一个交易日，计算所有次月到期的50ETF期权合约的价格。比较计算的价格与这些期权的市场价格。
12. 证明布莱克-斯科尔斯公式满足布莱克-斯科尔斯方程。提示：若初始时间用 t 表示，看涨期权的布莱克-斯科尔斯公式可写成：

$$c_t = S_0 N(d_1) - K e^{-r(T-t)} N(d_2)$$

其中：

$$d_2 = \frac{\ln(S_0/K) + \left(r - \frac{1}{2}\sigma^2\right)(T-t)}{\sigma\sqrt{T-t}}$$

13. 证明期货的公平价值满足布莱克-斯科尔斯方程。
14. 设 $x = \ln S$，将布莱克-斯科尔斯方程用 x、v（期权价格）表示出来。
15. 用几何布朗运动模拟股票价格有何优缺点？
16. A股（股票及ETF）市场采用 $T+1$ 交易机制。讨论这种机制对50ETF看涨期权的影响。你能写出50ETF看涨期权的终期损益吗？
17. 讨论并写出50ETF看跌期权的终期损益。
18. 50ETF看跌期权存在无套利的价格下限吗？50ETF看涨期权呢？
19. 50ETF期权存在买卖平价关系吗？

20. 查阅上海证券交易所的期权交易规则，讨论说明股息对 50ETF 期权价格的影响。

推荐阅读材料、网站

[1] Barone-Adesi, G., R. F. Engle, and L. Mancini. "A GARCH Option Pricing Model with Filtered Historical Simulation", *Review of Financial Studies*, 2008, 21: 1223 - 1258.

[2] Liu, Q. "Pricing American Options by Canonical Least-Squares Monte Carlo", *Journal of Futures Markets*, 2010, 30 (2): 175 - 187.

[3] Liu, Q., and S. Guo. "Canonical Distribution, Implied Binomial Tree, and the Pricing of American Options", *Journal of Futures Markets*, 2013, 33 (2): 183 - 198.

[4] Longstaff, F. A., and E. S. Schwartz. "Valuing American Options by Simulation: A Simple Least-Squares Approach", *Review of Financial Studies*, 2001, 14: 113 - 147.

[5] Rubinstein, M. E. "Implied Binomial Trees", *Journal of Finance*, 1994, 49: 771 - 818.

[6] Stutzer, M. "A Simple Nonparametric Approach to Derivative Security Valuation", *Journal of Finance*, 1996, 51: 1633 - 1652.

[7] 刘强，向赟. 美式期权 FHS-GARCH-LSM 定价新方法. 复旦学报（自然科学版），2012，51(4)：83 - 88.

参考文献

[1] Black, F. "Fact and Fantasy in the Use of Options", *Financial Analysts Journal*, 1975, 31 (4): 36 - 41, 61 - 72.

[2] Black, F., and M. Scholes. "The Pricing of Options and Corporate Liabilities", *Journal of Political Economics*, 1973, 81: 637 - 59.

[3] Cox, J. C., and S. A. Ross. "The Valuation of Options for Alternative Stochastic Processes", *Journal of Financial Economics*, 1976, 3: 145 - 66.

[4] Crack, T. F. *Heard on the Street: Quantitative Questions from Wall Street Job Interviews* (2001 Ed.), USA: Timothy Crack, 2001.

[5] Guo, S., and Q. Liu. "Recombining Binomial Tree for Pricing Options on Stocks with Known Dollar Dividends [EB]", Working Paper (ssrn.com/abstract=2126924), Southwestern University of Finance and Economics, 2015.

[6] Hull, J. C. *Options, Futures, and Other Derivatives* (8th Ed.), Upper Saddle River, NJ: Prentice Hall, 2012.

[7] Merton, R. C. "Theory of Rational Option Pricing", *Bell Journal of Economics and Management Science*, 1973, 3: 141 - 83.

[8] Whaley, R. E. "On the Valuation of American Call Options on Stocks with Known Dividends", *Journal of Financial Economics*, 1981, 9: 207 - 11.

第 13 章

奇异期权

学习目标

本章将介绍多种奇异期权的设计、定价以及使用方法。学习完本章后，读者应掌握各类奇异期权设计的基本思想，了解主要的奇异期权的定义、特性与使用方法。对于定价，有些奇异期权的价格存在解析表达式，我们将罗列出其定价公式，供读者参考；而另外一些期权的定价只能通过数值方法求解，我们给出了一个奇异期权数值定价的程序实例，供读者借鉴。我们还将以案例的形式讲述奇异期权的使用方法，特别是一些中国企业投资奇异期权遭受严重损失的案例，希望能够给读者以启示。

标准的欧式和美式期权大多在场内交易，非常受投资者欢迎。它们可以满足交易者的风险对冲、套利以及投机的需求。但是不同的交易者可能会有个性化的需求，比如不同的风险偏好以及在税收和市场监管方面不同的考虑等。那么他们对于期权的执行时间、生效时间与条件、收益函数等属性可能有不同的要求。为了满足这些交易者的特定需求，金融工程师可以对标准期权的相关属性作一些改变，从而创造出一系列新的期权产品。我们把这样的期权叫作奇异期权（exotic option），它们可以被看作是标准的欧式和美式期权的一些变种。奇异期权因为是非标准期权，大多都在场外交易。

在我国，上海证券交易所于 2015 年 2 月正式推出了以 50ETF 为标的股指期权，这是在国内市场上推出的第一个场内期权产品。但奇异期权对于我国的金融市场来讲，仍然算是新兴事物。因此本章的许多案例都来自国外。同时我们注意到，在场外交易市场，一些奇异期权已经被我国的企业或投资者所使用，其中比较著名的案例有中信泰富投资类似累计期权和深南电投资亚式期权。我们将把这些案例贯穿本章的始终。

13.1 从两个新的金融产品讲起

国内某金融机构设计了这样一类借款产品：若某机构 A 将 100 万元人民币借给另一机构 B，借款期限为 3 个月。与众不同的是，该产品的利息计算方式与沪深 300 指数挂钩。

如果在借款期这 3 个月内，沪深 300 指数上涨到 K 点位，那么出借方 A 将获得 20%的年化收益；否则，A 在到期日只能收回本金 100 万元，但其利息收入为 0。

从表面上看，这只是一个利息收入有不确定性的借款而已。但实质上，这是在一个零息借款合约上赋予出借方一个看涨期权。该看涨期权的标的为沪深 300 指数，当该指数 3 个月后超过执行价格 K 时，出借方收益为 20 万元；否则，其收益为 0。该期权与简单的欧式看涨期权的不同之处在于，沪深 300 指数在 3 个月后超过执行价格 K，期权持有者的收益并不随着沪深 300 指数的变化而变化，而是一个确定的值——20 万元。显然，这个期权就是一种奇异期权。

另一个金融产品是普通商业银行提供的住房抵押贷款。一般来说，住房抵押贷款都允许借款人提前还款。提前还贷有两种方式：可以全还，也可以还一部分，即年数不变但月供减少。一般来讲，提前还款都有一些附加条件，比如当年办理的房贷不能提前还，必须交满一年贷款以上才可以提前还；提前还贷规定每年可还款 2 次等。

仔细分析后我们可以了解到，对于借款人来讲，提前还款的权利相当于赋予借款人一个回购债权的看涨期权。但是从执行时间上看，该期权既不同于欧式期权在最后的到期日执行，也不同于美式期权在到期日之前的任意时间执行，而是在贷款开始一年以后的任意时间执行；从执行价格上看，因为随着时间的推移，贷款的本金逐渐减少，因此执行价格也逐渐降低。这和一般的标准期权也是不一样的。因此，这类提前还款期权也是一类非标准的奇异期权。

从上面的例子可以看出，其实在很多金融产品的设计中已经包含了奇异期权的影子。奇异期权可以极大地丰富金融产品设计的多样性和灵活性。

13.2　奇异期权定价的展望及标准期权定价的回顾

奇异期权的种类繁多，我们不可能在一章的内容里探讨市场中所有实际被交易的奇异期权。在本章，我们选择那些最常见的奇异期权进行介绍。通常来说，奇异期权的定价要比标准期权的定价更复杂。对于某些奇异期权，它们的定价没有像布莱克-斯科尔斯公式那样的解析表达式，对于这类奇异期权，一般都采用数值方法来定价。常用的数值方法包括二叉树法、蒙特卡洛法、有限差分法等。幸运的是，一些通用的计算软件，比如 Matlab，已经实现了这些定价算法，我们在实际工作中可以直接使用。对于某些奇异期权，它们的定价存在解析表达式。但是证明其定价公式，需要用到比布莱克-斯科尔斯公式更加复杂的数学工具。关于这类奇异期权的定价，我们尽量讲清楚它们的基本思想，忽略推导的过程，直接给出定价公式。对奇异期权定价理论有兴趣的读者，可以参见本章最后的参考文献。

因为在奇异期权的定价过程中，我们需要多次用到欧式期权的定价公式，在此给出欧式看涨和看跌期权的收益函数。假设标准的欧式期权的标的资产为 $S(t)$ 、到期时间为 T 、执行价格为 K ，对于一个看涨期权，它的收益函数 $\Phi[S(T)]$ 是

$$\Phi[S(T)]=\begin{cases}S(T)-K, & S(T)\geqslant K\\ 0, & S(T)<K\end{cases}$$

或

$$\Phi[S(T)] = \max[S(T) - K, 0]$$

对于一个看跌期权，它的收益函数 $\Phi[S(T)]$ 是

$$\Phi[S(T)] = \begin{cases} 0, & S(T) \geqslant K \\ K - S(T), & S(T) < K \end{cases}$$

或

$$\Phi[S(T)] = \max[K - S(T), 0]$$

欧式期权的定价公式是

$$c = S_0 e^{-qT} N(d_1) - K e^{-rT} N(d_2)$$
$$p = K e^{-rT} N(-d_2) - S_0 e^{-qT} N(-d_1)$$

其中

$$d_1 = \frac{\ln(S_0/K) + (r - q + \sigma^2/2)T}{\sigma\sqrt{T}}$$
$$d_2 = \frac{\ln(S_0/K) + (r - q - \sigma^2/2)T}{\sigma\sqrt{T}} = d_1 - \sigma\sqrt{T}$$

其中，r 是无风险利率，q 是标的资产收益率，而 σ 是标的资产价格的波动率。更一般地，我们可以用公式 $P(t, S, K, T; \Phi)$ 来表示一个期权在时刻 t 的价格。并且，当没有歧义时，为了简便起见，上面表达式中的 t 、K 或 T 可能被省略。

13.3 非标准美式期权

标准的美式期权可以在到期日之前的任何时刻被执行，但无论什么时刻，它的执行价格是唯一的。一些更为复杂的非标准美式期权会在执行日期或执行价格方面有一些特殊的设定。我们在下面给出几个非标准美式期权的例子。

百慕大期权是一种只能在发行日与到期日之间的一系列预先设定好的日期执行的美式期权。所以，从执行日期的角度，可以认为百慕大期权是介于欧式和美式期权之间的一种期权，但它的性质更加接近于美式期权。该期权被称为百慕大期权是因为百慕大群岛的地理位置处于美国和欧洲之间，但其更加靠近美国。

加那利期权（Canary option）是一种介于百慕大期权和欧式期权之间的期权。它的名字来源于位于百慕大群岛和欧洲之间的加那利群岛。这类期权的持有者只能在期权开始一段时间（通常是一年）以后的一系列预先设定的日期行使该期权。

另外还有一些期权，在有效期内不同的时间行使期权时有不同的执行价格。

在前面的章节，我们知道标准的美式期权的定价没有解析表达式。非标准的美式期权的定价更加复杂，所以一般都采用数值方法来对其定价。

13.4 远期开始期权

投资者为了规避金融资产远期波动率带来的风险，可以购买在未来某个时刻生效的期

权，这样的期权被叫作远期开始期权（forward start option）。它的参数可以用（T_1，K，T_2）来表示，其中 T_1 代表远期期权开始的时间，K 代表期权的执行价格，T_2 代表期权的到期日。特别地，远期开始期权的执行价格一般被设为期权开始时（即 T_1 时刻）的标的资产的价格，那么远期开始期权在开始生效的时候是一个平价期权（at the money）。远期开始期权被广泛地应用于利率衍生品市场和员工的股票激励计划中。

下面我们将研究一个远期开始平价欧式看涨期权的定价。假设在 0 时刻，资产的价格为 S_0；在 T_1 时刻，资产的价格为 S_1。那么在 T_1 时刻，远期开始平价欧式看涨期权的价格是：

$$S_1[e^{-qT}N(d_1)-e^{-rT}N(d_2)]=S_1\frac{c'}{S_0}$$

特别地，对一个平价期权，上面等式左边中括号内的值与资产价格无关。这里 c' 是 0 时刻一个期限等于 T_2-T_1 的平价期权的价格。进一步地，在 0 时刻，远期开始平价欧式看涨期权的价格是：

$$e^{-rT_1}\widetilde{E}\left[\frac{c'}{S_0}S_1\right]=c'e^{-rT_1}e^{(r-q)T_1}=c'e^{-qT_1}$$

$\widetilde{E}$ 是风险中性下的期望。如果股息 $q=0$，从上式可得出，远期开始平价欧式期权的价格等于相同期限的平价欧式期权的价格。

13.5　复合期权

复合期权（compound option）是一种以期权为标的物的期权。我们知道基本的期权有看涨和看跌两种，那么期权的期权就有四种基本的类型：看涨—看涨期权（call on call）、看涨—看跌期权（call on put）、看跌—看涨期权（put on call）、看跌—看跌期权（put on put）。它被广泛应用在外汇和固定收益领域。它的参数可以用（T_1，K_1，T_2，K_2）来表示。我们以一个（T_1，K_1，T_2，K_2）看涨—看跌的欧式期权来说明复合期权的性质。该复合期权的持有者有权在 T_1 时刻以 K_1 的价格买入一个在 T_2 时刻以 K_2 为交割价的看跌期权。但是当在 T_1 时刻，一个（T_2，K_2）看跌期权的价格 $P[T_1，S(T_1)，K_2，T_2；\Phi]$ 小于 K_1 时，该投资者不会买入这个看跌期权。那么，该复合期权的持有者在 T_1 时刻的收益函数是 $\Phi=\max\{P[T_1，S(T_1)，K_2，T_2；\Phi]-K_1，0\}$。该持有者拥有这个看跌期权后，他有权在 T_2 时刻以 K_2 的价格卖出某资产 S。

幸运的是，欧式复合期权的定价在布莱克-斯科尔斯的框架下有解析解。在这里，我们直接给出它们的定价公式。欧式看涨—看涨复合期权的价格是：

$$S_0e^{-qT_2}N_2(a_1,b_1;\sqrt{T_1/T_2})-K_2e^{-rT_2}N_2(a_2,b_2;\sqrt{T_1/T_2})-e^{-rT_1}N(a_2)$$

在上式中，

$$a_1=\frac{\ln(S_0/S^*)+(r-q+\sigma^2/2)T_1}{\sigma\sqrt{T_1}}，a_2=a_1-\sigma\sqrt{T_1}$$

$$b_1=\frac{\ln(S_0/K_2)+(r-q+\sigma^2/2)T_2}{\sigma\sqrt{T_2}},\ b_2=b_1-\sigma\sqrt{T_2}$$

其中 $N_2(a,\ b;\ \rho)$ 是相关系数为 ρ 的二元正态分布在第一个变量小于等于 a 、第二个变量小于等于 b 时的累积概率密度函数的值。

一个两个变量的均值都为 0 并且相关系数 ρ 是 0.5 的二元正态分布的累积概率密度函数在 [−10, 10] 之间的形态如图 13-1 所示。

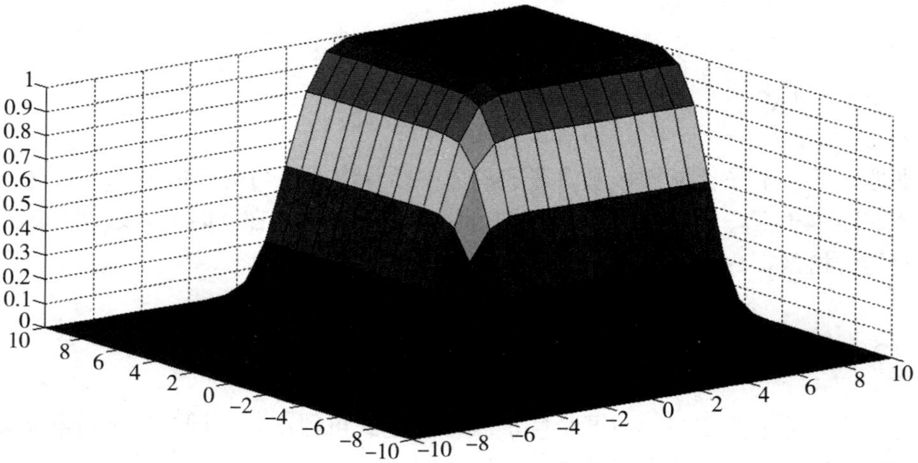

图 13-1 二元正态分布的累积概率密度函数形态图

S^* 是在 T_1 时刻，资产 S 使在 T_2 时刻到期的作为标的的期权的价格等于 K_1 的价格，即 $P[T_1,\ S^*(T_1),\ K_2,\ T_2;\ \Phi]=K_1$。由于根据布莱克-斯科尔斯公式，看涨期权的 Delta 是一个正值。那么对于一个看涨—看涨期权来说，在 T_1 时刻，资产 S 的价格高于 S^* 的时候，作为标的的期权的价值就高于 K_1，那么复合期权的持有者就会买入标的期权；反之，复合期权不会被行使。

其他三类复合期权（比如看涨—看跌期权、看跌—看涨期权和看跌—看跌期权）的定价公式和看涨—看涨期权的定价公式类似。我们就不再一一赘述。

13.6 后定期权

后定期权（chooser option）给它的持有者在一个预先设定的时间 T^*（在期权的到期日 T 之前)，选择该期权是看涨期权还是看跌期权的权利。它可以被用于对冲标的资产波动率变化所带来的风险，也可以用于对冲由于某件特殊事件的发生所带来的风险，但该事件的发生与否具有不确定性。比如，1993 年，美国国会在对《北美自由贸易协定》投票前夕，投资者相信，如果该协定获得通过，墨西哥的权益会大幅升值，拥有看涨期权就会获得正收益；反之，拥有看跌期权将会获得正收益。但是该协定的通过具有不确定性。在这样的情况下，后定期权就受到了投资者的广泛欢迎。

如果后定期权的持有者在 T^* 时刻能选择的看涨和看跌期权具有相同的到期日和执行价格，这类后定期权叫作简单后定期权；反之，则称为复杂后定期权。下面我们将讨论简单后定期权的定价。假设在 T^* 时刻，标的资产的价格是 S^*。那么在 T^* 时刻，简单后定期权的定价是：

$$\max(c,p)=\max[c,c+Ke^{-r(T-T^*)}-S^*]=c+\max[0,Ke^{-r(T-T^*)}-S^*]$$

其中，c 和 p 分别是在 T^* 时刻，选择人能够选择的看涨和看跌期权在的价格。注意，在上式中，我们用到了看涨看跌期权的平价关系，即 $c-p=S-Ke^{-r(T-T^*)}$。由上式可得，简单后定期权的收益函数可以由一个到期日为 T、执行价格为 K 的欧式看涨期权，和一个到期日为 T^*、执行价格为 $Ke^{-r(T-T^*)}$ 的欧式看跌期权复制得到。所以在 0 时刻，简单后定期权的定价是：

$$P\{S,K,T;\max[S(T)-K,0]\}+P\{S,Ke^{-r(T-T^*)},T^*;\max[Ke^{-r(T-T^*)}-S(T^*),0]\}$$

13.7 障碍期权

对于一个标准看涨期权的卖出者，标的资产的价格上涨得越高，该期权的卖出者的损失就越大。如果当标的资产的价格上涨到一定程度后，该期权自动失效，那么期权的卖出者的损失是有限的。这样的期权对于其卖出者来说无疑具有吸引力。对于期权的买入者来说，这样的期权也比标准的期权便宜。一般来讲，如果期权的有效性取决于它的标的资产的价格在某个特定的时间段内是否达到某个预先设定的值，那么这类期权就叫作障碍期权(barrier option)。我们可以用三个属性来描述一个障碍期权，它们是：上涨/下跌、敲入/敲出和看涨/看跌。显而易见，三种属性的不同组合可以定义八种障碍期权。比如一个下跌—敲出—看涨期权是一个普通的看涨期权，但是当其标的资产的价格低于某个特定值的时候，这个期权将失效。类似地，一个上涨—敲入—看跌期权是一个普通的看跌期权，但是当标的资产的价格高于某个特定值的时候，这个期权才会生效。其他障碍期权的定义类似，我们就不再一一赘述。

幸运的是，障碍期权的定价在布莱克-斯科尔斯的框架下有解析解。一般来讲，障碍期权的定价可以有两个方法。第一个方法是：障碍期权的价格函数也满足布莱克-斯科尔斯-默顿方程，但是障碍期权价格所满足的边界条件不同于标准的欧式期权。解这个偏微分方程即可得到障碍期权的价格。第二个方法是：我们可以先求出标的资产在到期日的价格与到期日前价格的最大值（或最小值）在风险中性概率下的联合分布，障碍期权的价格可以通过积分求得。在这里，我们把障碍期权的定价归到无障碍的标准期权的定价上去。具体的推导细节我们在本章省去（有兴趣的读者可以参照相关参考书①）。我们接下来给出下跌—敲出期权的定价公式。假设在 0 时刻，函数 $P\{S;\Phi[S(T)]\}$ 代表一个以 S 为标的资产，并且收益函数是 Φ 的标准期权的价格。值得注意的是，因为我们用公式 $P\{S;\Phi[S(T)]\}$ 来表示一个标准期权的价格，这个期权是看涨还是看跌或是美式还是欧式，并不重要。对于下跌—敲出期权，假设 B 是障碍水平。那么这个下跌—敲出期权的收益函数是：

---

① 见 Tomas Björk，*Arbitrage Theory in Continuous Time*，Oxford University Press 的第 18 章。

$$\Phi_{DO}[S(T)]=\begin{cases}\Phi[S(T)],\text{如果 }\forall t\in[0,T],S(t)>B\\0,\text{如果 }\exists t\in[0,T],S(t)\leqslant B\end{cases}$$

同时我们定义一个新的函数：

$$\Phi_B(x)=\begin{cases}\Phi(x),\text{如果 }x>B\\0,\text{如果 }x\leqslant B\end{cases}$$

那么下跌—敲出期权在 0 时刻的价格可以表示为两个标准的期权的价格之差：

$$P(S;\Phi_B)-\left(\frac{B}{S_0}\right)^{\frac{2r'}{\sigma^2}}P\left(\frac{B^2}{S};\Phi_B\right)$$

式中，

$$r'=r-\frac{1}{2}\sigma^2$$

其他类型的障碍期权的定价和下跌—敲出期权类似，我们就不再一一赘述。

案例 13—1 中信泰富投资 KODA

KODA 期权的全称是 Knock Out Discount Accumulator，可以简称为累计期权。它可以看作是一种更为复杂的障碍期权。它有以下性质：(1) 该期权的持有者有权以比现价低10%～20%的执行价买入标的资产；(2) 当标的资产的价格超过现价的 3%～ 5%时，该合约自行终止，但保证投资者至少有一个月的积累的标的资产；(3) 当标的资产的价格跌破执行价格时，投资者必须以执行价格双倍吸纳标的资产；(4) 合约有效期一般是 1 年，但是投资者通常只需要拥有合约金额 40%的现金或标的资产抵押即可成交，因此该期权往往带有杠杆性。从该期权合约的性质可以看出：当标的资产价格上涨时，期权持有者的获利有限，因为这是一个敲出期权；而当标的资产价格下跌时，期权的持有者会有双倍的损失。同时，我们可以看到，一份累计期权可以大致等价于买入一份看涨障碍期权并卖空两份看跌期权。中国内地的金融机构还没有正式推出 KODA 产品，但是在中国香港的星展银行、渣打银行、荷兰银行、汇丰银行等多家金融机构已经涉足这类金融产品。据香港媒体估计，仅在 2007 年，整个香港金融市场成交的 KODA 合约总值就在 1 000 亿美元以上。

投资 KODA 著名的例子有中信泰富。该公司预计 2008—2010 年间澳元兑美元将升值。于是它们买入了于 2008 年 10 月 15 日开始为期两年的澳元目标可赎回远期合约 (AUD target redemption forward)。该合约规定，当澳元兑美元的价格高于协议价时，该合约的持有者可以每个月以协议价购入 1 000 万澳元；当元兑美元的价格低于协议价时，该合约的持有者每个月必须以协议价购入 2 500 万澳元。这个合约虽然被叫作远期合约，但它的实质却是一个累计期权。因为该合约规定，当澳元上涨时，合约持有者的盈利超过 350 万美元，该合约敲出，自动失效。但当澳元下跌时，合约持有方需要双倍地吸纳澳元。所以，该远期合约拥有累计期权的所有主要性质。对中信泰富来说，不幸的是，在 2008 年金融危机中，澳大利亚储备银行连续两次降息，导致澳元兑美元在 2008 年 9—10 月两个月内，贬值近 30%。而中信泰富因为买入该合约，亏损超过 150 亿港元。除此之外，中国内地投资者因投资复杂金融衍生品而遭受重大损失的案例还包括碧桂园以及一些高净值的个人投资者。

中信泰富投资类似KODA的衍生品而招致重大损失的案例非常值得我们反思。我们就以下几点进行讨论：

1. 衍生品市场有对冲者、投机者以及套利者等交易参与者。作为一家投资机构，怎样对自己在衍生品市场上的交易角色定位，以及如何做相应的风险控制是需要特别慎重研究的问题。

2. 对于中信泰富来说，为了对冲汇率风险，它们可以在外汇市场上选择远期合约、标准期权合约或障碍期权合约。但是它们为什么选择了风险更大的累计期权？一个可能的解释是，累计期权的价格相对于其他类似的衍生品来说更便宜。而且2008年9月以前一年左右的时间内，澳元兑美元都在0.85以上的价位运行，相对于中信泰富签订的0.897 1的协议价来说，中信泰富可能遭受的损失是有限的。但是由于国际金融危机的到来，澳元两个月内贬值近30%，最终导致中信泰富遭受重大的损失。那么中信泰富以可能承担极端风险的代价来降低对冲成本是不是一个好的选择？

3. 据媒体报道，一些中国内地的高净值的个人投资者也购买了累计期权作为个人理财投资的产品。因为累计期权的定价相对复杂，个人投资者在定价上相对作为累计期权的卖出方的投资银行来说并没有优势。那么对于像累计期权这类复杂的衍生品，是否适合作为理财产品向个人投资者销售？

总的来说，从KODA的案例可以看出，实际在金融市场上被交易的某些奇异期权比一般教科书上讲的奇异期权更加复杂，它们的定价也更加困难。而作为投资者，如果缺乏相应的金融知识、投资经验以及风险管理水平，很容易造成巨大的亏损。

13.8 两值期权

以标准的欧式看涨期权为例，如果它在到期日的收益为正，那么它的收益函数是一条直线 $S(T)-K$ 。如果极端简化标准期权的收益函数，我们可以得到：若期权的收益为正（以看涨期权为例，$S(T)\geqslant K$），收益函数为一个固定的值 M ；否则，收益函数为0。这样的期权就是两值期权（binary option）。市场上交易的主要有两种类型的两值期权：现金或空手（cash-or-nothing）两值期权和资产或空手（asset-or-nothing）两值期权。对于现金或空手两值期权来说，当它的收益为正时，它的收益是一个确定的现金量 M ；而对于资产或空手两值期权来说，当它的收益为正时，它的收益是一些确定数量的标的资产。

对于一个现金或空手看涨两值期权来说，根据布莱克-斯科尔斯公式，它在到期日收益为正的概率（即 $S(T)\geqslant K$ 的概率）是 $N(d_2)$，其收益是 M 。那么该期权的价格为到期日的收益函数的贴现，即 $e^{-rT}MN(d_2)$ 。其他类型的两值期权的定价与此类似。

传统上讲，两值期权大多都在场外交易。但2008年，美国证券交易所（American Stock Exchange，Amex）和芝加哥期权交易所（Chicago Board Options Exchange，CBOE）开始推出了一系列在交易所交易的两值期权。比如Amex推出了以花旗（Citibank）和谷歌（Google）股票为标的的两值期权。并且，Amex还赋予了两值期权一个特别的名称，叫作固定回报期权（fixed return option）。CBOE推出了以S&P500指数为标的的两值期权。两值期权进入交易所交易，使得它的流动性更强。

13.9 回望期权

对于标准的欧式看涨期权，它的收益函数是 $\Phi[S(T)]=\max[S(T)-K, 0]$。我们注意到，这类收益函数和标的资产的价格从期权开始的时刻到到期日的变化路径并没有关系。如果我们希望收益函数和标的资产的价格变化的路径相关，并给予期权的持有者最大的收益，我们可以设计出回望期权（lookback option）。由于收益函数由标的资产价格和执行价格构成，所以分别对这两个变量做改动，我们可以定义四类回望期权。

1. 如果收益函数是 $\max[S(T)-\min\limits_{t\leqslant T}S(t), 0]$，这类期权是浮动回望看涨（floating lookback call）期权。

2. 如果收益函数是 $\max[\max\limits_{t\leqslant T}S(t)-S(T), 0]$，这类期权是浮动回望看跌（floating lookback put）期权。

3. 如果收益函数是 $\max[\max\limits_{t\leqslant T}S(t)-K, 0]$，这类期权是固定回望看涨（fixed lookback call）期权。

4. 如果收益函数是 $\max[K-\min\limits_{t\leqslant T}S(t), 0]$，这类期权是固定回望看跌（fixed lookback put）期权。

下面我们省略推导过程，直接给出浮动回望看跌期权的定价公式：

$$-S_0N(-d)+S_0\mathrm{e}^{-rT}N(-d+\sigma\sqrt{T})+S_0\frac{\sigma^2}{2r}N(d)-S_0\mathrm{e}^{-rT}\frac{\sigma^2}{2r}N(-d+\sigma\sqrt{T})$$

式中，

$$d=\frac{rT+\frac{1}{2}\sigma^2T}{\sigma\sqrt{T}}$$

其他种类的回望期权的定价，与浮动回望看跌期权的定价类似，我们就不再一一赘述。

13.10 叫停期权

回望期权给予持有者最优的收益函数。比如固定回望看涨期权中，其收益函数所使用的资产价格是期权从初始到到期日内，标的资产价格的最大值。这类期权一般都比较贵。我们可以考虑给期权持有者次优的收益函数。比如，在期权的到期日之前的任何时刻 T^*，期权的持有者可以有一次“叫价”选择权，锁定当时标的资产价格对应的收益。当期权到期时，期权持有者的收益是时刻 T^* 锁定的收益和期权到期日收益的最大值。这类期权就是叫停期权（shout option）。

我们以叫停看涨期权为例，如果在时刻 T^*，叫停期权的持有者进行了一次叫价，当时标的资产的价格是 S_{T^*}；那么在到期日，该期权的收益函数是：

$$\max(S_{T^*}-K, S-K)=\max(0, S-S_{T^*})+S_{T^*}-K$$

其中，K 为期权的执行价格。从上式可得，当知道叫停期权持有者的叫价时刻为 T^* 时，叫停期权的价格等于一个欧式标准期权和一个贴现值之和：

$$P\{S, S_{T^*}, T; \max[S(T)-S_{T^*}, 0]\}+e^{-rT}(S_{T^*}-K)$$

实际中，我们并不知道叫停期权持有者在什么时候叫价。因此，对于叫停期权，我们需要用数值模拟的办法来进行定价。二叉树是常用的数值算法。通过对标的资产价格的模拟，在每个二叉树的节点上，期权持有者有两种选择：如果他叫价，叫停期权的价格就如上式所示；如果他不叫价，叫停期权的价格是该节点下一个时间点所能达到的节点所对应的叫停期权价格的加权平均。而该节点所对应的叫停期权价格是上述两个价格的最大值。

13.11　亚式期权

与两值期权、回望期权和叫停期权类似，亚式期权（Asian option）也是对标准期权收益函数的一种改动。它的基本思想是：收益函数中的到期资产价格或执行价格使用平均价格。我们以看涨期权为例，标准的看涨期权的收益函数是 $\Phi[S(T)]=\max[S(T)-K, 0]$。对于固定执行价格（fixed strike）的亚式期权，其收益函数是：

$$\Phi(T)=\max[S_{avg}(0,T)-K, 0]$$

这里 $S_{avg}(0, T)$ 是期权有效期内标的资产的平均价格。另外一种亚式期权是浮动执行价格（floating strike）的，它的收益函数是：

$$\Phi(T)=\max[S(T)-S_{avg}(0,T), 0]$$

一般来讲有三种取平均值的办法。它们分别是连续算数平均

$$S_{avg}(0,T)=\frac{1}{T}\int_0^T S(t)\mathrm{d}t$$

离散算数平均

$$S_{avg}(0,T)=\frac{1}{N}\sum_{i=1}^{N} S(t_i)$$

以及几何平均

$$S_{avg}(0,T)=\exp\left[\frac{1}{T}\int_0^T \ln(S(t))\mathrm{d}t\right]$$

因为亚式期权的到期资产价格或执行价格使用的是标的资产的平均值，相比标准期权而言，通过操纵标的资产的价格来影响亚式期权的收益函数变得更加困难。这类期权被称为亚式期权是因为它们于 1987 年在东京开始被交易。亚式期权在外汇市场被广泛应用。比如，一个美国的进口商需要在每个月的第一天从日本进口某种商品。假设当前日元兑美元的汇率是 100 日元/美元。该进口商担心未来一年日元相对美元会升值，例如升值到 90 日元/美元。那样的话，进口商的成本将会增加。为了对冲利率风险，该进口商有两种选

择：一种办法是它购买从现在开始一年以内的每个月第一天到期的外汇期权，把利率锁定在100日元/美元；第二种办法是它购买从现在开始一年到期的亚式期权。一般来讲，亚式期权的价格会更加便宜。

不过亚式期权的定价比较复杂，它的价格没有解析表达式。① 在这样的情况下，对于它的定价，我们可以从两个方面着手。一是，我们可以用蒙特卡洛法或二叉树法计算它的价格。二是，我们找出它的价格满足的微分方程，进而可以用数值解法计算出它的价格。下面我们直接给出使用连续算数平均法的亚式看涨期权价格满足的微分方程。假设

$$Y(t)=\int_0^t S(u)\mathrm{d}u$$

那么该亚式期权的价格 $v(t,s,y)$ 满足下面的微分方程：

$$v_t(t,s,y)+rsv_s(t,s,y)+sv_y(t,s,y)+\frac{1}{2}\sigma^2 s^2 v_{ss}(t,s,y)=rv(t,s,y)$$

这里 $0\leqslant t<T$，$s\geqslant 0$，$y\in R$。

这个方程的边界条件是

$$v(t,0,y)=\mathrm{e}^{-r(T-t)}\max(\frac{y}{T}-K,0)\text{，}0\leqslant t<T\text{，}y\in R$$

$$\lim_{y\to-\infty} v(t,s,y)=0\text{，}0\leqslant t<T\text{，}s\geqslant 0$$

$$v(T,s,y)=\max\left(\frac{y}{T}-K,0\right)\text{，}s\geqslant 0\text{，}y\in R$$

该亚式期权在 t 时刻的价格是 $v[t, S(t), Y(t)]$。

案例 13—2 深圳南山热电股份有限公司原油衍生品交易违约风波

1. 公司背景介绍

深圳南山热电股份有限公司（简称“深南电”），是一家生产经营供电、供热等业务的中外合资股份制企业。由于深南电发电生产需要以燃油、天然气作为其主要原材料，所以国际市场燃油等能源价格的变动会对深南电的主营业务成本造成较大影响。为了对冲原材料价格变动的风险，深南电希望通过利用国际原油衍生品合约进行套期保值，以控制其生产成本，摆脱国际油价上涨对其经营环境造成的冲击。

深南电购买的衍生品合约是一个OTC合约，其对手方是阿朗公司（J. Aron）。阿朗公司是高盛集团的全资子公司，也是全球规模最大的商品交易机构之一。阿朗公司曾在2004年与中航油进行了一次以国际原油为标的资产的期权交易，从中获利5.5亿美元，最终导致中航油破产。而本次深南电与阿朗公司签订的衍生品合约与2004年中航油与阿朗公司

---

① 假设 $S(t)$ 满足对数正态分布，那么如果 S_{avg} 是采用几何平均，S_{avg} 也满足对数正态分布。那么亚式期权的价格可以有解析表达式，见 A. Kemna and A. Vorst，“A Pricing Method for Options Based on Average Asset Values”，*Journal of Banking and Finance*，14，(March 1990)：113－29。但是在一般情况下 S_{avg} 是采用算数平均，那么 S_{avg} 就不再满足对数正态分布。但它可以用对数正态分布来比较好地近似，从而我们可以得出亚式期权近似价格的解析表达式。不过它的精确定价的解析式并不存在。本小节着重探讨亚式期权的精确定价的理论框架。

签订的衍生品合约存在一些相似之处。

2. 合约内容及特点

2008年3月12日，深南电与阿朗公司签署了两份原油衍生品交易合约确认书。第一份合约有效期限从2008年3月3日至2008年12月31日，其损益函数是一个分段线性函数。该合约约定：当标的资产的浮动价（该月纽约商品交易所轻质原油期货合约收市结算价的算术平均数）高于每桶63.5美元时，阿朗公司该月将向深南电支付30万美元（相当于1.5美元/桶×20万桶）；当浮动价处于62美元～63.5美元之间时，阿朗公司该月将向深南电支付（浮动价－62美元/桶）×20万桶的等额美元。在上述两种情况下，深南电都将获得正收益。但当该月的浮动价低于每桶62美元时，则深南电该月需向阿朗公司支付(62美元/桶－浮动价)×40万桶的等额美元，这将有可能给深南电带来巨大的损失。仔细分析不难发现，深南电与阿朗公司签署的第一份合约相当于深南电于2008年3月至2008年12月间，每个月以30万美元的价格，卖出了以63.5美元/桶和62美元/桶为交割价格的两份亚式看跌期权，其合约规模为20万桶。而第二份合约的基本结构与第一份合约类似，其有效期从2009年1月1日至2010年10月31日，阿朗公司在2008年12月30日前有权决定是否执行第二份合约。

3. 实际损益情况

在2008年3月到2008年10月之间，原油期货的浮动价都处于每桶63.5美元之上，换言之，阿朗公司共应向深南电支付240万美元。但值得关注的是，原油期货的浮动价从3月份的每桶101.58美元下跌到10月份的每桶67.81美元。从趋势上来看，原油期货的浮动价很有可能跌到62美元以下，这意味着深南电在未来将要向阿朗公司进行支付。实际上，原油期货11月的浮动价为54.43美元，低于62美元，这意味着当月深南电要向阿朗公司支付302.8万美元。仅仅这一个月的支付就已经超过了深南电之前8个月的收益总和，并且国际原油价格仍然处于下跌的趋势之中，深南电未来的支付还将远大于11月的支付。最终深南电陷入衍生品交易的困境。2008年10月17日深南电的股票因为该笔衍生品的交易被深交所停牌，同时深圳证监局要求该公司限期整改。

4. 总结与反思

本次深南电原油衍生品交易违约事件中，有许多值得我们进行深入思考的地方。

第一，深南电进行本次衍生品交易的目的在于套期保值，对冲国际原油价格上升的风险。为了规避此类风险，一个常用的办法是支付市场价格（该价格可以看作是某种保险费用），买入原油的看涨期权。但从实际操作中看，深南电采用卖出看跌亚式期权的方式。虽然卖出期权可以获得正收益，但是同时使得深南电有非常大的风险敞口。根据深南电2007年年报显示，其每月消耗的原油大概为50万桶，而本次衍生品交易的合约最多能够为深南电每月带来30万美元的收入，相当于只能抵消每桶油价上涨0.6美元。反而，虽然国际原油价格下跌时深南电的生产成本会减少，但是由于卖出的看跌期权给深南电带来了潜在的庞大支出，大概要侵蚀掉大部分由于原油价格下跌而为深南电带来的收益。这说明深南电本次衍生品交易的目的并不完全在于套期保值，而是基于原油价格看涨的预期，希望能够作为合约的出售方获得正收益，是一种比较典型的投机行为。

第二，本次衍生品交易中的第二份合约，给予了高盛集团在2008年12月30日前选择是否执行的权利，属于期权的期权。如前所述，这是一种相对复杂的衍生产品。深南电对这类复杂的衍生产品的定价缺乏经验，相对于高盛集团和阿朗公司，深南电在本次交易中处于“先天性”的不利地位。根据相关报道，中投证券衍生产品部的专业团队通过收集历史数据建立数学模型，再用计算机程序模拟来研究这个期权合约的定价。其计算结果显示，这个复合期权的价值超过 2 000 万美元，而深南电却将这个期权以远低于 2 000 万美元的价格卖给了高盛，最终陷入了巨大的财务困境。

13.12 资产交换期权

假设我们有两个资产 $S(t)$ 和 $\hat{S}(t)$，资产交换期权（exchange option）使得其持有者有权在到期日 T 以 $\hat{S}(T)$ 的价格获得 $S(T)$ 的资产。它的收益函数是：

$$\Phi(T)=\max[S(T)-\hat{S}(T),0]$$

该期权可以看作是以 $\hat{S}(t)$ 为执行价格并以 $S(t)$ 为标的资产的看涨期权；也可以看作是以 $S(t)$ 为执行价格并以 $\hat{S}(t)$ 为标的资产的看跌期权。该期权被广泛应用在外汇市场中。例如，一个资产交换期权使其持有者有权在 2013 年 3 月 1 日以 130 万美元交换 100 万欧元。如果到 2013 年 3 月 1 日，美元兑欧元的汇率是 1.35 美元/欧元。那么该期权的持有者可以用 130 万美元买入 100 万欧元，再在外汇现货市场上将欧元换回美元，他将获得 135 万美元。那么他最终的收益是 5 万美元。

在布莱克-斯科尔斯的框架下，如果 $S(t)$ 和 $\hat{S}(t)$ 的相关系数是 ρ，它们的收益率分别是 q 和 $\hat{q}$，那么资产交换期权在 0 时刻的价格是

$$S_0 e^{-qT}N(d_1)-\hat{S}_0 e^{-\hat{q}T}N(d_2)$$

其中

$$d_1=\frac{\ln\left(\frac{S_0}{\hat{S}_0}\right)+(\hat{q}-q-\tilde{\sigma}^2/2)T}{\tilde{\sigma}\sqrt{T}},\ d_2=d_1-\tilde{\sigma}\sqrt{T}$$

$$\tilde{\sigma}=\sqrt{\sigma^2+\hat{\sigma}^2-2\rho\sigma\hat{\sigma}}$$

仔细对比上式和欧式看涨期权的定价公式，我们发现它们极其类似。实际上一份资产交换期权的价格等价于 $\hat{S}_0$ 份以 $S(t)/\hat{S}(t)$ 为标的资产、以 1 为执行价格的欧式期权的价格。特别要提到的是，资产交换期权的定价与计价标准的变换（change of numeraire）的方法紧密相关。在标准欧式期权的定价中，它的计价标准是银行账户，那么它获得的收益是无风险利率 r。在资产交换期权的定价中，它的计价标准是资产 $\hat{S}(t)$，那么对应的无风险利率是 $\hat{q}$。另外 $S(t)/\hat{S}(t)$ 的波动率对应于 $\tilde{\sigma}$。

13.13 包含几种资产的期权

我们在前面遇到的期权的标的资产都是单一的。如果标的资产是多个资产的一个组

合，那么我们把这样的期权叫作一篮子期权（basket option）。假设我们有 N 个标的资产，那么欧式一篮子看涨期权的收益函数是

$$\Phi[S_1(T),\cdots,S_N(T)]=\max\left[\sum_{i=1}^{N}w_iS_i(T)-K,0\right]$$

这里 w_i 是第 i 个资产的权重。典型的一篮子期权是指数期权（index option），比如定义在 S&P500 上的期权。它使其持有者有权在到期日以执行价格买入一定数量的股指。根据国际清算银行的估计，2005 年在交易所交易的股指期权的名义价值是 36 亿美元。

一篮子期权的定价比较复杂。一般我们假设 $S_i(t)$ 服从对数正态分布，在此基础上应用蒙特卡洛法来模拟计算它的价格。

13.14　奇异期权定价的程序实现

现代的金融计算软件已经实现了多种奇异期权的定价公式和算法，可以在实际工作直接使用。下面我们以亚式期权为例，来简要介绍 Matlab 软件中奇异期权定价函数的使用方法。

例 13—1　我们考虑某公司 AAA 股票的浮动执行价格的亚式看跌期权，其执行价格采用连续的算术平均。该期权的开始时间是 2015 年 9 月 1 日，到期日是 2016 年 1 月 2 日。在期权开始日的股价是 100 美元，股价的波动率是 10%，为了简单起见，我们假设它的股息是 0。无风险利率是 2%。该亚式期权的价格可以用下面的程序来计算。

```
%build a CRR tree
Sigma = 0.10;%the volatility of the underlying asset
AssetPrice = 100;%the underlying asset price at time 0
StockSpec = stockspec (Sigma, AssetPrice);
RateSpec= intenvset ('Rates', 0.02, 'Compound', -1, 'StartDates', '01-Sep-2015', 'EndDates', '02-Jan-2016');
ValuationDate = '01-Sep-2015';
Maturity = '02-Jan-2016';
NumPeriods=100;%number of time periods in the tree
TimeSpec = crrtimespec (ValuationDate, Maturity, NumPeriods);
CRRTree = crrtree (StockSpec, RateSpec, TimeSpec);
%compute the price of the asian option
OptSpec = 'put';
Strike = NaN;%floating strike
Settle = '01-Sep-2015';
ExerciseDates = '02-Jan-2016';
AmericanOpt=0;%European Style
AvgType='arithmetic';
%AvgPrice (Optional) Scalar representing the average price of the underlying asset at
```

Settle.

%This argument is used when AvgDate<Settle. Default is the current stock price.

%AvgDate (Optional) Scalar representing the date on which the averaging period begins. Default = Settle

Price = asianbycrr (CRRTree, OptSpec, Strike, Settle, ExerciseDates, AmericanOpt, AvgType);

该亚式期权的价格是1.188 5。这段程序先建立了一棵考克斯-罗斯-罗宾斯坦股票价格变动的二叉树，再基于这棵二叉树对亚式期权的价格进行计算。其中NumPeriods参数可以控制二叉树的层数。一般来讲，层数越多，定价越准确，但是需要的时间也越长。

关于其他Matlab奇异期权的定价函数的使用方法，与上面的例子类似。

本章小结

本章讨论了多类奇异期权的定义、性质以及它们的定价。学习本章的目的是熟悉各种奇异期权的定义，了解它们的使用方法。对于它们的定价，了解其基本思想即可，并不需要记住定价公式。实际上，对于很多奇异期权来说，其定价可能没有解析表达式。在实践中，实际使用的定价方法大多为数值方法，已经有不少软件的库函数实现了定价的数值方法。我们有必要了解和掌握一些常用的数值定价方法及其软件的使用方法。

问题与应用

1. 请根据你的生活观察给出或者设计出几类你认为在国内市场会比较有前景的奇异期权。
2. 请查阅资料，列举出一些本章没有包含但在国际衍生品市场被交易的奇异期权。
3. 为什么奇异期权主要在场外交易？它们可能在交易所交易吗？
4. 我们在13.1节中所提到的第一类借款产品属于哪一类奇异期权？
5. 一个敲入障碍期权和它对应的敲出障碍期权（假设在到期日，执行价格参数完全相同等）的关系是什么？
6. 当障碍水平低于执行价格时，为什么一个上升—敲出—看涨障碍期权的价格是0？
7. 为什么亚式期权的动态对冲相对于障碍期权来说比较容易？
8. 试着阐述观察标的资产价格是否到达障碍水平的频率对于上升—敲出—看涨障碍期权价格的影响。
9. 请阐述Matlab软件中对障碍期权定价函数的使用方法。
10. 请阐述Matlab软件中对回望期权定价函数的使用方法。

推荐阅读材料、网站

[1] Kemna, A., and A. Vorst, "A Pricing Method for Options Based on Average

Asset Values", *Journal of Banking and Finance*, 14, (March 1990): 113-29.

[2] Derman, E., D. Ergener, and I. Kani, "Static Options Replication", *Journal of Derivatives*, 2, 4 (Summer 1995): 78-95.

[3] Goldman, B., H. Sosin, and M. A. Gatto, "Path Dependent Options: Buy at the Low, Sell at the High", *Journal of Finance*, 34 (December 1979): 1111-27.

[3] Milevsky, M. A., and S. E. Posner, "Asian Options: The Sum of Lognormals and the Reciprocal Gamma Distribution", *Journal of Financial and Quantitative Analysis*, 33, 3 (September 1998), 409-22.

[4] Ritchken, P., "On Pricing Barrier Options", *Journal of Derivatives*, 3, 2 (Winter 1995): 19-28.

参考文献

[1] Shreve, Steven, *Stochastic Calculus for Finance* Ⅱ, *Continuous-Time Models*, Springer, 2004.

[2] Björk, Tomas, *Arbitrage Theory in Continuous Time*, Oxford University Press, 2009.

[3] Peter, Zhang, *Exotic Options*, World Scientific Press, 1997.

[4] Hull, John, *Options, Futures, and Other Derivatives*, Prentice Hall, 7th edition, 2008.

[5] 王晋忠主编．金融工程案例．成都：西南财经大学出版社，2012.

[6] 王晋忠主编．衍生金融工具．北京：中国人民大学出版社，2014.

第 14 章

信用衍生产品

学习目标

20 世纪 90 年代初，金融衍生品市场上出现了一种新型的衍生金融工具——信用衍生工具，它的出现使得公司能够像对待市场风险那样对待信用风险。学习完本章后，读者应掌握信用违约互换（CDS）的运作及估值方法；掌握 CDS 的远期和期权交易、总收益互换交易、一篮子信用违约互换、债务抵押债券、一篮子 CDS 和 CDO 的概念及其基本构建原理；理解信用指数的基本交易机制；对我国发展信用衍生产品的障碍、前景及金融危机的启示有较为深刻和准确的认识。

信用衍生产品是一种双边金融合约安排，它允许信用风险从一个市场参与者向另一个市场参与者转移，并以此促进信用风险在市场参与者中的有效分布。通常有两种方式对其进行交易，即期权或互换。而所指的信用状况一般与违约、破产、信用等级下降等情况相联系，一定是要可以观察到的。信用衍生产品市场起源于美国，J. P. 摩根银行为该市场的创始人，在 1992 年完成了第一笔信用衍生产品交易。1998 年，信用衍生产品进入场内交易。1999 年，国际互换和衍生产品协会（International Swaps and Derivatives Association，ISDA）公布了信用衍生产品的标准化定义，市场开始根据标准进行交易。随后信用衍生产品市场得到飞速发展，交易产品日新月异、市场参与者数量大大增加。

14.1 信用违约互换

信用违约互换（credit default swap，CDS）又称为信贷违约掉期，也叫贷款违约保险，是市场上最流行的信用衍生产品，这种合约给某一特定公司违约的风险提供了保险。国际互换和衍生产品协会于 1998 年创立了标准化的信用违约互换合约，在此之后，CDS 交易得到了快速发展。信用违约互换的出现解决了信用风险的流动性问题，使得信用风险可以像市场风险一样进行交易，从而转移担保方风险，同时也降低了企业发行债券的难度和成本。

在信用违约互换交易中，其中希望规避信用风险的一方称为信用保护买方，而另一方即愿意承担信用风险、向风险规避方提供信用保护的一方称为信用保护卖方。信用违约互换是信用保护买方（风险出售方）和信用保护卖方（风险购买方）之间签订的双边金融合约。在合约中交易双方对合约大小、有效期、参考资产、违约事件的划定、定期支付的保险费率、或有偿付比率和结算方式均达成协议。在交易过程中，信用保护买方定期向卖方支付固定的保险费，又称违约互换费用和违约互换价差，其表现为参考资产的一定基点形式，该支付的截止时间是违约发生时间和到期日两者之间的最小者。当合约中指定的违约现象或信用事件没有发生时，买方支付保险费至到期日，卖方无任何支付义务；当指定的违约事件出现时，买方即可停止保险费的支付，卖方弥补买方因违约事件而遭受的损失，因此卖方为买方补偿的损失常被称为或有支付，见图 14－1。在信用违约互换交易中，当参考资产的信用风险从买方向卖方发生转移时，参考资产的所有权没有改变，仍然归信用保护买方所有。同时，信用违约互换只能使信用风险在交易双方之间转移，与参考资产有关的利率风险和市场风险等并不在保护的范围之内。

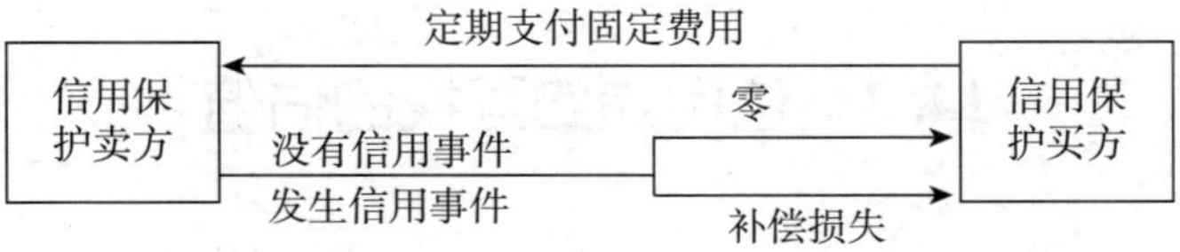

图 14－1　CDS 交易原理

对应参照资产的信用可以是某个单一信用，也可以是一篮子信用。如果一篮子信用中出现任何一笔违约，信用保护卖方都必须向对方赔偿损失。

14.2　信用指数

信用衍生产品市场已经构造了一些信用指数来追踪信用违约互换的溢价。信用违约互换指数诞生于 2004 年，当时在全球进行交易的国家也仅仅限于美国和欧洲，但由于它发展迅速，仅仅三年时间就已经位列全球信用衍生产品交易量的第二位，英国银行家协会（British Bankers Association）出版的《2006 年信用衍生产品报告》（Credit Derivatives Report 2006）显示信用违约互换指数产品已经成为信用衍生品种的第二大类，成为信用违约互换市场上的热门投资点。

指数提供者所采用的两种标准交易组合是：CDX. NA. IG 和 iTraxx。其中，CDX. NA. IG 是由北美 125 家投资级公司组成的组合，iTraxx 是由欧洲 125 家投资级公司组成的组合。这些交易组合在每年的 3 月 20 日和 9 月 20 日更新，不再具备投资等级的公司会被剔除，同时在指数中加入新的投资级公司。

【例 14—1】　假设某做市商对 CDX. NA. IG 的 5 年指数报出的买入价为 65 个基点，卖出价为 66 个基点（这被称为指数溢差），这意味着一个交易员可以按每家公司 65 个基点的价格买入 125 家公司的信用违约互换。假定一个交易员想对每个公司都取得面值为 800 000 美元的保护，交易员的总费用为 0.0 066×800 000×125，即每年 660 000 美元。类似地，交易员也可以卖出 125 家公司单个面值为 800 000 美元的信用保护来换取每年 650 000 美元的收入。当某个公司违约时，信用保护的买入方会得到信用违约互换的收益，而且付款费用每年减少 660 000/125＝5 280 美元。期限为 3 年、5 年、7 年和 10 年的 CDS 指数保护的买与卖都十分活跃，这些合约的到期日通常为6 月 20 日和12 月 20 日（意味着5 年合约的实际期限通常为 4.75 或是 5.25 年）。粗略来说，指数值等于所包含公司 CDS 溢价的平均值。

作为标准化产品，CDS 指数不仅为交易商迅速实现大规模的成交量提供了保证，而且其交易成本只有一个基点的 1/2，远远小于单一标的资产信用违约互换的交易成本，因此获得了交易商和投资者的广泛支持。由此，CDS 指数被公认为是衡量市场整体信用风险的一个关键性指标，能够比单一标的资产的信用违约互换更迅速地反映市场的基本情况，并且由于 CDS 指数为投资者提供了以低廉的成本来快速分散、购买或出售信用风险的可能，因此基于 CDS 指数的交易还有化解系统性信用风险的作用。

另外，CDS 指数的信用违约样本有 125 种，交易者可以对其进行复制，从而在信用衍生产品市场上做多头或者空头的交易。当市场价格发生暴跌或者暴涨时，交易者就可以在两个市场上做对冲交易来回避风险，从而增强了信用衍生产品整体市场的流动性。

14.3 信用违约互换的估值

信用违约互换作为一种新型的信用风险管理工具，目前已有的定价理论难以对其进行较为合理的定价，特别是在定价理论模型的选择上存在困难。虽然定价理论模型发展较快，但是只有经过长期的实践和经验积累，才能知道这些模型是不是真正合理的。目前信用违约互换定价在学术界和实务界有三类定价方法：基于复制技术的定价、基于保险理论的定价和基于随机模型的定价。

信用违约互换中间市场溢价（即交易商报出的买入与卖出溢价的平均值）可以由违约概率来估算，下面我们用一个简单的例子来说明这一点。

【例 14—2】 假定迪尔（Deere）公司的 1 年违约概率为 3%，在不存在前期违约的条件下，通过计算可以得到未来 4 年支付日对应的参考实体的生存概率和无条件违约概率。在计算过程中的贴现因子指的是对应时期的无违约风险的零息债券的价格。在第一个支付日违约概率为 0.03，参考实体在第一年底的生存概率为 0.97，在第一年与第二年之间的违约概率为 0.03×0.97＝0.029 1；参考实体在第二年底的生存概率为 0.97×0.97＝0.940 9，在第二年与第三年之间的违约概率为 0.03×0.940 9＝0.028 2，依此类推。

表 14－1 给出了未来 4 年迪尔公司在每年的生存概率与无条件违约概率（即 0 时刻观察到的违约概率）。

表 14－1　　无条件违约概率和生存概率

时间（年）	违约概率	生存概率
1	0.030 0	0.970 0
2	0.029 1	0.940 9
3	0.028 2	0.912 7
4	0.027 3	0.885 3

假定违约发生时间均为每年的中期，且信用违约互换合约中信用保费的支付时间是每年年末，还假定违约回收率为 60%。表 14－2 显示的是本金为 1 美元的预期回报的贴现值，以回报发生在第二年中期为例，此时该事件发生的概率为 0.029 1，由于回收率为 60%，所以对应于第二年中期的预期回报为 0.029 1×0.4×1＝0.011 6 美元，此时预期的贴现值为预期回报额与贴现因子的乘积，即为 0.011 6×0.927 7＝0.010 8 美元，依此类推，可以计算出在未来 4 年发生违约时预期回报的贴现值，由此可以得到预期回报贴现值总计为 0.041 6 美元。

表 14－2　　预期回报的贴现值

时间（年）	违约概率	回收率	预期回报（美元）	贴现因子	预期回报的贴现值（美元）
0.5	0.030 0	0.6	0.012 0	0.975 3	0.011 7
1.5	0.029 1	0.6	0.011 6	0.927 7	0.010 8
2.5	0.028 2	0.6	0.011 3	0.882 5	0.010 0
3.5	0.027 3	0.6	0.010 9	0.837 9	0.009 1
总计					0.041 6

接下来需要计算信用违约互换溢价费用的贴现值和应计付款的贴现值。令信用违约互换合约中每年支付的信用利差为 w，本金为 1 美元。例如，在第二年付款日信用利差的概率为 0.940 9，对应的付款量为 w，因此预期付款 0.940 9w，对应的贴现值为预期付款额与贴现因子的乘积，即 0.940 9w×0.904 8＝0.851 3w，由此未来所有信用保护预期付款的贴现总值为 3.284 4w。见表 14－3。

表 14－3　　预期付款的贴现值

时间（年）	生存概率	预期付款	贴现因子	预期付款的贴现值
1	0.970 0	0.970 0w	0.951 2	0.922 7w
2	0.940 9	0.940 9w	0.904 8	0.851 3w
3	0.912 7	0.912 7w	0.860 7	0.785 6w
4	0.885 3	0.885 3w	0.818 7	0.724 8w
总计				3.284 4w

应计付款是指从上一次支付日到违约时间发生期间信用保护买方需要支付给卖方的保护费用，仍然以第二年中期发生违约为例来说明应计付款贴现值的计算过程，违约发生在第二年中期的概率为 0.029 1，此时对应的累积应计付款的期限为半年，所以应计付款为 0.5w，对应这一时间段的预期应计付款为 0.029 1×0.5w＝0.014 6w，其贴现值为 0.014 6w×0.927 7＝0.013 5w，则总计预期应计付款贴现值为 0.051 9w。见表 14－4。

表 14－4　　应计付款的贴现值

时间（年）	违约概率	预期应计付款	贴现因子	预期应计付款贴现值
0.5	0.030 0	0.015 0w	0.975 3	0.014 6w

续前表

时间（年）	违约概率	预期应计付款	贴现因子	预期应计付款贴现值
1.5	0.029 1	0.014 6w	0.927 7	0.013 5w
2.5	0.028 2	0.014 1w	0.882 5	0.012 4w
3.5	0.027 3	0.013 7w	0.837 9	0.011 4w
总计				0.051 9w

由上述表 14-3 和表 14-4 可以得预期付款贴现值为：$3.284\,4w+0.051\,9w=3.336\,3w$，对应预期回报的贴现值为 0.041 6 美元。

令 $3.336\,3w=0.041\,6$，得 $w=0.012\,5$，即每年 125 个基点。以上例子计算较为简单，但实际计算要比该例复杂，这是因为信用保护付款的频率常常大于一年一次，违约发生的频率远大于一年一次。

14.4 CDS 远期和期权

近几年来，CDS 已经被证明在国外的金融创新工具中是最成功的金融产品之一，它提供了一种有效防范参与 CDS 合约的确定的参考实体对其债券违约的工具。其本质上是一种期权交易，交易的标的对象是信用。随着 CDS 市场的发展趋于完善，远期 CDS 和 CDS 期权也处在不断发展的过程之中。

一个远期 CDS 合约指的是在未来某一具体时间以某确定差价购买或者出售一个确定的参考实体的 CDS 合约契约。如果参考实体在远期合约有效时期内发生违约，那么远期 CDS 自动终止。这里，远期 CDS 差价定义为使得远期合约价值为零的确定差价。例如，某银行可以同意在 1 年后卖出 5 年期的福特汽车公司信用保护，在合约中信用买入方需要付费 280 个基点，如果福特公司在 1 年内违约，远期合约中银行的义务自动解除。

一份 CDS 期权的定义类似于远期信用违约互换，它是一份欧式期权，指持有者有权在未来一个特定时期内以某差价购买或者出售对某确定的参考实体的保护，如果在期权有效时期内参考实体违约，那么该期权被敲出；如果参考实体没有发生违约，那么当市场的 CDS 差价大于（看涨）或者小于（看跌）事前确定的交割差价时，该期权被执行。与信用违约互换远期类似，如果在期权到期之前参考实体违约，CDS 期权合约将自动终止。

【例 14—3】 一个投资者在某交易商处买入某种权利，投资者在 1 年后可以买入一个 5 年期的福特汽车公司信用保护，买入这种保护投资者每年需付费 280 个基点。这一产品是一个看涨期权。如果在 1 年后，福特公司的 5 年期信用违约互换溢价大于 280 个基点，期权将会被执行，否则期权不会被执行。期权的费用要在期权成交时付清。类似地，一个投资者可以买入另外一种形式的权利，投资者在 1 年后可以卖出一个福特汽车公司的 5 年期信用保护，卖出这种保护时投资者收费 280 个基点。这是一种看跌期权。在 1 年后，如果福特汽车公司信用违约互换溢价小于 280 个基点，期权将会被执行；否则期权不会被执行。期权的费用也同样必须在期权成交时付清。

14.5　总收益互换

总收益互换是指信用保护的卖方在协议期间将参照资产的总收益转移给信用保护的买方，总收益可以包括本金、利息、预付费用以及因资产价格的有利变化带来的资本利得；作为交换，保护买方则承诺向对方交付协议资产增值的特定比例，通常是 LIBOR 加一个差额，以及因资产价格不利变化带来的资本亏损。

在总收益互换中，信用保护买方或总收益支付方将从信贷资产或“参照信用资产”处获得的收益全部转移给交易对手，即信用保护卖方或总收益接受方，而得到一个事先约定的利率回报，该利率可以是浮动利率或者固定利率。

总收益互换和信用违约互换最大的区别在于，总收益互换不仅把信用风险转移出去，而且也将其他风险，如利率风险、汇率风险等转移了。如果由于信用事件而使参照信用资产的市场价值下降，那么信用保护买方就会因信贷资产市场价值的下降而遭受损失，但它在互换合约中所获得的利率收入就有可能大于其支付的总收益，于是两者的差额便可以被用于冲销它在信贷市场上的损失。

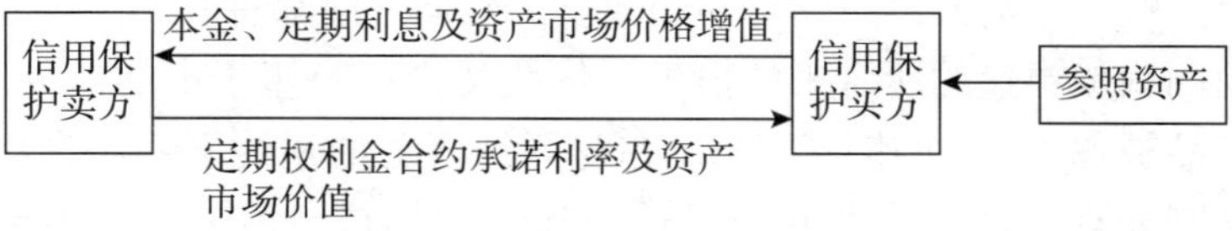

图 14－2　总收益互换交易原理

在总收益互换协议中，信用保护买方在互换期限内仍然拥有债券的所有权，但对信用保护买方而言，这样做比直接借钱给信用保护卖方来买入债券并以债券作为抵押品所面临的对手信用风险更小，如果信用保护卖方违约，信用保护买方不用再面临因抵押品的所有权而带来潜在的法律纠纷的风险。

总收益互换在不使协议资产变现的情况下，实现了信用风险和市场风险的共同转移。无论在信用违约互换中，还是在总收益互换中，风险的承担者都无须增加自己的资产负债表规模，而是作为表外业务加以处理。

【例 14—4】　一家银行以利率 12%贷款给某企业 20 亿美元，期限为 5 年。如果在贷款期限内，该企业信用风险加大，银行将承担贷款市场价值下降的风险。银行为转移这类风险而购买总收益互换，按该合约规定（以 1 年为支付期），银行向信用保护卖方支付以固定利率为基础的收益。该支付流等于固定利率加上贷款市场价值的变化，同时，信用保护卖方向银行支付浮动利率的现金流。当合约规定固定利率为 15%以及浮动利率这时为 13%，在支付期内贷款市场价值下降 10%，那么银行向交易对方支付的现金流的利率为 15%－10%＝5%，从交易对手处获现金流的利率为 13%。交换现金流后这笔收入可以用来冲销该银行在信贷市场上的损失。但是，总收益互换存在利率风险，如果浮动利率大幅度下降，那么互换后的现金流会受到极大影响。

14.6 一篮子信用违约互换

在现实经济中，不同的公司并不是孤立运作的，它们之间总是存在着各种各样千丝万缕的联系，比如几个公司可能处于同一地区或同一行业之中、生产的产品可以相互替代，又如一家公司是另一家公司的上游供应商或下游销售商，或更直接地，公司之间是母子关系。这就给我们传统的违约风险分析带来了新的问题：考虑公司的违约风险时，应充分考虑公司与其他公司之间的违约相关性，即几个公司之间的违约是相互关联的。随着信用衍生产品市场近年来的飞速发展，与多个公司的违约有关的信用衍生产品越来越流行，这类信用衍生产品的主要代表就是一篮子信用违约互换（basket CDS）。

一篮子 CDS 的本质上是一份针对多个公司发生违约事件的保险合约。假设投资者 A 购买了一篮子 n 个公司发行的 n 种不同的有违约可能性的零息票债券，这些债券的违约是相互关联的，那么投资者 A 实际上买入了一篮子信用违约互换或一篮子 CDS。CDS 出售者 B 只赔偿 CDS 购买者 A 由于第一个债权发生违约所带来的损失的 CDS，被称为首次违约 CDS；而 B 对一篮子债券中的前两次违约进行保护的 CDS 称为二次违约的 CDS，这种产品的合约一直到篮子中的第二只债券违约或合约到期之前都有效，出售方 B 对购买方 A 赔偿最多由于前两张债券违约所带来的损失；依此类推，对篮子中的前 m（$m<n$）次违约进行保护的产品被称为 m 次违约 CDS。在与合约有关的违约事件出现后，合约双方对赔偿事宜进行交割处理，然后合约自行解除，违约赔偿付出后，双方不再需要任何其他付款。

14.7 债务抵押债券

债务抵押债券（collateralized debt obligation，CDO），是资产证券化家族中重要的组成部分。它的标的资产通常是信贷资产或债券。这也就衍生出了它按资产分类的两个重要的分支：CLO（collateralized loan obligation）和 CBO（collateralized bond obligation）。前者指的是信贷资产的证券化，后者指的是市场流通债券的再证券化，但它们都统称为 CDO。

CDO 是一种固定收益证券，现金流量的可预测性较高，不仅可以为投资人提供多元的投资渠道以及增加投资收益，更强化了金融机构的资金运用效率，转移了不确定风险。凡是具有现金流量的资产都可以作为证券化的标的。通常创始银行将拥有现金流量的资产汇集群组，然后作资产包装及分割，转给特殊目的载体（special purpose vehicle，SPV），以私募或公开发行方式卖出固定收益证券或受益凭证。CDO 背后是一些债务工具，如高收益的债券、新兴市场公司债或国家债券、银行贷款或证券，亦可包含传统的资产支持证券（asset-backed securities，ABS）、住宅抵押贷款证券化及商用不动产抵押贷款证券化等资产证券化商品。传统的资产支持证券其资产池可能为信用卡应收账款、现金卡应收账款、租赁租金、汽车贷款债权等。

国际金融资产证券化市场始于 20 世纪 70 年代，商品种类多样化，其中债务抵押债券

(CDO) 市场发展迅猛。第一个CDO出现于1987年，直到1995年其交易量仅为24.6亿美元。2000—2003年美联储持续降息，一度降到1%，而CDO承诺较高的收益，2004年全球共发行1 570亿美元，2005年为2 720亿美元，2006年达到5 520亿美元，2007年上半年已达到5 030亿美元。其中美国的发行量占75%以上。由于CDO的利率通常较定存或是一般公债更高，所以在当今的低利率时代，CDO已成为国际相当热门的投资商品，预计在未来的金融领域里，该产品仍将占有重要的一席之地。

CDO在中国的发展已处于试行阶段。2005年12月，国家开发银行发行了41.772亿元的CDO产品，并在2006年4月再次发行57.298亿元的CDO产品。2007年9月，浦发银行成功发行07信贷资产支持证券，总规模为43.83亿元。中国工商银行的“工元一期”信贷资产支持证券于2007年10月11日在银行间市场成功首次公开发行，发行金额为40.21亿元人民币。

专栏1 国家开发银行信贷资产支持证券发行成功

国家开发银行七年来不断探索资本市场的努力今天终于结出硕果。2005年12月15日上午，由国家开发银行发起，中诚信托投资有限责任公司作为发行人，通过中央国债登记结算有限责任公司的招标系统发行的，2005年第一期41.772 7亿元开元信贷资产支持证券取得成功，标志着信贷资产证券化业务在我国正式开展，为投资者提供了参与国家“两基一支”重大项目建设的新渠道。

开发银行通过广泛借鉴国际上证券化产品的成功经验，结合实际情况，将第一期证券化产品设计成三档。其中优先A档为29.240 9亿元，加权平均期限为0.67年，采用固定利率，招标确定的票面利率为2.29%；优先B档为10.025 4亿元，加权平均期限为1.15年，采用浮动利率，招标确定的利差为45BP（以一年期定期存款利率为基准，票面利率为2.7%）；次级档为2.506 4亿元，加权平均期限为1.53年。

…………

为了保证信贷资产证券化试点工作的成功，开发银行作为发起人，从优良的贷款中选取一、二类资产（即正常和关注类资产）进入证券化资产池；并参照国际资产证券化的模式，运用计量模型对资产池的现金流进行分析和压力测试，根据实际测算结果对现金流进行结构性安排，根据商业银行、证券公司、保险公司等不同投资人的不同需求，设计出符合中国证券市场需求的证券产品结构。

据介绍，国家开发银行本次资产支持证券的发行具有以下特点：

发行方式的创新。国家开发银行首笔信贷资产支持证券选择了以公开招标的方式发行。这不仅是中国证券化产品的创新，在国际证券化市场中也开创了先河。国际上多数的证券化产品一般采用私募或簿记建档方式发行，由于发行方式不透明，募集范围有限。而国家开发银行第一笔信贷资产支持证券采取公开招标发行，采用公开、透明的方式对资产支持证券进行定价，为市场提供了一个公平的环境，受到了广大投资人的热烈欢迎。资产支持证券发行后即可上市交易，将不能流通的信贷资产及其可预见的未来收入转变成资本市场可销售和流通的金融产品，满足了不同投资人的需求。

多方共赢的产品。首先，资产支持证券通过对贷款按照不同期限、不同利率、不同种类进行分解，将贷款重新组合和定价，并以此为基础发行具有不同风险和收益水平的“结构性收益证券”，同时达到提高银行自身信贷资产质量、分散信贷风险、增强信贷资产流动性的目的。资产支持证券的公开发行还使得信贷资金从银行监督转变为众多投资者共同监督，这也将有效改善信贷资金运行效率，降低不良贷款的比率。其次，发行资产支持证券可以为投资人提供一种和国债、金融债不同的高收益产品，丰富市场的金融产品结构，促进资本市场的发展。通过证券化将不具备流动性的资产转变为信用风险较低、收益较稳定的可流通的证券，在借款人和投资者之间建立起更直接的联系，使原来不能投资于抵押信贷、消费信贷、商业信贷的投资者，投资于这些资产所支持的证券，这为金融及非金融机构都提供了更多投融资渠道。最后，对于为资产支持证券提供中介服务的机构来说，《信贷资产证券化试点管理办法》选择以特定目的信托方式开展试点，使信托机构成为资产证券化交易的一个核心参与方，为信托机构提供了实现提高管理能力和执业素质的机会，并通过这项金融创新业务为投资者提供更多有价值的信托服务，从而开创自身发展的一个全新领域。

可以预见，随着我国首笔信贷资产支持证券的试点成功，资产支持证券将成为我国资本市场上极具前景的投融资工具。

资料来源：新浪财经。

14.7.1 现金流量式 CDO

CDO 依照标的资产的不同可分为现金流量式 CDO 及合成式 CDO。现金流量式 CDO 的标的资产通常由放款、债券等所组成。发行人通常为银行，银行将其债权资产包装转移给特殊目的载体（SPV），再由 SPV 依照不同的信用等级发行不同券种的凭证给投资人，其凭证的价值与债权资产现金流量的绩效相联结。由于 SPV 实际买入标的资产，有实质的现金交付，所以称为现金流量式 CDO。

14.7.2 合成式 CDO

合成式 CDO 是传统 CDO 的衍生性产品，在传统 CDO 的基础上进行改造而成。传统 CDO 将支撑的债务工具，如银行贷款债权，实际转移出售给担任风险隔离的第三者，即 SPV，整个架构为真实出售，SPV 在此基础上发行不同信用品质的债券，故传统 CDO 在风险转移之外，还可获得筹资的利益。合成式 CDO 并不拥有一个承担风险的资产池，合成式 CDO 承担的仅仅是相应标的信用暴露所面临的经济风险，而不是因法定所有权所带来的经济风险。合成式 CDO 的最初发行人是美国和欧洲的银行，通过发行合成式 CDO，使标的资产的所有权和相应的经济风险脱钩，使得银行能够更加灵活地进行资产负债管理。在保留相关资产所有权的同时，降低法定资本金要求和经济风险，这种融资结构的 CDO 称为合成化资产负债表 CDO。

合成式 CDO 的具体构造过程是（如图 14－3 所示）：由发起人将一组贷款债权汇总包装，并与 SPV 订立信用违约互换合约，发起人则定期支付权利金。与传统 CDO 的 SPV 一样，合成式 CDO 的 SPV 将发行不同系列的债券。但不同的是，此时 SPV 将发行债券的现金另外购买一组高信用品质的债券，以确保未来还本的安全性。合成式 CDO 不属于真实出售，贷款债券资产并未出售给投资人，通过一个类似债券保险的机制，创始机构可将其贷款的信用风险转移给投资人。上述权利金与投资获得的利息收益，作为支付 SPV 所发行的各系列债券的利息，若资产池中的贷款债权发生违约，则 SPV 需要卖掉高信用品质的债券作为支付给发起人的金额，而这部分损失则由 CDO 的投资者承担。

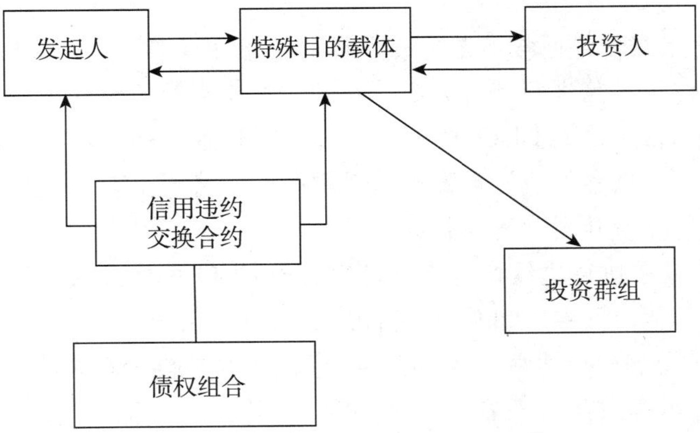

图 14-3 合成 CDO 的构造流程

现金流量式 CDO 与合成式 CDO 最大的差异在于合成式 CDO 并不属于实质出售，债权群组并未实际出售给投资人。也就是说，SPV 并没有实际购入债权群组中的资产，CDO 的投资人也没有实际拥有债权群组中标的的债权。

【例 14—5】 在次贷危机中扮演重要角色的两种信用衍生产品

1. CDO 的产生与影响

CDO 最早产生于 20 世纪 80 年代末的美国。促使 CDO 快速增长的一个重要因素是 2001 年由数理分析师兼保险精算师戴维·X. 李（David X. Li）提出的 Gaussian Copula 模型，利用该模型可为 CDO 快速定价。据统计，CDO 全球发行总量在 2004 年为 1 574 亿美元，2005 年为 2 720 亿美元，2006 年为 5 520 亿美元，2007 年为 5 030 亿美元。其中，高收益贷款和结构性金融产品在 CDO 的投资组合中占有 80%以上的高比例。

CDO 的本质是通过金融创新从而将非政府机构发行的住房抵押贷款支持证券（residential mortgage-backed security，RMBS）的风险分档卖给具有不同风险偏好的投资者。而投资者对 CDO 的信心完全取决于 CDO 的计量模型对次贷风险的衡量。由住房抵押贷款打包到 RMBS 再到 CDO、CDO 的平方、CDO 的立方乃至到 CDO 的 N 次方，在理论上说这是一个可以永久循环下去的过程。而在这一过程中也创造了新的衍生产品。把次贷看作是一个基础产品，RMBS 则可被称为最初级的衍生金融产品，而 CDO 则是基于衍生产品而出现的衍生产品。CDO 的平方就是基于 CDO 的衍生产品，依此类推。通过金融创新创造各种债券和债券的债券，风险转移的链条似乎可以无限地延长，从而会使投资者产生一种错觉，那就是风险已经都消失了。但实际上，通过证券化不会减少、消灭风险（见表 14-5）。

由于 CDO 次级按揭贷款的风险不再单纯地保留在贷款银行内部，而是沿着风险转移的链条不断向外扩散，从而风险也转嫁到不同的金融机构。

第一，整体次级贷款规模因为 CDO 的存在而增加。因为满足了市场上不同投资者的需求，所以整体 CDO 市场发展的规模越来越大。银行可将所持有的次级抵押贷款证券化，再形成 CDO 出售。银行通过这一做法能够将大部分高风险次级抵押贷款从资产负债表上删除，以达到风险控制的目标，同时将流动性差的次级抵押贷款通过证券化的方式出售出去也能提高流动性和盈利性。正因如此，银行不再关注贷款实际的风险程度，而是鼓励按揭公司寻找潜在的低信用等级的借款人，不断扩张次级抵押贷款的规模，使得风险程度和风险涉及面扩大。

第二，CDO的存在使得间接参与次贷危机的金融主体增加。CDO的“信用分级”实际上将资产池中的信用风险进行了再分配。这种结构将大量的信用风险集中给予了次级系列和股权系列。而且由于这些CDO的平方、立方等产品的存在，将使得一份标的资产衍生出更多的衍生品。所以当标的资产发生信用风险时，将产生链条式的反应，会造成数倍于基本债券数量的衍生债券同时受到损失。

第三，CDO的存在使得次级按揭贷款借款人和CDO投资者的距离越来越远，信用链条过长造成了风险评估的困难。CDO的定价建立在复杂且未必可靠的数学模型的基础上，而且CDO市场缺乏足够的透明度，同时CDO定价的数学模型本身缺乏风险测试，从而要给CDO一个准确、有效的定价是很难的。

第四，CDO是一个高度个性化的产品，严重缺乏流动性，在市场上换手十分困难。CDO是专门设计以满足某个机构的需求的，而这些机构正是看准了该产品的高收益与高信用评级的特征。市场参与者的同质性又使CDO的流动性进一步降低。

表14-5　　不同机构参与CDO的形式及其受到的冲击

	对危机发生起到的影响	危机发生后受到的冲击
贷款银行	1. 向低信用等级借款人提供贷款； 2. 向其设立的投资公司和其他SPV提供信用额度； 3. 向对冲基金提供以CDO为抵押的高杠杆贷款。	1. 保留在银行体系内的次级贷款违约损失； 2. 对不同SPV信用额度承诺使其流动性不足，并引起银行间贷款利率的上升。
投资银行	1. 设立SPV，发行CDO； 2. 设立对冲基金，用于购买相对低等级的CDO。	1. 保留的股权等级CDO损失； 2. 被迫出售其他资产获得现金流的损失。 3. 设立的对冲基金的投资损失。
评级机构	给CDO各等级提供评级。	评级失真引起的社会信誉问题。
投资者	1. 上述贷款银行的投资公司；2. 对冲基金；3. 保险公司。	投资损失增加。

2. CDS的产生与影响

信用违约互换（CDS）是次贷危机中扮演重要角色的另一个信用衍生产品。CDS是在20世纪90年代中期由摩根大通首创的，相当于一种金融资产的违约保险合约。与利率互换相比较，CDS的结构更类似于期权，合约双方的风险是不对称的。购买方本质上是卖空了标的实体的信用风险，出售方则是买入了标的实体的信用风险，同时双方都承担了对手风险。

CDS的最大优势是可以转移证券的风险，具有对冲的性质，从而也就出现了投机和套利的机会。在活跃金融市场方面具有较为积极的作用，但也隐藏着风险，具体表现在：

第一，CDS的定价模型过于依赖历史数据，而忽视了对手风险。现有的金融工程模型多以市场基本正常运行为前提，且在较大程度上依赖于对历史数据的统计。信用衍生产品CDS的定价过程中，虽然充分利用了金融工程学中的模型构造技术来为金融产品的风险进行评估，但在前提假设不能充分满足的情况下得出来的结果是值得商榷的。同时，在定价过程中，只考虑到了参照实体的信用风险，而没有考虑交易对手的偿付风险。

第二，CDS 是一个场外交易产品，缺乏透明度，监管职能缺失。由于 CDS 是场外交易产品，信息披露不充分，导致风险暴露不足，价格发现和有效性的功能很难在柜台衍生品市场上体现出来，使很多处于弱势地位的投资者成为不合理价格的受害者，并且也在很难进行风险控制。由于衍生品市场特有的投机性、复杂性以及不透明，监管机构对场外交易产品的监管力度明显不足。

第三，CDS 存在着巨大的违约风险和清算不足的风险。因为是非公开交易，违约风险的存在使得柜台衍生品定价和对冲风险变得复杂和困难。CDS 没有中央清算系统，没有集中交易的报价系统，没有准备金保证要求，且没有平仓制度。因而一旦出现系统性风险，当社会的信用履约率大幅度、大面积下降时，那些为全社会提供信用保护的卖方将会承受瞬间的“挤兑”风险。同时由于是为客户量身定制的衍生产品，其流动性远不如在交易所交易的衍生产品，给投资者带来了不小的流动性风险。

第四，CDS 存在着特有的系统性连锁风险。由于 CDS 在金融机构中互相交易，出现了较长的交易链条，一旦有一个环节出现问题，将会导致整个系统崩溃。

14.8　一篮子 CDS 和 CDO 的概念与估值

14.8.1　一篮子 CDS 估值

对一篮子 CDS 进行定价的关键就是一篮子债券违约相关性问题的研究，目前主要有三种方法：

1. 条件独立违约方法。这种方法是通过各个公司的违约强度都依赖于一个公共的状态变量集合来体现公司之间的相关性，一旦设定了这些状态变量，公司之间的违约是独立的。

2. 传染模型。它是条件独立违约方法的扩展。一旦一个公司发生违约，会对其他公司产生影响，增大或降低其他公司违约的可能性。这种模型的困难之处是处理违约的相互循环作用产生的回路效应。

3. Copula 模型。Copula 模型是由单个公司的边际分布通过一个 Copula 函数得到多个公司的联合概率分布，公司之间的相关结构完全由 Copula 函数决定。

14.8.2　CDO 的基本定价模型

CDO 定价的核心观点是：在严格预测 CDO 资产池中单一标的资产的违约概率、回收率及多个标的资产之间的违约相关系数的假设下，选定标的资产进入资产池；运用计量模型对资产池的现金进行分析和压力测试，根据实际测算结果对现金流进行结构性安排，再加上适当水平的信用增强，使资产池中标的资产的收益与风险处于可控制的范围；同时，考虑发行时机，根据不同投资人的要求，确保 CDO 顺利发行。可见，CDO 资产池中的标的资产组合及其管理就是 CDO 的命脉，其中关键的问题为违约概率、回收率及违约相关系数的估计，以及 CDO 定价模型的构建和应用，如图 14－4 所示。

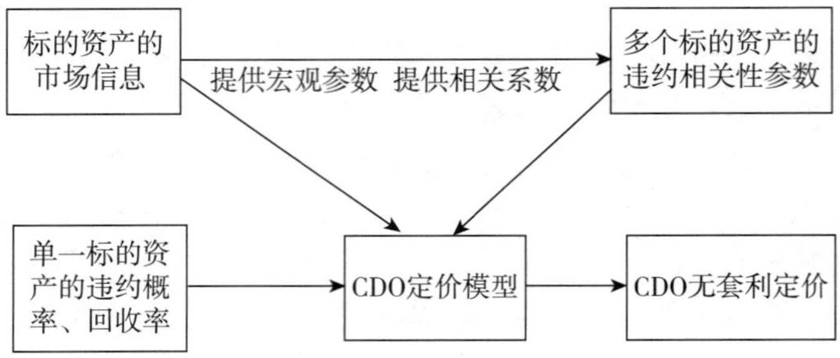

图 14－4　CDO 基本定价机理示意图

当前实务普遍采用的 CDO 基本定价模型有 BET 模型、Copula 模型、因子 Copula 模型等方法。

首先，BET 模型即二项式扩展法，最早是由西富恩特斯·A（Cifuentes A.）等提出，其基本思想是将多个违约相关性高的资产组合转化成具有一定多样性要求的、彼此同质的理想化资产组合。据此得出加权平均收回率、加权平均违约概率，再利用二项式分布估计整个投资组合的预期损失，最后应用穆迪（Moody）信用评级与预期损失的对照表将预期损失转换成信用评级，再利用信用等级与信用价差之间的关系对相应的信用产品进行评价。该方法的特点是模型简单、计算方便，但是存在以下缺陷：①违约概率相同且服从二项式分布的基本假定不尽合理；②对资产池的多样性划分严重受制于分析者的经验知识；③其主导思路是静态的，没有充分关注时间因素，因而从中看不到违约事件的时间分布；④所涉及的违约概率强烈依赖于历史数据，因而不适用于历史数据不足情况下的资产池信用分析，也难以对未来的资产池信用状况做出有效的预测。

其次，Copula 模型的基本思想是：通过 Copula 函数和标的资产的边际概率分布得到资产池的联合累计概率分布，配合使用蒙特卡洛模拟方法估算资产池的累计损失，并利用损失面 DL（default leg）与收益面 PL（premium leg）预期期望值相等的关系估算各分券的信用价差。较之 BET 模型，Copula 模型更灵活，定价精确度得以提高，且具有对历史数据的要求相对宽松的特点，适合我国信用基础数据匮乏的情况，但比较而言，该模型假设仍过于简单和理想化，而基于蒙特卡洛的模拟方法在计算效率上也有所局限。

最后，因子 Copula 模型认为资产价值受市场共同因子与非共同因子的影响，由此假设各个因子服从一定的概率分布，再由 Copula 转换为给定的市场共同因子的条件违约概率，最后将市场共同因子积分后可得各个资产的风险中性违约概率，从而以条件概率的方式刻画预期损失的概率分布，再由预期损失的分布函数求解损失面和收益面，并最终由无套利定价原理，求得各分券的信用价差。因子 Copula 模型具有定价准确和计算快捷的优点，所以自提出以来发展迅速，并为当前几乎所有的主流投资机构和评级公司广泛采用。目前，因子 Copula 模型已成为 CDO 定价中的里程碑式标准模型。

14.9　我国信用衍生产品的发展

14.9.1　我国发展信用衍生产品面临的障碍

尽管信用衍生产品在商业银行的信用风险管理中具有独特的优势和作用，但它毕竟是一类远未成熟的风险管理手段，在我国的实际应用中存在许多问题和制约因素：

1. 风险的外部性问题。信用衍生产品是一把“双刃剑”，在给商业银行带来避险优势的同时，也会引发新的风险，主要有操作风险、交易对方风险、流动性风险、法律风险以及价格风险。此外，还有战略风险、信誉风险、道德风险等，这些都可能造成信用衍生产品使用者利益的损失。由于信用衍生产品本身发展历史并不太长，人们对其风险的认识也不是很全面深入，控制风险的方法也有待完善，因此，这些风险概率会增大，从而阻碍银行和投资者接受这种衍生工具。

2. 法律环境与监管体系问题。与其他的金融衍生工具不同，在经营信用衍生产品业务中将面临更多的法律和监管问题。金融法规不健全以及缺乏应付违约事件的经验，往往导致信用衍生产品交易的失败。我国大陆还没有直接关于信用衍生产品交易的法律，现有的一些法律制度，如合同、外汇、担保、破产、证券等方面的法律，也有一些与信用衍生产品交易不相称的地方。我国监管水平不高和分业监管模式给信用衍生产品交易的发展也带来了困难。此外，信用衍生产品交易会涉及商业银行、保险公司、证券公司、投资基金等多方交易参与者，我国分业监管的模式有可能导致对信用衍生产品交易存在监管的交叉和空白区。因此，我国信用衍生产品市场运作的法律环境和监管体系的不完善是信用衍生产品市场发展的另一重要障碍。

3. 信用风险模型的适用性问题。20 世纪 90 年代，信用风险的测度难题曾一度成为困扰信用衍生产品市场发展的首要障碍。随着 CreditMetrics、KMV、CreditRisk＋、Credit PortfolioView 等著名模型的诞生和其他一些大型国际性银行内部信用风险模型量化模型的建立，信用衍生产品定价的准确性得到了很大的提高，为信用衍生产品市场的扩张提供了坚实的基础。反过来，信用衍生产品的发展也为信用风险度量技术的发展提供了验证理论的场所。而我国现在就是面临着风险度量难题。国外模型是在完善的市场背景下建立起来的，并不完全适用于我国。即使我国金融机构有了自主开发的模型，但同样会面临难以获取相关信用信息的问题。

14.9.2　在我国信用衍生产品的发展前景

信用衍生产品改变了银行的信用风险定价、管理、交易、配置和会计处理方法，也使信用市场的流动性不断增加，信用定价技术日趋成熟。纵观全球趋势，从贷款出售到资产证券化，再到信用衍生产品，不断提高信用风险的流动性已经成为银行信用风险管理的发展主线。对我国来说，无论是宏观还是微观层面，对信用衍生产品的潜在需求都是巨大的。

从金融稳定性角度讲，信用风险依然是我国商业银行面临的最大风险，且目前我国商业银行的信用风险不能流动，几乎完全集中于银行。可以说，我国银行体系急需高效率、低成本的信用风险转移工具，把银行独自承担的风险分散在不同地区、部门之间，以维护金融稳定。

从微观角度讲，随着利率日趋市场化，传统存贷模式必然无法再给银行带来可观的利润，贷款持有至到期的传统经营理念也将随之改变。而且，传统模式非常脆弱，信用风险集中度和财务杠杆都很高。银行亟须通过信用衍生产品转移信用风险，提高收入，化解不良资产。

从市场条件来说，发展金融衍生产品需要完善的和规模足够大的原生资产现货，且市场价格有适度波动性，足以产生套期保值及转移风险的需求。目前我国商业银行各项存贷款余额已经达到相当规模，利率浮动幅度逐步加大，利率自由化也是必然的选择，发展信用衍生产品的市场条件正日趋成熟。

14.9.3 次贷危机对我国发展信用衍生产品的启示

尽管次贷危机给我国带来了较大冲击，但相对于美国、欧盟而言，我国受到的冲击有限。但本次危机仍然给我国发展信用衍生工具带来了不少启示。

完善金融机构风险管理体系、发展信用衍生产品时，各金融机构在创造利润、转移风险的过程中，应进一步加强内部控制制度建设，进行必要的风险监控和定期的内部稽核，及时发现表外业务经营中的风险，提高自身风险管理能力，同时完善风险预警机制。

强化信息披露。规范金融机构信息披露，制定统一的信用衍生产品监管信息报告要求。根据市场发展和金融环境，报告应包含必要的风险信息、信用衍生产品的结构、标的资产和交易目的、产品类型、交易对手等定性信息，使投资者能够清楚了解真实的风险收益情况。

加强金融监管，推进金融监管的合作。加强监管一方面要培养信用衍生产品定价、信用风险模型、会计处理等领域的专门人才，另一方面要完善信用衍生产品的法规建设，对信用衍生产品交易进行法律规范。同时要加强国内各监管机构的协调性，增进信息共享。另外在国际上，推进联合监管，通过信息交换、危机管理、联合行动等方式，更好地防范和化解国际金融风险的蔓延。

专栏 2　我国的信用风险缓释合约

信用风险缓释合约（credit risk mitigation agreement，CRMA），是指交易双方达成的，约定在未来一定期限内，信用保护买方按照约定的标准和方式向信用保护卖方支付信用保护费用，由信用保护卖方就约定的标的债务向信用保护买方提供信用风险保护的金融合约。买入信用风险缓释合约（CRMA）的银行的交易对手方需要买入信用风险缓释凭证（credit risk mitigation warrant，CRMW）。

2010 年 11 月，中国银行间市场交易商协会（NAFMII）推出信用风险缓释合约和信用风险缓释凭证，这是我国对世界信用衍生市场的一个创新。CRMA 和 CRMW 的推出能够一定程度上解决收益和风险分离的问题，使市场参与者能够利用市场化的信用衍生产品对冲、转移以及规避信用风险，缓解系统性风险积聚隐患。

截至 2011 年 3 月，信用风险缓释工具（credit risk mitigation，CRM）交易商有 32

家，CRM 核心交易商有 20 家。而截至 2012 年 9 月，中国银行间市场共有 45 家机构备案成为 CRM 交易商，26 家机构备案成为 CRM 核心交易商，我国 CRM 的参与者有一定增加。从市场主体结构看，截至 2011 年 3 月的数据显示，CRM 交易商中商业银行有 28 家，占比 75%；CRM 核心交易商中商业银行有 21 家，占比 90%；而在 2012 年 9 月，CRM 交易商中商业银行为 33 家，占比 72.3%；CRM 核心交易商中商业银行有 24 家，占比 92%。从这一趋势可以看到，我国投资主体集中于商业银行，但是集中度有一定程度的下降。按照国际经验，CRM 推出初期，投资主体会集中于商业银行，我国的现状与国际惯例相符，但这同时是我国 CRM 发展需要解决的一个问题。投资主体过于集中，其风险偏好高度趋同，这仅仅使得信用风险在银行体系内部转移，对于降低单个银行信用风险过度集中和积聚有积极作用，但并不能使得信用风险在全部市场参与者之间进行优化配置，无法完全发挥出 CRM 信用风险缓释的功能（见图 14-5）。

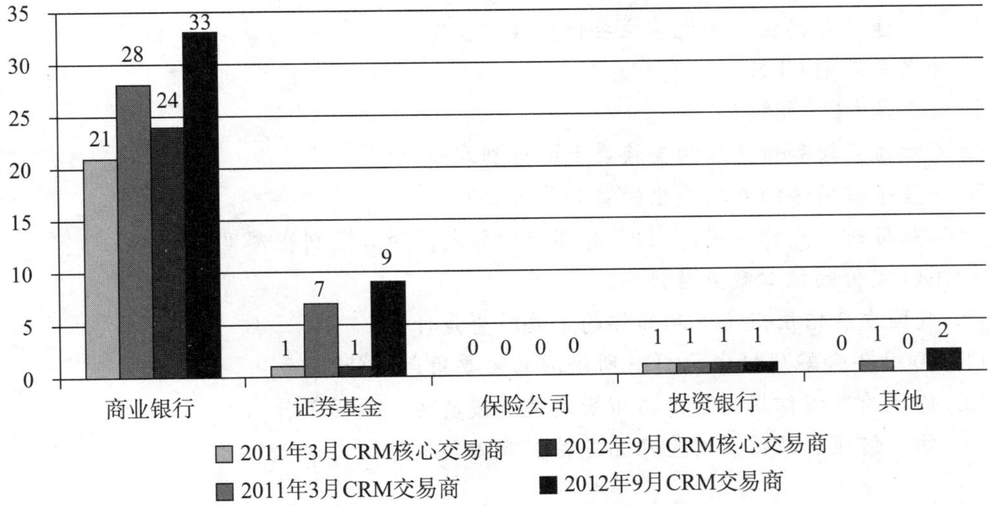

图 14-5　信用风险缓释工具参与主体分类

注：投资银行仅有中国国际金融有限公司，其他市场参与主体包括中债信用增进投资股份有限公司和中国长城资产管理公司。

资料来源：中国银行间交易商协会。

本章小结

信用衍生产品是以贷款或债券的信用作为基础资产的金融衍生工具，其实质是一种双边金融合约安排。在这一合约下，金融机构可以积极主动地管理自身的信用风险，金融机构利用某种信用互换可以将自身的信用风险转移给其他交易者。本章对信用违约互换（credit default swap，CDS）、信用指数、CDS 的远期和期权、总收益互换、一篮子信用违约互换、债务抵押债券、一篮子 CDS 和 CDO 的概念与估值、我国信用衍生产品的发展等内容进行了介绍。其中，信用违约互换（CDS）是目前全球交易最为广泛的场外信用衍生产品，该产品为信用保护买方（风险出售方）和信用保护卖方（风险购买方）之间签订的双边金融合约，在合约中交易双方对合约大小、有效期、参考资产、违约事件的划定、定期支付的保险费率、或有偿付比率和结算方式均达成协议。远期 CDS 合约指的是在未来某一具体时间以某确定差价购买或者出售一个确定的参考实体的 CDS 合约契约。CDS 期权是一份欧式期权，指持有者有权在未来一个特定时期内以某差价购买或者出售对某确定的参考实体的保护，在到期之前如果参考实体违约，信用违约互换远期及期权都会自动消失。总收益互换是指某个与信用有关的资产收益与 LIBOR 加上价差的交换协议，常常被用来作为融资工具。

问题与应用

1. 什么是信用违约互换？
2. 信用违约互换的基本机制是怎样的？
3. 信用违约互换指数的优势主要体现在哪里？
4. 什么是远期 CDS？
5. 什么是 CDS 期权？
6. 总收益互换和信用违约互换最大的区别在哪里？
7. 一篮子信用违约互换产生的背景是什么？
8. 依照标的资产的不同，CDO 有哪两种形式？两者区别在哪里？
9. CDO 定价的核心观点是什么？
10. 我国发展信用衍生产品面临的主要障碍是什么？
11. 2008 年金融危机中，CDS 所扮演的主要角色是什么？
12. 你认为我国信用衍生产品市场发展缓慢的主要原因是什么？
13. 你如何理解“信用衍生产品是把‘双刃剑’”这句话？

推荐阅读材料、网站

[1] Hull，John C.，*Options*，*Futures*，*and Other Derivatives*. Pearson Education Inc.，2006.

[2] http：//www2. isda. org/.

[3] 史永东，等．信用衍生品：原理、定价及应用．北京：科学出版社，2012.

[4] 陈秀花．信用衍生品的经济效应分析．北京：经济科学出版社，2012.

[5] 吴恒煜．信用风险控制理论研究．北京：经济管理出版社，2006.

[6] Hull，John C.，and White A. “Valuing Credit Default Swaps Ⅰ：No Counter Party Default Risk”，*Journal of Derivatives*，2000，8(1)：29－40.

[7] Li，D. X. “On Default Correlation：A Copula Function Approach”，*Journal of Fixed Income*，2000，9(1)：43－54.

[8] Longstaff，F. A.，and Mithal S.，Neis E. “Corporate Yield Spreads：Default Risk or Liquidity? New Evidence From the Credit Default Swap Market”，*Journal of Finance*，60(5)：2213－2253.

［9］Duffie，D.，and K.J. Singleton，*Credit Risk*：*Pricing*，*Measurement and Management*，New Jersey：Princeton University Press，2003.

参考文献

［1］Hull，John C.，*Fundamentals of Futures and Options Markets*，New Jersey：Prentice Hull Press，2006.

［2］马俊美，梁进．一篮子信用违约互换定价的偏微分方程方法．高校应用数学学报 A 辑，2008，23(4)：427－436.

［3］陈田，秦学志．债务抵押债券（CDO）定价模型研究综述．管理学报，2008，5(4)：616－624.

［4］龙毅，王向楠．信用衍生产品与美国次贷危机．北方经济，2008(10)：87－89.

图书在版编目（CIP）数据

衍生金融工具/王晋忠主编. —北京：中国人民大学出版社，2017.8
新编21世纪金融学系列教材
ISBN 978-7-300-23679-7

Ⅰ.①衍… Ⅱ.①王… Ⅲ.①金融衍生产品-高等学校-教材 Ⅳ.①F830.95

中国版本图书馆CIP数据核字（2016）第283572号

新编21世纪金融学系列教材
衍生金融工具
主 编 王晋忠
Yansheng Jinrong Gongju

出版发行	中国人民大学出版社		
社 址	北京中关村大街31号	邮政编码	100080
电 话	010－62511242（总编室）		010－62511770（质管部）
	010－82501766（邮购部）		010－62514148（门市部）
	010－62515195（发行公司）		010－62515275（盗版举报）
网 址	http://www.crup.com.cn		
经 销	新华书店		
印 刷	北京密兴印刷有限公司		
规 格	185mm×260mm 16开本	版 次	2017年8月第1版
印 张	18.75	印 次	2021年1月第2次印刷
字 数	454 000	定 价	36.00元